南山的真意

龚斌说陶渊明

龚斌 著

上海古籍出版社

图书在版编目（CIP）数据

南山的真意：龚斌说陶渊明／龚斌著. —上海：
上海古籍出版社，2023.7（2024.3重印）
ISBN 978-7-5732-0740-1

Ⅰ.①南… Ⅱ.①龚… Ⅲ.①陶渊明（365-427）—
人物研究 Ⅳ.①K825.6

中国国家版本馆 CIP 数据核字（2023）第 115087 号

南山的真意：龚斌说陶渊明

龚 斌 著

上海古籍出版社出版发行

（上海市闵行区号景路 159 弄 1-5 号 A 座 5F 邮政编码 201101）

（1）网址：www.guji.com.cn
（2）E-mail：guji1@guji.com.cn
（3）易文网网址：www.ewen.co

山东韵杰文化科技有限公司印刷

开本 890×1240 1/32 印张 13.75 插页 5 字数 321,000
2023 年 7 月第 1 版 2024 年 3 月第 2 次印刷
印数：2,101—3,150
ISBN 978-7-5732-0740-1
Ⅰ·3734 定价：88.00 元

如有质量问题，请与承印公司联系

尚友渊明(代序)

戴建业

龚斌先生是当代研究中古文学的名家,全国陶渊明研究学会名誉会长,先后出版的《陶渊明集校笺》、《世说新语校释》,不只是通常所谓"后出转精",也不只是泛泛而言的"胜义如云",它们甚至被学界誉为两部名著校释之"集大成"。拙著《澄明之境——陶渊明新论》、《戴建业精读世说新语》再版时,所有陶潜和"世说"的引文,都改以龚著为其底本。

《南山的真意》是龚先生近四十年研陶论文集,是作者一生研究陶渊明的总汇,是他几十年来与伟大灵魂对话的结晶,当然更是当今陶学的喜事和盛事。

二十多年前,我曾在一篇文章中说过,古代文学研究的真正突破应当表现为:对伟大的作家、伟大的作品、重要的文学现象、著名的文学流派和团体,提供了比过去更全面的认识,更深刻的理解,并作出了更周详的阐释,更缜密的论述。从伟大的作家身上不仅能见出我们民族文学艺术的承传,而且还可看到我们民族审美趣味的新变;他们不仅创造了永恒的艺术典范,而且表现了某一历史时期精神生活的主流,更体现了我们民族在那一历史时期对生命体验的深度。因此，对伟大作家进行研究的学术意义不言自明，而这种研究的学术难度更无须多说。越是伟大的作家，前人研究的成果越多，后来的研究者也就越难有所突破。对大作家进行个案研究，往往要翻许多史料，看许多文集，才可能对他们的某一方面有点新的感悟和认识，这有点像渔人在整个大海里撒网，到头来可能只在一个海角里捞到一条鱼。这不仅需要深厚的功力、学术的敏感，还得有坚韧的毅力和极大的耐心。

因此，研究伟大的诗人就像与高手过招，是对学者才华最好的考验；与伟大灵魂对话就像与高手对弈，是对学者精神高度的测试。对陶渊明其人其作阐释的深度，昭示了研究者自身存在的深度。

文集的论域大体集中在陶渊明的家世和生平考证、陶渊明思想信仰、政治立场与艺术成就论析、陶渊明文本细读、陶渊明的现代意义等几个层面。它们既展露了作者学术的"十八般武艺"，也显示了作者学术的深度与广度。

《陶渊明"始家宜丰说"献疑》、《陶氏宗谱中之问题》、《再论陶渊明〈赠长沙公〉诗》几篇主要考释陶渊明的家世生平。古人为显尊贵而常冒充名门，当世为求骤富而多争抢名人，如襄阳与南阳一直在抢诸葛亮的"隆中"，九江与宜丰一直在争陶渊明的故里。《陶渊明"始家宜丰说"献疑》，有点像客观的法官断案，作者虽然谦称不过是"献疑"，但此文一出，陶渊明故里之争基本可以了结。该文先追溯"始家宜丰说"的源头及其流变，再从最早相关历史的记载，转入历史地理的考辨，最后从陶集诗文寻找本证，断定"始家宜丰说"难以成立，并确证"渊明为寻阳柴桑人"。《陶氏宗谱中之问题》是功力深湛的一篇大文，它将"民间寻访"、宗谱比勘和史料参稽相结合。"陶侃之前，陶氏先祖中究竟有何名人？陶氏世系的真相如何？"这在现存的"史籍中找不到确切资料"。为了考索陶渊明家世的真相，作者遍查了"江西图书馆及赣、徽二地民间所藏陶氏宗谱"。各种陶氏宗谱中，对陶渊明世系的记载，或重叠，或抵牾，或歧出，这需要作者的历史视野和独到眼光，才能在错综矛盾的谱系记载中，梳理出清晰的世系渊源。譬如陶青之后的世系很乱，《定山谱》、《会宗谱》、《鄱阳谱》各说各话，年岁绵邈和史料缺失，每种说法都"死无对证"。龚先生在诸谱中寻觅蛛丝马迹，在史料中相互比较，即使不能定其正误，也尽可能求其近真。陶渊明的曾祖、祖父、父亲是谁，一直是学界争而难决的悬案。作者对这三代人物用力尤勤，"陶侃为渊明曾祖"，"陶茂为渊明祖父"，"渊明父为陶敏，非陶逸或陶回"，可作为这一悬案的定谳。《再论陶渊明〈赠长沙公〉诗》一文，从异文校勘、文本细读、史料考索和宗谱参校几个方面，考察陶渊明的宗族世系，再次确认"陶渊明为陶侃曾孙"。

　　《陶渊明哲学思想与魏晋玄学之关系》、《陶渊明的礼学修养》、《陶渊明"忠愤说"平议》这组文章，主要论述陶渊明的思想倾向和政治立场。陶渊明与魏晋玄学的关系这一话题，作者肯定"陈寅恪先生对渊明思想的论断最具眼光"，但《陶渊明哲学思想与魏晋玄学之关系》一文，绝不是"跟着"陈寅恪讲，而是"接着"陈寅恪讲，既于同中见异，又在异中显同，大大深化和拓展了这一重要论题。相较而言，我更喜欢《陶渊明的礼学修养》一文。陶渊明的人生境界孕育于深厚的传统文化精神，体现了晋宋之际名教与自然合一的时代特点：儒道兼综，孔老并重。他任真肆志又固穷守节，洒落悠然又尽性至命，既放浪形骸之外，又谨守规矩之中。遗憾的是，过去人们总是盯着陶渊明与玄学的关系，而相对忽视了陶渊明的礼学修养，《陶渊明的礼学修养》正好弥补了这一学术缺憾。作者从陶集中《赠长沙公》、《祭程氏妹文》、《祭从弟敬远文》、《自祭文》等，与丧服、祭法、祭义有关的作品，看渊明对凶丧礼仪的熟悉程度；从《答庞参军》序文"辄依《周礼》往复之义，且为别后相思之资"，看陶渊明日常交往中对礼节的尊崇；从陶渊明《命子》一诗中"卜云嘉日，占亦良时。名汝曰俨，字汝求思"，看他如何谨记《礼记·曲礼》的教诲。当然陶渊明的礼学修养，既表现于其诗文引用礼经名言，更呈现于日用云为之间对礼的践履。该文见人之所不曾见，言人之所未尝言，不失为一篇深刻而又平实的佳作。忠君是古代重要的价值标准，治陶者自然喜欢以"忠愤"推崇渊明。《陶渊明"忠愤说"平议》一文，阐述了"忠愤说"的来龙去脉，平议了各种议论的是非得失。尽管证之现在的陶集，沈约所谓"年号甲子"全然不合，但作者大体认同陶渊明"忠愤说"，认为沈约当年所见版本或许不同。不过，这篇文章虽然写得非常漂亮，但龚先生的结论恕不敢苟同。二十多年前，拙著《澄明之境——陶渊明新论》曾探讨过这一问题，至今我仍旧固执己见："陶渊明归隐所拒绝的并不是异代新朝，而是当时漫天'斯兴'的'大伪'；与之相应，他归隐所承诺的也不是对业已灭亡的东晋王朝尽忠，而是对已经'告逝'的人世'真风'的呼唤(《感士不遇赋》)；他并不是要通过归隐向时人和后人陈列一具东晋王朝的政治殉葬品，而是以'复得返自然'这一存在方式来展露人的真性(《归园田居五首》之一)。"

《陶渊明受佛教影响说质疑》、《陶渊明与慧远关系之探测》、《陶渊明与佛教关系之再讨论》三文，集中辨析陶渊明的宗教信仰。无论是驳论还是立论，无论是论据还是论证，它们几乎都无懈可击。丁永忠在《陶诗佛音辨》一书中，称《归去来兮辞》在形式与内容上都深受佛曲影响，证据是"归去来"为阿弥陀净土宗流行的赞辞。《闲情赋》中的"十愿"来于佛门的"愿语"。作者从文体学、语源学、宗教学等层面,进行了入情入理的辩驳。《陶渊明与佛教关系之再讨论》一文,对陶诗中用到的"幻化""空无""流电""冥报"等词语的内涵及其语境,委运任化的价值取向与佛教的关系,《桃花源记并诗》与佛教净土宗的关系,一一都做了深入剖析,与其说是"澄清"了陶渊明与佛教的关系,还不如说是"撇清"了陶渊明与佛教的关系。《陶渊明与慧远关系之探测》,是目前阐述慧远与渊明关系最详尽的文章。二人行踪或许相游,情感可能相惜,但信仰绝不相同。陶渊明与颜延之同为诗友,二人的进退出处尚且形同天壤,更何况慧远与渊明有方内方外之别呢?活在佛风炽盛的东晋,又与名山的高僧为邻,偶尔用一两句佛门术语不足为怪,但陶渊明与慧远和而不同。陶固然享有"古今隐逸诗人之宗"的美誉,可他归隐只是"结庐"于"人境",大不同于那些岩居穴处的僻隐之流,他一生执著于人际的是非,挂怀于人间的冷暖,哪有半点佛门僧气呢?

集中《〈陶渊明集〉异文问题之我见——兼评田晓菲〈尘几录〉》、《拆碎七宝楼台:解构陶渊明——以田晓菲〈尘几录——陶渊明与手抄本文化研究〉为例》二文,是专门针对田晓菲女士《尘几录》而发的。几年前,读田晓菲女士《尘几录》是由于我好奇,今天评龚先生这两篇文章是因为它有趣。田晓菲在《尘几录》中几次说过,宋人有什么样的文学价值观念,他们就有什么样的"编辑方针",而有什么样的"编辑方针",陶渊明集中就有什么样的异文。下两段文字当时也让我惊诧莫名:"对于我们理解陶诗至关重要,因为陶诗具有欺骗性的'单纯',在很大程度上正是北宋编校者的施为。""宋人从自己的审美眼光出发,极口称陶渊明'平淡',而陶渊明的诗文风格也确实符合宋人所谓的'平淡';但是在很大程度上,这份'平淡'正是通过控制《陶集》文本的异文而创造出来的。"这无异于是说陶集中的异文，是出自宋人在明确"编辑方针"指导下的伪造。这种大胆新颖的说法，其惊悚程度不亚于伪造古文《尚书》的做法。人有多大的胆，地就有多高的产，无意之中又放了一颗学术卫星。对于习惯了凭证据说话的书生而言，这一猜想真让人目瞪口呆。龚先生从版本、校勘、文字、接受、传播等方面，指出全书"整体上则是罔顾历史事实"。借用顾颉刚先生的话来说，陶集中大量异文是"层累地造成"的结果，谁会"通过控制《陶集》文本"而"创造"异文呢？《老子》一书的异文最多，难道也是为了"控制"老子而"创造"异文吗？只知道作家常为文而造情，没想到学者也为立异而"创新"。《拆碎七宝楼台：解构陶渊明——以田晓菲〈尘几录——陶渊明与手抄本文化研究〉为例》，历数了田晓菲女士种种读陶高招，如曲解并否定《五柳先生传》的自传性质，如怀疑传记"躬耕自资，遂抱羸疾"的记载，又如怀疑督邮至彭泽县，指出其议论是"一知半解"，批评其解释是"佛头著粪"。龚先生为人平和温润，不管平时言谈，还是执笔为文，很少用这种语气，可以想见写此文时是如何激动。如果按田晓菲女士这种方法读陶渊明，岂止是"解构"陶渊明，简直就是"埋葬"陶渊明。古人迷信地认为，施用道术可以咒谁就谁死，用田晓菲女士这种方法阅读经典，可以肯定她读谁就谁死。

《论陶渊明〈饮酒〉二十首》、《论陶渊明〈乞食诗〉——兼评"渊明乞食求仕"说》、《〈桃花源记〉散论》、《伟大的道德人格实践——陶渊明〈归去来兮辞〉再解读》四文属于文本细读，但不同于新批评派的文本细读，它们并没有切断文本与时代的联系，更没有极端地宣布"作者死亡"。作者将文本置于时代的坐标上，论述它们的艺术特点和思想意义。第一篇文章，考辨《饮酒》的写作年代，探讨该诗是否有章法，最后论述《饮酒》诗的思想内容。第二篇文章论述了此诗作年、是否真乞食、乞食是否象征乞求俸禄、《乞食》诗中的"主人"是谁、"乞食"一词是否与僧人的乞食有关等问题。《〈桃花源记〉散论》分析了《桃花源记》的文体、寓意、思想、人物等多个话题。《伟大的道德人格实践——陶渊明〈归去来兮辞〉再解读》认为,"如果说,《桃花源记》是渊明社会政治理想的结晶,那么,《归去来兮辞》则是渊明道德人格实践的记录"。前者系念社会,后者关乎自身。前者具有社会思想史的重要价值,后者则标志着一种道德人格新范型的出现。作者能从小中见大,文章能于平中显奇。

　　《苏轼论陶渊明》、《伟大的道德人格实践》、《中国士人园林文化的不朽经典》、《浅谈陶渊明的当代文化意义》,都是几篇宏观研究的大文,内容上难以归入同一类型。在陶学史上,苏轼对陶渊明的阐述,由对道德操守的赞叹,进而对其存在境界的把握,由仰慕其气节品行,进而接受其存在方式。苏轼论陶对陶渊明阅读和研究的重要意义,无论怎样高估都不会过分。《中国士人园林文化的不朽经典》,是陶学中的一个新话题,该文拓展了陶学的论域。《浅谈陶渊明的当代文化意义》一文,是陶渊明经典的现代转化。

　　这本论陶文集有文献考辨,有理论阐释,有艺术分析。考辨文章可一锤定音,理论阐释剖毫析芒,艺术分析细致入微,它们充分呈现了龚先生宏阔的学术视野、深刻的思辨能力和细腻的艺术敏感。

　　作者在此书的后记中说,"尚友古贤,陶渊明是我最好的人生导师"。其实无须作者坦露心迹,大家凭常识也能想象得到,时下变化如此之快,诱惑如此之多,夫妻日久尚且容易心生厌倦,几十年与古人相守更是难上加难,要不是与陶渊明"心心相印",龚斌先生断然不会一生尚友渊明。古人常言,"与古人近,与时人远"，年轻时不懂是什么意思，后来才明白，因为当世少知音，才引古人为同调。差不多一生与渊明相守，并不只是单方面的崇拜，而是双方个性气质的相近。

龚斌先生的大著付梓之际，我有幸先睹为快。这对我是一次绝佳的学习机会，像当年陶渊明读书一样，龚先生几十万字的学术论文，我读到会心处同样"欣然忘食"。

二十多年前，在庐山中日陶渊明研究学术会议上结识龚先生，诵其书，听其言，受益良多。龚先生在大著的后记中说："有时即使还想说一点什么，却感到如登万仞高峰，力竭而不得不止步了。"看到"力竭止步"四字，我的心在不断地下沉。"二十余年如一梦"，龚先生约长我十岁，转眼之间他年逾古稀。当年他喊我"小戴"，叫内人"小何"，如今内人已为鬼录，自己也早已白头，"年一过往，何可攀援"！

匆匆草就大著的读书心得，祝贺龚先生的新作面世！

岂敢言序。

2023 年夏于武昌

目　录

陶渊明"始家宜丰"说献疑

　　陶渊明"始家宜丰"说是陶渊明研究中的老问题。此说始见于北宋乐史等人所撰《太平寰宇记》卷一〇六："渊明故里。《图经》云:'渊明始家宜丰,后徙柴桑。'宜丰,今新昌也。"①以后王象之《舆地纪胜》、宋清江人傅实之《淳熙四年重修陶靖节祠堂记》、《明一统志》、胡思敬《盐乘》,皆袭《太平寰宇记》所引《图经》之说。然渊明"始家宜丰"说,与沈约《宋书·隐逸传》、萧统《陶渊明传》、《南史·隐逸传》记载的渊明为"寻阳柴桑人"的说法相悖②,学者多不信之③。笔者十余年前撰《陶渊明集

①　《太平寰宇记》,中华书局,2007 年,页 2121。按,渊明"始家宜丰"说见于金陵书局本《太平寰宇记》,文渊阁《四库全书》本无"渊明故里"引《图经》所谓"始家宜丰"之说。

②　《宋书》卷九三,中华书局,1974 年,页 2286;《笺注陶渊明集》卷一,四部丛刊缩印本,133 册,页 91 下;《南史》卷七五,中华书局,1975 年,页 1586。

③　如袁行霈以为《图经》所说颇可怀疑,于陶诗文中无一内证,清修《新昌县志》、胡思敬《盐乘》所言之渊明生平行迹,显系由始家宜丰之说敷衍而成(见袁行霈《陶渊明研究》,北京:北京大学出版社,1997 年,页 225、226)。又邓安生《陶渊明里居辩证》以为"若《图经》云始家宜丰,则史传诗文俱无考证,难于取信"(见《陶渊明新探》,台北文津出版社,1995 年,页 12—15)。吴国富《陶渊明寻阳觅踪》谓宜丰《陶渊明年谱》所系渊明二十九岁之前的事迹,其所依据之(转下页)

校笺》,也以为渊明"始家宜丰"说不可信(参见拙著附录三)。
最近二十多年来,江西宜丰人士开展陶渊明故里的研究,编写资料,重提"始家宜丰"说。笔者认为,学术乃天下之公器,探索渊明故里究竟何在,不仅是江西一地区之事,也绝非出于规划旅游等功利算计,目的是求真求实。有感于此,再撰此文,对渊明"始家宜丰"说谨献一孔之疑。全文分两个部分,先考索地理著作中有关渊明故里的记载,兼及陶诗中可以印证此问题者;后以渊明诗文为内证,证明"始家宜丰"说难于成立。

一

《太平寰宇记》所引《图经》早佚,不得其详。《图经》属地理志一类著作,如《衡山图经》、《吴郡图经》、《九江图经》等。考《太平寰宇记》引《图经》大致有三种情况:旧《图经》、《图经》、《隋图经》。《隋图经》大概指《隋志》著录的《隋诸州图经》一百卷,为郎茂撰[1]。旧《图经》时代或许早于《隋图经》,《图经》的年代当比旧《图经》晚,也可能比《隋图经》晚。当然,这是推测而已。

从《太平寰宇记》到胡思敬《盐乘》[2],渊明"始家宜丰"说由简至繁,踵事增华,呈现为长达千年的"世代累积"。《太平寰宇记》引的《图经》止言"渊明始家宜丰,后徙柴桑";王象之《舆地

（接上页）材料,皆为当地屡经窜改的家谱或者明清时期的地方志,疏漏矛盾之处尤多。见吴国富《陶渊明寻阳觅踪》,江西人民出版社,2007 年,页 98—99。

[1] 《隋书》卷三三,中华书局,1973 年,页 987。《隋书》卷六六《郎茂传》:"茂撰州郡《图经》一百卷。"页 1555。考有撰人姓名之《图经》,当以郎茂《隋州郡图经》为最早。

[2] 见胡思敬《退庐全集·文集》,收录于《中国近代史料丛刊》正编第 45 辑,台北文海出版社,1966 年。

纪胜》卷二七"陶渊明读书堂"条下载:"按《图经》载:'渊明家宜丰县东二十里,后起为州祭酒,徙家柴桑,暮年复归故里,因以名乡也。'"①王象之引的《图经》比乐史引的《图经》多出"暮年复归故里"一句。为什么同引《图经》,《太平寰宇记》和《舆地纪胜》不同? 是两种《图经》本来就有不同,还是后者在前者的基础上踵事增华? 由于《图经》早佚,上面的疑问无法得到解释。但对于同一个人物的记载,两种书所引的《图经》居然不一致,这难免会引起人们对《图经》记载真实性的怀疑。

《太平寰宇记》是古代著名的地理著作。《四库全书总目提要》评价此书"采摭繁富,惟取赅博,于列朝人物一一并登⋯⋯然是书虽卷帙浩博,而考据特为精核"②,不无称誉之词。不过,对于渊明故里究竟在何处,乐史其实没有作出精核的考证。试看《太平寰宇记》卷一一一"人物"条载:"陶潜,柴桑人。"又同卷载:"柴桑山,近栗里原,陶潜此中人。""陶公旧宅在州西南五十里柴桑山。《晋史》'陶潜家于柴桑',唐白居易有《陶公旧宅》诗。"③以上记载,明确称渊明是柴桑人,显然与《图经》"始家宜丰"说相抵牾。可见《太平寰宇记》罗列有关渊明里居的材料,洵是"采摭繁富",但未曾作出明确的裁断。若以为乐史引用《图经》,便是一定同意陶潜"始家宜丰"说,这不符合事实。乐史又引《晋史》:"陶潜家于柴桑。"此《晋史》显然不是房玄龄等人所修的《晋书》,因《晋书》不载渊明籍贯。是否十八家《晋书》之遗存,亦不可知。不过,基本可以确定,《晋史》的年代不会晚于《图经》。

---

① 《舆地纪胜》,中华书局影印,1992 年,页 1221。
② 《四库全书总目》卷六八,中华书局影印,1965 年,页 595—596。
③ 《太平寰宇记》,页 2250、2252、2254。

房玄龄等人的《晋书》不书渊明籍贯，是有意还是无意？有人说，《晋书》删去《宋书·隐逸传》、萧统《陶渊明传》、《南史·隐逸传》中的陶潜"寻阳柴桑人"之说，说明修史者对沈约的说法"颇有疑惑"。这种说法有一定道理。房玄龄等人有可能看到《图经》，却又很难否定沈约、萧统的说法，故索性付之阙如，不书渊明籍贯。若《晋书》考证精湛，以《图经》之说为是，则应直书渊明"始家宜丰"。准确地说，《晋书》不书渊明籍贯，正说明成于众人之手的《晋书》，处在不能裁断的两难境地，并不一定是对沈约、萧统、李延寿"颇有疑惑"。历来对《晋书》评价不高，以至四库馆臣讥为"是真稗官之体，安得目曰史传乎？"①所以，因《晋书》删除《宋书》渊明"寻阳柴桑人"一句，便作为《晋书》否定沈约、萧统、《南史》的记载依据，其实并不妥当。

一般来说，史料越接近它的时代就越接近真实，价值越高。沈约有关渊明"寻阳柴桑人"的记载，当然要比《图经》之渊明"始家宜丰"说可信度高。我们不知道《图经》成于何时，出于何人之手，而沈约则是历仕宋、齐、梁三代的著名学者和文坛领袖，非无名之辈可比。况且，六朝最重谱牒之学，郑樵《通志》卷二五《氏族序》云："自隋唐而上，官有簿状，家有谱系，官之选举必由于簿状，家之婚姻必由于谱系。历代并有图谱局，置郎、令史以掌之，仍用博通古今之儒，知撰谱事。凡百官族姓之有家状者，则上之官，为考定详实，藏于秘阁，副在左户。若私书有滥，则纠之以官籍；官籍不及，则稽之以私书。此近古之制，以绳天下，使贵有常尊，贱有等威者也。所以人尚谱系之学，家藏谱系之书。"②

---

① 《四库全书总目》卷四五，页 405 中。
② 《通志》，万有文库十通本，页 439 上。

齐梁之世,谱牒之学尤为精诣①。作为学识渊博的沈约,不会不知道陶氏为寻阳洪族,渊明为陶侃曾孙。沈约撰《宋书》,距渊明之卒仅有五十多年,他说渊明"寻阳柴桑人",必有依据,值得信赖。假若《太平寰宇记》所引的《图经》沈约时已经存在,而沈约写《宋书·隐逸传》不采纳《图经》,说明《图经》"渊明始家宜丰"说不可信。实际的情况可能是,《图经》当时还未出现。距渊明辞世百年后,萧统编《陶渊明集》,同时作《陶渊明传》,称渊明为寻阳柴桑人。我们不相信沈约,也不相信萧统,却相信不知作者也难知年代的《图经》,是否有些本末倒置?

比沈约《宋书》更值得信赖的是颜延之《陶徵士诔》②。延之曾于义熙十一或十二年(415 或 416)及刘宋元嘉元年(424)两次与渊明交往,且交情不浅。《陶徵士诔》其中一段写到渊明告诫延之:"念昔宴私,举觞相诲。独正者危,至方则碍。哲人舒卷,布在前载。取鉴不远,吾规子佩。"③可证渊明以诚待延之,相交已深。读《陶徵士诔》完全可以肯定,颜延之熟知渊明的经历和个性。《陶徵士诔》序称"有晋徵士寻阳陶渊明,南岳之幽居者也"④,明白无误地指出:陶渊明为寻阳人,庐山的隐居者。渊明生于斯,长于斯,隐于斯。《诔》序接着历叙渊明的经历:"弱不好弄,长实素心。"⑤

---

① 《南齐书》卷五二《贾渊传》:"先是谱学未有名家,渊祖弼之广集百氏谱记,专心治业。晋太元中,朝廷给弼之令史书吏,撰定缮写,藏秘阁及左民曹。渊父及渊三世传学,凡十八州士族谱,合百帙七百余卷,该ună精悉,当世莫比。永明中,卫军王俭抄次《百家谱》,与渊参怀撰定。……撰《氏族要状》及《人名书》,并行于世。"中华书局,1972 年,页 907。又《梁书》卷三三《王僧孺传》:"僧孺集《十八州谱》七百一十卷,《百家谱集》十五卷,《东南谱集抄》十卷。"中华书局,1973 年,页 474。沈约与贾渊、王僧孺同时,陶氏为东晋望族,沈作《陶潜传》不会不参考贾、王谱学。
② 见萧统《文选》卷五七,中华书局影印宋刻本。1977 年,页 790 下—793 上。
③ 同上,页 792 下。
④ 同上,页 791 下。
⑤ 同上,页 791 上。

弱指弱年。这一句说明颜延之了解渊明二十岁之前的经历和性情。若渊明二十九岁之前一直在宜丰，义熙十二年（416）至永初二年（421）一度还宜丰，后又往寻阳，并且一直念念不忘宜丰故里，甚至视寻阳之家为来来往往的"逆旅"，那么，颜延之称他为"南岳幽居者"恐怕名实不符了。细读《陶徵士诔》，完全不能发现渊明"始家宜丰"的蛛丝马迹。

《命子》诗叙及祖先的功德，其中言及渊明之父有四句："于皇仁考，淡焉虚止。寄迹风云，冥兹愠喜。"①"寄迹风云"为攀龙托凤之喻，据此看来，渊明父亲有可能做过官，但淡于名利，喜怒不形于色。那么，渊明父在何处做官？做何官？李公焕笺注《命子》诗云："陶茂麟《谱》以岱为祖。按，此诗云'惠和千里'，当从《晋史》以茂为祖。陶茂为武昌太守。"后又引"赵泉山曰：'靖节之父史逸其名，惟载于陶茂麟《家谱》。'"②宋邓名世《古今姓氏书辩证》卷十一说："陶岱生晋安城太守逸，逸生彭泽令赠光禄大夫潜。"③查《晋书·地理志》安城作安成，是。若邓名世所言属实，则渊明父作过安成太守。对此，陶澍《陶靖节年谱考异》猜测道："（吉安）府志载安福有陶渊明读书台，或幼随父任，读书于此耶？"但陶澍又说："《图经》谓始家宜丰，未知所本。"④如果渊明父确实做过安成太守，那么渊明幼年随父任不无可能。当然，也有可能渊明父仕宦在外，不带家小，如渊明为官彭泽之例。至于《安福县

① 见龚斌《陶渊明集校笺》（典藏本），上海古籍出版社，2018 年，页 52。以下引陶渊明诗文皆出于此书，不再出注，仅括注页码。本书引文，多用便于获得且较精善的新出整理本或影印本重新核过，因此有部分引用书目的出版时间会晚于文末所注发表时间。
② 李公焕《笺注陶渊明集》，文渊阁《四库全书》本，台北商务印书馆影印，1986 年，1063 册，页 477 下、478 上。
③ 邓名世《古今姓氏书辩证》，文渊阁《四库全书》本，922 册，页 123 上。
④ 许逸民校辑《陶渊明年谱》，中华书局，1986 年，页 64。

志》所记城南"书冈山读书台"一类"胜迹"①，很可能是后人的纪念性建筑，其实并不可靠。《安福县志》录周景昌《陶潜潭记》说："城中有读书台，以殷仲堪安成守边，至今郡以台称，台以殷著。兹山独得于故老之相传而泯焉，不得与殷台齐名者，得非渊明解官之后，恐不免于宋之再征，遂自遁于幽遐穷陋，以晦其迹，使记载之失其传焉。"②这些得之于故老的"名胜"，很难找到它们的最初头绪。再说，渊明解官之后，就住在寻阳，哪里有到安福的踪迹呢？

渊明为寻阳柴桑人，从其先人及本人的生平行事、诗文，可以得到更多的印证。

渊明曾祖陶侃自父陶丹起，即居于寻阳柴桑。陶侃葬父母于此，子孙遂家于寻阳。陶侃以军功封长沙郡公，死后葬长沙。而侃子孙家于寻阳者仍多。例如侃子中最著名者陶范，曾为江州刺史，庐山西林寺即为陶范所缔构③。

义熙七年（411），渊明从弟敬远卒，作《祭从弟敬远文》。其中写到敬远年幼时情况和作者与敬远相亲相爱的情形，称他"孝发幼龄，友自天爱"，"相及龆龀，并罹偏咎。斯情实深，斯爱实厚"。据"年甫过立，奄与世辞"二句，敬远卒时刚过三十岁，而据旧谱，渊明则已四十七岁，两人相差十六七岁。既然忆及敬远"幼龄"，"相及龆龀"，则敬远大约七八岁，渊明为二十五岁。依渊明"始家宜丰"说，渊明二十五岁尚在宜丰，还未徙寻阳。如果敬远生于寻阳，则在宜丰之渊明，何以知悉七八岁之敬远"孝发幼龄"？并与之情爱深厚？如果敬远也生于宜丰，则在渊明二十九岁自宜丰徙寻阳时，难道敬远亦随从兄迁至寻阳？显

---

① 《安福县志》卷六："陶渊明读书台在城南书冈山。"乾隆四十七年（1782）刻本。
② 《安福县志》卷一七。
③ 见陈舜俞《庐山记》卷二："晋光禄卿寻阳陶范，缔构伽蓝，命曰西林。"文渊阁《四库全书》本。

然，这种情况不可能存在。唯一的解释是，敬远生于寻阳，卒于寻阳，渊明出仕前家在寻阳，与敬远共居一处，如此才有可能了解幼龄时的敬远，并与之有"同房之欢"。

《庚子岁五月中从都还阻风于规林》其一："行行循归路，计日望旧居。一欣侍温颜，再喜见友于……谁言客舟远，近瞻百里余。延目识南岭，空叹将焉如。"（页198）此诗也能证明渊明故居在寻阳。"旧居"一般指年代比较久远的居所，也有可能是父祖辈的遗物。渊明"始家宜丰"说者称渊明于太元十八年（393）起为江州祭酒，携家眷离开宜丰往寻阳赴任，则距写此诗时庚子岁（400），仅仅七年，称寻阳的居所为"旧居"，恐怕不合情理。南岭，为庐山临都阳湖的一大山峰。由"旧居""南岭"可知，渊明故里必在庐山附近，彼处有旧居、慈母、兄弟在焉。

作于义熙元年（405）的《归去来兮辞》序说："亲故多劝余为长吏。"（页453）此文作于寻阳，"亲故"，当指寻阳的亲戚和老朋友。若渊明二十九岁之前"始家宜丰"，至义熙元年不过十年时间，其间时隐时仕，亲戚或有之，而故人何来？此文辞云："三径就荒，松菊犹存。"所描写的家居环境，不无历史沧桑感，并不像是只有十年历史的家宅。

再有《与诸人共游周家墓柏下》诗，宜丰人士以为作于义熙十二年（416）渊明暮年还宜丰之后[1]。陶澍集注《靖节先生集》卷二引《晋书·周访传》中陶侃择地葬父的轶事，以为"周、陶世姻，此所游或即访家墓也"[2]。陶澍的注释正确不可易。《晋书·周访传》说：

---

[1]　胡绍仁《陶渊明生平与诗文考析》一文，谓《诸人共游周家墓柏下》诗作于晋恭帝元熙元年（419）。文载宜丰县陶渊明研究小组、宜丰县博物馆编《陶渊明始家宜丰研究》（内刊），1986年，页88。

[2]　陶澍集注《靖节先生集》卷二，《续修四库全书》，1304册，上海古籍出版社，2002年，页276下。

"吴平,因家庐江寻阳焉。……访少沈毅,谦而能让,果于割断,周穷振乏,家无余财,为县功曹。时陶侃为散吏,访荐为主簿,相与结友,以女妻侃子瞻。"①元帝时,周访平华轶,为寻阳太守,后赐爵寻阳县侯。周访家墓必在寻阳,故渊明得与诸人共游之。有人以为《与诸人共游周家墓柏下》诗,也作于渊明晚年复归宜丰时。此恐怕是臆说。试想在宜丰之渊明,岂能与诸人共游寻阳之周家墓?

沈约《宋书》等史传记载渊明为寻阳柴桑人,这一历来公认的说法与渊明的诗文可以相互印证,并无矛盾。反之,《太平寰宇记》引《图经》"始家宜丰,后徙寻阳"之说,解释渊明诗文有不少矛盾。后来的《舆地纪胜》、《元一统志》又多出渊明暮年复归宜丰,五六年后又往寻阳视子等事,在《太平寰宇记》的基础上踵事增华。至于《秀溪陶氏宗谱》,对渊明故里、渊明父名等记载不一,非常混乱,总的看来史料价值不高②。

宜丰人士为论证渊明"始家宜丰"说,在几年之前编成《陶渊明年谱》③。历来的年谱都不详渊明初仕江州祭酒之前的经

---

① 《晋书》,中华书局,1974 年,页 1578、1579。

② 《秀溪陶氏家谱》为民间家谱,不见于公开出版物,胡思敬《盐乘》曾引用。江西九江县原县志办公室张人鑫先生(已故)曾数访秀溪《陶谱》,谓此谱"始修于南宋度宗咸淳元年(1265),后历经永乐、万历、清康熙、乾隆、咸丰、宣统六次续修,迄今可见即宣统三年(1911)七修本"。又谓胡思敬对修溪《陶谱》肆意"舍"、"改"、"增",不可取信。详见张人鑫《"陶渊明始家宜丰"甄辩》,载陶渊明学术讨论会筹备组编,内部出版物《陶渊明研究》,1985 年,页 132、133。关于《秀溪陶渊明家谱》中存在的问题,笔者已作过考辨,可参见龚斌《陶渊明集校笺》(典藏版)附录三,上海古籍出版社,2018 年。

③ 1986 年,宜丰县陶渊明研究小组成员胡绍仁先生执笔编写了《陶渊明生平与诗文考析》。时过近 20 年,江西省社会科学规划领导小组,将陶渊明始家宜丰研究列入"十五"规划项目,并于 2005 年 3 月通过了《鉴定结项审批书》并颁发了《结项证书》。宜丰县陶渊明研究会在 1986 年成果的基础上,依据最近几年研究陶渊明始家宜丰的新成果,参照古今各谱,编成《陶渊明年谱》。此年谱非公开出版物,见于 www.yifengren.com 网站(宜丰人论坛)。

历,宜丰《年谱》于此特详。但殊少依据,特多臆说。吴国富《陶渊明寻阳觅踪》一书,已对宜丰《年谱》作过考辨,指出它的不可靠,"始家宜丰"说不可信①。读者可参看。今就宜丰《年谱》中的"渊明远游"及所谓"谢玄侵夺陶氏田产"事稍加辨析。

宜丰《年谱》谓晋孝武帝太元十年乙酉(385),渊明二十一岁:"家遭不幸。渊明从张掖、幽州远游回故里宜丰,绕道父任宦地安成。所置园田为康乐公谢玄侵夺。盖因渊明外祖父孟嘉尝依附桓温,温欲杀谢安。谢氏仇恨孟及孟婿陶敏,故藉皇封以并陶产。渊明从安成移居安成东北陶家园。《怨诗楚调示庞主簿邓治中》'弱冠逢世阻',即指此难"。按,所谓渊明远游张掖、幽州,非是误解,即是臆说。《拟古》其八云:

> 少时壮且厉,抚剑独行游。谁言行游近？张掖与幽州。饥食首阳薇,渴饮易水流。不见相知人,惟见古时丘。路边两高坟,伯牙与庄周。此士难再得,吾行欲何求？(页331—332)

诗题"拟古",即是拟古诗的格调,重在咏写自己的情怀,并不是实写自己的行止。这首诗赞美知己,体现出诗人青年时期的豪迈意气。当时南北政权对峙,关梁闭塞,年方弱冠的渊明,绝无可能独游至西北之张掖、北边之幽州。《拟古》其二说:"辞家夙严驾,当往志无终。"(页310)无终,故城在今河北蓟县。《拟古》其四说:"山河满目中,平原独茫茫。古时功名士,慷慨争此场。一旦百岁后,相与还北邙。"(页315)难道渊明也至无终,经洛阳,上北邙？这是无意误解,还是有意臆说？

---

① 吴国富《陶渊明寻阳觅踪》,江西人民出版社,2007年,页98—109。

其次,称谢玄侵夺陶氏田产,有何依据?桓温欲杀谢安固是事实,但据此就说谢玄仇视孟嘉及婿陶敏,因之侵夺陶氏田产,全无事实,好像编写故事。考太元八年(383),谢玄于肥水大破苻坚。太元十年,封谢玄康乐公。十一年,谢玄住彭城、还镇淮阴。遇疾,上疏解职。诏不许,玄又自陈。诏使移镇东阳城。玄即路,于道疾笃,上疏解职。但孝武帝仍不许,派高手医,又使还京口疗疾。十三年,谢玄卒于官①。可知谢玄自十年封康乐公后,移镇各处,重病缠身,解职又不许,真是身不由己,其情可悯。且不说渊明父是否作过安成太守,事实上谢玄也根本无暇去封地康乐,所谓怨恨孟嘉及婿陶敏,侵夺陶氏田产云云,纯属虚构。

二

判断渊明"始家宜丰"说可信与否,并不在《图经》这一孤证,更不在于各地陶氏宗谱,后者至多作为参考。判断疑问的最主要依据应当是渊明的诗文。在外部证据缺乏或很不可靠的情况下,运用内证法是最重要的手段。宜丰地方的研究声称渊明的诗文已能证实"始家宜丰"说,②而有些学者不加详究,或说"始家宜丰"说"颇有说服力",或说"大体上可以成立"。③ 其实,细读渊明诗文,会发现"始家宜丰"说难以解读渊明诗文,矛

① 《晋书》卷七九《谢玄传》,页 2083、2085。
② 宜丰陶渊明研究会《陶渊明始家宜丰研究最终成果简介》一文,以为陶渊明部分诗文内容可说明渊明始家宜丰,"在渊明的诗文中有《杂诗十二首》,其九、其七,《归园田居》五首其一,都反映了他追述离乡的心绪。"又说《杂诗十二首》其九是诗人离开故里宜丰的跋涉情景和在外思念宜丰之作,等等。见宜丰县陶渊明研究会编《陶渊明研究》(内刊),2005 年第 1 期,页 8。
③ 见吴卫华、凌沛诚主编《陶渊明始家宜丰资料集》引各家说,中国社会出版社,2004 年,页 96。

盾很多。例如以下许多诗：

1.《杂诗》

《陶集》中有《杂诗》十二首。据第六首"昔闻长老言,掩耳每不喜。奈何五十年,忽已亲此事?"（页347）则渊明作《杂诗》时年五十岁。据旧谱,当是义熙十年（414）。第九、十、十一三首为行役之诗,内容与前面八首不同。宜丰人士以为第九首有"渊明始家宜丰的信息"。① 先抄录全诗如下：

> 遥遥从羁役,一心处两端。掩泪泛东逝,顺流追时迁。日没星与昴,势翳西山颠。萧条隔天涯,惆怅念常餐。慷慨思南归,路遐无由缘。关梁难亏替,绝音寄斯篇。（页353）

他们解释这首诗说,前面六句,是写诗人离开宜丰故里到江州赴任跋涉情景,从宜丰乘船出耶溪河、上锦江,经赣江到鄱阳湖至江州,既是"顺流",又是"东逝"。西山,指晋朝许真君设坛的西山。下六句,是渊明写他在江州寂寞的几年,心情惆怅,向往宜丰老家。说诗者把这首诗所写的情事分成两个时段,一段写渊明初仕江州祭酒的心情和途中所见景物,一段写在江州思念宜丰老家。② 笔者以为这样解释不符合诗意,整首诗都是写某一次行役时身在官场、心在田园的矛盾痛苦的心情。"遥遥从羁役",说明奉命行役在外,身不由己,并不是应征赴任江州祭酒。渊明初仕,虽然"志意多所耻",但不至于刚出门就"一心处两端",甚至在江波间"掩泪泛东逝"。"慷慨思南归"四句是抒写

---

① 见宜丰县陶渊明研究会编印的内部资料《陶渊明始家宜丰》,2007年。
② 凌沛诚等《陶渊明始家宜丰辩证》谓渊明《杂诗》其七是"诗人37岁时思乡和追述离乡之作"。载《陶渊明始家宜丰资料集》,页222、223。

长期行役在外,而无法回归田园的痛苦无奈。如果携着家小刚出门,就"慷慨思南归",按之情理,不可能如此行为错乱。如果一定要南归,完全可以按原路返回,说不上"路遐无由缘"。从全诗情绪看,解释为长期行役在外的思乡情绪比较合适。前六句与后六句意脉连贯,密不可分,乃写一时之情事。再有,"西山"也是泛指西方之山,并非指许真君设坛的西山。"东逝"指由荆州或江州沿长江东下。此诗很可能作于晋安帝隆安年间,陶渊明时作桓玄幕僚,奉命往京师建康。

2.《归园田居》

一般认为,《归园田居》五首作于渊明自彭泽归田不久,大概在义熙二三年。持"始家宜丰"说者据诗中"一去三十年"句,以为这组诗作于宜丰,渊明自二十九岁离家出仕,至五十三岁回归宜丰旧居,前后二十四年,举其整数,故曰"三十年"。"一去三十年"(页91)的另一重要依据,是《归园田居》其四的"一世异朝市"(页100)。一世为三十年,可证渊明离开宜丰、暮年还宜丰已三十年了。①

后来,大概觉得二十四年称三十年比较勉强,又修正说:"去"的上限是渊明离开"始家"出外"谋官"的二十多岁,而不是指做江州祭酒的二十九岁。照此说法,渊明二十九岁为江州祭酒之前,还出外谋过官。谋何官?出外去何处?一无依据。

上述说法,看似解决了"一去三十年"的问题,其实仍有疑问。

疑问之一,"误落尘网中"的"尘网"(页91),"久在樊笼里"的"樊笼",作何解释?照"始家宜丰"说,渊明从太元十八年

---

① 见《陶渊明始家宜丰研究最终成果简介》,载宜丰县陶渊明研究会编《陶渊明研究》(内刊),2005 年第 1 期,页 8。

（393）至义熙十二年（416）客居寻阳的二十四年中，前十年时隐时仕。义熙元年（405）辞去彭泽令回归田园。前十年奔波仕途，"误落尘网"。那么，义熙元年归田之后的陶渊明，过着躬耕自资的生活，精神上得到极大的自由，难道仍旧算"误落尘网中"、"久在樊笼里"？难道只有回到所谓的宜丰老家，才算彻底的自由，精神上升到更高的层面？显然，把《归田园居》说成是渊明回到宜丰所作，很难讲通"尘网"、"樊笼"二词。说诗者可能觉察到这是个问题，于是扩大"尘网"、"樊笼"二词的内涵，称这两个词语理解为一切不自然的"尘事"，"复得返自然"是从"尘事"中解脱出来，是一种更高境界的解脱。那么，我们自然会追问：何谓"尘事"？说诗者举了渊明辞官后的"违己"事情，即贫穷、遇火、移居、饥寒。又说渊明离开寻阳回到老家宜丰之后，就从"尘事"中完全解脱出来了。这样解释"尘事"其实很牵强。渊明《归去来兮辞》序所说的"违己交病"，是指违反自然本性，导致身心两方面的折磨痛苦，遇火、贫穷、饥寒，以及由此而生的慷慨悲叹，不属于"违己交病"。"尘网"、"樊笼"只能作官场讲，渊明于义熙元年离开官场，标志着开始脱离"尘网"和"樊笼"。再有，"始家宜丰"说者以为《饮酒》二十首作于诗人暮年还宜丰之后①，那么，《饮酒》其十六说："弊庐交悲风，荒草没前庭。披褐守长夜，晨鸡不肯鸣。孟公不在兹，终以翳我情。"渊明独守弊庐，感叹举世无知己，这是否也是"尘事"，也是"违己"呢？而且"弊庐"、"荒草"，其居住环境与《归园田居》其一"方宅十余亩"的舒适宜人迥然不同，《饮酒》二十首不可能与《归园

---

① 　胡伏坤《简论陶渊明的酒功和酒意》一文谓《饮酒》二十首作于渊明 52 岁，为
　　416 年即丙辰年；《秀溪陶氏族谱》载："丙辰冬，乃与翟氏携幼子佟还宜丰。"载
　　宜丰县陶渊明研究会编《陶渊明研究》（内刊），2008 年第 1 期，页 4。

田居》作于同一时期。因此,以为《归园田居》作于渊明暮年还宜丰后,"三十年"指寄寓寻阳三十年,以此解释《归园田居》其一,问题极多。

疑问之二,"方宅十余亩,草屋八九间。榆柳荫后檐,桃李罗堂前",在宜丰是否有可能存在这种舒适宜人的家居?依"始家宜丰"说,渊明二十九岁出仕赴寻阳,携家小于通衢,则宜丰之家当人去屋空。一别三十年后还宜丰旧居,恐怕不会再有果树扶疏,掩映草屋的景象。即使再造此宜人景象,恐怕亦须十年八年方能办到。

疑问之三,《归园田居》其四写诗人携子侄辈作山泽之游,"徘徊丘陇间,依依昔人居。井灶有遗处,桑竹残朽株。"由此感叹"一世异朝市,此语真不虚。人生似幻化,终当归空无"。(页100)这是一次平常的野游,表现人世变幻,终归空无的主题。可是宜丰人士以为这首诗写渊明在宜丰"上坟拜祭父母",父母的坟墓就是"昔人居","是故里在宜丰的铁证"云云①。这又成了一无依据,随意说诗的例子。渊明父早死,退一步讲,既作安成太守,则坟墓在宜丰也有可能,至于渊明母孟氏,卒于寻阳,时在晋安帝隆安五年(401)②。渊明母卒于寻阳,决无可能葬在千里之外的宜丰。再则,古人极重视父母之墓,岂有父母死一二十年,就不知坟地所在,须向采薪者打听?三则,"井灶有遗处,桑竹残朽株。借问采薪者,此人皆焉如",是写人世沧桑之变,昔

① 见胡伏坤《走进陶渊明》,宜丰县陶渊明研究会编印内部资料,2008 年,页 104、105。
② 《祭程氏妹文》:"昔者江陵,重罹天罚。"宋吴人杰《陶靖节先生年谱》"安帝隆安五年辛丑"条下:"先生以七月还江陵,而《祭妹文》有'萧萧冬月'之语,则居忧在是岁之冬。"(见许逸民校辑《陶渊明年谱》第 15 页,中华书局,1986 年)其说是。

人居成无人居，曾经的生灵"死没无复余"，由此而生"人生似幻化，终当归空无"的感慨。"丘陇"和"昔人居"，怎能误解为父母墓地？

疑问之四，"一世异朝市"之"一世"，是否确指渊明离开宜丰三十年？丁福保注："'一世异朝市'盖古语，言三十年间，公众指目之朝市，已迁改也。"①丁注甚确。"一世异朝市"是古语，并不是渊明新创。诗人见野外荒凉景象，感叹"此语"不虚。诗云"徘徊丘陇间，依依昔人居"，是说丘陇（墓地）已与"昔人居"相杂共处，当年有井灶桑竹的村墟，虽尚有遗迹，但其间丘陇也已在目了。可见沧海桑田，此"昔人居"的衰败史恐不止三十年。以"一世异朝市"证成所谓离开宜丰三十年，也没有说服力。

3.《酬刘柴桑》

宜丰《秀溪陶氏族谱》"靖节公家传"载："丙辰冬，乃与翟氏携幼子佟还宜丰，诗曰：'命氏携童弱，良日登远游。'葺理南山旧宅而居之。"②《秀溪谱》所引"命氏"二句，出于《酬刘柴桑》诗。所谓渊明晚年复归宜丰的重要依据即是"命氏"二句。《秀溪谱》定此诗作于丙辰（义熙十二年），写渊明携幼子还宜丰。此说与渊明生平行止多不符合。

一是刘柴桑卒于义熙十一年（415）。释元康《肇论疏》谓桓玄东下，格称永始，刘遗民便隐居山林，居山十有二年卒。③考桓玄于元兴二年（403）十二月篡晋称楚，改元永始，刘遗民于此时隐居庐山，居山十二年，则刘于义熙十一年卒。《秀溪谱》谓渊明于义熙十二年还宜丰，而去年刘柴桑已卒，两人之间不可能

---

① 丁福保《陶渊明诗笺注》，台北艺文印书馆，1962年，页48。
② 《秀溪陶氏族谱·靖节公家传》，吴卫华、凌诚沛《陶渊明始家宜丰资料集》，页58。
③ 《肇论疏》，《大正藏》，45册，页181下。

作诗酬答。

二是幼子佟年岁。诗云:"命室携童弱。"(页150)童,男十五岁以下谓童子;弱,谓幼弱。童弱须由妻子携,说明孩子尚小。考渊明得长子俨大约二十六七岁,时在太元十五六年(390或391);幼子佟与长子俨相差八岁(见《责子》诗)。至义熙十二年丙辰(416),幼子佟也有十八九岁,不须妻室携之而行。

三是诗云:"今我不为乐,知有来岁不? 命室携童弱,良日登远游。"(页150)细味诗意,诗人带着妻子小孩择良日远游,乃是及时行乐,看不出是举家迁徙。春秋多佳日,看到"新葵郁北墉,嘉穟养南畴"的新秋景色,顿生远游为乐之念。以上三点证明,《秀溪谱》为义熙十二年丙辰渊明携幼子佟还宜丰之说不可信。

4.《饮酒》二十首

渊明"始家宜丰"说者又以为《饮酒》二十首作于义熙十三年丁巳(417),其中一半是回归故里宜丰后作。① 但哪几首在柴桑作,哪几首在宜丰作,无考证。

关于《饮酒》二十首的写作年代,古今说法不一。宋汤汉《陶靖节诗注》说:"彭泽之归,在义熙元年乙巳,此云复一纪,则赋此《饮酒》,当是义熙十二三年间。"②笔者据《饮酒》其十九"冉冉星气流,亭亭复一纪",《丙辰岁八月中于下潠田舍获》"日余作此来,三四星火颓",定《饮酒》二十首作于义熙十二年(416)(页291)。《饮酒》二十首诗序说:"兼比夜已长。"可知诗作于这年的秋冬之际。诗序又说:"既醉之后,辄题数句自娱,

---

① 胡绍仁《陶渊明生平与诗文考析》谓《饮酒》二十首作于义熙十三年(417),诗人住于宜丰故里南山。载《陶渊明始家宜丰研究》(内刊),页87。
② 汤汉《陶靖节诗注》,《续修四库全书》,1304册,页121下。

纸墨遂多，辞无诠次。聊命故人书之，以为欢笑耳。"（页248）由此判断，这二十首诗作于一时。一半诗作于柴桑，一半诗作于宜丰，那是不可想象的。若渊明真有义熙十二年冬还宜丰之事，三十年方归，旧居须修葺，器具须置办，三十年前之旧人或物故，或情疏，诸事生疏纷杂，不太可能有"偶有名酒，无夕不饮"的闲暇，"聊命故人书之"的邻里亲密。

《饮酒》其十五、十六两首诗有对渊明居所的描写："贫居乏人工，灌木荒余宅。班班有翔鸟，寂寂无行迹"，（页281—282）"弊庐交悲风，荒草没前庭"。（页283）贫穷的住宅，被杂乱的灌木与荒草包围着，只有飞鸟光顾，冷寂无人迹。渊明"始家宜丰"说者以为《归园田居》作于义熙十三年春天，《饮酒》作于同一年的秋天。然《归园田居》其一中的住所是"方宅十余亩，草屋八九间。榆柳荫后檐，桃李罗堂前"。（页91）景物井然，似见人工的修饰，与《饮酒》诗描写的"敝庐"完全不同。至于抒情与议论，两组诗也有很大的差异。把它们硬拉在一块，说是同一年的作品，都写在还宜丰之后，实在处处扞格，很难令人信服。

5.《赠羊长史》、《怨诗楚调示庞主簿邓治中》、《岁暮和张常侍》

《赠羊长史》诗序曰："左军羊长史衔使秦川，作此与之。"左军指左将军檀韶。《宋书·檀韶传》谓晋安帝义熙十二年迁督豫州之西阳、新蔡二郡诸军事、江州刺史①。逯钦立《陶渊明事迹诗文系年》"义熙十三年丁巳（417）"条下说："檀韶自去年八月以左将军为江州刺史，坐镇寻阳，今遣羊长史衔使秦川，向刘裕称贺，故曰左军羊长史。"②逯氏解释此诗的序很可取。羊长

---

① 《宋书》卷四五，页1373。
② 逯钦立校注《陶渊明集》附录二，中华书局，1979年，页284。

史奉檀韶之命,往关中祝贺刘裕伐秦大捷,发自寻阳。渊明与羊
长史有旧,当羊奉使秦川时,作诗赠之。若依"始家宜丰"说,渊
明已于义熙十二年(416)还宜丰,则根本不可能作诗赠羊长史。
由此诗可证,义熙十三年渊明必在寻阳无疑。

《怨诗楚调示庞主簿邓治中》诗云:"偓佺六九年。"(页
120)六九五十四,此诗作于渊明五十四岁时。庞主簿可能是渊
明的故人庞通之(见《宋书·隐逸传》)。①　主簿,官名,郡县都可
置此官。邓治中其人不详。治中是州刺史的助理。渊明能与庞
主簿、邓治中交往并以诗呈之,说明此时在江州郡治寻阳。而据
渊明"始家宜丰"说,义熙十四年戊午(418)渊明五十四岁,时在
宜丰。若在宜丰,无由以诗呈庞、邓两人。由此可证渊明义熙十
二年至宋武帝永初二年(421)还宜丰之说不可信。

《岁暮和张常侍》大致作于义熙十四年冬。一般注家都以
为张常侍指寻阳人张野。据《莲社高贤传》,张野字莱民,居寻
阳柴桑,与渊明有婚姻契。曾聘为散骑常侍,卒于义熙十四
年②。据此,此诗作于张野生前。但诗的开头说:"市朝凄旧人,
骤骥感悲泉。"(页177)明显有悼人之意,因此,诗题中的张常侍
就不太可能是张野。对此疑问,陶澍《陶靖节年谱考异》解释
道:"但野既死,不当云和。考《莲社传》又有张诠,野之族子,亦
征散骑常侍,不就,入庐山事远公,宋景平元年卒。或此常侍诠
也。岂诠有挽野之诗,而先生和之耶?"③张野既卒于义熙十四
年,诗又有哀挽之意,那么渊明就不可能与野唱和,陶澍的解释
不无道理。若渊明此时在宜丰,岂能与张常侍唱和?

① 《宋书》,页 2288。
② 《莲社高贤传·张野》,《增订汉魏丛书》本,叶 20A。
③ 陶澍《靖节先生年谱考异下》,《续修四库全书》,1304 册,页 388 下。

6.《九日闲居》、《于王抚军座送客》

这二首诗皆与江州刺史王弘有关。《宋书·隐逸传》说：
"义熙末，征著作佐郎，不就。江州刺史王弘欲识之，不能致也。
潜尝往庐山，弘令故人庞通之赉酒具，于半道栗里邀之。"①萧统
《陶渊明传》、《晋书》、《南史》记载皆同。王弘为江州刺史的时
间见于《宋书·王弘传》："十四年，迁监江州、豫州之西阳、新蔡
二郡诸军事，抚军将军、江州刺史。"②《宋书·隐逸传》所记王弘
识渊明，最有可能是在义熙十四、十五年间。然依"始家宜丰"
说，此时渊明正在将近千里之外的宜丰，王弘岂能识之？

《九日闲居》也可能作于义熙十四或十五年。《宋书·隐逸
传》说："尝九月九日无酒，出宅边菊丛中坐久，值王弘送酒至，
即便取酌，醉而后归。"③若此时渊明在宜丰，自然王弘也无法
送酒。

《于王抚军座送客》大致作于永初元年庚申（420）秋，或说
作于永初二年辛酉（421）秋。李公焕《笺注陶渊明集》卷二注：
"按《年谱》，此诗宋武帝永初二年辛酉秋作也。《宋书》：王弘
字休元，为抚军将军、江州刺史，庾登之为西阳（今黄州）太守，
被征还，谢瞻为豫章（今洪州）太守，将赴郡，王弘送至湓口（今
浔阳之湓浦），三人于此赋诗叙别。是必休元邀靖节预席饯行，
故《文选》载谢瞻《即席集别诗》，首章纪座间四人。"④若此诗作
于永初元年，依"始家宜丰"说，则渊明不得预席送客。若作于
永初二年秋，渊明仍在宜丰，也不得预王抚军座。由此诗亦可证
渊明暮年还宜丰之说不可信。

---

① 《宋书》卷九三，页 2288。
② 《宋书》卷四二，页 1313。
③ 《宋书》卷九三，页 2288。
④ 李公焕《笺注陶渊明集》，文渊阁《四库全书》本，页 485 下—486 上。

7.《杂诗》其七

陶诗中的"南山",可以作为判断渊明里居的重要依据之一。"南山"凡三见。《归园田居》其三:"种豆南山下。"(页98)《饮酒》其五:"悠然见南山。"(页258)《杂诗》其七:"南山有旧宅。"(页349)历来注家多以为"南山"指庐山,渊明"始家宜丰"说者则以为"南山"在宜丰。胡思敬《盐乘》一四《陶潜列传》说:"始家宜丰,筑室南山延禧观侧。"同书卷二:"潜辞官后,留寓寻阳,唯幼子佟居县东南山。"《秀溪谱》说:"渊明公性喜安闲,寻幽觅静,见南山之阳,林木森蔚,孝武帝太元十五年庚寅乃构庐而居焉。"

《归园田居》、《饮酒》作于寻阳,已如上述。今再分析《杂诗》其七:

> 日月不肯迟,四时相催迫。寒风拂枯条,落叶掩长陌。弱质与运颓,玄鬓早已白。素标插人头,前途渐就窄。家为逆旅舍,我如当去客。去去欲何之,南山有旧宅。(页349)

"南山"指庐山。庾亮《翟征君赞》:"卒于寻阳之南山。"[1]太元十六年,江州刺史王凝之集中外僧徒八十八人,在庐山翻译佛经,僧祐《出三藏记集》卷一〇《阿毗昙心序》云:"其年冬于南山精舍,提婆自执胡经,先诵本文。"[2]可证寻阳之南山即指庐山。宜丰说者谓南山在宜丰,斥之曰:"南山为庐山,旧宅为坟墓,这是毫无道理的。"又解释《杂诗》其七的旨意说:"诗人的本意是说,寻阳的家不过是旅途的旅舍,还是回到南山旧宅去吧!这是

---

① 见《艺文类聚》卷三六,上海古籍出版社,1982年,页651。
② 《大正藏》,55册,页72中。

诗人的思乡之作。"①其实，这种解释显然误解了此诗。从"日月不肯迟"到"前途渐就窄"，都是写岁月飞逝，日渐衰老，来日苦短。"家为"二句，以逆旅比人生之暂寄。逆旅，客舍也。萧统《陶渊明集序》："处百龄之内，居一世之中，倏忽比之白驹，寄寓谓之逆旅。"②李白《拟古》："生者为过客，死者为归人，天地一逆旅，同悲万古尘。"③逆旅喻人生之暂留，生者为匆匆之过客，这是文学作品中的熟典，照例不应该发生误解。也许宜丰人士迫切想论证渊明晚年居"南山旧居"，才曲解此诗。

《杂诗》最后二句"去去欲何之，南山有旧宅"，是诗人自感衰年已至，表达回归先人墓地的愿望。旧宅，指祖先坟地。《礼记》："大夫卜宅与葬日。"郑玄注："宅，墓地也。"④《孝经·丧亲章》："卜其宅兆而安措之。"邢昺注疏："宅，墓穴也。"⑤梁时名士刘显卒，友人刘之遴启皇太子萧纲，中有四句云："阖棺郢都，归魂上国，卜宅有日，须镌墓板。"⑥卜宅，谓选择墓地也。渊明《自祭文》："陶子将辞逆旅之舍，永归于本宅。"（页524）这二句正可作"去去欲何之，南山有旧宅"的注脚。不能解释为陶子将辞别柴桑之家，永远回归到宜丰的旧宅。写到这里，笔者很怀疑《秀溪谱》所谓渊明晚年还宜丰，"葺南山旧宅而居之"，这一说法恐怕正由误解"南山有旧宅"一句而来。陶侃葬母于寻阳，虽侃封长沙郡公，死后葬在长沙，但其子孙葬在寻阳者必多。渊明死于寻阳，必葬于寻阳无疑。宜丰人士称"渊明逝世于柴桑，归

① 熊步成《从渊明诗文看渊明故里》，载宜丰县陶渊明研究会编，《陶渊明研究》（内刊），2002年第2期，页8。
② 《陶渊明研究资料汇编》，中华书局，1962年，页8。
③ 王琦注《李太白全集》卷二四，中华书局，1977年，页1099。
④ 《礼记正义》卷四〇，十三经注疏本，页1551上。
⑤ 《孝经注疏》卷九，十三经注疏本，页2561中。
⑥ 《梁书》四〇《刘显传》，中华书局，1973年，页571。

葬宜丰",依据是《瑞州府志》、《新昌县志》"冢墓篇"内所谓"晋陶渊明墓,在义钧乡七里山"之说①。寻阳有渊明先人墓冢,却葬于千里之外的宜丰,那是完全不可设想的。

自《太平寰宇记》引《图经》渊明"始家宜丰"说以来,地理著作如《舆地纪胜》、《明一统志》及《秀溪陶氏宗谱》等皆沿袭其说,绵延千年不绝。然而证以陶渊明诗文,都得不到充分有力的证实。这是笔者怀疑"始家宜丰"说的最主要的理由。疑问存于心已有多年了,现在抱着求真和实话实说的态度,说出我的疑问,希望给对探讨渊明故里有兴趣的同道参考。笔者虽怀疑渊明"始家宜丰"说,但宜丰陶氏后裔绵绵不绝,与渊明有关的遗迹甚多,袁行霈先生曾称此现象为"查无实际,事出有因"②。如果有因,因在何处?是否还值得追问?这是令古今学者困惑不已的问题。笔者以为《秀溪谱》、康熙《新昌县志》既误以陶回为渊明父,而回又曾封康乐伯,那么,渊明"始家宜丰"说,是否与陶回有关,且以讹传讹呢?献此疑窦,以待明德。

（本文原载《中华文史论丛》2013年第1期,有删改）

---

① 胡绍仁《陶渊明始家宜丰》,见吴卫华、凌诚沛主编《陶渊明始家宜丰资料集》,页239。
② 袁行霈《陶渊明研究·陶渊明年谱》,北京大学出版社,1997年,页256。

陶氏宗谱中之问题

　　迄今为止，已发现的各地陶氏宗谱有数十种之多。将近三十年前，笔者寻访江西图书馆及赣、徽二地民间所藏陶氏宗谱，经过目者约有十种：一、宜丰《秀溪陶氏族谱》（简称《秀溪谱》）；二、都昌《西源陶氏宗谱》（简称《西源谱》）；三、《浔阳陶氏宗谱》（简称《浔阳谱》）四、灵龟石《陶氏宗谱》（简称《灵龟石谱》）；五、《栗里陶氏宗谱》（简称《栗里谱》）；六、彭泽《定山陶氏宗谱》（简称《定山谱》）；七、德化《套口陶氏宗谱》（简称《套口谱》）；八、潜山《陶氏宗谱》（简称《潜山谱》）；九、黟县《陶氏宗谱》（简称《黟县谱》）；十、星子《廖花陶氏宗谱》（简称《廖花谱》）。诸谱大多始修于明清期间，最早的《秀溪谱》始修于南宋度宗咸淳元年（1265）。多数陶氏宗谱记载陶渊明及渊明先祖的事迹大同小异，总的看来史料价值不高。然以为诸宗谱对于研讨陶渊明的籍贯、世系、居址、家庭及生平和行事等不无裨益。①

---

① 此文最初发表于《复旦学报（社会科学版）》1995 年第 1 期。1996 年拙著《陶渊明集校笺》出版，此文作为附录。近来，又读陶氏后裔陶维墀编著的（转下页）

一

陶渊明《命子》诗叙陶氏的祖先,自上古陶氏始祖陶唐氏、周初陶叔、汉初愍侯陶舍、舍子丞相陶青,继以"浑浑长源,蔚蔚洪柯"数句带过,尔后奇峰突起,"在我中晋,业融长沙"①,浓笔重彩,赞美其曾祖长沙公陶侃。

西汉陶青之后,陶侃之前,陶氏先祖中究竟有何名人?陶氏世系的真相如何?史籍中是找不到确切资料的。但在多种陶氏宗谱中,记有陶青之后的世系。例如《定山谱》:"青、偃、睢、豫、文振、睿、昆、遂、敦。"《会宗谱》:"青、偃、睢、豫、叶、元、昆、遂、敦。"《鄱阳谱》:"青、世征、祚、豫、文振、睿、昆、遂、敦。"(以上见《陶氏史记》页179)仅从以上三种陶氏宗谱看,自陶青之后的世系记载不一,难于断定何者是,何者非。参考史料,陶青、陶敦在汉世确有其人,其他陶氏先祖,则无有佐证。当然,陶青所生可能非一子,定山、鄱阳或皖江各地的陶氏后裔,枝分条异,各有其始祖,悠悠二千年之后,既然难定其真,自然也就难证其伪。不过,各地陶氏宗谱有一致的地方,即都以为陶敦是陶青的九世孙,尽管或称敦是遂之子,或称敦是卫之子。由此可说明,各地陶氏皆称后汉顺帝时的陶敦为陶氏南迁的始祖,望出江南的陶氏皆是陶敦之后,并勾画出陶敦之后的陶氏世系。

考陶敦其人,曾为后汉顺帝时的司空。《后汉书》卷五八

(接上页)《陶氏史记》,并查阅上海图书馆藏各地陶氏宗谱多种,有不小的增补。陶维墀编著《陶氏史记》是作者经多方寻觅各地陶氏宗谱,抄录编辑而成,分上下两册。是书为非公开出版物(刊号:赣出内浔壹字 1995 第 25 号),以下引用该书者,皆仅括注页码。

① 《宋书》,中华书局,1974 年,页 2290。

《虞诩传》载："顺帝省其章，乃为免司空陶敦。"李贤注："《汉官仪》曰：'敦字文理，京兆人也。'"①又《通鉴》卷五一《汉纪》四三载：延光四年（125）"十二月甲申以少府河南陶敦为司空。"②袁宏撰《后汉纪》卷十八《孝顺皇帝纪》第十八：永建元年（126），"司空陶敦有罪免"。③《陶氏史记》有关陶敦的事迹，有《后汉书》所不载者。例如《皖江陶氏族谱续修序》载："陶青九世孙敦封安侯（史未云封侯），拜大司徒（司空），敦之孙同，汉末避乱江东，生子丹，仕吴为杨武将军，封柴桑侯，子名侃，仕晋都督八州军事，封桓国公，生子茂，英俊伟彦，任武昌太守，生孙渊明为彭泽令。"由上述史料可知，陶敦为司空止一年。不久，敦移家至江南丹阳。《陶氏史记》编者称陶敦卷入政治斗争被免官，"不得不举族南迁，卜居丹阳，不久便卒于丹阳"。此言证据何在？证据是《当涂县志》载：陶敦墓在县东 65 里。由可靠的汉史与《当涂县志》互证，以及汉末陶氏一族聚居于江南丹阳的事实，可以证明陶敦举族南迁，敦为丹阳陶氏的始祖。

陶敦之后，陶氏宗谱中的另一重要人物是陶谦，其事迹见于《后汉书》及《三国志》。《后汉书》卷七三《陶谦传》："陶谦字恭祖，丹阳人也。少为诸生仕州郡。"李贤注："《吴书》曰：'陶谦父，故余姚长。'"又注引《吴书》曰："陶谦察孝廉，拜尚书郎，除舒令。郡太守张磐，同郡先辈，与谦父友，谦耻为之屈。尝以舞属谦，谦不为起，固强之乃舞，舞又不转。磐曰：'不当转邪？'曰：'不可转，转则胜人。'"④兴平元年（194）病死。《后汉书·荀彧传》则谓陶谦兴平二年（195）死。《三国志》卷八《魏书》八

---

① 《后汉书》，中华书局，1965 年，页 1869。
② 司马光撰，胡三省音注《资治通鉴》，中华书局，1956 年，页 1640。
③ 袁宏撰《后汉纪》，中华书局，2002 年，页 345。
④ 《后汉书》，页 2366。

《陶谦传》谓兴平元年卒。裴注引《吴书》："谦死时，年六十三。""谦二子：商、应，皆不仕。"①《陶氏史记》编者《浔阳祖系表》谓六十一世："商，谦子，袭侯，后居溧阳，为溧阳之祖。隐，谦子，返故里，为当涂祖。"（页96）陶谦父祖名，史不载。陶氏宗谱则记载不一。《皖江谱》谓"敦生谦"。《广济谱》谓"敦生良，良生谦"。《定山谱》谓"敦公三子明弼、敷治、洁公。明弼生谦"。《会宗谱》谓"敦公二子良、俊，良生谦，俊生同"。（页94）《毗陵谱》谓陶谦父名诠，敦公子（页182）。以上诸谱记陶谦父名，或说良，或说明弼，或说诠，难于确定。然陶谦为陶敦诸孙辈，当为可信。

继陶谦之后，陶基也是陶氏世系中的重要人物。《陶氏史记》载："陶基字叔先，陶谦从子，丹阳人。""基子璜、浚、抗。""当涂陶墓有征君陶超墓，后基孙回与之同域。然则超或为基之父。"（页183）考陶超其人，见于宋张君房撰《云笈七签》卷一〇七，载梁陶弘景从子翊字木羽撰《华阳隐居先生本起录》，详载陶氏世系：陶弘景，丹阳人。十三世祖超，汉末渡江，始居丹阳。七世祖濬，交州刺史璜之弟，仕吴为镇南将军，封句容侯，与孙晧俱降晋，拜议郎散骑常侍尚书。

此陶弘景世系出于弘景从子之手，可信度当然远高于陶氏宗谱。弘景十三世祖超于汉末南迁丹阳，则陶超可能是陶敦的晚辈族人，年代与陶谦接近。《晋书》卷五七《陶璜传》说："自基至绥四世为交州者五人。"②则陶基一支，乃是陶超所传。

汉末社会动乱，造成北方大族纷纷南迁，是古代中国移民史上重要的史迹。《三国志》卷五二《吴书》七《张昭传》云"汉末

---

① 《三国志》，中华书局，1982年，页250。
② 《晋书》，中华书局，1974年，页1561。

大乱，徐方士民多避难扬土"①。卷十三《魏书》十三《华歆传》裴松之注引《吴历》云"是时四方贤士大夫避地江南者甚众"②。许嵩《建康实录》卷五云周访先人"汉末避地江南，晋平吴，移家寻阳"③。同书卷八云孔愉"其先世居梁国，曾祖潜，汉末避地会籍，因家焉"④。陶氏家族中的陶超一支，正是在汉末避乱大潮中，避乱江南。盖丹阳先有族人陶敦居此，陶超亦迁丹阳，殆有同族之人可投靠欤？

　　由于年代久远，汉晋之际陶氏世系非常混乱，难得其真。《陶氏史记》编者说："见溧阳迁常、武进后肖二谱，欣喜万分，但一见以后，顿失所望，祖系混淆不清，与浔阳所见虽亦有异同，但大脉则不乱，而此二谱则大脉已乱，丹阳、浔阳混在一起，使人啼笑皆非，无怪洪亮吉之茫然也。"并记录过眼的几种陶氏宗谱的陶氏世系，略加评论："又见暨阳之谱，祖系大异，不见舍、青、敦、谦、侃诸公，出一河南节度史良公，谱中仅插入渊明、宏景二公。""溧阳迁常、武进后肖二谱皆作谦子商，商子珙、璜，璜子汝、威，威子伺，伺为侃公祖，是为侃公为璜公玄孙。无锡迁吴谱作谦曾孙璜，璜曾孙同，同孙侃……""真如谱，溧阳一支，谦公后乎？璜公后乎？侃公后乎？丹阳派乎？浔阳派乎？吾不得而知之。武进后肖一支，回公后乎？侃公后乎？亦不得而知！"（页113）诸谱既如此混乱，读者自然会有如此疑问、如许感慨。要之，陶侃之前陶氏世系，唯有陶敦、陶谦、陶超、陶基、陶璜、陶回等见于史传者尚可信从，其余年久失真，作谱者不加考证，抄录旧谱，以致昭穆不辨，支派缪乱，无史料价值可言。

---

① 《三国志》，页1219。
② 《三国志》，页420。
③ 《建康实录》，中华书局，1986年，页135。
④ 《建康实录》，页212。

二

陶氏宗谱中最重要的人物无疑是陶侃。陶氏成为东晋洪族，百世不绝，枝条繁茂，布荫神州，直至子孙散布于世界五大洲。追溯其源，最大功臣有二，其一乃陶侃也。然陶侃的世系，各地陶氏宗谱的记载并不一致。《秀溪三修家谱序》云："同之子丹仕吴为杨武将军、柴桑侯，丹子侃在晋都督八州。"（页21）据此，陶侃祖同，父丹。《秀溪世修族谱》附《丹公传》谓陶丹字炳文，汉昭信将军庄之孙，同次子也。又谓陶丹拜扬武将军，以功封柴桑侯，原配谢，子一横，横字士庄。子二：臻、舆。丹继娶湛，子一侃（页22）。据《丹公传》，陶丹祖庄，父同。丹子横，丹继娶湛氏，生子侃（页22）。但《陶氏史记》在另一处称：侃父丹，生献帝癸巳（213—263），吴杨武将军，柴桑侯，葬鄱阳鹤问湖，子操、珣、侃等。妾湛夫人，新淦人，生癸卯（223—307）。侃母，葬饶州牛冈嘴（页97）。《陶氏史记》"世系表"亦记陶丹三子，为珣、操、侃。按，《晋书·列女·湛氏传》称侃父丹娉为妾。《世说新语·贤媛》一九刘孝标注引《晋阳秋》说："侃父丹，娶新淦湛氏女，生侃。"[1]

上述诸谱记载陶侃世系，非常混乱。例如《丹公传》称陶丹生一子横，后面又云子二：臻、舆。臻、舆究是丹子，还是横子？《世系表》谓陶丹三子，为珣、操、侃。丹究有一子还是三子？考《晋书·陶侃传》谓侃父陶丹，宋邓名世《古今姓氏书辩证》云："后世陶氏望出丹阳，晋太尉侃之祖父同始居焉，同生丹，吴扬武将军，柴桑侯，遂居其地。生侃，字士行，娶十五妻。"[2]相比各

---

[1] 余嘉锡《世说新语笺疏》，中华书局，2007年，页811。

[2] 邓名世《古今姓氏书辩证》卷十一，文渊阁《四库全书》本，922册，页123上。

地陶氏宗谱，邓名世《古今姓氏书辨证》应该可靠得多。

陶侃有兄，史失载其名。《灵龟石谱》谓侃父丹生子四，而只载侃。《套口谱》谓丹长子名黄，生子二：臻、舆。《栗里谱》谓丹长子曰僙，生子二曰臻、舆。《西源谱》、《黟县谱》谓丹生子一曰侃。《秀溪谱》谓丹长子僙，生子臻、舆。《武进后肖谱》谓舆、臻为侃子，渊明父为实（见《陶氏史记》页117）。按，《晋书·陶侃传》既称臻、舆为兄子，则陶侃必有兄。《陶氏史记》"世系表"记陶丹三子，为瑚、操、侃。王隐《晋书》说："丹长子操任武昌，私还视丹病，丹责以朝廷任我为边将，取尔为任，而敢越法移行，竟不见。"（见《芜湖陶氏族谱序》，《陶氏史记》页189）若王隐所说为实，则操为侃兄。瑚者无从考见。不知臻父、舆父其名。

诸谱或称陶丹有长子名僙或黄者，恐非是。按，《陶氏史记》："璜，基长子，字世英（？—290），交州牧，宛陵侯。子融、威、淑、浚。"（按，"融"字后当有"子"字）"融，璜子，武平都尉。""威，璜长子，卒于315年，交州刺史，子绥。淑，璜次子，交州刺史。"（页97）《陶氏史记》又谓浚为陶基次子，吴孙皓时为京口徐陵督……后随孙皓降晋，入晋为侍中。基三子抗，随兄入晋，仕为太子中庶子，卒。又谓抗子回（272—327），征虏将军，咸和二年卒，年五十一，谥曰咸（页184）。子汪、陋、隐、无忌。《陶氏史记》"祖系表"则记基三子：璜、浚、抗（页103）。考陶璜，《晋书》有传，谓璜字世英，丹杨秣陵人，父基，吴交州刺史。可知，陶璜之父为陶基，非陶丹。陶璜居丹阳，陶丹居寻阳。陶侃父居寻阳，与陶璜父居丹阳，二人籍贯不同。陶侃父丹是吴扬武将军，陶璜父基为交州刺史，官位了不相涉。《陶璜传》叙孙皓降晋时，"手书遣璜息融敕璜归顺。"①可见璜子名融。因此，陶璜、

① 《晋书》卷五七，页1560。

傶或陶黄,绝非陶侃之兄。陶璜与陶侃即使同为陶氏后裔,也必定已出五服之外。

诸谱关于陶侃生卒年的记载,不尽相同。《秀溪谱》载侃生于三国蜀汉景耀二年(259),卒于东晋成帝咸和九年(334),享年七十六岁。《西源谱》、《浔阳谱》、《栗里谱》、《潜山谱》同。《廖花谱》载侃生卒年同《秀溪谱》,却谓侃寿八十三。《灵龟石谱》、《套口谱》载侃生于晋元帝大兴二年己卯(319),卒于晋成帝咸和八年癸巳(33),享年六十七。《黟县谱》亦谓侃生晋元帝大兴二年,未书卒年。《定山谱》载侃生于汉后主延熙十三年辛未(250)五月,晋成帝咸和九年甲午六月薨,享年八十四。考《晋书·陶侃传》,侃卒于咸和七年(332)六月,年七十六。而《晋书·成帝纪》、《资治通鉴》卷九五、许嵩《建康实录》卷七,载侃卒于咸和九年(334)。若以侃享年七十六逆推之,当生于汉后主刘禅景耀二年己卯(259),正与《秀溪谱》、《西源谱》、《栗里谱》、《浔阳谱》记载相同。《灵龟石谱》、《套口谱》载侃生晋元帝大兴二年,卒于咸和八年,得年仅二十四,却谓享年六十七,大误。《廖花谱》谓侃寿八十三,《定山谱》谓侃寿八十四亦不可信(延熙十三年为庚午,作辛未误)。《晋书》本传载侃疾笃,上表逊位,称"臣年垂八十"[1]云云,不久即薨,可见侃享年必不过八十。又《晋书·周访传》载,访小侃一岁,大兴三年(320)卒,时年六十一。则大兴三年时侃六十二岁,至咸和九年卒,正为七十六岁。

关于陶侃诸子及生平行状,各谱记载亦有异。《秀溪谱》载侃生子五:"长曰夏;次曰瞻,袭长沙公;三曰茂;四曰洪,同伯傶子臻佐刘宏;五曰岱,守郭城。女一,适晋征西大将军长史江夏

---

[1]　《晋书》卷六六,页1777。

鄂人孟嘉。"《浔阳谱》载："十七子长洪，辟丞相。次瞻，广宁丞相。三旗，彬县开国伯。四夏，封都亭侯。五琦，司空掾。六宏，袭父爵。七茂，武昌太守。八斌，仕至尚书。九范，太元初拜光禄勋。十岱，散骑常侍。十一绰，袭爵卒。十二称，任中郎将，寻加杨将监江夏、徐、义阳三郡军事。十三延寿，袭爵，除吴昌侯，至南宋元嘉甲子，改封吴昌公，督南康诸军事。十四、五、六、七俱无闻。"《灵龟石谱》、《栗里谱》、《套口潜》与《浔阳谱》同。《西源谱》记洪、瞻、夏、琦、旗、宏、斌、茂、称、范、岱十一人。《定山谱》载洪、瞻、夏、琦、旗、斌、范、岱、称等九人，《潜山谱》载洪、瞻、旗、夏、琦、宏、茂等七人，《黔县谱》载洪、瞻、旗、夏、琦、宏、茂、斌、范、岱、绰之等十一人。《陶氏史记》谓"侃公二十一子，四子早丧，见《晋书》者十人。而《会宗》、《光济》、《皖江》，列宏、绰之、延寿为侃之子。而《鄱阳谱》缺范、岱、宏等皆瞻之后"（页 94）。又谓"侃生蜀汉己卯（259—334），娶龚氏等十五妻，二十一子"（页 97）。又记："茂，侃七子，字梅九，行十三，生戊辰（308—?），武昌太守，娶周访女。子敏、爨。"（页 97）

按《晋书·陶侃传》，侃有子十七人，唯载洪、瞻、夏、琦、斌、称、岱七人，余者并不显。[1] 各谱所记侃子，有三种情况：（一）漏载。如《秀溪谱》仅记侃五子。（二）多载。如《浔阳谱》较《陶侃传》多出宏、茂、延寿。《西源谱》、《黟县谱》多出宏、茂。（三）诸子行第排列混乱。如《秀溪谱》以夏为长子，洪为四子。其余诸谱中的诸子行第排列亦不尽同。（四）误载。据《陶侃传》，瞻子弘，弘子绰之，绰之子延寿。《浔阳谱》、《灵龟石谱》谓侃十一子绰之（《浔阳谱》误作绰），十三子延寿。《黟县谱》列绰之于侃子之末，又谓"绰之称延寿"，舛错竟至如此。

---

[1] 《晋书》卷六六，页 1779。

诸子生平行事有的亦与《晋书》不合。如《秀溪谱》谓次子瞻袭长沙公。按《陶侃传》,瞻"为苏峻所害,追赠大鸿胪,谥愍悼世子,以夏为世子。"后夏病卒,"诏复以瞻息弘袭侃爵,仕至光禄勋。卒,子绰之嗣。绰之卒,子延寿嗣。宋受禅,降为吴昌侯"。《西源谱》载:"宏赠光禄勋,袭父爵长沙公。"《潜山谱》所记略同。《陶氏史记》:"瞻,侃次子,字道真,庐江太守,都亭侯,谥□悼。(按,《晋书·陶侃传》载:瞻谥号愍悼。此漏"愍"字)配贾氏,子宏、安。宏袭长沙公,历绰之、延寿,入吴为吴昌侯。""夏,侃三子,都亭侯,子淡,孙恒,均练形尸解。"然又记:"淡,夏子,字处寂,同侄恒字太仁,辟谷隐居白鹿山,练形尸解。"(页97)

按,侃子中无宏,宏乃瞻之子,侃之孙。《西源谱》、《浔阳谱》、《黟县谱》所记侃子多出宏,多半是修谱者误读《陶侃传》致误。

三

关于渊明祖父,各谱记载均为陶茂,但茂之行第、生卒年及娶妻生子等情况所载有异。《秀溪谱》谓茂为侃第三子,居浔阳柴桑,任武昌太守。《西源谱》谓茂乃侃子,居江州浔阳东林,任武昌太守。其余各谱皆谓茂为侃第七子,或曰行量三,或曰行重三,或曰行量二,字梅九,而以"行量三"者居多。茂之生卒年,《浔阳谱》谓"生晋建元元年(343)",后又加按语云:"按建元元年癸卯,侃公已殁八年矣,前人失者如此。以前后相证,茂公当生在晋怀之间。"据此按语,陶茂生晋建元元年之说乃沿旧谱。《灵龟石谱》、《栗里谱》、《套口谱》、《黟县谱》皆谓茂生于晋建元二年(344),误。《西源谱》谓茂生于晋元帝永昌元年壬午(322),卒于太元十一年丙戌(386)。《定山谱》谓陶茂生于晋怀帝永嘉二年戊辰(308)九月,卒于晋武帝太元三年(378)十月。

《潜山谱》则谓生晋愍帝建兴二年甲戌（314），而卒年未书。以陶侃生于汉后主景耀二年己卯（259）推算，以上二谱载茂生于怀、愍之间，较为可信，但未知孰是。

　　陶茂娶妻及生子情况，各谱记载亦有异。《秀溪谱》谓茂"配朱氏，生子回，继娶刘氏，生子延，为伏波将军"。《廖花谱》谓茂娶刘氏。其余各谱均谓茂娶周访女。但生子情况记载有异。《西源谱》、《廖花谱》谓茂生子敏、夔。《浔阳谱》、《灵龟石谱》、《栗里谱》、《套口谱》、《黟县谱》皆谓茂生子四：定、淡、信、敏，惟《定山谱》谓陶茂生子三，曰淡、敏、实。《陶氏史记》谓"茂公之子，《会宗》、《广济》、《皖江》，列四子定、淡、信、敏。《定山谱》为淡、敏、实。《鄱阳谱》为敏、夔。淡为夏子，定为旗子……而信、实、敏实为一人，皆字由中，生子敬远。"（页94）

　　陶渊明祖父究竟是谁？这是古今文史学家悬而未决的疑问。渊明《命子》诗赞颂祖先的荣光，称"肃矣我祖，慎终如始。直方二台，惠和千里"，可知其祖任过太守之职。沈约《宋书·隐逸传》、萧统《陶渊明传》、佚名《莲社高贤传》、《南史·隐逸传》皆不书渊明祖名，惟《晋书·隐逸传》载，"祖茂，武昌太守"。然令人不解的是，《晋书·陶侃传》载侃子十七人中不见有茂，如茂为武昌太守，不能说不显，《陶侃传》不应不书。清全祖望《鲒埼亭集》外编卷四十《陶渊明世系考》谓渊明为侃七世孙，所据之一即《陶侃传》中不见有茂名。南宋邓名世作《古今姓氏书辨证》叙陶氏世系云："后世陶氏望出丹阳，晋太尉侃之祖父同，始居焉。同生丹，吴杨武将军、柴桑侯，遂居其地，生侃，字士行，娶十五妻，生二十三子，二子少亡，二十一子官至太守，侃生员外散骑岱。岱生晋安城太守逸，逸生彭泽令，赠光禄大夫潜。潜生族人熙之，宋度支尚书。"（详见陶澍《陶靖节年谱考异》上）李公焕《命子》诗注曰："陶茂麟谱以岱为祖。按此诗云'惠和千里'，当从《晋史》以茂为祖。陶茂为武昌太守。"陶澍及朱自清《陶渊明年谱中之问题》已辨陶岱为祖之说不可信。按，《宋书·隐逸传》、萧统《陶渊明传》皆失载渊明祖名，陶茂之名见于《晋书·陶渊明传》却不见于《陶侃传》，对此疑问，朱自清解释说："疑作《侃传》者与作《渊明传》者所据不同，遂致抵牾。《晋书》本成于众人之手，小小疏漏，自难免也。"朱氏的解释不无道理。

今传大多数陶氏宗谱皆载陶茂为侃子，当沿自旧谱，又有《晋书》为证，因此可论定陶茂为渊明之祖。

《西源谱》、《浔阳谱》等载陶茂娶周访女，而《晋书·周访传》谓"以女妻侃子瞻。"按，渊明有《诸人共游周家墓柏下》诗，所游当为周访家墓。瞻一系后袭陶侃爵，为陶氏大宗。渊明《赠长沙公》诗云"昭穆既远，以为路人"，已与瞻一系"人易世疏"。若瞻娶周访女，渊明未必有兴趣去游周家墓。如陶茂娶周访女，则访女乃已祖母，与周家为近亲，渊明游周家墓更合情理。故《西源谱》等谓陶茂娶周访女，较《晋书·周访传》为可信。《浔阳谱》、《灵龟石谱》、《栗里谱》谓陶茂生子四：曰定、淡、信、敏。陶淡见于《晋书·隐逸传》，但淡父非茂，乃夏。渊明《归去来兮辞》云："家叔以余贫苦，遂见用于小邑。"《晋故征西大将军长史孟府君传》云："渊明从父太常夔"。陶澍注《归去来兮辞》，谓家叔当即《孟府君传》之叔父太常夔。渊明叔父非一，《归去来兮辞》所称"家叔"不可遽断为陶夔，但夔为渊明叔父之一当无疑问。诸谱中只有《西源谱》、《廖花谱》列夔为渊明从父，说明此二谱所列世系相对可信。

四

关于陶渊明父亲，除《秀溪谱》外，各谱皆谓陶敏。例如《寻阳陶氏宗谱》："桓公第七子茂之子敏，敏子渊明。"（页 10）《定山陶氏宗谱前序》："自侃公而茂公而敏公四世而渊明公，居栗里。"（页 19）《秀溪谱》则云："回，名麟，字若愚，茂长子，母朱氏。姿城太守，孟嘉以二女妻之。生子三：长曰注，次曰渊明，三曰敬远，承继胞弟延为后。"这段记载与史传及渊明诗文不合之处甚多。考《晋书·陶回传》：陶回，丹阳人，祖基，吴交州刺史。父抗，太子中庶子。回辟司空府中军、主簿，并不就。大将军王敦命为参军，转州别驾。敦死，司徒王导引为从军中郎，迁司马。苏峻之乱，回与陶侃、温峤等并力攻峻，又别破韩晃，以功封康乐伯。苏峻平后，迁征虏将军、吴兴太守。咸和二年卒，年五十一。生子四：汪、陋、隐、无忌。汪嗣爵，位至辅国将军、宣城内史。陋冠军将军。隐少府。无忌光禄勋。据陶璜、陶回两传，二人皆出于陶基，璜为基子，回为基孙，璜、回是伯侄辈。《秀溪谱》谓侃、璜同出一系，璜为侃兄，侃子茂生回，则璜当为回之伯祖。此一误也。回之长子曰汪，非曰注；回诸子中亦无渊明与敬远。此二误也。陶澍注引《豫章书》曰："孟嘉以二女妻陶侃子茂之二子，一生渊明，一生敬远。"渊明《祭从敬远文》称："父则同生，母则从母。"可知敬远父为渊明从父，敬远母为渊明从母，非如《秀溪谱》所载孟嘉将二女妻渊明父一人。此三误也。根据陶回的生卒年，也可证明陶回既非侃孙，亦非渊明敬远父。《晋书校勘记》引万斯同《历代史表》一五，陶回卒于东晋成帝咸康二年（336）。《晋书》本传载回死时年五十一，逆推之，回当生于西晋武帝太康七年（286）。陶侃长于回二十七岁，显然不可能做后者的祖父。据旧说，渊明生于东晋哀帝兴宁三年（365），而此时陶回已死三十年。《秀溪谱》又谓陶回三子曰敬远。按，渊明《祭从弟敬远文》云："岁在辛亥，月惟仲秋，旬有九日，从弟敬远，卜辰云宝。"又云："年甫过立，奄与世辞。"若晋安帝义熙七年辛亥（411）敬远三十一岁，则其生年当在晋孝武帝太元六年（381），距陶回之死已有四十五六年。死者岂能生子？凡此，皆证明陶回乃渊明父之说太荒谬。

《秀溪谱》又谓陶茂另一子名延，为伏波将军。考陶延其人，见于《晋书·陶侃传》："侃使郑攀及伏波将军陶延夜趣巴陵，潜师掩其不备，大破之，斩千余级，降万余口。"侃击败杜弢不久，王敦深忌侃功，左转广州刺史。据《晋书·元帝纪》，大兴元年（318）冬十月，加广州刺史陶侃平南将军，则陶延夜趣巴陵，当在大兴元年前不久。若定陶茂生于怀、愍之间，则距大兴元年至多不过十余年，岂有父仅十余岁，次子却任伏波将军驰骋疆场之理？此外《陶侃传》叙及侃子或侄，都明白交代，如"遽遣子洪及兄子臻诣弘以自固"，"遣子斌与南中郎将桓宣西伐樊城"。若陶延确为侃孙，《陶侃传》当明书。按，《陶氏史记》"浔阳世系表"载陶氏六十三世："延，（陶）基从孙，字世赏，伏波将军。卒于315年。"（页97）《陶氏史记》又说陶基初为交州刺史，吴后主孙晧时离开交州，"留从子居广州而生延，延才兼文武，晋帝时，积功至伏波将军。建兴三年（315）为陶侃部将，时岭南贼杜嶷诱五溪蛮寇武昌，侃使延夜趋巴陵……正论功进赏时，延得疾卒。荆州人迎其丧还广州，其后裔留在广州番禺"（页185）。这段文字叙陶延始末，详于《晋书·陶侃传》，应该来自陶氏早期谱牒，可信度高。可知陶延乃陶基从孙，非是侃裔孙。

其余各谱，皆谓渊明父为陶敏。但记载有以下几点不同：

（一）行第。《浔阳谱》、《灵龟石谱》、《栗里谱》、《套口谱》皆谓敏为茂四子，《西源谱》、《廖花谱》谓敏为茂长子，《定山谱》谓敏为茂次子。

（二）生子。《西源谱》、《栗里谱》、《套口谱》谓敏"生子三：恂之、熙之、渊明。"《定山谱》谓敏"生子一，曰渊明。"余谱只书"生子潜"。按，恂之、熙之是否确为渊明兄，已不可知，但渊明有兄或弟当可断定。《定山谱》谓敏只生渊明，不确。邓氏《书辨》则称熙之乃渊明子。然渊明五子为俨、俟、份、佚、佟，无熙之，邓氏《书辨》误。

（三）生卒年。《浔阳谱》、《灵龟石谱》、《栗里谱》、《潜山谱》谓敏生晋永和二年（346），而不书卒年。《西源谱》谓敏生于永和三年丁未（347），卒于义熙十四年戊午（418）。《定山谱》谓敏"生于晋康帝建元元年（343）癸卯九月二十六日，卒于刘宋武帝永初三年（422）壬戌十月二十八日。"陶敏生年有以上三说，未知孰是。至于《西源谱》、《定山谱》关于敏之卒年的记载，寻绎渊明诗文，实并不可信。渊明《命子》诗云："于皇仁考"，可知作此诗时，其父已卒。又《与子俨等疏》云："吾年过五十，少而穷苦，每以家弊，东西游走。"颜延之《陶徵士诔》云："少而贫病，居无仆妾，井臼弗任，藜菽不给，母老子幼，就养勤匮。"皆可证渊明出仕时父已不在。因此，其父决无活到义熙末或宋初之理。

（四）仕历。各谱皆载敏"任姿城太守"。按，《晋书·地理志》无姿城，亦无安城。《晋书》卷十五《地理志》说："孙晧分零陵立始安郡，分桂阳立始兴郡，又分零陵立邵陵郡，分长沙立安成郡。"①又说晋武帝平吴，以扬州之安成郡属广州。乾隆四十七年《安福县志》卷一说："三国吴宝鼎二年（267）析庐陵之平都，长沙之安成，置安成郡，治平都。晋武帝太康元年（280）废安成郡，改安成曰安复县。惠帝元康元年（291）复立安成郡，统县如故。"故当作"安成"是。

渊明父名史失载。陶茂麟《家谱》始谓渊明父名逸，为姿城

---

① 《晋书》，页454。

太守。李公焕《命子》诗注引茂麟《家谱》，以为渊明祖名岱，为散骑员外，父名逸，为姿城太守，生五子。邓氏《书辨》说："岱生晋安城太守逸"，陶澍《陶渊明年谱考异》已辨邓氏书不可信。然"陶逸"其人从何而来，颇难考索。疑史家初不知渊明父名，而书"史逸"。后陶氏某支后裔修谱时径以"逸"作渊明父名。这一舛误，至今尚能隐约从《潜山谱》、《黟县谱》中发现。此二谱皆谓陶敏"即史逸"。"史逸"非渊明父名，亦非渊明父字，当是史所遗逸之意。陶氏后裔修谱时却在陶敏与子虚乌有的"史逸"之间画上了等号。又，渊明父陶敏是否作过安成太守，亦为一大疑问。渊明《命子》诗称其父"寄迹风云，冥兹愠喜。"细味诗意，其父似乎也曾入仕途，但意度深沉，淡于利禄。《安福县志》卷十四"人物志"谓渊明"赏游武功，寓书冈山，今城南有渊明读书台"。陶澍疑渊明"或幼随父任，读书于此耶?"但书冈山读书台是否真与渊明有关，实颇可怀疑。《安福县志》录周景春《陶潜潭记》云："城中有读书台，以殷仲堪安成守边，至今郡以台称，台以殷称。兹山独得于故老之相传而泯焉，不得与殷台齐名者，得非渊明解官之后，恐不免于宋之再征，遂自遁于幽遐穷陋，以晦其迹，使记载之失其传焉。"可见，所谓书冈山渊明读书台不过得名于故老相传，而不见记载，名气远不能与殷仲堪读书台相比。渊明解官后，一直居寻阳附近，未有幽遁于距江州千里之遥的安福之踪迹。总之，渊明父任安成太守事只可存疑。

五

诸谱都极其推崇陶渊明。《栗里谱》、《套口谱》以渊明为一世祖，渊明之前称"明前祖"。各谱记渊明生卒年相同，为晋哀帝兴宁三年乙丑（365）至刘宋文帝元嘉四年丁卯（427）。渊明生平行事基本采自史传，无甚价值。只有渊明娶妻生子之记载，比史传稍详。

《秀溪谱》载："渊明，回次子。前妻王氏，婚宜丰，生子俨，继娶寻阳翟氏，生子俟、份、佚、佟。"《西源谱》、《灵龟石谱》、《潜山谱》谓渊明"娶陈氏、翟氏"。《西源谱》又谓陈氏殁于元嘉十一年甲戌（434），翟氏殁于元嘉丙子（436）。《廖花谱》仅载渊明娶翟氏，并谓翟氏卒于元嘉甲戌（434），生子五。

《陶氏史记》："渊明，敏子，字元亮，宋末更名潜。谥靖节先生（365—427）。子俨、俟、份、佚、佟。"（97页）"俨，明公长子，小字阿舒，字求思，生隆安己亥（399）"（页98）"俟，字居易，小字阿宣，明公次子，生隆安辛丑（401）。"（页99）"份公，渊明三子，小字阿雍。俨、俟、份皆明公原配陈氏所生。生隆安六年（402）"（页101）"佚公，小字阿端，明公四子。佚、佟皆继配翟氏所生。生隆安六年（402）"（页101）"佟公，渊明五子，小字阿通，生于义熙丙午（406）"（页101）

按，渊明《怨诗楚调示庞主簿邓治中》诗云："始室丧其偏。"可知前妻死于渊明三十岁时，故《西源谱》所载陈氏卒年不可信。《定山谱》谓"娶翟氏、陈氏"。《套口谱》谓"娶程氏、翟氏"。《黟县谱》谓"娶陈氏，生子三曰俨、俟、份。翟氏生子二曰佚、佟。"翟氏当为渊明续妻，见于萧统《陶渊明传》、《南史·隐逸传》。前妻未详，诸谱或谓王氏，或谓程氏，或谓陈氏。按渊明有妹程氏嫁于武昌，祖陶茂曾为武昌太守。疑程氏妹所嫁者为兄嫂亲属，故渊明妻当以"程氏"较可信。

渊明五子所出异母。据《责子》诗"雍端年十三"，知三子份（雍）、四子佚（端）为双生。《秀溪潜》谓前妻王氏生俨，其余四子为翟氏所生，其说不可信（此点容另文辨证）。《廖花谱》谓翟氏生五子，《黟县谱》谓前三子为前妻陈氏所生，后二子为续妻翟氏所生，皆不可信。因三子四子同年生，渊明又无妾，必生于同母。

据渊明《悲从弟仲德》诗、《癸卯岁十二月中作与从弟敬远》诗及《祭从弟敬远文》，渊明至少有敬远、仲德两位从弟。《灵龟石谱》载："定，茂长子，生子曰敬，移居栗里。"《栗里谱》载："定，茂长子，娶陈氏，生子二：袭之、谦之。"《套口谱》载："定，娶陈氏，生子三：袭之、谦之、敬，迁居栗里。"《潜山谱》载："定公，茂长子，生子曰进远，居栗里。"《定山谱》则谓茂三子实，"生子敬远、敬远生绅，绅生九相公"。据诸谱，渊明当有袭之、谦之、敬、敬远四位从兄弟。然诸谱记载如此混乱，连敬远一人也不能确定其父是定还是实，则诸谱关于渊明从兄弟的记载之可信程度便不难想见了。

关于渊明生平行事，《秀溪谱》、《定山谱》记载较详，偶或有不见于史传的材料，但真伪错杂，尚须考辨。《秀溪谱》载《靖节公家传》云："癸巳岁起为江州祭酒，挈家抵任。"所谓"挈家抵任"是指从故里宜丰抵江州任上。这一记载盖源于《图经》"渊明始家宜丰，后徙柴桑"之说，此外再没有其他的依据。该谱又载："丙辰冬，乃与翟氏携幼子佟还宜丰，诗曰：'命氏携童弱，良日登远游。'葺理南山旧宅而居之。日游秀溪之境，课耕论道。父老喜其复来，名其地曰'故里'，时公去此垂三十年矣。遍访旧游，逝者过半，慨叹不已，每形之于吟咏，具见《归园田居》等诗。"上述文字，证以渊明诗文，问题极多。据旧说，义熙十二年丙辰（416），渊明五十二岁。若定渊明二十六岁生子俨，俨与佟相差八岁（见《责子》诗）。[1] 至丙辰岁幼子佟已十八九岁。年将

---

① 龚斌校笺《陶渊明集校笺》（典藏版）卷三，上海古籍出版社，2018 年，页 307。

弱冠,何须妻室"携童弱"？渊明诗中的南山概指庐山。《杂诗》
其七云："去去欲何之？南山有旧宅。"①后一句是说庐山有祖先
墓茔。《秀溪谱》却谓宜丰有南山,彼处有渊明旧宅。太元十八
癸巳至义熙十二年丙辰,前后共二十四年,何来"去此垂三十
年"？渊明《归园田居》诗,作于归田之初,故云"久在樊笼里,复
得返自然"。若这组诗作于义熙十二年,自彭泽之归逾一纪,
"久在樊笼里"二句便说不通。《秀溪谱》又谓渊明在宜丰故里
前后四年,永初二年辛酉(421)春渊明复返寻阳。然考渊明《赠
羊长史》诗,义熙十三年(417)刘裕收复关中,左军将军朱龄石
遣长史羊松龄往秦川祝贺,路经寻阳,若此时渊明在宜丰,则何
由作诗赠松龄？又《宋书·隐逸传》云："义熙末征著作佐郎,不
就。江州刺史王弘欲识之,不能致也。潜尝往庐山,弘令潜故人
庞通之赍酒具于半道栗里要之。"②若渊明不在寻阳,其何由往
庐山？王弘亦无从结识之。以上几点都说明《秀溪谱》不足信。

　　《定山谱》记渊明经历,多录自萧统《陶渊明传》。如该谱
"先代事实"叙江州刺史檀道济馈以粱肉,渊明麾之而去一事,
在作彭泽令之前。按,檀道济为江州刺史,在元嘉三年丙寅
(426)五月,见于《宋书·文帝纪》、《资治通鉴》。萧统《陶渊明
传》叙次失当,《定山谱》沿其误。但该谱也有考辨可取之处。
如谓渊明为彭泽令,不以家累自随,以为他书云公田悉令种秫,
妻子固请种粳者,误也。清包世臣《书韩文后下篇》自注云："八
月非种粳秫之时,十一月已去官,焉得有此事？"(《艺舟双楫》)
《定山谱》与包氏说同,令人首肯。又谓他书云慧远立莲社,与
陶元亮诸人同修净土者,误。其说亦中肯。

①　《陶渊明集校笺》(典藏版)卷四,页347。
②　《宋书》卷九三,中华书局,1974年,页2288。

六

关于渊明故里、旧居之记载，各谱不尽相同。渊明里居有二说：一曰柴桑，一曰宜丰。《浔阳谱》谓渊明"始居柴桑上京。《还旧居》诗：'畴者家上京，六载去还归。'《南康志》云：'近城五里，地名上京，有靖节故宅，即柴桑县之柴桑里。'"《灵龟石谱》乾隆十年重修族谱旧序云："渊明祖家于柴桑，即今德化县楚城乡。岁戊申变生回禄，庚戌徙于南村红花尖之西龟形山之谷中，其地曰栗里社，属我星子县。"《秀溪谱》则谓陶回乃渊明父，而回封康乐伯；古康乐后属宜丰，故称渊明始家宜丰，中年移居柴桑，晚年又一度归宜丰故里。《定山谱》"先代遗迹"亦称"靖节公故里，在瑞州新昌，读书台、洗墨池遗迹尚存，公少暂居此地，后迁居柴桑"。

陶渊明为寻阳柴桑人，见于《宋书·隐逸传》、[①]萧统《陶渊明传》、《南史·隐逸传》。[②] 判断此记载是否正确，似有必要先弄清渊明祖辈的居处。《晋书·陶侃传》载，侃本鄱阳人，吴平，徙家庐江之浔阳。考寻阳县，西汉置，因处寻水之阳得名，治所原在江北古兰城（今湖北黄梅县西南）。永兴元年（304），分庐江之寻阳，武昌之柴桑二县置寻阳郡，隶属江州。咸和时，温峤始将江北之寻阳移于江南溢城之南鹤问寨（今江西九江县城北九公里）。安帝义熙八年（412），寻阳县入柴桑县，柴桑仍为郡（《晋书·地理志》）。这说明义熙八年后，柴桑城亦即江州和寻阳郡治所在，其址在溢城之南鹤问寨（参见新编《九江县志》）。

① 《宋书》卷九三，页 2286。
② 《南史》卷七五，中华书局，页 1856。

诸谱或谓陶丹葬浔阳四十里鹤问湖，或谓侃母湛氏葬浔阳，其父葬饶州牛眠地。又昌邑《陶氏族谱》云："今浔阳郡西北山下，乃吴朝太子舍人丹之墓，即侃之父也。"①传说虽不一，但可肯定侃葬父或母于鹤问湖。

按，鹤问湖之名，当出于陶侃的传说。《陶侃传》载："（侃）后以母忧去职，尝有二客来吊，不哭而退，化为双鹤，冲天而去，时人异之。"②王谟《江西考古录》卷四"鹤问湖条"云："《通志》：九江府城西十五里有鹤问湖，世传晋陶侃择地葬母至此，遇异人云：前有牛眠处可葬。已而化鹤飞去，按，《晋书》牛眠、化鹤自是二事，《通志》附合为一，非也。鹤问当作鹤门。刘义庆《幽明录》曰：'陶公于寻阳西南一塞取鱼，自谓其地曰鹤门。'是亦陶侃故事，后人因以名湖矣。亦作鹤塞。梁元帝《输还江州节表》曰'拥麾鹤塞，执兹龙节'。简文帝《玄览赋》曰：'沂蛟川于蠡泽，沿鹤塞于寻阳。'诸本有作鹄塞者，非。"③据上可知，鹤问、鹤门、鹤塞，名虽异实指同一地。其址说法不一。乐史《太平寰宇记》"德化县"条谓"鹤门洞在县西四十二里"。④《江西通志》卷一百二十"胜迹"条云"在府西白鹤乡"。《读史方舆纪要》卷八十五"鹤问寨"条云："府西南十五里，志云，即故寻阳县，宋、元时置寨于此，以近鹤问湖得名。"⑤考李吉甫《元和郡县志》"江州寻阳县"条云："柴桑故城在县西南二十里。"⑥上文已言及，柴桑城址在溢城之南鹤问寨，正位于九江府西二十里左右，相当

---

① 许逸民校辑《陶渊明年谱》，中华书局，1986 年。
② 《晋书》卷六六，页 1769。
③ 《江西考古录》卷四，清乾隆问松园刻本，叶十四上。
④ 《太平寰宇记》卷一一一，中华书局，2007 年，页 2255。
⑤ 《读史方舆纪要》卷八五，中华书局，2005 年，页 3934。
⑥ 《元和郡县图志》卷二八，中华书局，1983 年，页 676。

于今九江市西赛湖、八里湖一带。《元和郡县志》的说法是可信的。陶侃既然葬父或母于鹤问湖,则其家必在此或附近。侃后以功封柴桑侯(《浔阳谱》、《潜山谱》、《黟县谱》谓陶丹封柴桑侯,非),子孙遂家于此。因此,史载渊明为寻阳柴桑人,正确无误。

然因陶氏宗谱修谱者多不明柴桑故城所在,遂谓渊明故里在德化县楚城乡,或谓在星子县栗里。其误盖沿自杜佑《通典》及宋明以后地志。《通典》一百八十二"浔阳郡浔阳县"条云:"今县南楚城驿,即旧柴桑县也。"[1]乐史《太平寰宇记》卷一百十一"江州德化县"条云:"柴桑山,近栗里原,陶潜此中人。""栗里原,在山南,当涧有陶公醉石。"[2]又云:"陶公旧宅在州西南五十里柴桑山,《晋史》:'陶潜家于柴桑。'唐白居易有《访陶公旧宅诗》。""楚城驿在县南,即旧柴桑县也。"明清地志多袭《通典》及《太平寰宇记》之说,遂定柴桑山及柴桑故城在庐山西南麓。对此,逯钦立《陶潜里居史料评述》从《元和郡县志》,参之洪亮吉《三国疆域志》、《东晋疆域志》,详考柴桑故城滨江,必迫近湓口。其说言而有据,足资参考。

考诸史传及渊明诗文,可证渊明故里与旧居必不在楚城乡附近。史称渊明常往庐山游观,与慧远、刘遗民、庞参军等交往。若其旧居在今九江市西南九十里楚城乡一带,则往庐山北麓将近百里。渊明有脚疾,如何能办? 又《庚子岁五月中从都还阻风于规林二首》其一云:"行行循归路,计日望旧居。"[3]规林在今安徽宿松县境内,与寻阳城隔江相望。若渊明旧居远在寻阳郡

---

① 《通典》卷一八二,中华书局,1988年,页4840。
② 《太平寰宇记》卷一一一,页2252。
③ 《陶渊明集校笺》卷三,页198。

治西南九十里山谷中，如何可望？又《辛丑岁七月赴假还江陵夜行涂口》诗云：“临流别友生。”①此“流”明指长江。可见渊明居所必临江不远。又《归去来兮辞》序称“彭泽去家百里”。②从鹤问寨经长江水路至古彭泽县治（在今湖口县小凤山）正约百里，若楚城乡至彭泽近二百里。又《丙辰岁八月中于下潠田舍获》诗云：“戮力东林隈”、“扬楫越平湖。”③东林即庐山东林寺所在的东林。《西源谱》、《浔阳谱》谓渊明祖茂居江州寻阳东林。其说证以陶诗，或不为无根之说。平湖，当指鹤问湖。若渊明故里在楚城乡，崇山峻岭中何来平湖？岂能“戮力东林隈”？据上可知，渊明故里与旧居必在寻阳郡治鹤问寨附近，地当庐山北麓，距东林寺较近。

　　至于《浔阳谱》引《南康志》，谓南康近城五里，有靖节故宅，则更属附会。渊明《还旧居》诗云“畴昔家上京”，④后人遂将南康的玉京山等同于“上京”，进而称此处有渊明故宅。明桑乔《庐山记事》引《名胜志》、《大明一统志》、《南康府志》，清曹树龙《陶潜故居辨》均持此说。对此，逯钦立《陶渊明里居史料评述》已辨其不可信。渊明“始家宜丰”之说源于《宜丰图经》。乐史《太平寰宇记》引《图经》云：“渊明始家宜丰，后徙柴桑。”《宜丰图经》成于何时不可知，至迟不晚于宋初。南宋熊良辅《新昌图经序》云：“自汉晋以来，先贤遗躅，如梅（福）之尉山，陶之故里，皆在境内。”阮荐于南宋绍兴年间作《陶靖节祠堂记》云：“先生文集及传诔特载其出仕之后，归休投老于浔阳时。此邑之书堂石室，盖未为江州祭酒时栖隐之地尔。”傅实之于淳祐四年

---

① 《陶渊明集校笺》卷三，页202。
② 《陶渊明集校笺》卷五，页453。
③ 《陶渊明集校笺》卷三，页245、246。
④ 《陶渊明集校笺》卷三，页228。

（1244）作《重修陶靖节祠堂记》云：“先生本宜丰人，中年迁浔阳，晚回宜丰，有石洞遗像，父老喜其复归，号曰故里。”《明一统志》云：“元亮故里在新昌县东二十五里。”其他如明清时所修的《江西通志》、《瑞州府志》、《上高县志》、《新昌县志》，皆称渊明故里在宜丰。至民国初，胡思敬著《盐乘》，集渊明始家宜丰说之大成。

　　但考诸史传及渊明诗文，此说似是而非。阮荐《陶靖节祠堂记》对“书堂石室”等所谓渊明故迹的“漫不可考，慨叹徘徊”。后叙一客曰：“晋宋二史暨梁昭明、颜延之诸公，皆云先生自言归浔阳为彭泽令，去家百里，则吾邑《图经》初何所质？”对《图经》“渊明始家宜丰”说表示怀疑。阮无言以对。该文后又称渊明出仕前隐居宜丰，不过是想当然之臆说。明正德《瑞州府志》“考异志”云：“《新昌志》义钧乡有陶渊明读书堂及墓。按，先生自言居浔阳，为彭泽令，去家百里，列史皆曰浔阳人。又曰未有所之，惟田舍及庐山游观而已。太和传诔亦称其卒于柴桑。今庐山、柴桑俱在南康、九江，不知新昌何以有堂及墓？或亦陶姓而贤者，误以为渊明欤？”《瑞州府志》编者怀疑宜丰的渊明故迹，认为可能是“陶姓而贤者，误以为渊明”。此点给人以有益的启示。王谟《江西考古录》卷五“陶公故居”条，谓《江西通志》所载靖节故居凡三处，“考之史传，当以九江柴桑为正”，“若《图经》云始家宜丰，则史传诗文俱无考证，难以取信”。[①]　王谟定渊明故居在九江府西南九十里柴桑山，此说虽不确切，但据史传及渊明诗文，否定《图经》“始家宜丰”说，得出渊明故居“当以九江柴桑为正”的结论，值得肯定。

　　至于渊明“始家宜丰”说从何而来，这已很难考索。从《秀

---

① 《江西考古录》卷五，叶十八上、叶十九上。

溪谱》"宗支之源"谓渊明父有陶回,官姿城太守判断,可能同误以陶回为渊明父有关。《晋书·陶回传》载回封康乐伯,《江西通志》封爵表中列有康乐伯陶回,《瑞州府志》载:"利贶庙,在高安凤山,祀陶回,回平苏峻功封康乐伯。咸康中,食邑苦旱,乃发廪赈济,民利其贶,建祠祀之。"按《晋书·地理志》,康乐属豫章郡,三国吴时为阳乐县,西晋太康元年(280)改名康乐。其治所在今江西万载县境内。《万载县志》卷一之三"古迹"云:"吴阳乐城,晋改名康乐,故址在县东北四十里,今罗城。"或说在今宜丰境内。同治十一年《新昌县志》卷四"古迹",据《太平寰宇记》云,阳乐县城在义均(钧)乡,吴大帝分置,唐废。[①] 万载、宜丰毗邻,疆域沿革较复杂,康乐古城址又不易确定,故或谓康乐伯陶回封地在万载,或谓在宜丰。持后说者便称渊明始家宜丰。如前所述,陶回、陶渊明非同祖,即或陶回食邑宜丰,也与渊明风马牛不相及。

七

各谱记载渊明遗迹很多,如《秀溪谱》"靖节公遗迹"有东皋岭、赋诗湾、松菊园、顾渊石、靖节桥、故里桥、南山故址等;《定山谱》"先代遗迹"有靖节公故里、读书台、洗墨池、五柳馆、三笑亭、醉石、三学祠、靖节祠、靖节墓等。这些所谓渊明遗迹,多系景仰渊明风采的陶氏后裔及文人墨客所立,无甚史料价值。现评述与渊明故里及卒地有关的遗迹三处:醉石、靖节墓、靖节祠。

渊明醉石的传说,大概不迟于晚唐。晚唐人王贞白与陈光,

---

① 《太平寰宇记》卷一百六,页 2120。

都有咏渊明醉石诗。然未知此醉石在何处。王诗状醉石云："积叠莓苔色，交加薜荔根。"①陈诗云："醉眠芳草合，吟起白云空。"②据此看来，醉石似在陆上。吴骞《拜经楼诗话》卷二引宋曾敏行（达臣）《独醒杂志》云：江州德化县楚城乡陶靖节祠前横小溪，"溪中盘屹一石，人谓之渊明醉石"。③据此，醉石乃在楚城乡渊明祠前小溪中。吴骞后引王贞白、陈光诗，意为醉石即两人所咏。乐史《太平寰宇记》、陈舜俞《庐山记》、朱熹《跋颜鲁公栗里》诗、曾集《陶渊明集跋》，皆谓醉石在庐山南栗里山谷乱流中，与《独醒杂志》不同。王象之《舆地纪胜》三十"江州"条云："（栗里源）旧隐基址犹存，有陶公醉石，然山南亦有之，二事重出，姑两存之。"④可见，宋时已有二醉石，一在九江西南九十里德化县楚城乡，一在南康府西山涧中。其时，人们已不能定何者为是而"两存之"。因此，后人以醉石所在而确定渊明故里，势必缘木求鱼，以讹传讹。渊明故里既在九江西南二十里鹤问寨附近，则楚城乡及山南栗里之醉石，皆不可信矣。

有关靖节墓的记载，始见于《名胜志》："陶公旧宅在治西南九十里柴桑山。《晋史》：'陶潜家于柴桑。'即今之楚城也。去宅北三里许有靖节墓。"明正德六年（1511），楚城乡鹿子坂大水冲出一碑，题曰"陶靖节先生故里"，提学副使李梦阳据此建靖节墓于面阳山。其事见李梦阳《刻陶渊明集序》："予既得渊明墓山，封识之矣，又得其故屋祠址田，令其裔老人琼领业焉。然其山并田，德化县属，而老人琼星子民，会九江陶亨来信，本渊明

① 《全唐诗》卷八八五，中华书局，1985年，页10007。
② 《全唐诗》卷八八六，页10021。
③ 丁福保辑《清诗话》，上海古籍出版社，2015年，页764。
④ 《舆地纪胜》卷三十，页952。

裔，亨固少年粗知字义者，于是使为郡学生焉。实欲久陶墓云。"又云："渊明墓失焉，越百余年无寻焉。予既得其山并田，遂迁诸窃据而葬者数冢而封识之，然仍疑焉。及览《渊明集》，有《自祭文》曰'不封不树'。岂其时真不封不树，以启窃据而葬者耶？墓在面阳山德化县楚城乡也。"[1]李梦阳又有《靖节公墓田屋祠基池州记》一文，镌刻于面阳山靖节祠（该祠已废，今迁于九江县沙河街），《定山谱》亦录此文。桑乔《庐山纪事》亦载李梦阳得断碑复渊明墓田祠址事，又谓靖节祠由九江守马纪在嘉靖十二年（1533）所建。

　　李梦阳复面阳山之墓田，清人曹龙树《陶潜故居辨》据楚城乡地理环境与渊明诗文不合，加以否定。逯钦立《陶渊明里居史料评述》称李氏"臆定"、"创此妄说"。然李梦阳此举未可轻议，因楚城乡有渊明祠实早在北宋宣和年间。曾敏行《独醒杂志》云"江州德化县楚城乡乃陶渊明所居之地，诗中所谓柴桑者。宣和初，部刺史即其地立陶渊明祠，洪刍驹父为之记……土人遇重九日，即携酒撷菊，酹奠祠下，岁以为常"。明《九江府志》"补遗"引《独醒杂志》后云："明时建祠之地，盖即宋宣和立祠之旧址也。"可见，正德六年李梦阳复渊明墓田，嘉靖十二年马纪建靖节祠，并非臆定妄说。楚城乡北宋时即有靖节祠及墓，数百年后经兵燹战乱及风雨剥蚀，祠废墓失，李梦阳所得断碑当为宋时物，马纪建祠之地乃北宋时立祠旧址。至于宣和初部刺史凭何根据在楚城乡立渊明祠，今已无从考索。疑出于该处有渊明醉石的传说及《太平寰宇记》"柴桑山在栗里原，陶潜此中人"的错误说法。

　　按，颜延之《陶徵士诔》云："元嘉四年月日，卒于寻阳县之

①　郝润华校笺《李梦阳集校笺》卷五十，中华书局，2020年，页1663。

某里。"①义熙八年(412)省寻阳县入柴桑,颜《诔》所云浔阳县,仍沿义熙八年前的旧称。柴桑既治鹤问寨,故渊明卒地,必在鹤问寨附近,决无可能在庐山西南麓的楚城乡。但其葬地,却不一定就在居处附近。渊明《自祭文》云:"不封不树。"②《挽歌辞》其三云:"严霜九月中,送我出远郊。"③《杂诗》其七云:"去去欲何之,南山有旧宅。"④抑渊明祖墓远在楚城乡耶?抑当年渊明儿子葬父不遵父嘱,墓地立封识耶?此皆无可考索矣。

八

综观诸陶氏宗谱,可论定者有七:陶氏南迁江南之始祖乃汉顺帝时陶敦。继之陶谦、陶基、陶丹,为汉末陶氏一族之重要人物,一也。陶侃为渊明曾祖,二也。陶茂为渊明祖父,任武昌太守,三也。渊明父为陶敏,非陶逸或陶回,四也。渊明前后两娶,前妻程氏,续妻翟氏,生子五,五也。叔父陶夔,敬远为渊明从弟之一,六也。渊明故里在寻阳郡治鹤问寨附近,今九江市西南二十里赛湖、八里湖一带,七也。至于渊明父是否任安成太守,渊明墓何在,则只可存疑。

(本文原载《复旦学报(社会科学版)》1995 年第 1 期。1993 年 12 月,我赴安徽、江西等地考查陶氏宗谱,得到安徽潜山县文化局、江西九江县县志办公室、江西省博物馆、安徽黟县组织部及潜山陶氏后裔陶奎甲先生的大力帮助。尤其是九江县

---

① 萧统编,李善注《文选》卷五七,上海古籍出版社,2019 年,页 2523。
② 《陶渊明集校笺》卷七,页 535。
③ 《陶渊明集校笺》卷四,页 416。
④ 《陶渊明集校笺》卷四,页 349。

志办公室主任张人鑫先生，无私提供多本陶氏宗谱和有关古柴桑、九江历史沿革的资料，并抱病为我讲解。本文写作过程中，又曾参考张人鑫《陶渊明始家宜丰甄辨》一文（见江西社科院《社料情报与资料》一九八五年第七期）。凡此，皆感恩在心，至今不忘。一九九六年拙著《陶渊明集校笺》出版，此文作为附录。又本文自 1995 年刊出之后，闻知有陶氏后裔陶维墀者，经多方寻觅各地陶氏宗谱，抄录、编著而成《陶氏史记》上下二册[非公开出版物：赣出内浔壹字 1995 第 25 号]。当年翻阅过此书，然未曾细读。近来觉得有必要吸取其中材料，遂从九江陶渊明纪念馆借阅此书，抄录其中可用资料，增补旧文如上。记于2017 年 10 月）

《陶渊明集》异文问题之我见

——兼评田晓菲《尘几录》

众所周知，在中国古代作家别集中，《陶渊明集》（以下省称《陶集》）是异文最多的一种，以至宋代《蔡宽夫诗话》慨叹道：《陶集》"校之不胜其异，有一字而数十字不同者，不可概举"。[①] 为什么《陶集》的异文这么多？原因是什么？如何甄别和选择异文？这是校勘、编注《陶集》的专家必须解决的问题。另外，《陶集》的有些异文会影响到陶诗的正确阐释，进而影响到对陶渊明整体人格的评价。因此，陶渊明研究者也应该重视这些异文。近读田晓菲女士《尘几录——陶渊明与手抄本文化研究》（中华书局 2007 年 8 月出版，以下提到该书引文皆出此版，仅于文后括注页码）一书，看到田女士发表了许多关于《陶集》异文的新见解，感觉甚惊奇，遂作此文，以期引起读者和研究者关注《陶集》异文、关注陶渊明评论中出现的新问题。

---

① 郭绍虞辑《宋诗话辑佚》卷下，中华书局，1980 年，页 380。

一 《陶集》早期版本及异文的产生

《陶集》编辑之初就有不同的版本。北齐阳休之《陶集序录》说："其集先有两本行于世，一本八卷，无序；一本六卷，并序目，编比颠乱，兼复阙少。萧统所撰八卷，合序目诔传，而少《五孝传》及《四八目》，然编录有体，次第可寻。余颇赏潜文，以为三本不同，恐终至亡失，今录统所阙并序目等，合为一帙，十卷，以遗好事君子。"①据此可知，阳休之之前，最早的《陶集》有两种版本行世，八卷本和六卷本。后出萧统八卷本。这三种本子编排和内容皆不同，而以萧统本为优。阳休之在萧统本的基础上，再编为十卷本。这样，在唐之前，《陶集》至少有四种版本。可知推知，四种版本的异文必定已经产生了。

隋唐时《陶集》流传的情况见晁公武《郡斋读书志》："按《隋·经籍志》，潜集九卷，又云梁有五卷，录一卷。《唐·艺文志》，潜集五卷。今本皆不与二志同。独吴氏《西斋目》有潜集十卷，疑即休之本也。休之本出宋庠家，云江左旧书，其次第最有伦贯，独《四八目》后《八儒》、《三墨》二条，似后人妄加。"②晁氏所说的隋九卷本，陶澍说是萧统八卷本，再加目录为一卷。日人桥川时雄说是阳休之的十卷本，少了一卷目录。两种说法不能定孰是孰非。隋五卷本，也有可能是阳休之所说的六卷本，少了一卷序目。以上说法都是猜测，无法确定。

《陶集》流传到宋代，各种版本纷呈。宋庠《私记》说："余前

---

① 龚斌校笺《陶渊明集校笺》（典藏版）附录一，上海古籍出版社，2018 年，页 661。
② 晁公武撰，孙猛校证《郡斋读书志校证》卷一七，上海古籍出版社，1990 年，页 818。

后所得本,仅数十家,卒不知何者为是。晚获此本,云出于江左旧书,其次第最若伦贯。又《五孝传》以下《四八目》,子注详密,广于他集,惟篇后《八儒》、《三墨》二条,此似后人妄加,非陶公本意。"①宋初,宋庠一人所得就有数十家,并且有"卒不知何者为是"之感。随着《陶集》版本之多,异文之多也就不难想见了。

宋庠本稍后,出现思悦。思悦《书〈陶集〉后》说:"昭明太子旧所纂录,且传写寖讹,复多脱落。后人虽加综辑,曾未见其完正。愚尝采拾众本,以事雠校,诗赋传记赞述杂文,凡一百五十有一首,泊《四八目》上下二篇,重条理编次为一十卷。近永嘉周仲章太守,枉驾东岭,示以宋丞相刊定之本,于疑阙处甚有所补。"②思悦说"采拾众本,以事雠校",则思悦本是经雠校的定本,当可肯定。那么,宋庠本是否也雠校过?《私记》指出《八儒》、《三墨》为后人妄加,又将《四八目》之末渊明"自为说"数句"别存之",则宋庠或许雠校过《陶集》。又思悦称"宋丞相刊定之本",也可作为宋庠校定《陶集》的旁证。如此看来,宋庠本和思悦本是《陶集》版本史上最早的经雠校的定本。可惜这二种《陶集》早已散佚,后人无从知其原貌。其后,贺铸于宋哲宗绍圣三年(1096)、黄伯思于宋徽宗政和二年(1112)都校过《陶集》。(前者见贺铸《庆湖遗老诗集》卷四《题陶靖节集后》诗,后者见黄伯思《东观余论》卷下《跋陶渊明集后》)

现存的宋代《陶集》版本主要有四种:仿苏轼字体的苏写本、曾集本、汲古阁本、汤汉本。这四种本子保存的异文数量很多,是研究《陶集》异文的主要资料。对于《陶集》异文的考察研究,实际上在宋代就开始了。《蔡宽夫诗话》"陶诗异文"条说:

①　《陶渊明集校笺》附录一,页661—662。
②　《陶渊明集校笺》附录一,页662。

"若'只鸡招近局'，或以'局'为'属'，虽于理似不通，然恐是当时语。'我土日以广'，或以'土'为'志'，于义亦两通，未甚相远。若此等类，纵误，不过一字之差。如'见'与'望'，则并其全篇佳意败之。此校者不可不谨也。"①蔡启将陶诗异文分为三种情况：一是"害理"者，如'悠然见南山'一句'见'改为'望'。二是当时语'属'改为今语。三是于义两通者，如'土'作'志'。当代陶渊明研究家袁行霈先生《宋元以来〈陶集〉校注本之考察》一文曾对汲古阁本、苏写本、汤汉本、李公焕本中的异文数量做过统计，并对《陶集》中的异文作了分类。②袁先生的这项研究虽然未充分展开，但显然比前人进了一大步。近来，旅美学者田晓菲的《尘几录——陶渊明与手抄本文化研究》一书从手抄本的流动性入手，以为现在通行的《陶集》是宋人通过"控制"《陶集》文本的异文而创造出来的，"陶渊明和他的诗被编织成一个巨大的文化神话"（页18）。由于《尘几录》不信任通行的《陶集》，于是专门注重异文的解释。这本书提出的新见解，令笔者感兴趣，也觉得应该有个回应。

　　《陶集》异文是否都是手抄本的错？与作者自身有没有关系？我觉得在印刷术发明之前，手抄肯定是不断产生异文的重要原因。但最早的异文，说不定也与作者有关。稍有写作经验的人都有体会，所谓"倚马立成"，"文不加点"，实际上很难做到。构思和遣词造句的反复锤炼、反复修改，反倒是作文的常态。"二句三年得，一吟双泪流"，"吟安一个字，撚断数茎髭"，正是文字取舍艰难的写照。即使是大作家，也罕见下笔如神而不须推敲。《朱子语类》卷一三九说："欧公文亦多是修改到妙

① 《宋诗话辑佚》卷下，页380。
② 袁行霈《陶渊明研究》，北京大学出版社，1997年，页199—210。

处。顷有人买得他《醉翁亭记》稿,初说滁州四面有山,凡数十字,末后改定,只曰'环滁皆山也'五字而已。"①这个著名的例子说明,作品的初稿和定稿文字不同,是文本产生异文的最初原因。即使是定本,作者后来发觉某字更好,再作改动,那也是常有的事。

那么,《陶集》初期的出现的异文,是否同渊明本人的改动有关?惜无资料记载,难作绝对的判断。但从创作的一般规律推测,或许不会无关。《饮酒》二十首序说:"既醉之后,辄题数句自娱,纸墨遂多,辞无诠次。聊命故人书之,以为欢笑尔。"②这是仅见的渊明描述自己创作和保存作品的情况。与今之有些作者视个人文字为无上珍宝的态度不同,陶渊明的写作非常随意——那是"自娱",而非"稻粱谋"或者是"名山事业"。结果是"辞无诠次",即编排无序,文字也有颠倒。命故人记录下来,也有可能听错、写错。渊明既以写作为欢笑,态度很随便,对保存自己的文字缺少谨慎与责任,则不作校对是有可能的,出现异文也就是很正常的事。据阳休之说,他看到的两本《陶集》中的一本六卷,"编比颠乱,兼复阙少",这与渊明自称"辞无诠次"之间是否也存在一定的联系呢?

陶渊明卒后至北宋初年,《陶集》以手抄本的形式流行了五百余年。我们今天看到的《陶集》异文,绝大部分已在这个时段里出现。宋庠本、思悦本行世及稍后的苏写本、曾集本、汲古阁本、汤汉本成为通行本之后,《陶集》的新的异文就很少了。袁行霈先生说,《陶集》的异文基本不出汲古阁本的范围,这说明,《陶集》在宋代已经成为非常稳定的文本。我以为,在讨论文本

---

① 黎靖德编,王星贤点校《朱子语类》卷一三八,中华书局,1986年,页3308。
② 《陶渊明集校笺》卷三,页248。

流动性问题时，强调流动的同时，也要看到它的稳定，而且不能过分夸大流动的速度，似乎像日夜流淌的河流。《陶集》就是这样一个标本，它在手抄本时代固然流动较快，表现为异文大量出现；但在经过宋人的雠校和印刷术发明之后，新的异文就几乎不再产生。从宋刻本出现至今，《陶集》的流动性基本停止，它的面貌已经基本定型。如果以为《陶集》作为文本的流动性永远不会停止，或者把新编注的《陶集》中偶然差错也称为流动性，那是不符合《陶集》流传的真实历史的，所谓的流动性之说也就无甚意义。

文本虽然在流动，但它的源头终究是原本。最早的手抄本毕竟来自原本，虽然免不了有差错，却绝不可能牛头不对马嘴。自然，《陶集》的原本不可能看到，但宋代之前的手抄本必定接近原本。由于抄写者的文化素养不佳，或者抄写时马虎粗疏，诚然会出差错，也有可能臆改。但差错或臆改与原本相较不会面目全非。"尘几"固然有尘，但总是几，不能想象几会变成尘。尘厚三寸已经骇人了，不可能盈尺。再说，陶渊明身后的最初数百年间，人们还未认识到这位诗人的伟大，自觉通过创造异文来塑造一个文化偶像，那是不可思议的。真理跨过一步便是谬误。因此，笔者以为，在承认文本流动的同时，不宜过分夸大流动的速度；承认抄本会出现差错时，不可夸大差错的程度。以《陶集》原本无法看到为由，便认为《陶集》手抄本与原本完全两样，称手抄本的"强大力量"，足以塑造出一个虚幻的陶渊明，这不过是危言耸听罢了。

在《陶集》版本史和陶渊明接受史上，宋人作出了非常突出的贡献。陶渊明的人品和诗品，为宋代的诗文大家一致肯定和赞美。田晓菲《尘几录》不止一次地说，宋人基于他们文学价值观念的"编辑方针"，"对于我们理解陶诗至关重要，因为陶诗具有欺骗性的'单纯',在很大程度上正是北宋编校者的施为"(页10)。又说:"宋人从自己的审美眼光出发,极口称陶渊明'平淡',而陶渊明的诗文风格也确实符合宋人所谓的'平淡';但是在很大程度上,这份'平淡'正是通过控制《陶集》文本的异文而创造出来的。"(页12)这两段话小部分可取,整体上则是罔顾历史事实。称宋人从自己的审美眼光出发称赞陶渊明的平淡,这说得过去。宋人的确是以他们所处时代的审美倾向与价值观念来评价陶渊明。但称陶诗具有"欺骗性的'单纯'",又说陶诗的平淡是宋人"通过控制《陶集》异文创造出来的",这就有点荒谬了。陶诗的单纯、平淡是客观的历史存在,决非是后人的虚构创造。其实,颜延之作为陶渊明的朋友,在《陶徵士诔》中就用"文取指达"一语评论渊明的诗文,用"简弃烦促,就成省旷"二语评陶公人格。"文取指达"四字概括了渊明诗文的重要特征是达意,语言不雕饰繁琐。这岂不就是单纯吗? 钟嵘《诗品》评陶诗说:"文体省净,殆无长语。笃意真古,辞兴婉惬。"①前二语是讲简洁单纯,后二语是讲质朴平淡。而从鲍照、江淹的效"陶彭泽体",可见后代诗人已认识到陶诗的审美特征,这审美特征主要是朴素平淡。宋人极力标榜和推崇陶诗的平淡,这是陶诗的审美特征为后代读者接受的合乎逻辑的发展。陶诗好比一块璞玉,它自具美质,总有一天会发光。如果宋人不能认识它,那么,明人会发现它,不过迟早而已。宋代之前,人们已经朦胧地觉得它有价值,但还未认识到这是一块瑰宝。到了宋人,才剔出璞玉光华四射的真面目。俗话说:跳蚤不可能变成英雄。如果陶诗是"欺骗性的'单纯'",那任你宋人也好,明人也好,是决不可能"创造"出平淡的陶诗来。《陶集》的几乎全部异文,在宋代之前

---

① 钟嵘著,曹旭集注《诗品集注》,上海古籍出版社,2011年,页336—337。

就已存在。对这些异文,只能选择和阐释,岂能"控制"?

宋代学术昌明,雠校、整理前代典籍和重新阐释成为风气。宋人校注《陶集》,正是这种风气的反映。《陶集》流行既久,出现许多各不相同的版本,读者无所适从。这时,就有必要汇总诸本,加以雠校,甄别异文,编成一个能代表时代水平的定本。中国古代重要典籍的流传历史,大致如此。宋人适应历史的要求编辑《陶集》,是在参考前代《陶集》的基础上进行的,决非向壁虚造。现存的宋代《陶集》刻本苏写本、曾集本、汲古阁本、汤汉本所录的渊明诗文,尽管异文有多有少,但总体面貌相似,不至于某一句此本与彼本风马牛不相及。即使有,也极为罕见。这就证明,《陶集》原本虽不可见,但流传各本总是与原本接近。至于称宋人"控制"《陶集》的异文,那是不负责任的话。宋代诸《陶集》皆列异文,目的是以便读者参照甄别。若编校者有意隐藏真实的陶渊明,虚造"另一个陶渊明",那何必罗列异文,然后再加"控制"?这岂不是授人作伪的把柄吗?何不干脆消灭所有异文,让后人只见"白茫茫一片皆干净"。宋人取舍某字某词,当然与宋代的文化背景、时代理念有关,也与编校《陶集》者的识见、审美倾向和文学素养有关,但与有意的"控制"不相干。《陶集》是客观的存在,编校者不能添加什么,删削什么,只能选择什么,而且要解释选择的理由。离开了对《陶集》的细致阅读和阐释,离开了魏晋的文化背景,离开了对中国文化的正确理解,仅凭几个异文,不可能"塑造"陶渊明。过去不能,现在同样也不能。

二 《陶集》重要异文的甄别与选择

《陶集》的异文虽然多且复杂,但就异文的性质来说,不外乎两种情况:一种于文义影响不大。形误、颠倒衍夺、字义相

近、古通用字、坏字,都可归入这一类。如《停云》:"枝条载荣",
"枝条"一作"枝叶";"罇湛新醪",异文一作"樽酒新湛";"飞
鸟",异文作"轻鸟"之类。① 这些异文数量最大,有的不排除抄
写者出于审美的原因有意改动,但差别毕竟细微,用不到怀疑他
们有不可告人的动机,想借此创造"另一个陶渊明"。一种数量
较少,但产生歧义,甚至能影响到某一句诗、甚至整首作品的理
解,这就要格外谨慎,认真甄别了。以下我们选《陶集》中一些
对作品影响较大的异文说明之。

　　语言是历史的,一个时代有它独特的文学语言。因此,熟
悉、理解某个时代的文学语境,有助于理解和甄别文学作品。处
理《陶集》的异文也必须了解魏晋时代的语境。例如《归园田
居》五首之一:"少无适俗韵,性本爱丘山。""韵",曾集本、汲古
阁本云,一作"愿"。"韵"是魏晋品藻人物用语,属于一种审美
范畴。王胡之《答谢安诗》:"我虽异韵,及尔同玄。"谢混《诫族
子诗》:"康乐诞通度,实有名家韵。"②《世说新语·任诞》一三:
"阮浑长成,风气韵度似父,亦欲作达。"③同篇四一:"襄阳罗友
有大韵,少时多谓之痴。"④《晋书·殷浩传》:"何必德均古人,韵
齐先达邪?"⑤韵,谓性情、气质、风度,多得之于先天。"少无"二
句,谓自少便无迎合世俗的性情,本性喜爱自然。故可确定作
"韵"是。《尘几录》出于否定传统的《陶集》版本的选择,一面
肯定"韵"强调人的内在气质,是天生的,"愿"则体现了后天的

---

① 以上可参看《陶渊明集校笺》卷一,页 1—2。
② 《陶渊明集校笺》卷二,页 91—92。
③ 刘义庆撰,刘孝标注,龚斌校释《世说新语校释》卷下,上海古籍出版社,2019
　年,页 1562。
④ 《世说新语校释》卷下,页 1605。
⑤ 《晋书》卷七七,中华书局,1974 年,页 2044。

意志，一面却说"这里的关键不是字的'对错'，而是哪个字受到编者的偏爱和为什么"（页85）。其意是说"韵"和"愿"是无所谓"对错"的，不过是编者偏爱"韵"。上文说过，我们选择"韵"是有根据的，而《尘几录》说成这不过是编者的偏爱。《尘几录》在前面曾说过对《陶集》中那些不被人注意和重视的异文，只有"对晋代文学语境的重建，对文字来源与意义的详细考察，才能窥见端倪"（页12）。但当我们真要根据晋代文学语境来甄别异文时，田女士却又说"韵""愿"二字是无所谓"对错"的。那么，既然对选择"韵"不以为然，那想必是对"愿"偏爱了。可是，作者又没有明言应该选择"愿"。闪烁其词，是这本书文字上的一个特色。

《归园田居》五首之二："白日掩荆扉，虚室绝尘想。""虚室"，曾本、汲古阁本云，一作"对酒"。[①] 作"对酒"虽亦通，但不如作"虚室"妥帖且内涵深厚。因上句"白日掩荆扉"，与《归去来兮辞》"门虽设而常关"同意。"虚室"一词有双关的意思，门关即成"虚室"，"虚室"又有"心斋"一层意思，"室"比喻心，心能空虚，故称"虚室"。《庄子·人间世》："虚室生白。"郭象注："夫视有若无，虚室者也。虚室而纯白独生矣。"[②]《淮南子·俶真训》："是故虚室生白，吉祥止也。"高诱注："虚，心也；室，身也；白，道也。能虚其心，以生于道。道性无欲，吉祥来止舍也。"[③]"虚室生白"，能得道性，尘想可绝，吉祥来止。可见"虚室"的内涵远比"对酒"丰富，属于形而上的道的层面。再有，"虚室"——无欲的襟怀——能制止杂乱的"尘想"，乃是道家和

① 《陶渊明集校笺》卷二，页96。
② 郭庆藩《庄子集释》卷二中，中华书局，2012年，页151。
③ 刘安编，何宁撰《淮南子集释》卷二，中华书局，1998年，页146。

佛家的共有的思想观念。慧远《万佛影铭》说:"是使尘想制于
玄襟。"此句完全可作陶诗的注脚。"虚室"义同"玄襟",可制
"尘想"。从当时语境来审察,作"虚室"远胜作"对酒"。

　　《五月旦作和戴主簿》:"南窗罕悴物,北林丰且荣。""南
窗"句,异文作"明两萃时物"。"明两"出于《易·离卦》:"明两
作,离,大人以继明照以四方。"孔颖达《正义》:"曰明两作离者,
离为日,日为明,今有上下二体,故云'明两作,离'也。"①在晋宋
诗歌语境中,明两多喻明君。如《文选》谢宣远《张子房诗》:"明
两烛河阴,庆霄薄汾阳。"②谢灵运《拟魏太子邺中集诗·王粲》:
"不谓息肩愿,一旦值明两。"③颜延之《三月三日诏宴西池诗》:
"明两紫宸,景物乾元。"④若此句作"明两萃时物",则"明两"作
"日光"解。但晋宋诗歌中,未见"明两"指日光的例子。作"南
窗罕悴物",则与下句"北林丰且荣"相对,皆写五月一派欣欣向
荣的景色。

　　《饮酒》二十首之四:"厉响思清远。""清远",异文作"清
晨"。清远,亦为魏晋人物品藻常用语,属审美范畴之一。《世
说新语·言语》三四:"会稽贺生,体识清远。"《世说新语·赏
誉》二九:"康子绍,清远雅正。"《诗品》:"嵇康诗托喻清远,良
有鉴裁。"⑤《晋书》卷七五《王坦之传》:"咸以清远相许。"《晋
书》卷七五《刘惔传》:"惔少清远,有标奇。"⑥"清远",为一种脱
俗的精神境界。至于"清晨",思之何为? 不思也会自然而至。

---

① 《陶渊明集校笺》卷二,页 129—132。
② 《文选》卷二一,上海古籍出版社,2019 年,页 1018。
③ 《文选》卷三十,页 1462。
④ 欧阳询撰《艺文类聚》卷四,上海古籍出版社,1999 年,页 66。
⑤ 《陶渊明集校笺》卷三,页 257—258。
⑥ 《晋书》,页 1964、1990。

何况失群鸟，清晨也是独飞而出，一样不得其所。故此处当作
"清远"。后面写失群鸟托身孤生松，"千载不相违"，便是"思清
远"内涵的具象。

　　陶渊明读书广博，诗文中常见典故。所以，选择《陶集》异
文的另一个原则是考察词语的来源，注意是否出于典故；若是，
应该正确解读。例如《劝农》："智巧既萌，资待靡因。""既萌"，
一作"未萌"。① 此二句同上面"傲然自足，抱朴含真"二句，其实
出于《老子》的思想。《老子》十八章："大道废，有仁义；智慧出，
有大伪。"十九章："绝圣弃智，民利百倍；绝仁弃义，民复孝慈；
绝巧弃利，盗贼无有。""大道废"四句，可用来解释"智巧既萌"
二句；而"绝智弃圣"数句，是主张回到上古时代，即"傲然自足，
抱朴含真"的社会。这首诗的前面写智巧未萌之前，后面写"智
巧既萌"之后。理解《老子》思想后，就能作出正确的选择，这里
应该取"既萌"。作"未萌"则与《老子》思想不合，也不能正确
串讲此诗的第一章。

　　注意词语的来源固然非常重要，但还要结合上下文意考察，
必要时运用其他的证据来证明。例如《乙巳岁三月为建威将军
使都经钱溪》最末二句："终怀在归舟，谅哉宜霜柏。""归"，苏写
本、曾本、汤汉本、汲古阁本皆作"归"，云一作"壑"。依据版本
学，既然各本皆作"归"，则当作"归"是。② 不过，异文"壑舟"一
词也有来历，出于《庄子·大宗师》："夫藏舟于壑，藏山于泽，谓
之固矣！然而夜半有力者负之而走，昧者不知也。"郭象注："方
言死生变化之不可逃。"③准确地解释了"壑舟"的喻意。除此处

---

① 《陶渊明集校笺》卷一，页 45—47。
② 《陶渊明集校笺》卷三，页 222—223。
③ 《庄子集释》卷三上，页 244。

异文外,《杂诗》之五也出现"壑舟":"壑舟无须臾,引我不得住。"这二句说,时光一刻不停地流逝,我无法停住生命的脚步。"壑舟",正用《庄子·大宗师》的典故。由于《尘几录》以为《陶集》的异文反而可靠,于是选择"壑舟",说"'归舟'把诗的结尾变得十分透明,但也未免使之索然无味"(页41)。但若取"壑舟",这二句诗的意思就成:"生死不可逃是我的终极关怀,美好啊,岁寒中的松柏!"这还成诗吗? 陶渊明固然忘不了死,但更多的时候是了然生死,"纵浪大化中,不喜亦不惧",平静地把生命付之于自然变化。何况乙巳岁使都时离老境还远,怎么会心心挂怀死亡不可逃呢? 而作"归舟",虽在舟行,却已想到"归舟",所谓"一心处两端",在矛盾中表达诗人终究回归田园的决心,有何"索然无味"? 作于稍前的《始作镇军参军经曲阿作》末二句说:"聊且凭化迁,终返班生庐。"①与《经钱溪》诗意思相同,可以并观。

《陶集》中意义相近、皆可讲通的异文不少,有可能反映了陶诗的初稿与定稿的差异,或者是抄写者的改动。遇到这种情况,应该从字词的表情达意的优劣加以选择。最著名的例子是《饮酒》之五的"采菊东篱下,悠然见南山"。"见",曾本、汲古阁本云,一作"望"。《文选》作"望"。②"见""望"二字不可能抄写致误,恐怕是抄写者所改。在不同的《陶集》中"见""望"并存,在宋代之前就已如此。《文选》作"望",但韦应物《答长安丞裴说》诗说:"采菊露未晞,举头见南山。"显然仿效陶渊明,说明韦应物所见的《陶集》作"见"。另有钱起《晚过横霸见张蓝田》诗:"林端忽见南山色,马上还吟陶令诗。"也能证明钱起见

① 《陶渊明集校笺》卷三,页189。
② 《陶渊明集校笺》卷三,页258—259。

到的《陶集》作"见"。苏轼称年轻时见到蜀本有作"见"而不作
"望"，并分析这二字的优劣："'采菊东篱下，悠然见南山'，因采
菊而见山，境与意会，此句最得妙处。近岁俗本皆作'望南山'，
则一篇神气都索然矣。"(《东坡题跋》卷二《题陶渊明饮酒诗
后》)《尘几录》最反感宋人对《陶集》异文"有意的排除"，因此
怀疑"苏轼自己发明了'见'的异文"(页32)。苏轼于是有了作
伪的嫌疑。然而韦应物、钱起的诗可证明苏轼的清白，《尘几
录》怀疑苏轼"发明"了"见南山"，岂止是"信口开河"，简直有
点诬蔑古人的味道了。苏轼以为"见"境与意会，最得妙处，体
现了极其高超的审美能力，从而极大地提升了陶诗的美学价值。
这就又回到上文所说的，陶诗本身是一块璞玉，它总有一天会显
露它的价值，五百年后，宋人揭示了它的美妙。如果陶诗本来就
作"望"，任你苏轼舌生莲花，也不可能说成是"境与意会"。所
以，文本终究是第一位的，接受者可以各不相同的阐释，但无法
无中生有。

三 《尘几录》对异文的"偏爱"

上面笔者所谈《陶集》异文选择的主要几种方法，其实无甚
新意，校雠学的教科书写得很明白。凡是探求古籍真相的研究
者，都会遵循这些原则和方法。然而在实际上，这些原则只可为
诚实者道，不可为机心者说也。因为机心者一开始就预定目标，
他为颠覆传统而来，不是为求真。凡是不符合其"期待视野"
的，一律作相反的解读。

《尘几录》颠覆陶渊明的传统形象，方法大体有二：首先是
过分夸大手抄本与原本之间的关系和差异。此书的作者从一个
古洋人的几句诗获得灵感，把手抄本和原本的关系，比作爱者与

被爱者：爱者看不到被爱者本人，被爱者的情况是通过聆听他人的描述而知道的。与此类似，手抄本犹如对被爱者的夸张描述，真正的被爱者是看不到的，那是个"虚幻的影子"。抄本美化了原本，看到抄本的人对并不存在的原本产生了爱情。这一晦涩又夹缠不清的比喻，成了《尘几录》颠覆工程的起点。然后，《尘几录》从"厌恶"的对象手抄本入手，真正的意图乃在塑造"另一个陶渊明"。田女士认为阳休之所说的《陶集》中的"奇绝异语"，经过辗转抄写，再经宋代编者的删削去取，已经差不多消失殆尽了，只有在从来不被人注意和重视的异文中，才能窥见这些奇绝异语的端倪（页 12）。这几句话，标明了《尘几录》"窥见""另一个陶渊明"的具体方针，那就是取别人所舍之异文，重新找回《陶集》中的"奇绝异语"，并以此论证作为文化偶像的陶渊明只不过是"想象的建构"。

当然，取《陶集》中的异文非常正常——如果遵循版本学和校雠学原则的话。问题仅仅在于，《尘几录》专取异文，是为了颠覆传统的阐释，用西方的话语，经过自己的"想象的建构"，塑造与传统全不同的陶渊明。读《尘几录》，很快就会发现作者偏执的态度令人吃惊。学术应该取科学的、冷静的态度，以事实为依据，唯真相是从。若不顾事实，以偏执的态度对待古籍，必定会狂热而错乱，即使才智出众者亦不能避免。

非常遗憾，《尘几录》似乎不像在从事严肃冷静的学术研究，作者怀着对宋代以来基本定型的《陶集》的厌恶，选择异文多违众逆反，对陶诗作了大面积的曲解。比如《庚戌岁九月中于西田获早稻》开头二句："人生归有道，衣食固其端。""有道"，一作"有事"。"其端"，一作"无端"。① 这二句的异文应该不难

---

① 《陶渊明集校笺》卷三，页 242。

选择。人生之道，衣食为首，这是众所周知的浅显道理。渊明《劝农》诗说："远若周典，八政始食。"①王粲《务本论》说："八政之于民也，以食为首。"②都证明"人生归有道，衣食固其端"二句正确无误。但《尘几录》偏取异文"有事"和"无端"，称"事"是"一个意义丰富的字眼"，把"衣食固无端"解释成为"衣食的需要本是无穷无尽的"（页99）。这很牵强。"无端"，义为无始无终，一般用以指时间的长度，与"无穷无尽"有别。《尘几录》既然常用《庄子》解释陶诗，当然熟悉《庄子·逍遥游》的典故："鹪鹩巢于森林，不过一枝；偃鼠饮河，不过满腹。"称人生对衣食的需求本是无穷无尽的，并不合《庄子》的思想。陶诗受《庄子》影响，说："弊庐何必广，取足蔽床席。"（《移居》之一）③"营己良有极，过足非所钦。"（《和郭主簿》之一）④所以，即或"固无端"勉强可通，也与渊明的思想相违。

此诗后面说："四体诚乃疲，庶无异患干。""异患干"，一作"异我患"。《尘几录》取异文"异我患"，说"异我"不见得是一个陌生的语汇，然后引《庄子·庚桑楚》开头一大段文字，论证所谓"异我患"：老子学生庚桑楚，来居畏垒之山。三年，畏垒大丰收。畏垒百姓在庚桑楚初来时，都对这个外乡人感到一点惊奇。现在丰收了，大家都归功于庚桑楚，以为他差不多是个圣人，互相商量着要尊之为君，为立社稷，建其宗庙。庚桑楚听说百姓准备立他南面之王，很不高兴。他的学生对此感到奇怪。庚桑楚解释说：春生秋实，是天道自行，我哪里是"至人"呢？我能为人准的吗？关于这段寓言的旨意，成玄英疏："老君云：功

---

① 《陶渊明集校笺》卷一，页45。
② 《艺文类聚》卷六五，页1159。
③ 《陶渊明集校笺》卷二，页138。
④ 《陶渊明集校笺》卷二，页152。

成弗居,长而不宰。楚既虔稟师训,畏垒反此,故不释然。"仅仅因为这段文字中"异"字出现了三次,《尘几录》就把庚桑楚和陶渊明连在了一起,说《于西田获早稻》诗也写一次秋收,"诗人似乎是说,虽然稻谷丰收了,但是和庚桑楚的情形所不同的是,大概没有必要担心出现'异我'之患。"(页104)《尘几录》作这样的"新阐释",令人吃惊。《于西田获早稻》写的不过是平常的秋收,哪里是大丰收呢? 陶渊明归田回乡,与乡邻本来就很熟悉,何以变成好像是来到畏垒的外地人庚桑楚呢? 从诗里根本看不到其他乡邻的影子,更无从说起乡亲因丰收感谢他,立他为南面之王。何以渊明在"四体诚乃疲"时,莫明其妙地把自己想象成《庄子》中的庚桑楚,害怕发生乡邻把自己看作"特异超群"的人物,从而引起祸患? 至于说"异我"不见得是一个陌生的词汇,但实际上在中古文献中却从来没有出现过。这个词汇是《尘几录》的臆造。《尘几录》不惜笔墨从《庄子》中找根据,目的是说明"诗人与田家的差异",说明诗人"对这些差异的强烈而自觉的意识",意思是证明陶渊明与农民有根本的区别。《尘几录》重新塑造陶渊明,看来很费力。

　　《癸卯岁始春怀古田舍》之二同样遭到《尘几录》的全面曲解。这首诗有几处异文不难选择,但《尘几录》仍用逆向淘汰的方法。"日入相与归,壶浆劳近邻。""日入",异文作"田人"。一般编注《陶集》者均取"日入",依据是《击壤歌》"日出而作,日入而息"二句,《庄子·让王》中的善卷也说过同样的话。从诗的内部结构分析,《怀古田舍》第一首写早晨到野外耕种,"夙晨装吾驾,启途情已满"。第二首写傍晚归来。二首诗写了日出至日入的一天劳作。所以,历来取"日入"是有充分理由的。《尘几录》舍"日入"而取"田人",因为这样的选择就可以"凸现了他和农人的区别",把陶渊明说成是田园生活的旁观者。

　　《尘几录》通过对《陶集》异文的别样的阐释，努力颠覆传统的陶渊明形象。那么，《尘几录》创造的陶渊明有什么主要特征呢？作者引用西方汉学家的论断："陶潜的诗充满矛盾，这些矛盾是因为一个非常世故，自我意识非常强的人渴望变得单纯和天真。"（页108）这二句话说得直白一点，就是陶渊明是个充满矛盾的人物，世故却偏要装单纯和天真——总之，是个善于"作秀"的虚伪人物。不仅止于此，《尘几录》由评价陶渊明，进而引出对中国文化的总体定性："中国文化是世故与天真的混合。"（页109）不难发现，《尘几录》所持的批评理论和阐释学是西方的。我们欢迎借鉴西方文化中的新理念研究中国本土文化，尽管在很多时候看到的是肤浅和隔膜。但拿西方的话语来颠覆陶渊明、颠覆中国文化，相信绝大多数研究者还不至于懵懂而不觉察。我们本来期待田女士能对陶渊明作出新颖的解释，因为她毕竟受过深厚的中国文化的熏陶，又有西方文化的新视野，然而结果令人失望。失望之余，还让我们困惑：为什么走出国门时间并不很长的年轻学者，居然很有心计地颠覆中国本土的文化偶像？

　　当然，《尘几录》也并不是一无可取。比如从陶渊明受前代文学的影响的这一认识出发，以为《拟古》其九"种桑长江边"，①并不是伤悼易代，"其文学样范乃是郦炎的《见志诗》和繁钦的《咏蕙草》"（页248）。这一全新的解释有说服力，给人启发。说明当《尘几录》遵从文学自身规律、冷静地处理文学材料时，能作出有价值的研究。可惜这种闪光的地方太少了。

（本文原载《九江学院学报》2010年第4期）

---

① 《陶渊明集校笺》卷四，页333。

陶渊明哲学思想及与
魏晋玄学之关系

在陶渊明研究领域，关于陶渊明的思想，是最令人困扰的问题之一。不少人把渊明归入儒家，也有人说他出于庄老，还有人把渊明说成"第一达磨"[1]，或说陶诗"充满禅机"（朱光潜《陶渊明》)[2]，或说渊明找来了"佛家般若空观"[3]。我认为，陶渊明的思想很难用任何一家传统思想来规范。这位伟大的诗人深受儒家传统思想及老庄思想的强大影响，又感受着魏晋玄学的新思潮，再根据自身仕隐经历的切身体验，艰苦的农耕生活及晚年贫困的感受，从而形成了独特的思想面貌。他的哲学思想包括三个重要部分：有生必有死的生死观、化迁的哲学观、委运自然的人生观。

---

[1]　葛立方《韵语阳秋》卷十二，宋刻本，叶一上。
[2]　朱光潜《诗论》，生活·读书·新知三联书店，2014年，页351。
[3]　罗宗强《玄学与魏晋士人心态》，天津教育出版社，2005年，页282。

一

生死问题是哲学的根本问题。人从何处来？终往何处去？是哲学家不断叩问的终极问题。

中国古代思想家（非玄学家）的宇宙生成论以"气"为中心、为基础，太极元气乃万物所由生。气虽然不可见，却是存在的一种有，并不是无。气的聚合与分散，表现为天地人及万物的生成与变化。人之生为气之聚，人之死为气之散。《庄子·知北游》说"人之生，气之聚也。聚则为生，散则为死"①。《周易·系辞上》："精气为物，游魂为变，是故知鬼神之情状。"韩康伯注："精气烟煴，聚而成物。聚极则散，游魂为变也。游魂，言其游散也。尽聚散之理，则能知变化之道，无幽而不通也。"②西汉的易学家京房，开始以阴阳二气说解《易》，以为阴阳二气是万物生成的本根："乾坤二象，合为一运天地交泰，万物生焉。"（《京氏易传》卷中《泰卦》）《周礼注疏》卷一八："《郊特牲》曰：'魂气归于天，形魄归于地。"③《礼记正义》卷一〇："骨肉归复于土，命也。若魂气则无不之也。"④《汉书》卷二七《五行志上》："命终而形臧，精神放越，圣人为之宗庙，以收魂气。"⑤人死，形骸归于黄土中，魂气则无不散之。汉人说圣人建立宗庙，作用是把魂气复收于其中。

渊明关于人之何由生，死往何处去的看法，来源于古人的气聚气散说。例如：

---

① 郭庆藩《庄子集释》卷七下，中华书局，2012 年，页 733。

② 王弼撰，楼宇烈校释《周易注附周易略例》，中华书局，2011 年，页 344。

③ 《十三经注疏》，中华书局，影印清嘉庆刊本，2009 年，页 1636。

④ 《十三经注疏》，页 2844。

⑤ 《汉书》卷二七，中华书局，1962 年，页 1342。

咨大块之受气,何斯人之独灵。(《感士不遇赋》)①

茫茫大块,悠悠高旻。是生万物,余得为人。(《自祭文》)②

渊明认为人是由气聚而生的观点,实质是以元气来解释世界的来源和万物的生成,明显继承前代思想家,具有唯物倾向。而大块及大块生人的思想,源于《庄子》。《庄子·齐物论》说:"夫大块噫气,其名曰风。"成玄英疏:"大块者,造物之名,亦自然之称也。"③"大块"与自然同义。"大块"是有,不是虚无。《大宗师》说:"夫大块载我以形,劳我以生,佚我以老,息我以死。"④"大块",就是造物主。

郭象注《齐物论》,把"大块"改造成"无物",创立他的"独化"说。他说:"大块者,无物也。""物之生也,莫不块然而自生,则块然之体大矣,故遂以大块为名。""无既无矣,则不能生有;有之未生,又不能为生。然则生生者谁哉? 块然而自生耳。自生耳,非我生也。我既不能生物,物亦不能生我,则我自然矣。自己而然,则谓之天然。"⑤又郭象注《大宗师》说:"夫形生老死,皆我也,故形为我载,生为我劳,老为我佚,死为我息,四者虽变,未始非我,我奚惜哉!"⑥以"我"替代了"大块",意谓人从生至死的变化,皆是"我"的原因。排除了外物,以"我"成为"独化"的唯一依据。

---

① 龚斌《陶渊明集校笺》卷五,上海古籍出版社,2019 年,页 462。
② 《陶渊明集校笺》卷七,页 534。
③ 《庄子集释》卷一下,页 46。
④ 《庄子集释》卷三上,页 242。
⑤ 《庄子集释》卷一下,页 46、50。
⑥ 《庄子集释》卷三上,页 242。

郭象以为人既不是无之生，也不是有之生，是突然而自生的。《庄子》所说的"大块"，原是造物之名，郭象把它变成"块然"，成了形容词，显然不符《庄子》原意。渊明说"咨大块之受气，何斯人之独灵"，以为人乃"大块"所生，为万物之中最灵者。这与《庄子》及易学家的观点完全相同，而与郭象的"独化"说不同。

渊明认为，人作为天地万物的灵长，不能像天地一样长存，如草木一样四时代谢。有生必有死的观点，渊明经常言及：

> 适见在世中，奄去靡归期。(《形赠影》)①
> 三皇大圣人，今复在何处。彭祖爱永年，欲留不得住。老少同一死，贤愚无复数。(《神释》)②
> 既来孰不去，人理固有终。(《五月旦作和戴主簿》)③
> 运生会归尽，终古谓之然。(《连雨独饮》)④
> 日月有环周，我去不再阳。(《杂诗》之三)⑤
> 翳然乘化去，终天不复形。(《悲从弟仲德》)⑥
> 天地赋命，生必有死。(《与子俨等疏》)⑦
> 自古皆有没，何人得灵长？(《读山海经》之八)⑧
> 有生必有死，早终非命促……魂气散何之，枯形寄空木。(《拟挽歌辞》其一)⑨

① 《陶渊明集校笺》卷二，页75。
② 《陶渊明集校笺》卷二，页82。
③ 《陶渊明集校笺》卷二，页129。
④ 《陶渊明集校笺》卷二，页134。
⑤ 《陶渊明集校笺》卷四，页340。
⑥ 《陶渊明集校笺》卷二，页185。
⑦ 《陶渊明集校笺》卷七，页511。
⑧ 《陶渊明集校笺》卷四，页399。
⑨ 《陶渊明集校笺》卷四，页410。

死去何所道,托体同山阿。(《拟挽歌辞》其三)①

    陶渊明的生死观,与秦汉以来的神仙家和盛行于魏晋之世的道教邪说直接对立。神仙家有感于人生短暂,企图用餐霞吸露,呼吸吐纳、服食养气一套办法达到长生。汉末道教形成以后,更大讲升仙羽化之术,各种道术方药应运而生,上层社会热衷神仙长生之术及种种卫生之举。兹以曹操为例:曹操好养性,亦解方药,招致方术之士,左慈、华佗、甘始、郗俭,无不毕至。能啖野葛至一尺,也能多少饮鸩酒。甘始、左慈、东郭延年,行容成御妇人法,并为曹操所录,间行其术,亦得其验。又降龙道士刘景,受云母九子丸方。曹操常服此药,亦说有验(见张华《博物志》)。曹操还致信皇甫隆说,听说你年过百岁,体力不衰,耳目聪明,所服食施行导引,可得闻乎?若有可传,请于信中密示。据上可见,曹操解方药,行房中术,服长生药丸,非常热衷长生之术。

    汉末之后,风行服方药寒食散。据说自"何晏首获神效,由是大行于世,服者相寻"(《世说新语·言语》刘孝标注引秦承祖《寒食散论》)②。东晋后期,服散者仍不绝如缕。例如殷颙,有事"因出行散"(《晋书》卷八三《殷颙传》)③;司马道子绕东府城行散(《世说新语·言语》);王恭尝行散至京口射堂(《世说新语·赏誉》)。所谓"行散",指服寒食散后须步行,发散药性。

    渊明既然以为有生必有死,死乃形尽神灭,则必然对道教的神仙长生之术深表怀疑,并给予明确批判。他说:"我无腾化术,必尔不复疑。"(《形赠影》)④腾化术即升仙之术。意谓我无

---

① 《陶渊明集校笺》卷四,页416。
② 龚斌《世说新语校释》卷上,上海古籍出版社,2019年,页153。
③ 《晋书》卷八三,中华书局,1974年,页2178。
④ 《陶渊明集校笺》卷二,页76。

升仙术，必会形尽神灭，不复可疑。又说："存生不可言，卫生每苦拙。诚愿游昆华，邈然兹道绝。"（《影答形》）存生即长生，长生做不到。卫生指养护生命。《庄子·庚桑楚》："老子曰：'卫生之经，能抱一乎？'"郭象注："防卫其生，令合道也。"①养护生命，也每每感到苦拙。意思是说，养护生命也是件难事。昆仑山、华山是神仙居所，欲游而渺远道绝。意思是无有长生之道，也就是"我无腾化术"，"帝乡不可期"（《归去来兮辞》）。总之，三皇圣人，都不能挽留流逝的光阴。老少、贤愚，终将归于死亡。传说中的仙人赤松子、王乔，活了八百岁的彭祖，如今在哪儿？神仙既然不存在，学道升仙，当然也是茫然行不通的。

关于陶渊明思想，陈寅恪先生有一著名论断："故渊明之为人，实外儒而内道，舍释迦而宗天师者也。"②。何谓"外儒内道"及"舍释迦"？笔者别有论文讨论，这里仅说宗天师道。寅恪先生说渊明虽不求长生学神仙，然终究受天师道之家传信仰影响，其《读山海经》诗云"泛览周王传，流观山海图"③，而《穆天子传》、《山海经》俱属道家秘籍为依据，云云。笔者昔年撰文评述过所谓渊明"宗天师"问题④。今兹对旧文未详者再作申述。

寅恪先生以为渊明宗天师道，是受陶氏家族信仰的影响，其证据一是"陶氏一门与南部滨海之地关系密切"；二是梁代陶弘景为著名道教徒。据陶弘景从子翊（字木羽）撰《华阳隐居先生本起录》，陶弘景出于陶超、陶基一支（见宋张君房撰《云笈七

---

① 《庄子集释》卷八上，页785。
② 陈寅恪《陶渊明之思想与清谈之关系》，《金明馆丛稿初编》，上海古籍出版社，2020年，页231。
③ 《陶渊明集校笺》卷四，页387。
④ 详见拙著《陶渊明传论》第五章，华东师范大学出版社，2001年。

签》卷一〇七），而"自基至绥四世，为交州者五人"①。交州地处南部滨海，故与天师道关系密切（陈寅恪《天师道与滨海地域之关系》）。但问题是渊明先祖陶侃与陶基非同一支。《晋书》卷六六《陶侃传》说，陶侃本鄱阳人，吴平，徙家庐江之寻阳。可知，陶侃一支至迟在侃父丹时就家在鄱阳。鄱阳、寻阳非滨海之地，故不能因陶基一门居在南部滨海与天师道关系密切，作为陶侃一门也宗天师道的依据。

　　寅恪先生又以为陶侃"当是鄱阳郡内之少数民族"，《世说新语·容止篇》记温峤称陶侃为"溪狗"，庐江郡原为溪族杂处区域，故温太真"溪狗"之诮不免有重大嫌疑。又说《桃花源记》所说"武陵人捕鱼为业，缘溪行"，"正是一篇溪族纪实文字"，《续搜神记》有《桃花源记》，说捕鱼人为黄道真，其名颇有天师道色彩，云云②。寅恪先生数篇论文引用多种文史资料，转相印证，得出陶渊明受天师道家传影响的结论。笔者以为称陶侃为溪族，缺乏坚实的证据。陶氏本是北方大族，此读渊明《命子》诗可知。汉末动乱，陶侃先人渡江，居于丹阳。吴亡后，陶侃之父丹由鄱阳迁至庐江之寻阳。温峤诮陶侃"溪狗"，或以侃与庐江郡溪族杂处之故。但即使杂处，也不能由此推断出陶侃就是少数民族溪族。陶侃母湛氏，为一明礼贤媛。《世说新语·贤媛》刘孝标注引《侃别传》："母湛氏贤明有法训，侃在武昌，与佐吏从容饮燕，常有饮限。或劝犹可少进，侃悽然良久曰：'昔年少，曾有酒失，二亲见约，故不敢逾限。'"③二亲，指侃父丹及侃母湛氏。陶侃饮酒也要约束其量，家教之严可以想见。而家诫

① 《晋书》卷五七《陶璜传》，页1561。
② 陈寅恪《魏书司马叡传江东民族条释证及推论》，《金明馆丛稿初编》，页91—96。
③ 《世说新语校释》卷下，页1473。

饮酒不可过量，正是古来有之的儒家礼教。魏末王肃作《家诫》
说："夫酒，所以行礼，养性命，欢乐也，过则为患，不可不慎……
若为人所强，必退席长跪，称父诫以辞之。"①陶侃牢记父母家
诫，别人劝酒时不敢逾限。父母训子以礼，本人立身如此谨慎，
岂会是未开化的溪族？读《晋书·陶侃传》，找不到侃与天师道
有关的痕迹，孝义之举却不少。陶侃勤于吏职，常语人曰："大
禹圣者，乃惜寸阴。至于众人，当惜分阴，岂可逸游荒醉？生无
益于时，死无闻于后，是自弃也。"②侃性格勤勉，行为踏实，无疑
深受儒家传统文化的熏陶，非是荒远边鄙，不知礼义之人。称渊
明受天师道家传影响的说法，终究找不到有力的证据。

　　言意之辨是魏晋玄学赖以创立的基础，影响魏晋时代的学
术、哲学、文学、美学，以及士人思想与行为的许多方面（详见汤
用彤《言意之辨》，载《魏晋玄学论稿》）。陶渊明及其诗文，也深
受言意之辨的影响。最显著的例子是《饮酒》其五："采菊东篱
下，悠然见南山。山气日夕佳，飞鸟相与还。此中有真意，欲辨
已忘言。"悠然的南山，傍晚的山岚，飞鸟纷纷还巢，美妙的天然
图画中，自觉有"真意"在。但"真意"是什么呢？诗人不说，称
"欲辨已忘言"。这是玄学"得意忘言"说运用于诗歌创作的典
型例子。南山，山气，飞鸟，是外在的象，"真意"为由象所得的
意。既已得意，可以忘言忘象。王弼所谓"言者所以明象，得象
而忘言。象者所以存意，得意而忘象"③。

　　再有《饮酒》其十一下半首："死去何所知？称心固为好。
客养千金躯，临化消其宝。裸葬何必恶，人当解意表。"④这里表

---

①　欧阳询《艺文类聚》卷二三，上海古籍出版社，1999 年，页 419。

②　《晋书》卷六六，页 1774。

③　《周易略例》，《周易注附周易略例》，页 571。

④　《陶渊明集校笺》卷三，页 273。

达诗人的死亡哲学,以为死去一概不知,身前称心最好。生前作种种卫生之举,养生以图长生,临终则形尽神灭。"裸葬何必恶,人当解意表"二句,用西汉杨王孙主张裸葬的典故:王孙临终,遗令裸葬。其子欲裸葬,又心不忍;不裸葬,则父命难违。于是请教王孙友人祈侯。祈侯致书王孙,搬出《孝经》中的圣人之言,以为裸葬不合圣人遗制,以裸葬为恶。渊明赞同王孙裸葬以矫世俗厚葬之风的言外之意,故说"裸葬何必恶,人当解意表"。意表,显然也是"得意忘言"之意。

陶诗受魏晋玄学"得意忘言"说的影响是全面的。钟嵘《诗品》说陶潜诗"文体省净,殆无长语"。这二句实际上与魏晋清谈崇尚言辞简约而义旨超拔是在同一审美尺度上。陈师道说:"渊明不为诗,写其胸中之妙耳。"①写胸中之妙,即是写意。陶诗绝少有长篇,也绝少雕琢字词,写景情与景谐,多理语,有理趣,言在意外,凡此,都是玄学影响的结果。

二

委运任化的人生哲学,是陶渊明哲学思想的基石,相比他的有生必有死的生死哲学,表现出更为鲜明的理论创新精神,证明他不仅是伟大的诗人,也是魏晋时期的大思想家。渊明的人生哲学及实践,深刻影响了后来知识者的思想行为及中国文学艺术精神。

所谓委运任化,是指顺随自然的变化而变化。这一思想的产生,是天地自然的变化启示人类思想的结果,完全合乎事物发展的逻辑。

---

① 《历代诗话》,中华书局,2004 年,页 304。

　　早在《周易》就非常重视随时变化的观点。《易·随卦》说：
"随时之义大矣哉。"王弼注："为随而不大通，逆于时也；相随而
不为利正，灾之道也。故大通利贞，乃得无咎也。为随而令大通
利贞，得于时也。得时则天下随之矣。随之所施，唯在于时也。
时异而不随，否之道也。故随时之义大矣哉。"①又《易·丰卦》
象传："日中则昃，月盈则食，天地盈虚，与时消息。而况于人
乎！况于鬼神乎！"②天地自然尚有盈虚之变，则人岂能执其常？
故亦应随之而变。渊明熟悉《易》，在《鲁二儒》一章中说：
"《易》大随时，迷变则愚。"③以为《易》看重随时之义，迷惑于事
物的变化就是愚蠢。意思是时变人亦随之变。

　　陶诗中讲到委运任化之处很多，常见"化"、"化迁"、"迁
化"、"大化"等词：

　　　　纵浪大化中，不喜亦不惧，应尽便须尽，无复独多虑。
（《形影神》)④
　　　　形体凭化迁（一作"形骸久已化"），心在复何言。
（《连雨独饮》)⑤
　　　　形迹凭化往，灵府长独闲。（《戊申岁六月中遇火》)⑥
　　　　翳然乘化去，终天不复形。（《悲从弟仲德》)⑦
　　　　穷通靡攸虑，憔悴由化迁。（《岁暮和张常侍》)⑧

①　《周易注附周易略例》，页97。
②　《周易注附周易略例》，页294。
③　《陶渊明集校笺》卷六，页501。
④　《陶渊明集校笺》卷二，页82—83。
⑤　《陶渊明集校笺》卷二，页134。
⑥　《陶渊明集校笺》卷三，页235。
⑦　《陶渊明集校笺》卷二，页185。
⑧　《陶渊明集校笺》卷二，页178。

　　聊乘化以归尽,乐夫天命复奚疑。(《归去来兮辞》)①
　　余今斯化,可以无恨。(《自祭文》)②

　　分析以上诗句中的"化"或"化迁",大致有两种意义。一种内涵宽泛,指自然变化,诸如天地盈虚、四时转换,流年如水。一种内涵具体,指自身形体之变化,即由少至老,由老至死的生命过程。两种变化的内涵虽有大小之别,实际上总是紧密联系而不可分。道理很简单:人本身就是自然的一部分,在天地四时的变化中,人的形体也随之由少至老,由盛至衰,最终化为尘土。

　　每个个体生命都是有生必有死,化迁是不可抗拒的规律,这点不证自明。那么,照例在这一铁律面前,人人都应该听命于它,服服帖帖地委运任化。但是,作为万物之灵长,总有人不情愿顺化,不乐意顺化,在对死亡的恐惧中,发明种种长生之术,企图摆脱化迁的规律,以求长生。由此,宗教创立,解释生死问题,让不安的灵魂得到安静。道教宣扬服食仙药、呼吸吐纳、男女合气等方术,羽化而升仙。佛教以为长期修炼,念佛三昧,摆脱生死轮回,死后接引入西方弥陀净土。儒家虽不是宗教,同样恐惧生命一旦终了,声名湮灭。主张立德、立名、立言,遗惠后人,以求声名不朽。

　　渊明思想与道、佛二教及儒家的人生观均不相同,以为追求形、神的不灭与不朽皆是"惜生"之举。《形影神》诗序说:"贵贱贤愚,莫不营营以惜生,斯甚惑焉,故极陈形影之苦,言神辨自然以释之。好事君子,共取其心焉。"③所谓"惜生",即指道教修炼

---

① 《陶渊明集校笺》卷五,页454。
② 《陶渊明集校笺》卷七,页534。
③ 《陶渊明集校笺》卷二,页75。

以求长生、佛教念佛以求弥陀净土。"神辨自然以释之"，指以神申解自然之说，以释世人"惜生"的困惑。《神释》一篇为全诗主旨，双破形、影之说后，表达"委运任化"的人生哲学。

《形影神》三首，是渊明哲学思想的最重要、最充分的表达。陈寅恪先生论陶渊明之思想，以"新自然说"名之，颇有新见。他说："渊明生值其时，既不尽同嵇康之自然，更有异何曾之名教，且不主名教自然相同之说如山（涛）、王（戎）辈之所为。盖其己身之创解乃一种新自然说，与嵇、阮之旧自然说殊异，惟其仍是自然，故消极不与新朝合作，虽篇篇有酒（萧统《陶渊明集序》语），而无沉湎任诞之行及服食求长生之志。夫渊明既有如是创辟之胜解，自可以安身立命，无须乞灵于西土之远来之学说，而后世佛教徒妄造物语，以为附会，抑何可笑之甚耶?"（《陶渊明之思想与清谈之关系》）[1]寅恪先生的上述分析是深刻的，指出了渊明思想与自然、名教、佛教之间的差异。这些差异（渊明与佛教的关系此处不谈），可以归结为与魏晋玄学之间的关系。

在寅恪先生论述的基础上，我们可以将渊明"新自然说"与魏晋玄学之间的关系说得更充分、具体一些。在肯定渊明哲学思想与魏晋玄学有联系同时，也指出二者之间许多方面的不同。

东晋名士袁宏作《名士传》，以"夏侯太初、何平叔、王辅嗣为正始名士，阮嗣宗、嵇叔夜、向子期、刘伯伦、阮仲容、王濬仲为竹林名士，裴叔则、乐彦辅、王夷甫、庾子嵩、王安期、阮千里、卫叔宝、谢幼舆为中朝名士"（《世说新语·文学》刘孝标注）[2]，大体划分出了玄学的几个发展阶段。在玄学发展史上，又有自然与名教、才性四本、言不尽意、声无哀乐、养生等重要论题的谈

① 《金明馆丛稿初编》，页223。
② 《世说新语校释》卷上，页605。

论,出现不同的派别,表现为极纷繁复杂的形态。因此,必须细致地比较和分析渊明哲学思想和魏晋玄学各个发展阶段的重要思想家的异同,才有可能弄清两者之间的关系。

渊明说"纵浪大化中,不喜亦不惧",盖彻悟生必有死,生死完全是自然的过程,喜亦尽,惧亦尽。既然如此,则"不喜亦不惧",居常待尽。《归去来兮辞》"聊乘化以归尽,乐夫天命复奚疑"二句,就是纵浪大化的唯一正确的人生态度。以自然为逻辑起点,则必然否认神仙,否认神灭论,否认道教的种种方术及卫生之举。

名教与自然二者的关系,是魏晋时期政治文化中最重要的问题,关涉到国家治理、政治立场、人士出处、生活方式、儒学与玄学的对立与融合等等现实与理论问题。魏晋玄学的重要思想家嵇康,以自然为理论基点,提出"越名教而任自然"的命题,名教与自然完全对立。其背景是名教业已成为司马氏镇压、杀戮政治反对派的武器,故嵇康以自然为思想武器,对抗虚伪的名教。他的许多作品,如《太师箴》、《养生论》、《声无哀乐论》、《与山巨源绝交书》、《秋胡行》诗七首,描绘和赞美上古社会的和谐美好的社会图景,激烈批判大道沉沦以后"宰割天下,以奉其私"的历史与现实,揭穿了名教的虚伪外衣,锋芒直指以阴谋与杀戮为能事的司马氏集团。

陶渊明以自然为宗,赞美上古社会,向往羲农时代,这与嵇康一样。不同的是不像嵇康那样,"每非汤武而薄周孔",反倒非常尊敬孔子,每每以"先师"称之,譬如"先师遗训,余岂云坠"(《荣木》)①,"先师有遗训,忧道不忧贫"(《癸卯岁始春怀古田舍》)②。

---

① 《陶渊明集校笺》卷一,页15。
② 《陶渊明集校笺》卷三,页214。

渊明虽然也感叹羲农以后的历史已不再真朴，却并不否定儒家。《饮酒》二十说："羲农去我久，举世少复真。汲汲鲁中叟，弥缝使其淳。"赞美孔子复真还淳的历史功绩，并肯定汉初伏生等儒生中兴儒家的努力："区区诸老翁，为事诚殷勤，如何绝世下，六籍无一亲。"①感慨六经的衰微，以至有人赞许渊明简直是"孔门弟子"。他晚年坚持君子固穷的节操，"忧道不忧贫"，主要得之于儒家坚持道德操守的人格教诲。

渊明后来辞官彭泽令，这与嵇康拒绝作司马氏的官相似，都是归依自然的表现。不过，于嵇康来说是反对名教，于渊明来说是倦飞知还，回归自然。渊明虽说"举世少复真"，"真风告逝，大伪斯兴"，但并非一概反对名教。《感士不遇赋》说："原百行之攸贵，莫为善之可娱。奉上天之成命，师圣人之遗书。发忠孝于君亲，生信义于乡闾。推诚心而获显，不矫然而祈誉。"②可证渊明信奉名教推崇的道德规范，固然任自然，并非越名教。

寅恪先生说，主旧自然说者求长生学神仙。嵇康即为代表人物。他的《养生论》是魏晋玄学的名论，其大旨如其哥哥嵇喜所言："神仙者，禀之自然，非积学所致。至于导养得理，以尽性命，若安期、彭祖之伦，可以善求而得也。"③嵇康首先肯定神仙的存在，然后主张由养生而至长生。《养生论》说："爱憎不栖于情，忧喜不留于意，泊然无感，而体气和平。又呼吸吐纳，服食养身，使形神相亲，表里俱济也。"④再有《与山巨源绝交书》说："又闻道士遗言，饵术黄精，令人久寿，意甚信之……吾顷学养生之术。"⑤嵇

---

① 《陶渊明集校笺》卷三，页292。
② 《陶渊明集校笺》卷五，页426。
③ 《三国志》卷二一，中华书局，1982年，页605。
④ 《文选》卷五三，上海古籍出版社，2019年，页2335。
⑤ 《文选》卷四三，页1960。

康所学的养生之术,即是道教的长生久视之术,渊明所谓"惜生"也。虽然嵇康说:"形恃神以立,神须形以存。"(《养生论》)肯定了形神的互相依赖,但以为神仙必有,其结果一定会通向形尽神不灭论。渊明的自然哲学观和嵇康相同,但对形神问题的看法,又与嵇康不同。

渊明《形影神》诗否定腾化术,以为长生不可信,卫生每苦拙,神仙不可期。《连雨独饮》诗说:"世间有松乔,于今定何间?"①看似怀疑,其实是否认神仙的存在。《饮酒》诗说:"客养千金躯,临化消其宝。"②说明养生之术最终保不住"千金躯",临终宝消,卫生之举终究是徒劳。既已彻悟有生必有死,世间无有神仙,腾化术与养生术皆是徒劳,人人都会形尽神灭,身后之名,犹若浮烟,那么,唯一正确的处世哲学就只能是纵心任性,委运自然。嵇康、阮籍等竹林名士虽以自然为宗,却不能达到乐天知命,委运任化的人生境界。这当然与魏末险恶的政治有关,但与他们的人生哲学尚未抵达生命的本质更有关系。

陶渊明的生死观及委运任化的人生哲学,主要源于《庄子》思想;同时,也受到魏晋玄学的影响,例如郭象《庄子》注,张湛《列子》注,都是渊明哲学思想的重要来源。

关于生死,《庄子》假设一位"古之真人",以作为真理的化身。《大宗师》说:"古之真人,不知说生,不知恶死;其出不欣,其入不距;翛然而往,翛然而来而已矣。不忘其所始,不求其所终。受而喜之,忘而复之,是之谓不以心捐道,不以人助天。是之谓真人。"③《庄子》把生死看作一体,二者相齐。不悦生,不恶

---

① 《陶渊明集校笺》卷二,页134。
② 《陶渊明集校笺》卷三,页273。
③ 《庄子集释》卷三上,页229。

死。死乃忽然而往，生是忽然而来。生死的始终变化，皆若忘之。生死都遗，心不执着于生或死的一端，泰然而任之。郭象注"不知说生，不知恶死"二句说："与化为体者也。"《庄子》这一段文字及郭象注，堪作《神释》诗"纵浪大化中，不喜亦不惧，应尽便须尽，无复独多虑"四句的注脚。《大宗师》"不知说生，不知恶死"二句，即《神释》诗所谓"纵浪大化中，不喜亦不惧"。《大宗师》"翛然而往，翛然而来而已矣。不忘其所始，不求其所终"四句，即《神释》诗所谓"要尽便须尽，无复独多虑"，生死都忘，不复挂怀。

《庄子·逍遥游》最后是"庄周梦蝶"的寓言，称"此之谓物化"。郭象注："夫时不暂停，而今不遂存。故昨日之梦，于今化矣。死生之变，岂异于此，而劳心于其间哉……而愚者窃窃然自以为知生之可乐，死之可苦，未闻物化之谓也。"[1]以为死生之变，不异于"庄周梦蝶"，不应劳心于其间，即无复独多虑生死之变。愚者自以为生乐死苦，那是不闻物化之至理。

渊明的化迁哲学思想，深受郭象的影响，也有取舍。郭象注《大宗师》："无力之力，莫大于变化者也。……天地万物，无时而不移也。"[2]注《知北游》："出入者，变化之谓耳，言天下未有不变也。"[3]注《齐物论》："与变为体，故死生若一。"[4]郭象认为，变化这种无力之力是最巨大的一种力量，天下未有不变的东西。这种看法揭示了一切事物的本质，但并没有指出万物变化的原因。在他看来，万物不知所以然而然，莫名其妙地存在着、变化着。这就是他的"玄冥"、"独化"的哲学观，通向神秘主义与不

① 《庄子集释》卷一下，页113。
② 《庄子集释》卷三上，页243。
③ 《庄子集释》卷七下，页746。
④ 《庄子集释》卷一下，页96。

可知论。由于主张造物者无主，万物独化，故否认形神互相依存。他在《齐物论》注中说："故罔两（影子附近的微影）非景（影）之所制……形非无（造物主）之所化也。……"否定了罔两待影，影待形，形待造物者的正确解释。渊明虽受郭象万物无时而不变哲学观的影响，但以为影待形，形待造物，生死之变最终必然是形尽神灭。这就与郭象的"独化"说划清了界限。

三

委运任化的"新自然说"是陶渊明人生哲学的核心，是他安身立命的精神支柱。这种人生哲学，简直无所不能，足以应对生死之变，应对社会的或隆或汙，应对人生道路的或夷或险，甚至日常生活中的种种不如意。总之，可以消解人生路上的坎坷，消解心中的磊块。

陶渊明的思想与性格，总体来说是平和的，踏实的。他对大道既隐之后大伪斯兴的历史以及"举世少复真"的现实，固然不满也有批判，不过态度平和，远不如嵇康激烈而愤懑。他像阮籍那样逃于酒，却不是任诞如狂，也没有晋初元康之徒的裸体而饮。鲁迅曾分析过渊明态度平和的原因，说是到了东晋，乱也看惯了，篡也看惯了，司空见惯之后，态度就平和（详见鲁迅《魏晋风度与药及酒之关系》）。这是从社会变迁的原因来探讨渊明的心理。但在我看来，委运任化的人生哲学，才是渊明思想与性格表现平和的最深刻的原因。因为只有思想，才能最终决定行为，决定态度。

我们先从陶渊明的仕隐经历中的心态变化，证明委运任化的人生哲学，在他的人生道路上起到的决定性作用。大概在晋安帝元兴三年（404），刘裕起兵讨伐桓玄。当时，渊明为母守丧隐居在家，过着"委怀在琴书"的闲适生活。得知刘裕起兵的消息，觉得施展抱负的机会来了。遂离开田园，踏上千里长途，去做刘裕的镇军参军。作《始作镇军参军经曲阿》诗说："时来苟冥会"，"暂与田园疏"。这二句诗，即是《周易》的"随时"之义，也就是外化亦与之化——外物变化，则我身姑且亦随之化。不过，渊明并不把这次出仕看作长久之计，从"苟"字、"暂"字，就可见他作镇军参军乃是权宜之计。诗的最后四句说："真想初在襟，谁谓形迹拘。聊且凭化迁，终返班生庐。""真想初在襟"①，意思近于初心不改。真想，其实就是任应自然的心志。看似我随外化而化，为形迹拘束，其实是一时顺应化迁而已，最终会回到我的田园。这首诗堪称理解渊明委运任化人生哲学的极佳教材。委运任化不是汩其泥而更扬其波，它的灵魂始终属于自然。

渊明在作镇军参军稍后，又作建威参军，为王事奔波于长江之上。看着长江两岸的景色，开始内心独白："伊余何为者，勉励从兹役。一形似有制，素襟不可易。园田日梦想，安得久离析。终怀在归舟，谅哉宜松柏。"②表达的意思与《始作镇军参军经曲阿》诗最后四句相似。作者反思：我究竟为什么勉力行役呢？形体似为世事拘束，素襟则不会改变。"一形"二句，与《经曲阿》诗"真想初在襟，谁谓形迹拘"二句的意义完全相同。"素襟"亦同"真想"，指回归自然。所以，委运任化的真义，就在外化而内心不化——形体可以随外部世界的变易而变化，但精神服膺自然，是绝不会变化的。

在日常生活中，委运任化的人生哲学也帮助渊明从容应对

---

① 《陶渊明集校笺》卷三，页189。
② 《陶渊明集校笺》卷三，页222。

遇到的困难或不如意。譬如他有五个男儿，并不很优秀。中古社会特别讲究门第观念，盼望子孙光宗耀祖是普遍的社会意识。渊明也是如此。他初为人父，为长子俨命名，作《命子》诗①，以《礼记·曲礼》"俨若思"之义，给儿子取名曰俨，字求思，并希望儿子长大后像孔伋一样，继承孔子的圣德，发扬祖先的功业。十余年后又作《责子》诗，说五个儿子"总不好纸笔"。看着这群平庸的儿子，想必渊明无论如何是有遗憾的。但他却说"天运苟如此，且进杯中物"，他拿起了酒杯。一杯心平，二杯气和，意识到"天运"不可违逆，只能"任化"。一切顺其自然吧！现实中的烦恼于是消解。"委运任化"的人生哲学又一次胜利了。

　　再举一例。义熙四年（408）六月中，渊明的旧居遇火。在一个将要月圆的夜晚，他来到废墟，看到果菜开始长出来，而惊鸟尚未归来。夜半，中天的月光洒在身上，他抬头遥望深邃的天空，想到年轻时就抱孤介之节，至今已经四十年了，感到"形迹凭化往，灵府长独闲"。这二句最值得注意。形迹凭大化而化，即"纵浪大化中"，不得不化。然作为精神之宅的"灵府"，却不随流年而依然故我。《淮南子·人间训》说："得道之士，外化而内不化。""形迹"二句，正是"外化而内不化"之意。旧宅遇火，此是外化，天运无计可逃避。然意志不拘束于外物的变化，历四十年犹不变。可见，"形迹凭化往，灵府长独闲"二语，即是与委运任化的人生哲学，是渊明一生学识的大过人处。试想，生死之变都可以"要尽便须尽，何复独多虑"，区区一宅遇火，又算得了什么！

　　渊明归田之后，与朴素的田园日夕相亲，对于自然之义的理解有了更感性的体会。虽然生活的日益贫困化常常会在心底掀

———————————

① 《陶渊明集校笺》卷一，页51—55。

起波澜,也难免有所感慨,然委运任化的人生哲学给了渊明更强大的精神支撑,使他对生活的意义,对人生路上的坎坷,看得更透彻。清明的智慧,生活的勇气,滋养着他的精神气质。他任情,却不放诞;他踏实,又洒脱;他不忘死,但又很平静。陶诗中有不少谈理之诗,证明老庄的自然之义及魏晋玄学,对他的无所不在的影响。委运任化的人生哲学,始终是他的指路明灯。

例如《五月旦作和戴主簿》诗,起笔"虚舟纵逸棹,回复遂无穷"①中的"虚舟",用了《庄子·大宗师》的典故:"夫藏舟于壑,藏山于泽,谓之固矣,然而夜半有力者负之而走,昧者不知也。"②《庄子》用"藏舟于壑"的比喻,说明外力的变化很强大,不可阻挡。陶诗中的虚舟也是比喻,喻日月运行疾速。后半首全是谈理:"既来孰不去,人理固有终。居常待其尽,曲肱岂伤冲。迁化或夷险,肆志无窊隆。即事如已高,何必升华嵩。"所谈之理,以为人理有始必有终。居常,所谓"贫者士之常"(见《说苑·杂言》)。曲肱,典出于《论语·述而》,说颜渊"饭蔬食,饮水,曲肱而枕之,乐亦在其中矣"。居常待终,君子固穷,安贫乐道,与"纵浪大化中,不喜亦不惧"同义。这里必须指出:委运任化并不全来自道家哲学,其中融合了儒家的"君子固穷"的精神。"迁化"二句说如何应对迁化过程中夷险两种情况。夷,平坦,平易,引申为太平,平静;险,险恶,险阻,艰难。外部世界或人生道路,概称为"大化",有夷有险,有顺有逆。纵浪大化中,应该不以夷为喜,不以险为惧。如何抵达这种境界呢? 渊明说:"肆志无窊隆"。窊,下。隆,高。任情肆志,则迁化过程中就无高下之分。可见,肆志是应对窊隆的有效武器。至于肆志的具体

①　《陶渊明集校笺》卷二,页129。
②　《庄子集释》卷三上,页244。

内涵,可以是饮酒、游览,谈论,总之是情感摆脱拘束,任其自然。

陶渊明的任情肆志表现为享受生之乐趣,主要方式是饮酒与游观。这与魏晋名士喜好的生活情趣并无不同。渊明以为人应称情自适,饮酒乃是人生的享受,《饮酒》其三说:"道丧向千载,人人惜其情,有酒不肯饮,但顾世间名。所以贵我身,岂不在一生? 一生复能几,倏如流电惊。鼎鼎百年内,持此欲何成?"①渊明以为不肯饮酒是"惜情"的表现,而"惜情"是"道丧"的结果,"但顾世间名"即是"道丧"之一种。由此可知,"有酒不肯饮"是名教对人的自然情性的拘束,而道即是自然。之所以珍惜生命,岂不是生命短促如流电令人心惊吗? 生命太短促,故珍惜生命及时行乐,有酒便饮。《饮酒》之八:"啸傲东轩下,聊复得此生。"《饮酒》其十一:"死去何所知,称心固为好。"《饮酒》其十四:"悠悠迷所留,酒中有深味。"②《挽歌诗》:"千秋万岁后,谁知荣与辱。但恨在世时,饮酒不得足。"③《读山海经》其五说:"在世无所须,唯酒与长年。"……世间的利禄富贵,身前身后名,皆不足顾惜,唯有生时常饮酒足矣。如此纵浪大化,一生称心,还有何忧何虑呢? 在魏晋名士中,似乎无人比他更深刻地思考饮酒对于人生的作用。他对饮酒最具见解者,当推《饮酒》其十三:

> 有客常同止,取舍邈异境。一士常独醉,一夫终年醒。醒醉还相笑,发言各不领。规规一何愚,兀傲差若颖。寄言酣中客,日没独何炳。④

---

① 《陶渊明集校笺》卷三,页254。
② 《陶渊明集校笺》卷三,页280。
③ 《陶渊明集校笺》卷四,页411。
④ 《陶渊明集校笺》卷三,页278。

诗以诙谐的语言写醉者醒者取舍异境：醉者独醉，醒者长醒。醉醒还相笑，发言各不领。盖所持理念不同之故也。"规规"二句，是对醉者醒者的评价：以醒者"规规"为愚，醉者"兀傲"为颖。"规规"为小见之貌，出于《庄子·秋水》："子乃规规然而求之以察，索之以辩，是直用管窥天，用锥指地也，不亦小乎！"[1]"规规"者没有大格局、大眼光，用管窥天，用锥指地。兀傲，是孤傲不羁的意思。醉者任真自得，任情肆志，珍视生命，把握当今，及时行乐。故诗人赞"兀傲差若颖"。显然，醒者是名教中人，挂念俗世的利益，终年醒着，何其愚蠢！醉者任自然，任情肆志，乃张季鹰、孟嘉一类放达之士，深受玄风影响，非名教而是自然，摆脱一切拘束，何其聪颖！醒者醉者取舍异境，实质上是名教与自然二者的不同和冲突。醉者合道，醒者丧道。醒者愚而醉者颖，即是渊明是自然而非名教的艺术表达。此诗最后说："寄言酣中客，日没独何炳。"呼吁秉烛夜饮，以补白日饮酒之不足，为及时行乐之意。

最后再回到《形影神》诗三首[2]。第一首《形赠影》说生必有死，人命还不如山川草木之长久，又无腾化升仙之术，故形主张"得醉莫苟辞"，及时行乐。寅恪先生分析说，这篇是"非旧自然说之言也"。此说有待推敲。渊明确实以求长生学神仙为非，称他非旧自然说可通。阮籍、刘伶诸人沉湎于酒，以图苟全性命。而渊明喜酒，固然不同于阮、刘纵酒任诞，避祸于酒乡，但"得酒莫苟辞"是一样的。九月九日无酒，江州刺史王弘派白衣人送酒，渊明坦然就饮，难道这不就是"得酒莫苟辞"吗？

第三首《神释》诗说："日醉或能忘，将非促龄具。"以为日醉

① 《庄子集释》卷六下，页601。
② 《陶渊明集校笺》卷二，页75—87。

或许能忘,盖日醉恐怕是促龄短寿之具。寅恪先生分析说:"此驳形'得酒莫苟辞'之语,意谓旧自然说者沉湎于酒,欲以全生,岂知其反伤生也。"①其实,渊明喜酒程度,不亚于魏晋名士。《饮酒》诗序不是说:"偶有名酒,无夕不饮,顾影独尽,忽焉复醉。"②可见只要有名酒,渊明无夕不饮,并称"日没烛当秉"。真实的情况是,渊明恐怕不会在乎日醉是促龄具。如果一定要说他与阮籍、刘伶等酒徒有什么不同,那也只是饮酒并不那么任诞罢了。嵇康、阮籍等人饮酒,有逃世于酒,浇胸中磊块,苟全性命于乱世的意味。渊明喜酒,主要是及时行乐,视饮酒为人生的享受与欢乐,对生命的品味,是任情忘情,是自由闲适,是委运任化的人生哲学的实践。

四

有人说,陶渊明是魏晋风度的伟大代表。

有人说,陶渊明是魏晋玄学人生观的终结。

其实,陶渊明深受魏晋风度的熏陶,但又不完全等同于魏晋风度;实践魏晋玄学人生观,却又汲取了儒学的营养,表现为一种既不是完全玄学,也不同于传统名教的人生观。他的行为与思想是独特的,是以前从未出现过的新人物。从定义渊明独特性的意义上说,寅恪先生对渊明思想的论断最具眼光。所谓"外儒而内道",寅恪先生解释"外儒"指行为,"内道"指言论。这样的区别,可以再议。思想与行为有时统一,有时相背。譬如渊明饮酒醉了,对客人说,你们可先走,我要睡了。言行洒落、自

---

① 《陶渊明之思想与清谈之关系》,《金明馆丛稿初编》,页227。
② 《陶渊明集校笺》卷三,页248。

然,恐怕并不合乎儒家的礼仪。渊明晚年作诗常说君子固穷,恪守儒家"君子忧道不忧贫"的古训,行为上不食檀道济的"嗟来之食"。这就很难区分是外儒还是内道。但有一点可以肯定,寅恪先生指出了渊明思想儒道兼融。只看到他的崇儒,甚至以为他的思想行为都从经术中来,看不到他对自然的体认和皈依,就无法正确理解渊明。渊明委运任化的人生哲学,说到底也是儒道双修的结晶。

渊明受《庄子》及魏晋玄学的影响,以自然为宗,又信从先师孔子的教诲,故是自然但基本上不非名教,行为平和而不过激。认为他所处的时代大伪斯兴,故也有批判,却不像嵇康那样锋芒毕露,以嬉笑怒骂出之。

渊明不是把自然作为否定名教的武器,而是作为人生的终极寄托。他把自己整个儿融进自然,成为自然的一部分,纵浪大化中,随外物化而化,达到彻悟人生的高境界,意识到生必有死是必然的,尽管有时也不能忘记死,但终究情不累物,乐天知命,居常待尽。

渊明宗自然,不相信有神仙,否定腾化术,对各种卫生之术也不以为然。但他对养生术并不一概抵制。饮菊花酒有利于长寿,作诗说:"菊解制颓龄"(《九日闲居》)①。《读山海经》其五说:"在世无所须,惟酒与长年。"②渊明虽说"应尽便须尽,无复独多虑",似乎完全不在乎长年与短命。其实还是希望长年的。魏晋人喜欢长年,乃是因珍惜生命之故。当然,长年是古今人类最美好的愿望之一。渊明希望长年,作一点饮菊花酒之类的卫生之举,是完全正常的,与天师道的长生之术根本不同。

----

① 《陶渊明集校笺》卷二,页87。
② 《陶渊明集校笺》卷四,页394。

　　他似乎很好地把握着中和之美的尺度。自魏末至东晋,名
士清谈不息,渊明尽管精通玄学,却从不表现出清谈的雅兴,而
是"奇文共欣赏,疑义相与析",把求实精神贯穿到义理的研探
中。魏了翁说渊明"有阮嗣宗之达,而不至于放"。指出了渊明
与魏晋名士在人格上的似与不似。

　　委运任化的哲学思想,也是陶诗意境高远、理趣超拔的根本
原因。思想境界独特,决定了行为的独特,最终影响到审美独
特,诗文独特。渊明个性孤傲,他自称"性刚才拙,与物多忤"
(《与子俨等疏》)①,"自我抱兹独,僶俛四十年"(《连雨独
饮》)②。田父劝他随波逐流,他说"禀气寡所谐,纡辔诚可学,违
己讵非迷"(《饮酒》其九)。③ 他赞美孤松"连林人不觉,独树众
乃奇"(《饮酒》其八),为自己写照。但实际上,平和温淳是他示
人的常态。他的诗一般是自然的,偶尔却露出豪放之相……陶
诗之奇、美、妙,都源于他的思想与人格。为什么后世许多人和
陶效陶,却无人能达到陶诗的高度,至多只能形似,根本原因是
渊明的人格、思想不可仿效,难以企及。

　　(本文原载《辽宁大学学报》1989 年第 5 期。以为论题重
要,故作增补。基本结构略作改动,内容则增加不少。视其篇
幅,已超出旧文一倍以上。虽曰增补,实是重写。)

① 《陶渊明集校笺》卷七,页 511。
② 《陶渊明集校笺》卷二,页 134。
③ 《陶渊明集校笺》卷三,页 268。

试论陶渊明的礼学修养

　　读《陶渊明集》，不难发现陶渊明学问渊博。魏晋之前最重要的典籍，如儒家的六经、《老子》、《庄子》、《山海经》、《左传》、《战国策》、《楚辞》、《尸子》、《孔丛子》、《淮南子》、《史记》、《汉书》、《京兆旧事》、《三辅决录》、《续汉书》、两汉辞赋、古诗、嵇康《高士传》、皇甫谧《高士传》等皆过目，如盐著水，融化于诗文中。大凡人之个性与才能，得之于先天的禀赋为少，得之于后天的学问居多。陶渊明个性任真、超旷，又仁厚、刚毅，或以为与其祖辈的遗风不无关系，但此事渺茫难征。探讨渊明的思想和个性的独特，可以从他所读的典籍，所熟悉的学问，或许能得其大略。

　　历来论渊明的思想及渊源，有两种看法分歧较大。一种以为渊明所说以庄老为主，即源于道家；一种以为源于儒家。前者的代表朱熹说："渊明所说者庄老。"[①]后者的代表真德秀则说："以余观之，渊明之学，正自经术中来。"[②]近人论陶渊明思

---

① 　黎靖德编《朱子语类》卷一三六，中华书局，1986年，页3243。
② 　真德秀《西山文集》卷三五，《全宋文》册三一三，上海辞书出版社，安徽教育出版社，页235。

想最有价值者为陈寅恪,以为渊明"外儒而内道,舍释迦而宗天师者也"①。关于渊明思想究竟为儒为道,抑或也受佛教影响,笔者昔年曾著文讨论过,今不赘述。本文通过审视陶渊明的行为以及索解他的作品,论证渊明熟悉儒家经典,尤长于礼学。

一

礼学经典(以《礼记》、《周礼》、《礼仪》为代表)在儒家思想体系中具有崇高地位。《礼记·曲礼》上说:"道德仁义,非礼不成。教训正俗,非礼不备。分争辨讼,非礼不决。君臣、上下、父子、兄弟,非礼不定。宦学事师,非礼不亲。班朝治军,莅官行法,非礼威严不行。祷祠祭祀,供给鬼神,非礼不诚不庄。"礼无处不在,人类的一切活动,所有秩序的建立,皆以礼为准绳。司马迁说:"礼者,人道之极也。"(《史记》卷二二《礼书》)班固说:"治身者斯须忘礼,则暴嫚久矣;为国者一朝失礼,则荒乱及之矣。"(《汉书》卷二二《礼乐志》)以为不论是个人治身,还是有国者治国,礼乐都是须臾不可忘的宝贝。

自周代以降,随着朝代更替和新旧学术思潮的彼消此长,"礼崩乐坏"的出现成为意义重大的历史文化现象。但由于礼的极端重要性,凡是"负责任"的治国者,一般都要"制礼作乐",在旧礼乐的基础上制定新礼乐。汉晋间的由礼乐衰微至重建,就是突出的意识形态的重构。东汉中期之后,儒学衰落,人性觉醒,老庄思想中兴,礼教遭遇空前的危机。魏晋玄学兴起,直接催生以"竹林七贤"为代表的士风的放诞。然曾几何时,西晋一

---

① 陈寅恪《陶渊明之思想与清谈之关系》,《金明馆丛稿初编》,上海古籍出版社,2020年,页231。

统天下,衰落的礼教重新得到治国者的崇尚。晋初,君臣忙着制礼作乐:"太康平吴,九州共一,礼经咸至,乐器同归,于是齐鲁诸生各携缃素","晋始则有荀颉、郑冲裁成国典,江左则有荀崧、刁协损益朝仪","及晋国建,文帝又命荀颉因魏代前事,撰为新礼,参考今古,更其节文,羊祜、任恺、庾峻、应贞并共刊定,成百六十五篇,奏之"。到了东晋,元帝将修耕籍,贺循等讨论《周礼》中王者祭社稷之仪。康帝建元元年(343),刘卲、蔡谟等讨论灾异问题。穆帝升平中,何琦论祭祀五岳之礼。孝武帝太元十二年(387)五月,下诏命群臣详议建明堂事。(以上见《晋书》卷一九《礼志》上)①于此可见东晋君臣对礼仪的重视,在古礼阙失的条件下,往往根据礼经研讨。诚然,江左庄老之学盛行,清谈之风遍天下,但绝不是礼仪皆毁。儒道兼济,是东晋文化最根本的特征。明乎此,再讨论陶渊明的礼学修养,会清晰许多。

礼经涵盖最广泛的内容,是始终讲个人品德的修养,诸如仁义道德、父慈子孝、兄弟友爱。不论考察渊明为人,还是细读渊明诗文,都能发现他对礼经的熟悉,并始终实践之。

渊明得长子俨不久,为子命名,作《命子》诗,说:"卜云嘉日,占亦良时。名汝曰俨,字汝求思。"《礼记·曲礼》上说:"毋不敬,俨若思,安定辞。"郑玄注:"俨,矜庄貌。人之坐思,貌必俨然。"②渊明取《礼记》"俨若思"一句为长子命名,当然并不意味其他二句不重要。"毋不敬"三句,其实不可割裂,是一个正人君子必备的基本素质。郑玄注:"礼主于敬。"孔颖达《正义》说:"《孝经》云:'礼者敬而已。'"可知,礼的第一要义乃是敬。

① 《晋书》卷十九,中华书局,1974 年,页 580。
② 《礼记正义》卷一,《十三经注疏》嘉庆刊本,中华书局,2009 年,页 2661。

"安定辞"者,郑玄注:"安定,审也。辞,言语也。人君出言,必当虑之于心,然后宣之于口,是详审于言语也。"①"毋不敬"三句,意谓人当以敬为根本,形貌矜庄,坐似思,俨然而出言谨慎。渊明以"俨"名其子,期望他"貌必俨然",同时也能"毋不敬,安定辞"。渊明为长子命名,是魏晋士族极为重视子弟培养的好例子,也说明礼经是培养子弟的好教材。尽管渊明深受庄老崇尚自然哲学的影响,但涉及子弟培养的头等大事,终究以儒家经典作为育人的金科玉律。

渊明以礼经教子,见于《与子俨等疏》。此文最后以善道叮嘱诸子,先是举鲍叔、管叔"分财无猜"以教之;再举韩元长"八十而终,兄弟同居,止于没齿"以勉之;后举"晋时操行人"氾稚春"七世同财,家人无怨色"以训之。渊明教子的根本,乃是礼学无疑。《礼记·曲礼》上:"临财无苟得。"郑玄注:"为伤廉也。"孔颖达《正义》:"财则人之所贪,非义而取,谓之苟得。"②君子爱财,为人之本性之一。然取之必以义,不可苟得。父死,兄弟为财利而致互相猜疑以至争斗若仇人,此种现象世所常见。渊明教子以礼,前修为榜样。林云铭说:"与子一疏,乃陶公毕生实录,全副学问也。穷达寿夭,既一眼觑破,则触处任真,无非天机流行。末以善处兄弟劝勉,亦其至情不容已处。读之唯见真气盘旋纸上,不可作文字观。"(《古文析义初编》卷四)③如果说,穷达寿夭,一眼觑破,可以归于道家的自然哲学,则以善处兄弟劝勉,归于儒家的礼学更为妥当。儒道双修,才是陶公的"全副学问"。

① 《陶渊明集校笺》卷一,上海古籍出版社,2018年,页53。
② 《礼记正义》卷一,页2662。
③ 《陶渊明资料汇编》,中华书局,1962年,页373。

二

　　陶渊明与人交游,真诚相待,深受礼经的熏陶。譬如他与丁柴桑、刘遗民、庞参军、王弘等人的交往,有一种平等待人的温情,温情中充满敬意,真诚敦厚。他与庞参军并非素识,因结邻始通殷勤。虽然交往为时不长,但渊明遵循礼经之教,作四言、五言《答庞参军》各一首。五言《答庞参军》①诗序交代同庞参军交往的始终:"三复来贶,欲罢不能。自尔邻曲,冬春再交,欵然良对,忽成旧游。俗谚云,数面成亲旧,况情过此者乎！人事好乖,便当语离,杨公所叹,岂惟常悲。吾抱疾多年,不复为文,本既不丰,复老病继之。辄依周礼往复之义,且为别后相思之资。"读诗序,能真切感受到渊明对待朋友的真诚和平等,若非深受礼经的熏陶,不太可能达到这样的境界。序云"辄依《周礼》往复之义",见于《礼记·曲礼》上:"礼尚往来,往而不来,非礼也;来而不往,亦非礼也。"郑玄注:"礼尚往来者,言三王之世,其礼主尚往来。"②所谓"三王之世",指夏、商、周三代。这是次于帝皇之世的时代。帝皇之世贵德,但有施惠而不思求报。"三王之世"已讲求思报了,即有施惠者望报(回报)。往者为施,来者为报。"礼尚往来"者,意谓受惠者应回报施惠者。这比起帝皇之世的"贵德",差了一个等级,但毕竟有尊敬对方,两相平等的因素。庞参军先赠诗渊明,渊明感庞之厚意,竟至"三复来贶,欲罢不能",其性情之敦厚,亦可见矣。尔后回忆同庞参军交识的过程,诗说:"有客赏我趣,每每顾林园。"庞参军赏

---

① 《陶渊明集校笺》卷二,页125—130。

② 《礼记正义》卷二,页2664。

识渊明之高趣,常光顾林园。此为礼之来。渊明则"或有数斗酒,闲饮自欢然",报庞参军赏识之惠。此为礼之往。

四言《答庞参军》诗并序,也写同庞参军的友情,礼学的熏陶同样显而易见。由诗序可知庞参军为卫军参军,从江陵使京师,经过寻阳,赠诗渊明。渊明作诗以答,所谓来而不往非礼也。诗第二章说:"人之所宝,尚或未珍。不有同好,云胡以亲。"古直注:"《礼记·儒行》:'儒有席上之珍待聘。'又曰儒有不宝金玉,而忠信以为宝云云。其近人有如此者。又曰儒有合志同方,营道同术云云。其交友有如此者。此四句盖隐括其意。"①古直引《礼记·儒行》解释《答庞参军》诗的第二章,对读者理解"人之所报"四句不无帮助。但有的不太妥帖,仍须进一步解释。例如"儒有席上之珍待聘"一句,原是孔子对鲁哀公的回答,比喻人才杰出如席上的珍宝。"待聘"一词的含义,即孔子后面的回答:"夙夜强学以待问,怀忠信以待举,力行以待取。其自立有如此者。"②孔子所说的"待聘",与"待价而沽"同一意思。《论语·子罕》载:"子贡曰:'有美玉于斯,韫椟而藏诸?求善贾而沽诸?'子曰:'沽之哉!沽之哉!我待贾者也。'"较之《论语》,《礼记》中的孔子答鲁哀公之语,指出了"待聘"的儒者,自身应该具有的品质:一是日夜强学,二是心怀忠信,三是身体力行。如此才是子贡所说的"美玉"。渊明诗云"人之所宝,尚或未珍",是否喻庞参军为孔子所称的"席上之珍"? 恐怕不恰当。"席上之珍待聘",而庞参军已先后作太尉刘裕的参军及卫军将军的参军了。古直注引《礼记·儒行》"儒有不宝金玉,而忠信以为宝"等四句,或许贴切一些。人之所宝珠者忠信,有人或不

---

① 《陶渊明集校笺》引,页43。
② 《礼记正义》卷五九,页3622。

以为然，但我以之为宝。这是对庞参军人品的评价，暗指庞乃忠信之人。《礼记·儒行》又说："儒有合志同方，营道同术。"郑玄注："同方同术等志行也。"孔颖达《正义》曰："此明儒者与人交友之事。合志同方者，方犹法也，言儒者与交友合齐志意，而同于法则也。营道同术者，谓经营道艺同齐于术，同术则同方也。"①渊明与庞参军"合志同方，营道同术"，即是"同好"之谓。盖"同好"，故相亲相近也。然"同好"指什么？指以忠信为宝，道义相同。故"人之所宝"四句，既是对庞参军的评价，也是渊明交友的原则，主要源于礼经。不惟与庞参军，与丁柴桑、殷晋安、羊长史、庞通之、邓治中、王弘等人的交往，都能看到渊明对善道的依归，对"合志同方"的赞美。吟咏诸如"飡胜如归，聆善若始。匪惟谐也，屡有良由……实欣心期，方从我游"（《酬丁柴桑》）②这样的诗句，读者都会被渊明待人的真诚和良善所感动。礼学的向善精神，先圣贤人的教诲，几乎融进他的血液。

《礼记·礼器》说："忠信，礼之本也。"又说："忠信之人，可以学礼。苟无忠信之人，则礼不虚道。"③忠信既然是礼之本，则修礼达义，自然而然成为人们行为的最高准则。渊明以忠信交友，已如上述。至于对忠信及孝义的归依，则集中见于《感士不遇赋》。此赋由读董仲舒《士不遇赋》、司马迁《悲士不遇赋》，有感自身经历及历史人物而作，咏叹淳源已远、士不遇的宿命。与此同时，表达了对圣人遗书的信从，对忠孝、信义德行的仰慕，处处可见礼学的影响。例如赋文说："原百行之攸贵，莫为善之可娱。奉上天之成命，师圣人之遗书。发忠孝于君亲，生信义于乡

---

①　《礼记正义》卷五九，页3627。

②　《陶渊明集校笺》卷一，页36。

③　《礼记正义》卷二三，页3123。

间。推诚心而获显,不矫然而祈誉。"方宗诚《陶诗真诠》赞叹以上数句"句句皆圣贤之学"。① 确实,如"为善"、"忠孝"、"信义"、"诚心"等道德范畴,是古代圣贤言说最多的关于伦理道德的学问,是人格修炼的根本内容。渊明辞官归隐,痛感"有志不获骋",并唱叹历来士之不遇的常见的历史现象,无疑对圣贤之教是有所怀疑的。但在理智上,他对善道、忠信、孝义的信仰始终不动摇。《感士不遇赋》末后说:"宁固穷以济意,不委曲而累己。既轩冕之非荣,岂缊袍之为耻。诚谬会以取拙,且欣然而归止。拥孤襟以毕岁,谢良价于朝市。"②宣称终究不愿随波逐流,宁固穷守志,洁身自好。《礼记·儒行》固然说"儒有席上之珍以待聘",但自贵而待价之儒,若无有良贾,则又何如?圣贤指明另一条路,曰:"幽居而不淫"。意思是儒穷不失义。真正的儒,"上通而不困",即达不离道。穷而幽居,则穷不失义,所谓"穷且益坚,不坠青云之志"(王勃《滕王阁序》)。《感士不遇赋》末后说,"拥孤襟以毕岁,谢良价于朝市",正合《礼记·儒行》"幽居而不淫"之语。

晋朝以孝治天下。尽管魏末以降任达放诞之风弥漫天下,但孝之观念根深蒂固,《孝经》仍是士人的必读书,而《礼经》中也有许多孝道的规定。史所阙载,我们不知道渊明孝道如何。不过,从渊明编辑《五孝传》,不难看出渊明对于孝道的体认以及学问的渊源。又《庚子岁五月中从都还阻风于归林》诗说,"一欣侍温颜"③,"久游恋所生"④,寥寥二句,抒写在外的游子恋念母亲的深情。这不是孝子之情吗?

---

① 《陶渊明资料汇编》,页319。
② 《陶渊明集校笺》卷五,页427。
③ 《陶渊明集校笺》卷三,页198。
④ 《陶渊明集校笺》卷三,页201。

三

礼经最重要的内容，是关于生死问题。五礼中的吉礼、宾礼、军礼、嘉礼讲生，凶礼讲死。凶礼中的丧服义，由于疑阙特多，成为一种专门的学问，出现不少精于丧服的礼学专家。陶集中与丧服、祭法、祭义有关的作品有《赠长沙公》、《祭程氏妹文》、《祭从弟敬远文》、《自祭文》等。据此，可探知渊明熟悉凶礼，以及与此有关的实践。

《赠长沙公》诗序说："长沙公于余为族，祖同出大司马。昭穆既远，以为路人。"①渊明自称与长沙公为同族，皆出于大司马陶侃，不过，昭穆已远，几成路人。中国古代社会，本质上是以血缘为纽带的宗族制度，不仅维系一个家族的历史与文化，也是国家政治制度的基础。早在周代，宗族制度就已经很完备了。何谓宗族？《白虎通义》卷下《宗族篇》解释道："宗者，何谓也？宗，尊也，为先祖主者，宗人之所尊也"②，"族者，何也？族者，凑也，聚也，谓恩爱相流凑也。生相亲爱，死相哀痛，有会聚之道，故谓之族"③。了解古代中国的宗族制度的基本理念，再来分析《赠长沙公》诗，就不难探知渊明受宗族制度影响并实践之。渊明与长沙公同宗，出于大司马陶侃。对于这位名声显赫的祖宗，他早在《命子》诗中就不吝赞美之词。"祖同出大司马"一句，尊祖之情蕴于其中矣。"昭穆既远"之"昭穆"，乃古代宗庙及墓葬的排列次序：始祖居中，二世、四世、六世居左，称"昭"；三世、五

① 《陶渊明集校笺》卷一，页 19。
② 班固著，陈立疏证，吴则虞点校《白虎通疏证》卷八，中华书局，1994 年，页 393。
③ 《白虎通疏证》卷八，页 397。

世、七世居右,称"穆"。《礼记・祭统》说:"昭穆者,所以别父子、长幼、亲疏之序而无乱也。"①《周礼・春官・小宗伯》:"辨庙桃之昭穆。"郑玄注:"桃,迁主所藏之庙,自始祖之后,父曰昭、子曰穆。"②"昭穆既远",是说同宗之中,我与长沙公的关系已经疏远了。诗云:"礼服遂悠,岁月眇徂。"礼服,指礼经上规定的丧服制度。按,丧服为五等,名为"五服",即斩衰、齐衰、大功、小功、缌麻。"五服"以不同质料的布麻制成。《仪礼・丧服》说:"族曾祖父母、族祖父母、族父母、族昆弟。"③"五服"其实是指高祖以下五世的丧服,以别亲疏关系。渊明为陶侃曾孙,为长沙公族父母,尚在"五服"之内,服缌麻,但关系已经很疏远了。故云"礼服遂悠"。

即使与长沙公已是陌路人,但毕竟未出五服,总是同宗,而且长沙公一支居于宗主地位。《仪礼・丧服》说:"尊祖故敬宗,敬宗者,尊祖之义也。"贾公彦疏:"云尊祖故敬宗者,是百世不迁之宗。大宗者,尊之统,故同宗敬之。云敬宗者,尊祖之义也者。"④尊祖故敬宗,敬宗即尊祖。《赠长沙公》诗第二章说:"於穆令族,允构斯堂。谐气冬暄,映怀圭璋。爰采春花,载警秋霜。我曰钦哉,实宗之光。"⑤赞美长沙公的美德,称他是陶氏宗族的荣光。为什么长沙公已为路人,仍然敬之?原因在于长沙公是大宗之子,"尊祖故敬宗",敬长沙公,即是尊陶氏之祖大司马陶侃。可见,渊明对礼经"尊祖敬宗"之义十分熟悉,且躬行之,赞美之余,又临别赠与话言。

---

① 《礼记正义》卷四九,页 3484。
② 《周礼注疏》卷一五,页 1653。
③ 《仪礼注疏》卷三三,页 2423。
④ 《仪礼注疏》卷三一,页 2403。
⑤ 《陶渊明集校笺》卷一,页 19。

礼服之外，奔丧、吊丧、祭法、祭义，礼经皆有详细的规定。由陶集中的《祭程氏妹文》、《祭从弟敬远文》，可大略探知陶渊明的礼学修养。

渊明父母之丧的情况难知。仅于《祭程氏妹文》中约略见之："昔在江陵，重罹天罚。兄弟索居，乖隔楚越。伊我与尔，百哀是切……感惟崩号，兴言泣血。"[1]"重罹天罚"何指？一般认为指渊明母丧，时间大概在晋安帝隆安五年（401）冬。渊明从江陵奔丧寻阳，巨大的悲痛如天崩地裂，所谓"感惟崩号，兴言泣血"。崩，以头叩地。号，悲叫也。《礼记·问丧》："亲始死，鸡斯，徒跣，扱上衽，交手哭。恻怛之心，痛疾之意，伤肾、干肝、焦肺，水浆不入口，三日不举火……动尸举柩，哭踊无数。"[2]大意谓孝子去冠，赤脚，披着丧服的带子，双手抚心悲哭，五内痛裂。又《礼记·檀弓》上："高子皋之执亲之丧也，泣血三年。"[3]渊明母丧，崩号泣血，完全合乎礼经的规定。渊明定是孝子无疑。

义熙元年（405）十一月，渊明辞去彭泽令。原因之一是程氏妹丧于武昌，"情在骏奔"。妹丧固然不是辞官的主因，但辞官奔丧正是礼经的规定，早已成为习俗。例如东汉桓鸾，太守向苗举桓鸾为孝廉，迁为胶东令。始到官而向苗卒，桓鸾即去官奔丧（《后汉书》卷六七《桓荣传》附《桓鸾传》）。王献之卒，徽之奔丧（《晋书》卷八〇《王徽之传》）。《祭程氏妹文》说："维晋义熙三年五月甲辰，程氏妹服制再周。"[4]丧服分五等（见上），已嫁的姊妹应服大功，为期九月。"服制再周"，指十八个月。《祭从

弟敬远文》:"乃以园果时醪,祖其将行。"①《仪礼·既夕礼》:
"有司请祖期。"郑玄注:"将行而饮酒曰祖。"贾公彦疏:"此死者
将行,亦曰祖。为始行,故曰祖也。"②可见渊明完全遵循教礼经
规定的服制和祭仪。

《礼记·祭义》又说:"致齐于内,散齐于外。齐之日,思其
居处,思其笑语,思其志意,思其所乐,思其所嗜。"孔颖达正义:
"思其居处以下五事,谓孝子思念亲存之五事也。先思其粗,渐
思其精,故居处在前,乐嗜居后。齐三日乃见其所为齐者,谓致
齐思念其亲,精意纯熟,目想之若见其所为。"③《礼记》这段话虽
是讲孝子在祭祀前要思念父母生前的形象,其实同样适用于祭
祀父母之外的亲人,也要追思亡者生前的形象,譬如《祭程氏
妹文》追忆与妹自幼友爱,赞美妹"有德有操","靖恭鲜言,闻善
则乐。能正能和,惟友惟孝。行止中闺,可象可效"④的品德,以
及母丧时共同经受的巨痛。《祭从弟敬远文》也是回顾敬远"有
操有概"的美德,追忆两人之间的友情。渊明对故世亲人的追
思,满是真情,十分感人。若无礼学的深厚修养,不可能达到这
样的境界。

四

对于礼经规定的葬礼,渊明有深刻的理解。陶集中言及葬
礼的有三处:《饮酒》诗其十一:"裸葬何必恶,人当解意表。"⑤

---

① 《陶渊明集校笺》卷七,页 527。
② 《仪礼注疏》卷三八,页 2487。
③ 《礼记正义》卷四七,页 3455。
④ 《陶渊明集校笺》卷七,页 522。
⑤ 《陶渊明集校笺》卷三,页 274。

《挽歌诗》："死去何所道,托体同山阿。"①《自祭文》："葬之中
野,以安其魂。窅窅我行,萧萧墓门。奢耻宋臣,俭笑王孙。廓
兮已灭,慨焉已遐。不封不树,日月遂过。"②"裸葬"二句,肯定
西汉杨王孙的裸葬。"人当解意表"之"意表"是何意? 作者没
有说。汤汉注："颜、荣皆非希身后名者,正以自遂其志耳。保
千金之躯者,亦终归于尽。则裸葬亦无可非也。或曰,前八句言
名不足赖,后四句言身不足惜,渊明解处正在身名之外也。"③以
上两解,后者可能更正确一些。既然身名两者皆归于尽,则裸葬
或厚葬殊途同归于尘土,皆非死者所知。故杨王孙之裸葬,自然
亦不必恶。温汝能《陶诗汇评》以为渊明"自写其一时达趣云
尔",还是中肯的看法。

如果说,"裸葬"二句写渊明一时之"达趣",则《自祭文》说
"奢耻宋臣,俭笑王孙",乃是对葬礼的理性表述。所以,这二句
既非宋臣之奢,亦非王孙之俭。如此,"裸葬何必恶"与"俭笑王
孙"两者岂非矛盾? 何以有此矛盾? 渊明究竟如何理解葬礼?

追溯汉民族葬礼的由来及演变,是有必要的。上古之时,大
朴未亏,伦理道德尚未建立,不存在丧葬的礼仪。裸葬,是当时
历史条件下最普遍最原始的葬法。《易·系辞》下说："古之葬
者,厚衣之以薪,葬之中野,不封不树。"④即用层层柴草裹尸,葬
之野外,不起坟堆,不种树,不标识。随着民智的发展,始用器物
盛尸取代裸葬。葬具由野至文的演变,见于《礼记·檀弓》上:
"有虞氏瓦棺,夏后氏墍周,殷人棺椁,周人墙置翣。"元人陈澔
注："瓦棺,始不衣薪也。墍周,或谓之土周。墍者,火之余烬。

---

① 《陶渊明集校笺》卷四,页 417。
② 《陶渊明集校笺》卷七,页 535。
③ 《陶渊明集校笺》卷三《饮酒》"集说"引,页 277。
④ 《周易正义》卷八,《十三经注疏》嘉庆刊本,中华书局,2009 年,页 181。

盖治土为砖而四周于棺之坎也。殷世始为棺椁,周人又为饰棺之具。盖弥文矣。墙,柳衣也。柳者,聚也,诸饰之所聚也。以此障柩,犹垣墙之障家,故谓之墙。翣如扇之状,有画为黼者,有画为黻者,有画云气者。多寡之数,随贵贱之等。"(元陈澔撰《礼记集说》卷二)①从瓦棺至砖墙至棺椁至文饰,由朴到奢,由简变缛,是为有虞氏至周代葬具的嬗变轨迹。嬗变源于物质的丰富和工艺的进步,更重要的是葬礼的规定,本质是人道的关怀。人之亲情,出于自然。父母及亲友之丧,必有哀痛。"葬之中野,不封不树",狐狸、狼狗、蝼蚁啮之,此与畜牲之死何异?且葬处无有标识,追念之情无所系。于是有圣人出,遵自然之人情而制定礼教。封土为坟,种树为标,以砖墙、棺椁荫庇其尸,满足了生者对于死者的"送终追远"的愿望。然而,踵事增华的结果,常常会走向反面,圣人缘情制礼的本意,异化为厚葬之风。贵族阶级以奢靡相高,不欲速朽,棺椁数重,大冢封土如山,遍植松柏,藏金玉珠贝于圹中,遂与圣人所制的葬礼有违。"奢笑宋臣"的典故出于《礼记·檀弓》上:"昔者夫子居于宋,见桓司马自为石椁,三年而不成。夫子曰:'若是其靡!'"孔子反对厚葬的奢靡,主张丧具"用毋过礼,苟亡矣,敛首足形,还葬,县棺而封"②,意谓丧具不能超过礼之规定,若亡,敛毕即葬,以手悬绳而下棺,封土。孔子的葬法便是薄葬。

　　西汉杨王孙的裸葬,是反对厚葬风气的极端举动。不过须指出,他的裸葬观念源于对生死问题的彻悟。生时,他"厚自奉养生,亡所不致",活着尽情享受。将死,以为死亡乃自然之道,"以反吾真"。真,自然也。故令其子欲裸葬。可是,其子对父

---

①　陈澔注《礼记集说》,上海古籍出版社,1991年,页29。

②　《礼记正义》卷八,页2794。

命犹豫不决，"欲默而不从，重废父命；欲从之，心又不忍"。为何"不忍"？"不忍"谓何？不忍者，不忍见亡父裸尸地下，有违礼教也。于是，王孙之子往见王孙友人祁侯。祁侯写信给王孙，以《孝经》劝喻之："且《孝经》曰'为之棺椁衣衾'，是亦圣人子遗制，何必区区独守所闻？"王孙回复祁侯，详述裸葬的道理："盖闻古之圣王，缘人情不忍其亲，故为制礼。今则越之，吾是以裸葬，将以矫世也。夫厚葬诚亡益于死者，而俗人竞以相高，靡财单币，腐之地下……且夫死者，终生之化，而物之归者也。归者得至，化者得变，是物各反其真也，反真冥冥，亡形亡声，乃合道情。"①随后，历数厚葬之无理及无用。杨王孙裸葬之论，完全合乎自然之道，影响后世十分深远。虽然，王孙并非不知圣王制礼的本意，但其裸葬之论，终究与礼经有违，矫厚葬之枉有过正之嫌。按之历史事实，实行裸葬者寥寥，而薄葬者众多。《孝经》"为之棺椁衣衾"的遗意，终究为绝大多数人信从。例如后汉人周盘，遗令说："若命终之日，桐棺足以周身，外椁足以周棺，敛形悬封，濯衣幅巾。"②（《后汉书》卷三九《周盘传》）又后汉人张奂立遗命说："通塞命也，始终常也。但地低冥冥，长无晓期，而复缠以纩绵，牢以钉密，为不喜耳。幸有前窆，朝殒夕下，措尸灵床，幅巾而已。奢非晋文，俭非王孙，推情从意，庶无咎吝。"③（《后汉书》卷九五《张奂传》）

以下再分析《自祭文》"奢耻宋臣，俭笑王孙"二句。显然，这二句同上文所引后汉周盘、张奂的遗令若合符契。"奢耻宋臣"是以厚葬为耻。"俭笑王孙"则是信奉礼经之教，即"为之棺

---

①　《汉书》卷六七，中华书局，1962 年，页 2908。

②　《后汉书》卷三九，中华书局，1965 年，页 1311。

③　《后汉书》卷九五，页 2133。

椁衣衾",不应裸身而葬,"赤条条去也"。由此可证,渊明对礼经规定的葬礼有着完整的理解。"裸葬何必恶,人当解意表"二句肯定杨王孙裸葬的哲学依据,裸葬合乎自然之道。于死者而言,厚葬无益,裸葬亦无弊。"死去何所道,托体同山阿",厚葬、裸葬皆化为尘土,"人当解意表"一句的真义即在此。然中国自古以来就是个人情社会,亲情极难割舍,故杨王孙式的裸葬,现实中很难有操作的空间。"俭笑王孙"意即在此。情礼两者兼顾,自是儒家哲学的根本特点。

五

　　探讨陶渊明独特人格的形成,必须理解东晋儒道兼融的时代文化背景。陈寅恪先生称"渊明之为人,实外儒而内道"①。何谓"外儒"?何谓"内道"?陈先生未作进一步申论。依笔者浅见,"外儒"当指渊明的外在形象,可见的言行举止,譬如待人接物,为人处世的原则和风格。"内道"当指哲学层面的宇宙观、人生观、生死观,属于精神性的追求与坚持。渊明关于丧葬及祭义的言论与实践,最能说明儒道兼融给予的影响。他肯定杨王孙的裸葬是返璞归真,其实等于肯定道家哲学的自然之旨。但《自祭文》表明他终究信奉圣人的薄葬之教,却又称"不封不树",肯定原始葬法中可取之处。这与礼经又不太一致,有儒道兼融的色彩。庄子妻死,鼓盆而歌。渊明却不,遵循礼经,得程氏妹凶问,立即往武昌奔丧。《祭程氏妹文》说:"以少牢之奠,俯而酹之",又说"死如有知,相见蒿里"②。葬从弟敬远,作祭文

---

① 　陈寅恪《金明馆丛稿初编》,生活·读书·新知三联书店,2000年,页229。
② 　《陶渊明集校笺》卷七,页521。

说："蓍龟有吉，制我祖行。"①凡此，皆可见道家形而上的哲学境界与儒家形而下的礼仪两者相辅相成，并行不悖。

当然，要确切指渊明为人为文何者是儒家思想，何者是道家思想，这其实是很困难的事。盖思想的熏陶，如润物之春雨，无声无息，并不像食用青菜萝卜，一青二白。关键在于儒道本来就可以互通，不是非此即彼。例如渊明任真自得，崇尚朴素与自然，这固然源于道家哲学为多，但须知儒家的礼经也有以素朴为贵的言论。例如《礼记·礼器》说："有以素为贵者：至敬无文，父党无容，大圭不琢，大羹不和，大路素而越席，牺尊疏布鼏，樿杓。此以素为贵也。"②意思说，敬之至者，不以文为美。见父之族党，自当以质素为礼。比如天子所用之大圭，不镂刻文理。太古之大羹，肉汁无盐梅之和。殷时祭天之车，朴素无饰……故礼有以素为贵者，与道家的崇尚自然，以朴为美的观念相合。

渊明辞官彭泽，归隐田园，标志着他所宗尚的老庄哲学的胜利。归田之后，固穷守志，虽贫贱而不改其度。这种品格，主要得之于礼学的修养。《礼记·儒行》说："幽居而不淫。"陈澔注："穷不失义也。"③孔子亦早有教诲："君子固穷，小人穷斯滥矣。"《咏贫士》七首，咏唱古代安贫守道的节操之士，与礼学重视人格修养的精神一脉相承。

渊明自称"性刚才拙"。不为五斗米折腰向乡里小人，是他刚毅个性的典型表现。《饮酒》其九写田父劝喻诗人随波逐流，诗人自言"禀气寡所谐"，"吾驾不可回"，表示坚持隐居，绝不重

---

① 《陶渊明集校笺》卷七，页527。
② 《礼记正义》卷二三，页3104。
③ 陈澔注《礼记集说》，页321。

回仕途。礼学强调儒者的品格,其中之一即赞美刚毅的人格。
《礼记·儒行》说:"儒有可亲而不可劫也,可近而不可迫也,可
杀而不可辱也……其刚毅有如此者。"又说:"儒有忠信以为甲
胄,礼义以为干橹,戴仁而行,抱义而处,虽有暴政,不更其所。
其自立有如此者。"①儒者的刚毅品格,后来孟子概括为"富贵不
能淫,贫贱不能移,威武不能屈"。儒的刚毅,其内核是忠信、礼
义。渊明辞官后,二十余年坚持隐居,贫贱以至乞食,仍不为外
物所动。礼经关于儒行的教诲以及先儒刚毅的人格榜样力量,
正是他前行的动力。

宋人葛胜仲曾论及渊明的孝道及礼学修养,以为其归田后
不仕,"平生功用在此",指出儒学对渊明的多方面的影响:"子
瞻为徐州,诮渊明无弦不如无琴,后悔其言之失。渊明《自祭
文》云,辞逆旅之馆,且归于本宅。盖反其真之说也。子瞻复诋
之云,生独非真,死独非寓,未知何时复悔也。穷达命也,出处时
也,不可预计。至若孝悌之行,若人之朝飧夕膳,不可一日阙者。
《韩退之传》欧阳詹云,读其书,知其于慈孝最隆。余于渊明亦
云,古今人士颂渊明德美众矣,罕有颂其孝友者,作《五孝传》
赞,自天子至庶人,寄寓深矣。哀程氏妹,悲敬远、仲德弟文,尤
为凄惋。至于凯风寒泉之念兴,而述外祖孟家传。念礼服昭穆
之远,而作《赠族祖》诗。盖所谓'永锡尔类'者邪? 渊明垂死之
文,读之令人恍然自失,与今世悟道坐脱立亡者何以异。其曰
'惟此百年,夫人爱之,惧彼无成,愒日惜时'。乃知其退归不
仕,平生功用在此也。"(《丹阳集》卷八,文渊阁《四库全书》本)
葛氏把渊明的"平生功用"全归于儒学的影响,恐有偏颇。但他
注意到渊明的孝友及因念礼服而作《赠长沙公》诗,也注意到历

---

① 《礼记正义》卷五九,页3624。

来论陶者忽略之处，这种眼光还是可取的。总之，陶渊明的礼学修养不容忽略，探讨渊明的性格和思想，应该注意礼学是其重要的渊源。儒家与道家，是形成陶渊明独特人格的两个互为表里的维度，不可割裂。

（本文原载《九江学院学报》2019 年第 1 期）

陶渊明"忠愤"说平议

陶渊明"忠愤"说是陶渊明研究史上的一个老问题。所谓"忠",指忠于晋朝;所谓"愤",指愤宋篡晋。"忠愤"说的实质是陶渊明基于家族历史而所持的保守的政治立场。承认不承认"忠愤"说,牵涉到陶渊明政治立场的评价,以及他的人格、气节和某些咏怀诗的深层寄托。然而,自南朝齐梁沈约迄于今世,对于渊明"忠愤"说的评论,始终不能达成共识。本文拟从沈约的"年号甲子"之说、陶渊明的仕隐经历、陶渊明某些诗文的分析,再议"忠愤"说。

一、"年号甲子"说的由来与争论

"年号甲子"说作为陶渊明"忠愤"说的重要依据,滥觞于沈约《宋书·隐逸传》:

> 潜弱年薄宦,不洁去就之迹,自以曾祖晋世宰辅,耻复屈身后代,自高祖王业渐隆,不复肯仕。所著文章,皆题其年月,义熙以前,则书晋氏年号,自永初以来,唯云甲

子而已。①

沈约这段话有三层意思：一是渊明早年作贱吏，"不洁去就之迹"，不讲名节；二是渊明不屑复仕刘宋新朝，原因是"曾祖晋世宰辅"；三即"年号甲子"，以此表示"忠愤"的政治立场。其中，二、三两层意思为因果关系：盖忠晋，故文章在"义熙以前则书晋氏年号"；愤宋，故"永初以来，唯云甲子而已"。显然，沈约所理解的渊明文章的"年号甲子"，绝非无意为之，而是寄托了耻仕刘宋新朝的政治立场。

沈约之后，萧统《陶渊明传》、佚名《莲社高贤传》、李延寿《南史·隐逸传》等，皆从沈约的渊明"忠愤"说，但"年号甲子"说，有取有舍。② 由此说明自梁代之后，学者对"年号甲子"说有了思考，有信者，也有疑者。

《文选》卷二六陶渊明《辛丑岁七月赴假还江陵夜行涂口作》诗李善注，全引沈约《宋书》年号甲子之说。刘良注："潜诗晋所作者皆题年号，入宋所作者，但题甲子而已，意者耻事二姓，故以异之。"③与沈约所说略有不同。沈约说"义熙以前则书晋氏年号"，刘良则说"晋所作者皆题年号"。其实二者并无不同，因义熙之前即晋也。从《文选》五臣注判断，沈约《宋书》所谓渊明耻事刘裕及年号甲子之说，唐人是信从的。

颜真卿《陶公栗里》诗说："呜呼陶渊明，奕叶为晋臣。自以公相后，每怀宗国屯。题诗庚子岁，自谓羲皇人。"④显然其诗意

---

① 《宋书》卷五三，页2288。
② 萧统《陶渊明传》、《莲社高贤传》无年号甲子之说。《南史》有年号甲子之说。《晋书》既无年号甲子，亦无耻复屈仕之说。
③ 《六臣注文选》，中华书局，1987年，页494下。
④ 《陶渊明资料汇编》，页308。

来自沈约的忠晋愤宋说。其中"题诗庚子岁",就是"年号甲子"说。

宋代,始有僧人思悦,质疑《文选》五臣注:

> 考渊明诗有题甲子者,始庚子(400)距丙辰(416),凡十七年间,只九首耳,皆晋安帝时所作也。中有《乙巳岁三月为建威参军使都经钱溪作》,此年秋乃为彭泽令,在官八十余日,即解印绶,赋《归去来辞》。后一十六年庚申(420),晋禅宋,恭帝元熙二年也。岂容晋未禅宋前二十年,辄耻事二姓,所作诗但题甲子以自取异哉?矧诗中又无标晋年号者,其所题甲子,盖偶记一时之事耳。①

思悦考察陶集,发现陶诗中无标晋年号者,所题甲子"盖偶记一时之事",并非有意,以此否定沈约、五臣所谓"年号甲子"乃寄托耻事二姓之意。按之陶集的实际,渊明诗其实并非如沈约、五臣所说,"皆题其年月"。思悦以实证方法立论,有其可取之处。曾季狸《艇斋诗话》赞同之,以为"思悦之言信而有证矣"②。

思悦等人质疑年号甲子之说,而宋人信从者大有人在。例如黄庭坚《山谷集·外集》卷一《次韵谢子高读渊明传》诗说:"风流岂落正始后,甲子不数义熙前。一轩黄菊平生事,无酒令人意缺然。"③可见,黄庭坚是相信沈约年号甲子之说的。又谢枋得《碧湖杂记》亦信沈约之说:"以余考之,元兴二年桓玄篡位,晋氏不断如线,得刘裕而始平,改元义熙。自此天下大权尽

---

① 见陶澍注《靖节先生集》卷三之首,页282下。
② 丁福保辑《历代诗话续编》,中华书局,2006年,页292。
③ 刘尚荣点校《黄庭坚诗集注》,中华书局,2003年,页796。

归刘裕。渊明赋《归去来辞》，实义熙元年也。至十四年，刘公为相国，恭帝即位，改元元熙。至二年庚申，禅于宋。观恭帝之言曰：'桓玄之时，晋氏已亡，天下重为刘公所延，将二十载。今日之事，本所甘心。'详味此言，则刘氏自庚子得政，至庚申革命，凡二十年。渊明自庚子以后题甲子者，盖逆知其末流必至于此，忠之至，义之尽也。思悦、裴父，殆不足以知之。"①

自宋之后，"年号甲子"的争论从未中断。质疑者无不运用思悦考察陶集的方法，以陶集的实际推翻沈约之说。例如明初宋濂《题渊明小像卷后》说："有谓渊明耻事二姓，在晋所作皆题年号，入宋之诗惟书甲子，则惑于传记之说，而其事有不得不辨者矣。今渊明之集具在，其诗题甲子者，始于庚子而迄于丙辰，凡十有七年，皆晋安帝时所作，初不闻题隆安、元兴、义熙之号，若《九日闲居诗》有'空视时运倾'之句，《拟古》第九章有'忽值山河改'之语，虽未敢定于何年，必宋受晋禅之后所作，不知何故，反不书以甲子耶？其说盖起于沈约《宋书》之误，而李延寿著《南史》、五臣注《文选》皆因之，虽有识如黄庭坚、秦观、李焘、真德秀亦踵其谬而弗之察……呜呼！渊明之清节，其亦待书甲子而后始见耶？"②宋濂以为渊明"耻仕二姓"为得其实，但不信"年号甲子"说。又吴师道《吴礼部诗话》、郎瑛《七修类稿》皆以为陶诗中"年号甲子"是偶然题之。

现当代论沈约"年号甲子"说，以朱自清、赖义辉为代表。朱先生追溯年号甲子说在历史上的七次演变，这里姑且不论，止论其结论。他考察陶集后说："是《宋传》所说殊无据，殆是沈约凭臆之谈；其断自义熙者，当以义熙元年（西405）为渊明弃官归

---

① 《碧湖杂记》，大象出版社，2019年，页273。
② 吴蓓点校《宋濂全集》辑补，浙江古籍出版社，2014年，页2113。

耕之年耳。其义熙以后诗多记甲子,则沈存而不论矣……萧《传》、《晋书》不采其说,信非无故。""思悦以下,论者多侧重书甲子一端,盖集中诸作书甲子者远过于书年号者,论者遂为所蔽也。""陶、赵异军突起。羌无实据,亦强为之辞。"于各家争论中,独取吴仁杰《年谱》所说:"集中诗文于晋年号或书或否,固不一概,卒无一字称宋永初以来年号者。此史氏所以著之也。"以为吴仁杰"拈出不称宋号一事,尤足排难解纷,盖最合集中实情也"①。

　　今复详考陶集如下:卷一四言诗自《停云》至《归鸟》计九首,卷二五言诗自《形影神》至《悲从弟仲德》计二十七首,皆不题年号亦不标甲子。唯有《游斜川》诗题"辛丑"月日。诗题甲子者在卷三,自《始作镇军参军经曲阿作》至《蜡日》计三十八首,其中题甲子者九首,从庚子至丙辰,皆在晋安帝时,然不标晋年号。卷四五言诗从《拟古》至《联句》计四十八首,皆不标年号亦不题甲子。卷五辞赋三首,《归去来兮辞》序称"乙巳岁十一月",乃晋安帝义熙元年,然不标晋氏年号。《感士不遇赋》、《闲情赋》不题年月。卷六《桃花源记》说"晋太元中",是说武陵人发现桃花源在太元中,而此文作于宋时,与沈约所说"宋初以来,唯云甲子"也不相符。其余《晋故征西大将军长史孟府君传》等五篇,不标年号亦不题甲子。卷七疏祭文四篇,《与子俨等疏》无年号甲子,《祭程氏妹文》记为"义熙三年五月",标晋氏年号。《祭从弟敬远文》记为"岁在辛亥",题甲子,不标晋氏年号。《自祭文》云"岁惟丁卯,律中无射",不题年号,唯记甲子。上述考察的结果,证明沈约所谓"年号甲子"说与今本陶集并不相符,而思悦说陶诗"无标晋年号者,其所题甲子,盖记一时之

---

① 陶、赵,指陶澍及其门生赵绍祖。其新说见后文。

事耳"，是基本符合今本陶诗实际的，故曾季狸说："思悦之言，信而有证。"

但有一件百思不得其解的疑问：沈约的时代，陶渊明诗文已经流传。沈约是当时著名学者和作家，应当能亲见渊明诗文之全部或大部，为何发此同现存陶集实际不符的"年号甲子"之说？对此，陶澍解释道：据北齐阳休之《陶集叙录》，萧统之前，陶集已经行世，且必有渊明自定之本，沈约必亲见之。"窃意自定之本，其目以编年为序，而所谓或书年号，或仅书甲子者，乃见于目录中，故约作《宋书》，特为发其微趣。"又说："是先生集必自有录一卷，而沈约云文章皆题岁月者，当是据录之体例为言，至唐初其录尚在，故李善等依以作注，后乃亡之，遂凌乱失序，无从校勘耳……思悦等但据题上所有甲子为说，不知今集自庚子至丙辰十七年，诗止数首，而壬寅、甲辰、丙午、丁未、辛亥、壬子、癸丑、甲寅、乙卯等年，俱无一篇。辛丑《游斜川》诗转不在编年之内，其非旧次亦可见矣。余门人赵绍祖谓先生未必首首题年号甲子，不过于一年之作前题之，而《阻风》、《赴假》等诗，盖偶书甲子于题首，后人删其每岁所标之甲子，而此数首甲子以在题上，故不删。其说近是。"①

陶澍以为沈约看到的陶集，必有目录一卷，至唐初，陶集目录尚在。这种说法是有依据的。北齐阳休之《陶集叙录》说他看到的陶集有二本行世，一本八卷，无序，一本六卷，并序目。又说，萧统编的八卷，合序目谍传。阳休之编陶集，"录统所阙并序目等"，共十卷。由此可知，先前陶集六卷本、萧统八卷本、阳休之十卷本，皆有序目。故沈约所见陶集，不论是渊明自定还是萧统或阳休之所编，都有序目，应是次第可寻。陶澍以为沈约

_____

① 详见陶澍注《靖节先生集》卷三之首，下同。

"年号甲子"说,是据陶集的目录而言。唐以后,陶集的目录亡佚,以致沈约"年号甲子"与流行的陶集多不相符,朱自清遂称沈约是无据的臆说①。这种批评恐怕是武断的。因为沈约说渊明"所著文章皆题其年月",言之凿凿。假若他根本没有读过陶集,或仅读过陶诗几首,作为一个博闻强记的著名学者,很难想象会无端臆说。唐初李善、李延寿等注《文选》,取沈约"年号甲子"说,难道也是不读陶集,跟着前人臆说吗? 郭绍虞《陶集考辨》虽不信渊明生前有自定之本,但据《饮酒》诗"聊命故人书之"一语,"意者当时陶公之门生故旧,据其所作之先后,而传写成帙,故虽不必有意编定,而次第可寻,亦俨然成定本矣"②。郭氏的推测是可信的。若传写的陶集无次第可寻,陶集目录又无年号甲子,沈约何苦不顾事实,而妄语"渊明所著文章皆题其年月"耶?

考察沈约《宋书·隐逸传》,取渊明《五柳先生传》、《归去来兮辞》、《与子俨等疏》、《命子》四篇诗文而作渊明传,选材严谨妥当。由此推测,沈约必定读过渊明诗文的全部,否则不可能取材如此精审。既然读过全部渊明诗文,则"年号甲子"说,也就不会无端造作。现今的陶集,诗题甲子者仅有十首左右;文标年号者,仅《桃花源记》等五篇。若沈约当年所见陶集与今本完全相同,则绝无可能称"所著文章皆题年号"。这种匪夷所思的现象,至少说明二点:一、沈约当年所读陶集,编次与今本陶集大不相同。二、多数渊明诗文的甲子年号,早已失落。如此看来,陶澍、赵绍祖的解释,还是可以成一家之说的。

---

① 朱自清《陶渊明年谱中之问题》,载许逸民校辑《陶渊明年谱》,中华书局,1986年,页264。
② 见郭绍虞《陶集考辨》,《燕京学报》,1936年第20期,页30。

　　即使从今本陶集衡量，沈约的"年号甲子"之说，仍然部分地反映陶集的原貌，证明他并非凭空臆说。宋吴仁杰《陶渊明年谱》"恭帝元熙二年庚申"下考陶集中诸文，指出："要之，集中诗文于晋年号或书或否，固不一概，卒无一字称宋初以来年号者，此史氏所以著之也。"①沈约说："自宋初以来，唯云甲子而已。"意谓宋初以来的文章，不书刘宋年号，只题甲子。沈约此二语与陶集相合，是"年号甲子"说最有价值的部分。吴谱廓清了笼罩在沈约"年号甲子"说上面的迷雾，使人们看到了"年号甲子"说的深意。朱自清以为渊明不书刘宋年号，"以《述酒》诗征之，或不为偶然"，意谓并非无意。又赖义辉说："渊明不独于《述酒》诗可知其痛恶刘裕，即于'甲子纪年'亦可见其不认刘宋为正统。'甲子纪年'后人多论其无根，然夷考其实，未必全无依据。"②

　　今无意者不论，论有意者。有意之"意"谓何？沈约最先指出："自以曾祖晋世宰辅，耻复屈身后代，自高祖王业渐隆，不复肯仕。"渊明由于家世的缘故，耻仕刘宋新朝。所著文章标年号甲子，便是愤宋情绪的无声表达。王应麟《困学纪闻》卷二说："陶渊明于义熙后但书甲子，亦箕子之志也，陈咸用汉腊亦然。"指出渊明义熙后唯书甲子，意同箕子和陈咸。箕子之志，指箕子伤悼故国殷之亡。陈咸用汉腊，指西汉王莽篡政，陈咸不肯应召，后父子同归乡里，闭门不出，犹用汉家祖腊。人问其故，陈咸说："我先人岂知王氏腊乎！"③不用新朝年号，当然是眷恋故朝，历来如此。例如东晋穆帝永和年间，前凉张瓘复称"建兴"年

①　载许逸民校辑《陶渊明年谱》，中华书局，1986年，页21。
②　赖义辉《陶渊明生平事迹及其岁数新考》，许逸民校辑《陶渊明年谱》，页338。
③　见《后汉书》卷四六《陈宠传》，中华书局，1965年，页1548。

号,陇西人李俨据张掖,不受张瓘命,用江东年号"永和",众人多归之。① 李俨不用凉王年号,而用东晋穆帝年号,以此表明他忠于晋朝的政治立场。渊明诗文不书宋号,用意与李俨用江东年号相同。故陶澍说渊明"不书宋号,正孤臣惓惓故朝,托空文以见志者";又以为王应麟谓渊明同箕子、陈咸,真是先生的旷代知己。

如本文开头所说,沈约的"年号甲子"说,其实质是揭示陶渊明"忠愤"的政治立场。虽然沈约所谓渊明"文章皆题其年月,义熙之前,则书晋氏年号",与今本陶集不合,但"永初以来,惟云甲子",则与今本陶集相符,可见沈约并非无端造作。我们读今本陶集,发现题甲子的诗几乎都在卷三,而文章题年号者更少,以致作品的编年极为困难。这种奇怪的现象提醒我们:渊明诗文有题年号甲子的习惯,陶集的原貌,有年号甲子者当远不止今天看到的篇目。历史丢失了许多。沈约的"年号甲子"说,很有可能就是当年陶集的真相。

二、陶渊明的仕隐经历

不题刘宋年号,正如陶澍所说,是渊明倾情故朝,托空文以见志。而考察渊明的仕隐经历,则从他的出处行为,探索其有否"忠愤"思想。正如近年有些论者所指出,陶渊明数次仕隐,恐怕大有深意,很可能是间接地表现他的政治立场和态度。陶渊明初仕江州祭酒,后历任桓玄幕僚、镇军参军、建威参军、彭泽令。关于他的出仕经历,《宋书·隐逸传》:"亲老家贫,起为州祭酒,不堪吏职,少日自解归。"时间大约在太元二十一年

---

① 见《资治通鉴》卷一○○《晋纪》二二,页3150。

（396），时年二十八岁。① 任州祭酒的始终，见于渊明诗中的自
述。《饮酒》其十九说："畴昔苦长饥，投耒去学仕。将养不得
节，冻馁固缠已。是时向立年，志意多所耻。"②出仕州祭酒的动
机，诗人一再说是家贫。这话是可信的。颜延之《陶徵士诔》
也说："少而贫病，居无仆妾，井臼弗任，藜菽不给，母老子幼，
就养勤匮。远惟田生致亲之议，近悟毛子捧檄之怀，初辞州府
三命，后为彭泽令。"③这段话叙述渊明的全部出仕经历，也道出
了他初仕州祭酒的原因。陶渊明虽出身东晋洪族，曾祖父陶侃
功绩显赫，祖父做过太守一类的官，父亲也曾一度入仕，但到渊
明时，家道中落，以出仕改善母老子幼的窘迫家境，既合乎传统，
也合乎情理。

　　当然，渊明出仕还有更深刻的原因。他在青年时代受儒家
六经的熏陶，有"猛志逸四海，骞翮思远翥"（《杂诗》其五）④的
远大抱负。他出仕州祭酒，未必没有从此寄迹风云、大展宏图的
想法。可没有几天就"不堪吏职"而辞归，州复以主簿召，亦不
就。这是为什么？渊明自称是"志意多所耻"，即"性本爱丘山"
的性格，耻于混迹在虚伪腐败官场里。逯钦立先生则以为不屑
事笃信五斗米道的江州刺史王凝之⑤，其依据是《晋书·隐逸
传》的记载："郡遣督邮至县，吏白应束带见之。潜叹曰：吾不
能为五斗米折腰，拳拳事乡里小人邪！"⑥其实，这段文字在《宋

① 关于陶渊明年岁，本文取邓安生五十九岁说。详见邓著《陶渊明年谱》，天津古
　　籍出版社，1991 年。
② 《陶渊明集校笺》卷三，页 289。
③ 《陶渊明年谱》，页 166。
④ 《陶渊明集校笺》卷四，页 344。
⑤ 逯钦立《读陶管见·三江州祭酒问题》，《吉林师大学报》，1964 年第 1 期，页 29。
⑥ 《晋书》卷九四，中华书局，1974 年，页 2461。

书·隐逸传》等处是用来说明渊明辞去彭泽令的原因,逯先生移来解释辞官州祭酒,这不太妥当。笔者认为沈约所说的"不堪吏职",与渊明自称"志意多所耻",其实都是说渊明的天性与腐败吏治发生矛盾,促使他辞去州祭酒之职。

渊明辞去江州祭酒后,回家隐居了约三年光景,于晋安帝隆安三年(399)复出为桓玄僚属。这段经历由《庚子岁五月中从都还阻风于规林》和《辛丑岁七月赴假还江陵夜行涂口》等诗推断可知。隆安五年辛丑(401)七月,渊明请假期满还江凌。而桓玄自隆安三年十二月袭杀荆州刺史殷仲堪,自领荆、江二州刺史。《夜行涂口》诗就是渊明在桓玄手下做官的证据。而前一年庚子(400)所作《阻风于规林》诗其二说:"久游恋所生,如何淹在兹。"可知渊明入桓玄幕府最迟当在此年五月之前,否则不能说是"久游"。至于作何官不得而知。[①]

这次陶渊明复出为桓玄属官,与初仕江祭酒就不可同日而语了。从这件事很可以探究他对东晋时局的政治态度。自晋安帝立,以司马道子为太傅、摄政,以王珣为尚书令,王国宝为左仆射。国宝谋划削弱方镇力量,同王恭、殷仲堪之间的矛盾日甚一日。这时,桓玄乘机而起。隆安二年(398)十月,桓玄、殷仲堪、杨佺期结盟寻阳,玄为盟主,乘方镇与朝廷祸事将作之际,图谋起义以壮大势力。先前王恭未败时,桓玄对殷仲堪说:"君若密遣一人,信说王恭,宜兴晋阳之师,以内匡朝廷,己当悉荆楚之众,顺流而下,推王为盟主,仆等皆投袂,当此无不响应,此事既行,桓、文之举也。"[②]这番话道出了桓玄的策略。此外,桓玄又

---

① 陶澍《陶靖节年谱考异上》谓隆安三年渊明始作刘牢之镇军参军。朱自清《陶渊明年谱中之问题》已详辨其非。
② 《晋书》卷九九《桓玄传》,页2587。

企图借剿灭孙恩起义来扩大势力。隆安四年（400），孙恩率众攻余姚、上虞，进至刑浦，逼近京师。桓玄"建牙聚众，外托勤王，实欲观衅而进，复上疏请讨之"（同上）。天下纷乱之际，桓玄集团凭藉经营多年的西楚地盘，接连举起讨伐司马道子父子和剿灭孙恩以勤王的义旗，无疑极有利于收拢人心。《资治通鉴》载：玄至江陵，"荆州人士无不诣玄"①，简直有民望所归的气象。渊明外祖父孟嘉生前受桓玄之父桓温赏识，当过他的参军和长史，有这一层关系，渊明做桓玄的幕僚很合乎情理。加上渊明年轻时亦有远志，仕桓玄也算是施展抱负的机会。从政治态度而言，表明了渊明在各派政治集团斗争中倾向于桓玄的立场。他可能认为，只有桓玄有力量讨灭危害晋室的司马道子父子及犯上作乱的孙恩。至于桓玄的志在篡逆，他是始料未及的。

隆安五年（401），桓玄势力极盛，他以兄伟为江州镇夏口，司马刁畅镇襄阳，遣桓振、皇甫敷、冯该戍溢口，自谓天下三分有其二，势运所归，数次使人上祯祥，以为己瑞，为其篡晋制造舆论。桓玄的不臣之迹，作为幕僚的陶渊明不可能不会觉察。渊明仕桓玄之初，以为玄可以去除腐恶，匡正朝廷，自己也可攀龙托凤。想不到桓玄竟有不臣之心，其行径和桓温、王敦如出一辙。苍皇反复的时局，使他内心深处的仕隐矛盾又一次表露出来。从《夜行涂口》诗可看出，渊明忍受着中宵孤征的行役之苦，发出"商歌非吾事，依依在耦耕。投冠旋旧墟，不为好爵萦。养真衡茅下，庶以善自名"②的感叹。强烈的归隐念头，恐怕与府主非人也有关系。

---

① 《资治通鉴》卷一一一，中华书局，1956年，页3504。
② 《陶渊明集校笺》卷三，页203。

就在这年冬天,渊明母孟氏卒,自江陵回寻阳居丧。此后二年多时间,渊明居忧在家。外部世界的变化令人眼花缭乱:元兴元年(402)二月,桓玄败王师于姑孰,不久攻陷京师。十二月,杀司马道子。元兴二年(403)八月,桓玄自称相国、楚王。十二月,篡晋,称楚,改元永始,以晋安帝为平固王,迁之寻阳。此时的渊明虽然离开了变幻莫测的政治舞台,但必定知道蒙尘的皇帝近在咫尺。他对时局有何感想呢? 此可以从《癸卯岁始春怀古田舍二首》及《癸卯岁十二月中作与从弟敬远》等诗探知一二。《怀古田舍》其一说:"是以植杖翁,悠然不复返。即理愧通识,所保讵乃浅。"其二说:"长吟掩柴门,聊为陇亩民。"①抒写了作者的隐居之志。尤可注意的是《与从弟敬远》诗说:"寝迹衡门下,邈与世相绝。""历览千载书,时时见遗烈。高操非所攀,谬得固穷节。平津苟不由,栖迟讵为拙?"②抒写固穷守节、高蹈遗世的隐士情怀。将这些决绝之语与当时桓玄篡晋的时局联系起来,就可发现此诗乃有感现实而发,决不是泛咏怀抱。诗人其实以固穷之节自励,隐约表达了反对桓玄篡晋的政治态度。

渊明入桓玄幕府及以后的辞归,原因当然是多方面的,但很重要的一点恐怕与桓玄对晋室的态度有关。当桓玄打出内匡朝廷的旗号时,他出仕;当桓玄渐露不臣之迹时,他迫切想归隐;当桓玄篡晋时,他标榜固穷之节。这多少可以说明,渊明的仕隐遵循一定的原则。证明这一说法合理性的又一证据是:元兴三年(404)春天,渊明居丧期满后,又先后作刘裕镇军参军和刘敬宣的建威参军。为什么数月之前,渊明在《与从弟敬远》诗中肯定和赞美隐逸,曾几何时,却又寄托风云? 其中缘由,值得深究。

---

① 《陶渊明集校笺》卷三,页210,页214。

② 《陶渊明集校笺》卷三,页217。

这首先应该从时局方面考察。元兴三年（404）二月，刘裕聚义军讨桓玄，本质上虽属军阀之间的杀伐，客观上合乎民心。自孝武帝太元以来，权臣当道，政治的腐败日甚一日。去残去秽，不仅是士大夫们兼济天下的奋斗目标，也是普通百姓的愿望。《晋书·桓玄传》载：玄初至京师，"黜凡佞，擢俊贤，君子之道粗备，京师欣然。后乃陵侮朝廷，幽摈宰辅，豪奢纵欲，众务繁兴，于是朝野失望，人不安业"①。从"京师欣然"到"朝野失望"的变化，很能说明封建政治秩序中君臣观念的巨大影响。凡属篡逆行为，十之八九要为万夫所指。所以当桓玄军败，欲出汉川投梁州刺史桓希时，人情乖沮，制令不行。此时，刘裕以一介武夫，举起义旗，既资剿灭孙恩之功勋，又具行军作战之雄才，故风响景从，推为盟主。可以想象，刘裕的起事一定会激动陶渊明济时救世的夙愿。政局的变化，确实给渊明创造了重新出仕的机会。《始作镇军参军经曲阿》诗记述了他仕刘裕参军时的心理："时来苟冥会，宛辔憩通衢。投策命晨装，暂与田园疏。"②所谓"时来"，就是指匡救晋室，夙志获展的良机。这几句诗，透露出了渊明居丧二年后出仕刘裕的深层原因。

晋安帝义熙元年（405）初，渊明又作建威将军、江州刺史刘敬宣的参军，三月，奉命使都，作《乙巳岁三月为建威参军使都经钱溪》诗。此时，刘敬宣与刘裕部下刘毅有矛盾，心不自安，"自表解职"。近人古直谓渊明奉使入都，当为敬宣奉表辞官，"敬宣已去，先生当亦罢归也"③。虽为推测，亦颇近理。

渊明辞去建威参军不久，于当年八月，复出为彭泽令。在官

---

① 《晋书》卷九九，页2591。
② 《陶渊明集校笺》卷三，页189。
③ 古直《陶靖节年谱》，载许逸民《陶渊明年谱》，页195。

八十余日,以程氏妹丧为辞,最终脱离仕途。关于辞官彭泽的原因,前人多方探索,说法不一。沈约《宋书·隐逸传》说是郡遣督邮至县,陶潜不能为五斗米折腰向乡里小儿,故解绶去职。韩子苍谓系赴程氏妹丧,而非督邮事①。王袆《自建昌州还经行庐山下记》谓渊明有感于刘裕将移晋祚,故托辞而去②。陶澍说与王袆相近,谓"其实闵晋祚之将终,深知时不可为,思以岩栖谷隐,置身理乱之外"③。古直以为辞官彭泽是有托而逃,督邮与妹丧,不过是借口而已。上述诸说,以古直的看法比较深刻。渊明最终脱离仕途,从根本上说,乃是他的人格与社会长期冲突的结果,具体而言,是为了逃避变幻莫测的政治军事斗争的漩涡,免遭灭顶之灾。前后十年的仕宦经历,使他深深认识到早年匡时救国的理想不可能实现。经过几度犹豫彷徨,他终于作出了急流勇退的选择,"密网裁而鱼骇,宏罗制而鸟惊。彼达人之善觉,乃逃禄而归耕"(《感士不遇赋》)④。这几句话,非常形象地说出了渊明归隐的真正原因。

前人或把他的辞官归之于"耻事二姓",或谓"闵晋祚将终"。这种看法是否有道理?翻遍渊明的所有作品,完全找不到他辞官彭泽是出于旧朝将尽,新朝将兴的考虑。他一再表白由于个性的原因,才决心脱离官场。这当然是非常可信的。但是否他对即将到来的社会的巨变已有预感?我以为是有可能的。《感士不遇赋》说"达人之善觉",显然,他以善觉之达人自诩。"善觉"具体何指?指前文所说"密网裁而鱼骇,宏罗制而鸟惊"。陶渊明理解历史,改朝换代之际,必定鱼骇与鸟惊,恐

---

① 详见《苕溪渔隐丛话》前集三引,人民文学出版社,1962年,页14。
② 《王忠文公集》卷六,《金华丛书》本。
③ 陶澍《靖节先生集注》,页321上。
④ 《陶渊明集校笺》卷五,页426。

怖与鲜血。他也刚亲见桓玄失败，刘裕大肆杀戮桓氏集团的血腥。刘裕消灭桓玄之后，权势与声望无人可比。善觉之渊明不会毫无觉察。或许有人说，刘裕篡晋是十余年之后的事，渊明不可能觉察到此时的刘裕已有"将移晋祚"之心。但事实上东晋已被桓玄篡过，靠了刘裕的力量，晋安帝才得以反正。反正之后，虽皇帝名号犹存，皇权实已丧失。二十年后，刘裕终于篡晋，晋恭帝对左右说："桓玄之时，天命已改，重为刘公所延，将二十载。今日之事，本所甘心。"①意思说，晋朝在桓玄时就亡了，靠了刘公才苟延至今。故刘裕消灭桓玄，少数善觉者不会不觉察此时晋朝已经名存实亡的现实。我以为，渊明就是善觉者，他辞官彭泽，个性与官场不合固然是重要原因，而意识到改朝换代的大趋势恐怕是最主要的原因。当然，此事未成事实之前渊明无法说，也不能说，所以在他的诗文中，很难找到义熙初所谓"高祖王业渐隆，不复肯仕"的痕迹，这是可以理解的。但深藏不露未必不存在，尤其是深沉的意识。

刘裕消灭桓玄之后，权势迅速膨胀，不可阻挡。这是人人皆见的事实。兹以史实证之——

义熙元年（405）三月，晋安帝反正，下诏盛赞刘裕功德，进位侍中、车骑将军、都督中外诸军事，使持节、徐青二州刺史如故。刘裕固让。"加录尚书事，又不受，屡请归藩。天子不许，遣百僚敦劝，又亲幸公第"。义熙二年"十一月，天子重申前令，加高祖侍中，进号车骑将军、开府仪同三司。故让。诏遣百僚敦劝"。可见，义熙元年，刘裕已居于最高职位，百官无不臣服于刘裕的权势之下。义熙三年（407），天子策命，称刘裕"勋冠天人"，"是用建兹邦国，永祚山河……俾屏余一人，长弼皇晋，留风

---

① 《宋书》卷二，页46。

垂祚,晖烈无穷"①。晋安帝的策命说明,刘裕代晋只是时间问题。陶渊明自比为"达人善觉",岂会不明白时局的变化。到了义熙五年(408)九月,晋帝进刘裕太尉,中书监。六年六月,刘裕受黄钺,已是实际上的皇帝了。如果说,义熙元年,刘裕代晋之势尚不显著,那么,在义熙三年时,恐怕稍有识见者都会看清江山终将易主的趋势。

关于渊明忠愤之由,沈约说是"自以曾祖晋世宰辅,耻复屈身后代,自高祖王业渐隆,不复肯仕"②,指出渊明耻事二姓是受家世的影响。近代以来不信渊明"忠愤"之说的人,便否定他的曾祖陶侃是晋朝的忠臣③,依据是陶侃有"野心"。这大概是指《晋书》卷六六《陶侃传》末记陶侃的一个梦:"又梦生八翼,飞而上天,见天门九重,已登其八,唯一门不得入。阍者以杖击之,因坠地,折其左翼。及寤,左腋犹痛。"后说:"及都督八州,据上流,握强兵,潜有窥窬之志,每思折翼之祥,自抑而止。"④《晋书》多采小说家言,陶侃折翼之梦亦是。但即或陶侃确曾有此梦,也不可以梦作为其有"野心"的证据。

陶侃,是东晋第一等功臣。苏峻之乱,假若陶侃不起兵,不力挽狂澜,晋朝倾覆无疑。怎么可以不讲陶侃的大功,而据渺茫一梦,便称陶侃有"野心"呢? 陶侃临终,上表逊位,推荐群贤:"司徒(王)导鉴识经远,光辅三世;司空(郗)鉴简素贞正,内外惟允;平西将军(庾)亮雅量详明,器用周时,即陛下之周、召也。

① 以上皆见《宋书》卷一《武帝纪》上,页13—14。
② 《宋书》卷九三,页2288。
③ 例如袁行霈《陶渊明与晋宋之间的政治风云》一文说:"陶渊明的曾祖虽然是晋之宰辅,但他的野心人人皆知,陶渊明不会不明白。怎么会因此而忠于晋朝呢?如果他因曾祖之功得到荫封,或许有这种可能,但情况并非如此。"详见袁著《陶渊明研究》,北京大学出版社,2009年,页89。
④ 《晋书》卷六六,页1779。

献替畴咨,敷融政道,地平天成,四海幸赖。"①忠恳拳拳之心,天地可鉴,非唯当时,在后世也得到极高的评价。难道作为陶侃的曾孙,必定记得陶侃曾有折翼之梦,并由此而知曾祖有"野心"?相反,读渊明的《命子》诗、《赠长沙公》诗,都不难看出渊明对陶侃的赞美,对陶氏家族的荣耀感。《命子》诗第六章说:"桓桓长沙,伊勋伊德。天子畴我,专征南国。功遂辞归,临宠不忒。孰谓斯心,而近可得。"②赞美陶侃的功勋道德,以为曾祖的功遂身退,及临宠不忒的行为,近世难见。假若渊明只知道陶侃的"野心",会赞美和敬仰不已吗? 又《赠长沙公》诗说:"於穆令族,允构斯堂……我曰钦哉,实宗之光。"③称陶侃为祖先的陶氏家族为"令族",应该继承祖先的美德。赠长沙公以话言,希望他能成为陶氏的光荣。渊明深受古代光宗耀祖观念的熏陶,对曾祖陶侃深怀敬意,不忘陶氏"令族"的荣光。刘裕篡晋而建立新朝,渊明因曾祖是晋朝大功臣,耻仕二姓,正是不玷污祖先的行为,完全符合古代的节操之士进退出处的原则。但梁启超不相信沈约的"忠愤"说,以为渊明做隐士与刘裕王业的隆与不隆无关,不在乎姓司马还是姓刘④。陈寅恪不赞成梁启超说,说这是"任公先生取己身之思想经历,以解释古人之志尚行动,故按诸渊明所生之时代,所出之家世,所遗传之旧教,所发明之新说,皆所难通,自不足据之以疑沈休文之实录也"⑤。赖义辉也以渊明的家族观念,解释他的忠晋思想,说:"渊明缘此家族观念,遂有

---

①　《晋书》卷六六,页 1777。

②　《陶渊明集校笺》卷一,页 53。

③　《陶渊明集校笺》卷一,页 20。

④　梁启超《陶渊明之文艺及其品格》,《饮冰室合集》,中华书局,2015 年,页 4。

⑤　陈寅恪《陶渊明之思想与清谈之关系》,《金明馆丛稿初编》,生活·读书· 新知三联书店,2000 年,页 228。

耻臣于宋之思想,盖其曾祖父侃为晋室匡复功臣。渊明忠于晋,正足以曾其先祖。《宋书》谓其'自以曾祖晋世宰辅,耻复屈身后代,自高祖王业渐隆,不复肯仕',良有以也。"①所说非常中肯。

还有一种论调,称渊明知道陶侃的"野心",因不曾得到荫封,所以不会忠于晋朝。难道忠不忠于朝廷,同得不得祖上的荫封两者有必然的因果关系?那么,王室及贵戚,几乎无不因祖宗而得荫封,难道都忠于朝廷了?上述看法,既无史实的依据,而分析问题同梁启超一样,以当代的观念和自身经历解释故人,同样不能得历史真相。

综观陶渊明十年间的数次仕隐,并联系当时政治军事局势作细致的考察分析,那么,应该说在义熙元年归田之前,他有一定程度的忠晋思想。或许有人说,这不过是儒家入世思想的表现,谈不上忠晋不忠晋的问题。这种说法,恐怕尚未深究渊明的频繁出仕与当时各派政治军事势力消长之间的关系,不足以深一层的揭示渊明的政治态度。如上所述,桓玄讨伐司马道子父子和刘裕的起事,都打起匡救晋室的旗号,那么渊明先后在他们手下做官,不仅是间接地表明其政治立场,也包含着对待晋室的态度。这就是去除权臣,中兴晋室。否则,我们就难于解释为什么渊明先在桓玄手下做官,不久又入刘裕军府,为讨伐桓玄而奔波。

此外,我们还应该注意这样一些悠久的历史传统:一是封建社会中士大夫的入世精神,往往与忠君爱民、匡时救世等思想观念相通。渊明生当东晋末年,权臣当道,方镇跋扈,重振朝纲岂止是朝野所望,甚至成为野心家篡逆的旗号。在这样一个特

---

① 赖义辉《陶渊明生平事迹及其岁数新考》,许逸民校辑《陶渊明年谱》,页352—353。

定历史时期,加上渊明的家世,他的数次隐而仕,仕而隐,恐怕不能说没有半点忠于晋室的考虑。二是易代之际的节操观念。义熙前期,刘裕篡晋的趋势愈来愈明显,渊明"善觉",深刻理解朝代的改易,必定伴随腥风血雨。义熙三年(407)"凡桓玄余党,至是皆诛夷"①,这是渊明亲见的现实。为保持祖先的荣耀,他不肯再仕异姓,正是伯夷、叔齐以来不仕新朝的传统,一直为节操之士看重和赞美,而渊明践行之。

三、寄托深沉的咏怀诗

　　陶渊明归隐后,坚持固穷气节,以他委运自然的独特人生哲学,领略大自然的无限情趣,写出了许多高妙的田园诗。然而,正如鲁迅指出的,陶潜并非浑身静穆。世事的风云变幻,经常激起他心灵深处的波澜。他的咏怀诗不仅批判了俗世俗情,同时也曲折地抒写了晋宋易代之感。揭示作于晋宋易代前后的咏怀诗的深旨,对于评价陶渊明"忠愤"说,就显得尤为重要。

　　作于晋安帝义熙十二三年间的《饮酒》二十首,多方面地表现了作者在晋宋易代前夕的思想感情。其中第九首写出了渊明决不再仕刘裕的政治态度。作品幻出田父,借田父和诗人的对话,寄托坚持隐居的怀抱。据《宋书》卷九三《隐逸传》:"义熙末,征为著作佐郎,不就。江州刺史王弘欲识之,不能致也。"②颜延之《陶徵士诔》也说:"有诏征著作郎,称疾不到。"③可见此诗是有感于时人劝他出仕而作。至于渊明不就著作佐郎的原

---

① 《宋书》卷一《武帝纪》上,页14。
② 《宋书》卷九三,页2288。
③ 《陶渊明资料汇编》,页1。

因,沈约说是"自以曾祖晋世宰辅,耻复屈身后代,自高祖王业渐隆,不复肯仕"①,即所谓"耻事二姓"。这样解释虽然并不全面,但基本上是可信的。因为此时的刘裕虽未正式篡晋,但"王业渐隆",代晋业已成为不可逆转之势。如果渊明再仕刘裕,不仅会给曾祖的功业抹上不光彩的一笔,而且也与自己早先为王命奔波的经历及匡时救国的意愿相违背。在新的政治形势下,渊明曾经有过的忠晋情感不时被激发出来。

再说《拟古》九首。这组诗作于晋宋易代之际,多伤时悼国之慨,婉曲托讽之词。第三首"仲春遘时雨"通篇作比,托词问燕,表达诗人不背弃之义。诗说:"仲春遘时雨,始雷发东隅。众蛰各潜骇,草木从横舒。翩翩新来燕,双双入我庐。先巢故尚在,相将还旧居。自从分别来,门庭日荒芜。我心固匪石,君情定何如?"邱嘉穗释此诗说:"自刘裕篡晋,天下靡然从之,如众蛰草木之赴雷雨,而陶公独惓惓晋室,如新燕之恋旧巢,虽门庭荒芜,而此心不可转也。"②邱氏的分析有可取之处。很明显,这首诗不是客观描绘春景,而是借此寄寓不背弃之义。至于不背弃什么,可以有两种解释:一是不背弃坚持隐居的本心,一是不背弃晋室。从诗中双燕还旧居和门庭日荒芜的喻象分析,似以后一种解释为妥。义熙末,刘裕篡晋之势已成,士人纷纷依附新贵。渊明不就著作佐郎,表示了不屑于仕刘裕的政治态度。此诗写燕不忘故巢,末尾又借燕传心,明白表示我心匪石,寄托不背弃晋室之义,应该说是较为明显的。

陶渊明在晋宋易代之际表现出来的忠晋思想,又可以从他的歌颂古代节义之士的一些诗篇得到证明。这些诗有的偏重表

①　《宋书》卷九三,页2288。
②　邱嘉穗《东山草堂陶诗笺》卷四,见《陶渊明集校笺》卷四,页325。

现其哀晋灭亡,有的偏重表现其愤宋篡夺。前者如《读史述九章》、《拟古》其二,《咏三良》,后者如《述酒》、《咏荆轲》。渊明赞叹最多的古贤是伯夷、叔齐。这无疑大有深意。苏轼对此颇有体会:"渊明作《述史九章》、《夷齐》、《箕子》,盖有感而云。去之五百余载,吾犹知其意也。"①葛立方《韵语阳秋》卷六也说:"世人论渊明自永初以后不称年号,只称甲子,与思悦所论不同。观渊明《读史九章》,其间皆有深意。其尤章章者如《夷齐》、《箕子》、《鲁二儒》三篇。《夷齐》云:'天人革命,绝景穷居,正风美俗,爰感懦夫。'《箕子》云:'去乡之感,犹有迟迟。矧伊代谢,触物皆非。'《鲁二儒》云:'易代随时,迷变则愚。介介老人,特为正夫。'由是观之,则渊明委身穷巷,甘黔娄之贫而不自悔者,岂非以耻事二姓而然耶?"②所谓"有感而云",即指有感于晋宋易代;所谓"皆有深意",即是借咏史,以抒忠晋情怀。伯夷、叔齐在殷周易代之后不食周粟而死,渊明作诗赞其"贞风凌俗,爰感懦夫",肯定他们忠于殷朝的气节,难道不是间接地表现了他的忠晋思想么? 箕子过殷墟,哀而作《麦秀》之歌。渊明诗云:"哀哀箕子,云胡能夷?"③直见千年之上古人的内心不平,其悼晋灭亡之感,与箕子怀殷之情息息相通。如果渊明对晋室灭亡没有任何悲哀,真如某些论者说的,对谁做皇帝看得很淡,那就很难理解他对夷、齐表示这么高的敬意,也难于解释他为什么歌咏箕子的伤怀殷亡。

　　《拟古》其二歌咏汉末节义之士田畴,也是大有深意之作。诗说:"辞家夙严驾,当往至无终。间君今何行? 非商复非戎。

① 《书渊明述史章后》,《苏轼文集》卷六六,中华书局,1986 年,页 2056。
② 何文焕辑《历代诗话》,中华书局,2004 年,页 530。
③ 《陶渊明集校笺》卷六,页 494。

闻有田子泰,节义为士雄。斯人久已死,乡里习其风。生有高世名,既没传无穷。不学狂驰子,直在百年中。"①田畴,字子泰,汉末无终人。据《三国志·魏志·田畴传》,时董卓迁汉献帝于长安,幽州牧刘虞欲遣使奔问行在,无其人。闻田畴奇士,乃署为从事。畴至长安,诏拜骑都尉。畴以天子蒙尘,不可荷佩荣宠,固辞不受。后归隐徐无山中。渊明赞颂田畴的高义,实寄慨于当时局势。黄文焕《陶诗析义》指出:"此诗当属刘裕初废晋帝为零陵王所作。盖当时裕以兵守之,行在消息,总无能知生死何若,故元亮寄慨于子春也。"②这一推断是可信的。刘裕以兵守晋恭帝,正与董卓挟汉献帝西迁长安相似,而那些"狂驰子"——趋附新贵之徒,为荣华奔走不暇。渊明不愿再入仕途,无力挽救时局,只能寄慨于古代义士田畴而已。从作者的一褒一贬,隐然可见他的爱憎所在和政治态度。

《咏三良》诗悲吟子车氏三子奄息、仲行、鍼虎从秦穆公死一事,也在一定程度上体现出渊明的忠晋思想。宋武帝永初二年辛酉(421),刘裕以毒酒一瓮授前琅琊郎中令张祎,使酖零陵王。祎不忍进毒,自饮而死。此诗即为张祎而发。在渊明之前,曹植、王粲都写过《咏史诗》咏三良。但渊明此诗着眼点与前人不同,它取三良与君同死的精神,表达作者的深衷隐曲。陶澍说:"古人咏史,皆是咏怀,未有泛作史论者⋯⋯渊明云:'厚恩固难忘,投义志攸希。'此悼张祎之不忍进毒,而自饮先死也。"③这一看法是可取的。联系刘裕的杀戮,可见渊明咏三良,也并非闲居无事,徒弄笔墨。诗说:"厚恩固难忘,君命安可违。"赞颂

①　《陶渊明集校笺》卷四,页320。
②　《陶渊明集校笺》卷四,页323。
③　陶澍《靖节先生集注》,页307下。

三良的忠情获露和为君所私，反映了作者对于君恩臣忠的"和谐关系"之赞美。温汝能《陶诗汇评》卷四说："咏三良从死，所以自伤其不得从晋恭帝而死也。"[1]把渊明看作东晋王朝的殉忠者，固然不可取，但诗人对忠义之士深表哀悼，他的感情的天平无疑是倾向于灭亡的东晋一边。

陶渊明的另一些咏怀诗，则偏重于抒写愤刘裕篡晋的难言之情。如《述酒》一诗，满篇廋辞隐语，读之不可解。黄庭坚说："《述酒》一篇盖阙，此篇似是读异书所作，其中多不可解。"[2]可见在黄庭坚之前，此诗无有解人。自宋韩子苍、赵泉山、汤汉诠释后，意旨渐明。韩子苍说："余反覆之，见'山阳归下国'之句，盖用山阳公事，疑是义熙以后有所感而所作也。故有'流泪抱中叹'，'平王去旧京'之语，渊明忠义如此。今人或谓渊明所题甲子，不必皆义熙后，此岂是论渊明哉！"[3]在韩子苍破解的基础上，赵泉山说："此晋恭帝元熙二年（420）也。六月十一日宋王裕迫帝禅位，既而废帝为零陵王。明年九月，潜行弑逆，故靖节诗中引用汉献事。"汤汉说："晋元熙二年六月，刘裕废恭帝为零陵王。明年以毒酒一瓮授张祎，使酖王，祎自饮而卒。继又令兵人逾垣进药，王不肯饮，遂掩杀之。此诗所为作，故以《述酒》名篇也。诗辞尽隐语，故观者弗省，独韩子苍以'山阳下国'一语疑是义熙后有感而赋。予反复详考，而后知决为零陵哀诗也，因疏其可晓者，以发此老未白之忠愤。昔苏子瞻《述史》九章曰：'去之五百岁，吾犹见其人也'岂虚言哉！"[4]汤汉以后，历代学者做了不少考辨工作，尽管其中少数句子迄今还不能确知其含义，

---

① 《陶渊明资料汇编》，页278。
② 《陶渊明集笺注》卷三，页290。
③ 《陶渊明集校笺》卷三，页306。
④ 汤汉《陶靖节先生诗》卷三，见《陶渊明资料汇编》页204。

但已经不影响对于该诗总体上的理解。这首诗以隐晦的语言,抒写十分愤激的情感。"流泪抱中叹,倾耳听司晨",作者竟至为晋恭帝的被杀流泪叹息,终夜不寐,愤慨刘裕的残暴,居然连一个毫无反抗能力的弱者也不放过。这首诗对于分析和评价渊明晚年的政治态度至关重要。刘裕杀晋恭帝,不用说是刘宋初年的一件大事。晋恭帝虽把国家禅让给刘裕,却还是逃不过被杀的厄运。这是何等残暴的现实!如果渊明没有丝毫忠晋感情,对谁做皇帝真的看得很淡,那就难于理解他为晋恭帝被害流泪悲叹,愤火中烧,并且冒着一定的风险而发为诗歌。

表现陶渊明忠愤思想,露出其本相的诗篇还有著名的《咏荆轲》。关于此诗的写作背景和旨意,历代学者有过明确的论述。刘履《选诗补注》指出:"此靖节愤宋武弑夺之变,思欲为晋求得如荆轲者往报焉,故为是咏。观其首尾句意可见。"①龚自珍《杂诗》其一说:"陶潜诗喜说荆轲,想见《停云》发浩歌。吟到恩仇心事涌,江湖侠骨恐无多。"②既然渊明的咏史诗并非泛论史事,而是借史咏怀,那么当他选择荆轲这位著名刺客而握笔之时,必定有刘裕弑夺这件愤事横在心中。所以,无论从当时形势,还是从诗的形象分析,说这首诗主要是愤宋武弑夺之变,是基本符合作者本意的。

同《咏三良》一样,《咏荆轲》也是模拟前人之作。但它寓意的深刻性远非前人作品可比。阮瑀《咏史》诗其二只是写易水送别的悲壮场面。左思《咏史》其六赞扬荆轲慷慨高歌、睥睨四海的豪气,借此表达作者对权贵的蔑视,还稍可称述。渊明《咏荆轲》详叙易水送别和荆轲入秦的过程,高度赞领了荆轲不畏

---

① 《陶渊明资料汇编》,页283。
② 刘逸生注《龚自珍己亥杂诗注》,中华书局,1980年,页183。

强暴的侠义行为，处处流露出作者的爱憎激情。固然，荆轲是一位刺客，不是什么忠臣，但"士为知己者死"的观念，是很容易与"忠"的观念相通的。诗人感咏，不一定拘泥于所咏事物的本质特征，往往是心中有所感触，便取其所咏对象的某一点加以发挥，借此表现自己的情怀。《咏荆轲》就是取荆卿"君子死知己"——为主报仇的侠义精神，寄托作者忠晋愤宋的情感。

以上，我们分析和阐述了陶渊明某些咏怀诗的思想内容。当晋宋易代之际，世情险恶，作者不得不以廋词隐语或托古比兴等手法隐约吞吐地表达自己的思想感情。这就给后人索解这些诗的真正寓意带来很多困难，以至在不少篇章和词句的解释上，见仁见智，各执一端。长期以来，学术界在评论陶渊明"忠愤"说时持两种极端的意见，主要原因是尚未充分揭示其咏怀诗的真实寓意。历代有些学者，过分强调陶渊明的"耻事二姓"，未曾读完某诗就先见"忠愤"二字，甚至把诗意显豁的田园诗（如《饮酒》其五）都说成是抒泄幽愤之作，这固然是贻笑大方的迂腐之见，但如果忽略了"知人论世"，没有充分重视晋宋易代这件大事对作者心灵的影响和刺激，没有把他的咏怀诗联系起来作整体的阐述和理解，则也同样不能揭示陶渊明思想的真面。

总之，陶渊明的"忠愤"思想突出表明他受儒家思想影响的一面。他从小游好六经，儒家的正名定分、君臣纲常等一套政治伦理观念不可能不对他的政治思想发生影响。他在《感士不遇赋》中说："奉上天之成命，师圣人之遗书。发忠孝于君亲，生信义于乡闾。推诚心而获显，不矫然而祈誉。"①表明儒家思想体系中的天命、忠孝、仁义等观念曾一度被渊明视为立身处世的准则。东晋士人一般都是儒道双修，渊明亦不例外，他在义熙元年

---

① 《陶渊明集校笺》卷五，页426。

之前的数次出仕，同儒家的入世精神极有关系。诚然，陶渊明有"忠愤"思想，但不能以此涵括他的全部政治理想。他对晋宋易代之际黑暗政治的多方面批判，尽管有些是明显针对易代而发，却不能全用"忠愤"说解释。因为他所批判的"真风告逝，大伪斯兴"的俗世，也包括唐虞以来漫长的污浊社会。他的愤世，并不仅仅愤刘宋新朝。至于桃花源的光辉理想，则更非"忠愤"说所能解释。

近代以来，不少学者受西方新学术思潮的影响，以比较广阔的视野研究陶渊明，认为他的弃官以及后来的不复仕刘宋新朝，是愤然于仕途的污浊和士大夫的廉耻扫地，与晋宋朝代的更替无关。梁启超即是否认陶渊明"耻事二姓"说的代表人物。一些赞美、仰慕陶渊明品格的人否定他有"忠愤"思想，似乎一说及他有"忠愤"思想，便会降低其作品的思想价值，或者似乎研究者本身便有留恋旧社会之嫌。看来，研究陶渊明"忠愤"说，还受着一个时代政治意识的潜在影响。文学研究者的任务，应该尽可能屏除自身所处时代的意识和习俗的影响，避免用自己的思想意识解释古人的思想行为。陈寅恪先生主张以古人之时代文化背景，古人之家世、婚姻、信仰，解释古人之思想、行为和著述，我以为这是研究古代文化及古代作家的正确途径。

陶渊明的"忠愤"思想有一定的历史局限性，这是不言而喻的。东晋朝建立伊始，就显出软弱无力的不治之症。从《世说新语·言语》"新亭对泣"的故事，看出东晋大臣是如何委琐不振。以后王敦、桓温、桓玄、刘裕等军事强人相继掌握兵权，始终成尾大不掉的局面。太元末，晋室已是苟延残喘了。晋安帝元兴、义熙间，先是桓玄篡晋，后刘裕凭借灭桓玄之功，短短数年之间，皇权旁落，政令一出于裕，东晋名存实亡。局势的变化，体现出历史发展的必然性和合理性。晚年的陶渊明不理解并愤恨这种变化,对刘裕的代晋产生深沉的难言之隐,这显然同他的家世有关,也同受到儒家正名定分一类传统观念的影响有关。但从另一角度分析,陶渊明的"忠愤"思想,更主要地体现为他那信诚、正直、气节和"金刚怒目"的一面,与他对于污浊社会的批判并无矛盾。他一再说:"道丧向千载,今朝复斯闻。"(《示周续之祖企谢景夷三郎》)①"三五道邈,淳风日尽。"(《扇上画赞》)②在他看来,刘裕的残暴,正是千载道丧的最新最著的例证。他的愤宋弑夺,与对"举世少复真"的虚伪社会现实的批判相一致。因此,我以为指出陶渊明的"忠愤"思想,丝毫不会有损这位伟大诗人的光辉。

　　(本文原载《华东师范大学学报》1995 年第 2 期。现又增补第一节,并略作改动。)

---

① 《陶渊明集校笺》卷二,页 111。
② 《陶渊明集校笺》卷六,页 505。

陶渊明受佛教影响说质疑

——读丁永忠《陶诗佛音辨》

一、《归去来兮辞》与佛曲无关

《归去来兮辞》的形式源于《楚辞》。朱熹指出此文"虽托楚声，而无其尤怨切蹙之病云"[①]。孙月峰说："风格亦本《楚骚》，但《骚》侈此约，《骚》华此实。"[②]方熊谓《归去来兮辞》"独得灵均、长卿之风"[③]。《楚骚》在后世分流为二，一为赋，一为辞，赋偏重于铺陈状物，辞偏重于述志抒情。《归去来兮辞》既以"辞"为题，这最明显不过地表明与《楚辞》的关系。

可是，丁先生谓《归去来兮辞》与佛曲在形式与内容上有联系，主要证据是称"归去来"为阿弥陀净土信仰的流行赞辞。而在《归去来兮辞》产生之时，社会上已有类似"归去来"佛曲传唱，由此推论此文"不仅与僧亮的《归去来》佛曲，甚至还与

---

① 朱熹《楚辞集注》卷四，岳麓书社，2013年，页215。
② 孙月峰评、闵齐华注《文选》卷一三，见《陶渊明资料汇编》，页331。
③ 方熊评《陶靖节集》卷五，《陶渊明资料汇编》，页333。

刘遗民当年为慧远诸人所作的《净土发愿文》有着完全一致的感情基调。"①丁文认为《归去来兮辞》在形式和思想倾向上均受到佛曲影响。

这种异乎寻常的见解，恐怕属影响之论。据现有资料看，"归去来"一语首见于《归去来兮辞》。它的语源和语义都为中土固有，与佛曲毫无关系。"归去来兮"意思与"归欤"之叹相同。孔子在陈绝粮，首发"归欤"之叹。后来，"归去"或"归来"渐渐成为文学作品中游子思乡和宦游思归的呼唤，具有了一定的泛指意义，即"归去"之叹皆可施于久游不归者。如屈原《招魂》呼唤楚怀王亡魂归来，一再呼告"魂兮归来！"淮南小山《招隐士》据说为招屈原而作，末尾召唤："王孙兮归来，山中兮不可久留！"《吕氏春秋·赞能》："沈尹茎谓孙叔敖曰：……子何以不归耕乎？吾将为子游。"②据说，曾子还作过《归耕》之曲。《文选》张衡《思玄赋》："嘉曾氏之归耕兮，慕历阪之嶔崟。"李善注："《琴操》曰：归耕者，曾子之所作也。曾子事孔子十有余年，晨觉，眷然念二亲年衰，养之不备，于是援琴鼓之曰：'嘘唏归耕来兮，安所耕历山盘兮。'"③

魏晋文学中的"归去"之叹更是屡见不鲜。曹丕《燕歌行》写独守空闺的女子，呼唤客游在外的丈夫归来："念君客游多思肠，慊慊思归恋故乡，君何淹留寄他方？"汉末，王粲滞留荆州十余年，思归故乡而不得，作《登楼赋》，大写"归欤"之叹音。西晋吴人张翰在洛阳作宫，见秋风起，思吴中佳味，作《思吴江歌》，命驾归吴。潘岳在怀县做官四载，位微职卑，作《在怀县诗》说：

---

① 丁永忠《陶诗佛音辨》，四川大学出版社，1997年，页117。
② 《吕氏春秋集释》卷二四，中华书局，2009年，页646。
③ 《文选》卷一五，上海古籍出版社，1986年，页676。

"徒怀越鸟志,眷恋想南枝。""信美非吾土,只搅怀归志。"《晋书·李密传》载:密赋诗,末章曰:"人亦有言,有因有缘,官无中人,不如归田。"①……可见,"归欤"之叹,乃是游子和宦游者自然而然产生的"情结"。对游子而言,"归欤"之叹是思恋故乡和亲人;对宦游者来说,又多出了想摆脱仕途的几分失意。

渊明的《归去来兮辞》继承了前代文学的传统,不过将"归欤"之叹表现得更集中更生动罢了。这与佛曲中的"归去来"赞辞没有半点关系。"归去来"佛曲是因厌世而幻想走进西天佛国,从现实走向虚幻。王粲、潘岳、李密、陶渊明的"归欤"之叹,则是经历宦海风波、人身失去自由以后的反思,是对故乡、田园和平静生活的向往与呼唤。这与"归去来"佛曲的"感情基调"相去何止万里!

丁文说,《归去来兮辞》产生之时,社会上已有"归去来"佛曲传唱。这种说法不过是推论而已,并无坚实的佐证。后来的佛教徒追和渊明《归去来兮辞》,写了一些宣扬佛教教义的通俗作品,如丁文所引的"不动居士"凭楫的《和渊明归去来兮》、"拙庵宗师"戒度的《追和渊明归去来兮辞并序》,这适足证明佛教徒所作的"归去来"佛曲,是受渊明此文的影响,而不是相反。因此,以为《归去来兮辞》的"归去来"一语,是受民间佛曲的影响,并进而认为此文与佛教思想有关,那是完全站不住脚的。

为了论证《归去来兮辞》和佛教的"渊源"关系,丁文又据并非信史的《十八高贤传》,想象所谓的"陶潜当年与慧远等人的大规模结社念佛,企心西方佛国的活动"。又说陶潜辞官彭泽,是来自奉佛隐士刘遗民的"直接影响"②。其实,早在元兴二年

---

① 《晋书》卷八八,页2276。
② 丁永忠《陶诗佛音辨》,页112。

（403）刘程之卜居庐山之前，渊明已有短暂的隐居经历。《归园田居》诗说："少无适俗韵，性本爱丘山。"《辛丑岁七月赴假还江陵夜行涂口》诗说："闲居三十载，遂与世事冥。诗书敦宿好，园林无世情。"可见渊明青年时期就有隐居之志，这是魏晋隐逸之风熏陶的结果，何须刘程之的"直接影响"呢？何况，渊明归田后刘程之多次招他入庐山隐居，他均以"直为亲旧故，未忍言索居"为由婉言谢绝。这说明渊明之隐与刘程之之隐异趣，他不愿意也跑到庐山去念佛。丁文又认为，《归去来兮辞》的句式语汇与刘程之的《发愿文》十分类似，表现出明显的"拟作痕迹"。这样的看法也是非常奇怪的。《发愿文》属魏晋时期流行的议论文格式，骈散相间，只有文末用辞赋句式，《归去来兮辞》则是纯粹的辞赋句法。比照两文，不仅表达的思想感情不同，形式也完全两样，何来"拟作痕迹"？

二、《桃花源记并诗》与佛教"理想国"无关

多数学人认为，桃源境界所体现的社会理想，与《老子》"小国寡民"的思想一脉相承，同时也吸收了魏晋思想家如鲍敬言的"无君论"思想。尽管桃源境界的创造有汉晋间人民进入深山以避世害的事实为根据，但从社会思想的渊源来探讨，完全是中国固有的。可是，丁先生为了建构"陶诗佛音"的"新说"，称《桃花源记并诗》"渗有佛教'理想国'之影响"[①]。其证有三：

一谓《桃花源记》最早见于陶潜的《搜神后记》，此书是"释氏辅教"的专书之一。丁文引慧皎《高僧传》自序说："陶渊明《搜神录》，并傍出诸僧，叙其风素。"因《搜神录》有"辅教性

---

① 丁永忠《陶诗佛音辨》，页177—179。

质",《桃花源记》也就有了"渗有当日佛说的可能"。这样的推论符合逻辑吗？首先，托名陶潜的《搜神后记》并非是陶潜所作。《四库全书总目提要》和余嘉锡《四库提要辩证》对此皆有令人信服的考证。其次，即使《搜神后记》"傍出诸僧，叙其风素"，也不等于此书中的《桃花源记》也宣扬佛教。

　　二谓《桃花源记并诗》与支遁《阿弥陀佛像赞并序》的形式结构非常一致。这种比较其实是无意义的。支遁的《阿弥陀佛像赞并序》的形式是先记后赞，记为散文，赞为韵文。这是赞颂（包括铭）一类文体的常格。如蔡邕《京兆樊惠渠颂》，前为散文记京兆尹樊陵开渠惠民，后为歌。陆机《汉高祖功臣颂》、夏侯湛《东方朔画赞》、袁宏《三国名臣序赞》，皆前为散文，后为韵文。支遁《阿弥陀佛像赞并序》形式结构，完全是赞颂类文体的传统样式，决不是什么佛教传入以后出现的文学新样式。渊明《桃花源记并诗》倒是文体的创新。前为游记散文，后为诗，构成一个既有联系又有区别的完整的艺术整体，这种形式前所未见。

　　三谓《桃花源诗》用了"智慧"二字，这是直接采用了魏晋佛经常用的新语词——"智慧"。这是更明显的误会。"智慧"一词有两种含义，一是指聪明，才智，此为中国早有的语义。如《老子》说："大道废，有仁义；智慧出，有大伪。"《墨子·尚贤》中："若使之治国家，则此使不智慧者治国家也。"《孟子·公孙丑下》："齐人有言曰：虽有智慧，不如乘势。"所谓"齐人有言"，殆指民间谣言，说明"智慧"一词在孟子时代就已是民间常用语。二是在佛经中指破除迷惑证实真理的识力。这是佛经翻译时借用中国固有词语，赋予它佛教的意义，此为后起之义。《大智度论》四三："般若者，一切诸智慧中最为第一，无上无比无等，更无胜者，穷尽到边。"注："般若，秦言智慧。"可见，智慧乃梵语般若之意译，有彻悟之意。《桃花源诗》说："虽无纪历志，四时自成岁。怡然有余乐，于何劳智慧。"意思是一切听任自然，不必有劳才智。显然，这完全是道家"绝智弃圣"的思想，在这里"智慧"一词只能作"聪明""才智"解，与佛经中的"智慧"完全无关。

据比看来，丁文谓《桃花源记并诗》"渗有佛教'理想国'之影响"的三点证据，皆似是而非。其实，抛开这些细枝末节，从根本上看，桃源社会与佛国绝无共同之处。前者尽管迷离恍惚，但毕竟充满了人间气息。"土地平旷，屋舍俨然。有良田、美池、桑竹之属。阡陌交通，鸡犬相闻，其中往来耕作，男女衣着，悉如外人。黄发垂髫，并怡然自乐。"这种种淳朴、平淡、优美、安祥、和谐的景象，虽然染上了作者的理想色彩，却不是不食人间烟火的仙境。佛教的理想国却是彻里彻外的虚幻。支遁《阿弥陀佛像赞并序》一开头就说："夫六合之外，非典籍所模；神道诡世，岂意者所测。"[1]意谓佛国在六合之外，非人间所有，常识可测。后面描绘佛国曰："以佛为君，三乘为教，男女各化育于莲华之中，无有胎孕之秽也。馆宇宫殿，悉以七宝，皆自然悬构，制非人匠。苑囿池沼，蔚有奇荣……"[2]连生孩子也不需胎孕，这样的佛国当然虚幻得令人难以置信。

三、《闲情赋》与佛门的"愿语"无关

《闲情赋》以"十愿"的虚想，铺陈对美人的依恋、追求和心愿不遂的悲苦。这一段文字想象新奇，尽态极妍，眩人眼目，荡

---

[1] 张富春《支遁集校注》卷下，巴蜀书社，2014年，页384。
[2] 《支遁集校注》，页389。

人心魄。渊明自谦"文妙不足",实际上"十愿"之妙空前绝后,显示了作者非凡的文学才能。

《闲情赋》"十愿",显然是仿效张、蔡之作。这一点前人早已指出。姚宽《西溪丛语》说:"陶渊明《闲情赋》,必有所自,乃出张衡《同声歌》云:'邂逅承际会,偶得充后房。情好新交接,飚栗若探汤。''愿思为莞席,在下蔽匡床。愿为罗衾帱,在上卫风霜'。"①此外张衡《定情赋》:"思在面为铅华,患离尘而无光。"蔡邕《静情赋》:"思在口而为簧鸣,哀声独不敢聆。"王粲《闲邪赋》:"愿为环以约腕。"应玚《正情赋》:"思在前为明镜,哀既往于替口。"当亦为渊明仿效。

钱钟书评论《闲情赋》,曾将"十愿"与禅家所谓"下转语"类比。《管锥编》第四册说:"'愿在衣而为领'至'愿在木而为桐',诸愿之至竟仅可托于虚想。实事不遂,发无聊之极思,而虚想生焉;然即虚想果遂,仍难长好常圆,世界终成阙陷,十'愿'终成十'悲';更透一层,禅家所谓'下转语'也。张、蔡之作,仅具端倪,潜乃笔墨醋饱矣。"②这里,钱先生指出"十愿"的表现手法有两个特点:一是虚想,而终究不能实现,这与禅家的"下转语"仿佛;二是张、蔡之作开其端倪,潜变本加厉,以至笔墨醋饱。

但丁先生引《管锥编》这段文字,意在把它作为"陶诗佛音"的又一例证,称陶潜的"十愿"、"十悲","乃是在佛家禅门'下转门语'的启发下,进行有意的仿造","当采撷了当时民间社会流行的佛门愿语,自觉加工而成。"③所谓"下转门"一词出于《释

---

① 《西溪丛语》卷上,中华书局,1993年,页33。
② 钱钟书《管锥编》,中华书局,1979年,页1222。
③ 丁永忠《陶诗佛音辨》,页180—183。

摩诃衍论》二：“诸染法有力，诸净法无力，背本下下转，名为下转门。”“下转门语”是佛门教化大众不要背离真性的一种启示式的方法。渊明是否看到过《释摩诃衍论》还是个疑问。钱先生所说，也不过是认为《闲情赋》的“十愿”与禅家的“下转语”类似，而根本没有前者受后者“启发”的意思。笔者认为，《闲情赋》“十愿”不过是作者无聊之极而生的虚想，且明知此虚想决无实现的可能。我们应该更多地把它看作是文学作品表达情志的手法。据现存的材料看，这种文学表现手法为张衡首创，以后作家代有仿作，渊明不过是其中仿效得最成功的一个罢了。因此，从渊源上说，《闲情赋》“十愿”受张、蔡之作的影响，与佛门“下转门”毫无关系。

说到《法苑珠林》卷八七“受戒篇·发愿”所载的六朝“愿语”（是否六朝，尚须考订），时间上远在张、蔡之后，也在《闲情赋》之后。渊明怎么会受其启发而“自觉加工”呢？其次，从张衡《定情赋》到渊明《闲情赋》中的虚想，是写对美人的热烈追求，而佛教徒的发愿则是表达宗教情感，二者表达的内容完全不同。退一步说，即使民间已有流行的佛门“愿语”，渊明也不会采摭它们，来抒发极想接近美女的流宕之思，更何况他的思想本来就与佛教不合拍。最后，从文体上看，《闲情赋》“十愿”的句式与张衡《定情赋》“思在面而为铅华兮”等句式完全一样，这说明“十愿”的句式继承了古代辞赋固有的样式。丁文所引的佛教信徒“愿语”八条，为整齐的五言，似诗却不协韵，虽想象有余却并无多大的文学审美价值。

丁文又以为《闲情赋》“十愿”与晋译《华严经》喜用“十”的好尚有关。这一说法也是似是而非的。据汤用彤考证，《华严经》于东晋义熙十四年三月至元熙二年六月（418—420）在建业译出。因这部佛经文旨浩博，所以宣释者甚少，至刘宋时才有北方僧人玄畅至江南,传讲此经。"但自晋至齐,达于梁朝,《华严经》类之研究仍不普广。"①目前学人对《闲情赋》的作年虽有异说,但多数以为不会作于渊明晚年。试想:《华严经》译出时已是元熙二年,从建业传到庐山,不知何年何时。据上,可以断定,渊明作《闲情赋》时,《华严经》还未译出,更遑论看到。他何从借鉴《华严经》用"十"的嗜好? 因此,《闲情赋》"十愿",与宗教好尚绝对无关。

"十愿"至"十",不是受中土固有的以"十"为完备之义的观念影响,就是纯属偶然。再说,现存张、蔡之作中的虚想描写,是残留的吉光片羽,谁能肯定说当初他们赋中的虚想是"七愿"、"八愿",而决不至于"十"? 可以这样说,《闲情赋》的"十愿",为集历史上同类辞赋表现手法之大成,与佛教"愿语"无关,更与宗教好尚无关,这或许是最符合实际的结论。

(本文原载《九江师专学报》1999 年第 4 期)

---

① 汤用彤《汉魏两晋南北朝佛教史》第 20 章最后一节为"《华严》之流行",见《汉魏两晋南北朝佛教史》,上海人民出版社,2015 年,页 614—619。

陶渊明与慧远关系之探测

一

在陶渊明的平生交游中,与庐山高僧慧远的交往较为重要,据此可以探讨渊明对佛教的态度,以及他的交友之道。但很遗憾,史传中几乎不见渊明与慧远的交游之迹。沈约《宋书·隐逸传》仅说:"潜尝往庐山,(王)弘令潜故人庞通之赍酒具,于半道栗里邀之。"①《南史·隐逸传》与此全同。《晋书·隐逸传》稍详,称渊明"未尝有所造诣,所之唯至田舍及庐山游观而已"②。据上可知,渊明归田后,常至庐山游览。但与慧远有否交往,关系如何,均是后人茫然不知的问题。

最早明确记载渊明与慧远交往者,为佚名的《莲社高贤传》:

> 远法师与诸贤结莲社,以书招渊明,渊明曰:"若许饮则

---

① 《宋书》卷九三,页2288。
② 《晋书》卷九四,页2462。

往。"许之,遂造焉;忽攒眉而去。①

后来,在宋陈舜俞《庐山记》中,载有一则历代传诵的佳话:

> 远法师居庐阜三十余年,影不出山,迹不入俗。送客过
> 虎溪,辄鸣号。昔陶元亮(渊明)居栗里山南,陆修静亦有
> 道之士,远法师尝送此二人,与语道合,不觉过之,因相与大
> 笑,今世传三笑图。②

以上二则故事的真实性是成问题的。关于慧远结莲社一
事,佛教中人如是说,古今学者却多持怀疑态度。传说慧远在庐
山集僧俗十八人,即十八高贤立"白莲社",入社者一百二十三
人,外有不入社者三人。此说最早见于《十八高贤传》。但此书
不知作于何人,成于何世。陈舜俞就表示怀疑,说:"东林寺旧
有《十八贤传》,不知何人所作。文字浅近,以事验诸前史,往往
乖谬,读者陋之。"③近人汤用彤在《汉魏两晋南北朝佛教史》中,
详加考证莲社为不可信,读者自可参考④。长期流传的所谓"虎
溪三笑",验诸前史,亦属子虚乌有。陆修静为南朝著名道士,
生于晋安帝义熙二年(406),卒于宋顺帝升明元年(477)。慧远
于义熙十二年(416)辞世时,陆方始十岁。他上庐山隐居修道
时,已是宋武帝大明五年(461),上距慧远辞世已近五十年,距
渊明之死也已三十多年了。所以,陆修静根本不可能与这两位
前贤交结。

---

① 《陶渊明年谱》,页121。
② 谢维新编《古今合璧事类备要》前集卷四九,清文渊阁《四库全书》本。
③ 陈舜俞《庐山记》卷三,民国殷礼在斯堂丛书影元禄本。
④ 《汉魏两晋南北朝佛教史》,页254—257。

　　然而，"莲社"与"虎溪三笑"的传说即或不可信，但渊明常至庐山游观不容置疑，与慧远交往为情理中事；况且，这时的庐山僧俗云集，慧远招渊明完全有可能。此点可从渊明诗推断可知。渊明《和刘柴桑》诗开头四句云："山泽久见招，胡事乃踌躇？直为亲旧故，未忍言索居。"①诗题中的刘柴桑，即彭城刘遗民，曾为柴桑令。据笔者考证，此诗作于东晋义熙五年（409）春天。此时，刘遗民在庐山已隐居多年。所谓"山泽久见招"，是指刘多年来一直想招致渊明入山，与之一起服膺慧远研讨玄理。而且，"山泽"这句也可理解为以慧远为首的僧俗集团对渊明的邀请。因此，慧远结莲社虽不可信，但从此诗透露的消息，这位高僧"以书招渊明"并非不可能。

　　渊明《拟古》诗其六，也隐约反映出作者与慧远的关系。其诗说：

> 苍苍谷中树，冬夏常如兹。年年见霜雪，谁谓不知时。厌闻世上语，结友到临淄。稷下多谈士，指彼决吾疑。装束既有日，已与家人辞。行行出远门，还坐更自思。不畏道里长，但畏人我欺。万一不合意，永为世所嗤。伊怀难具道，为君作此诗。②

　　汤汉注《陶靖节诗》，以为此诗中的谈士指庐山白莲社中人。证以《莲社高贤传》所谓渊明至庐山，忽攒眉而去云云，汤汉的说法是可信的。慧远在庐山聚徒说经，与当年稷下谈士云集的情形相仿佛。刘遗民等一再招渊明隐居庐山，后者"装束

---

① 《陶渊明集校笺》卷二，页143。
② 《陶渊明集校笺》卷四，页328。

既有日,已与家人辞",确实也心动过一阵子。可是经过深思熟虑,终于打消了这个念头。

二

渊明与慧远交往,是东晋名士与名僧交游的风会所致。东晋孝武帝太元六年(381),慧远来到庐山。数年后,江州刺史桓伊特为慧远建东林寺。从此,慧远以其罕见的博学和超脱世俗的人格魅力,吸引了大批隐士和社会名流,俨然成了道俗的精神领袖。梁《高僧传》说:"既而谨律息心之士,绝尘清信之宾,并不期而至,望风遥集。"①慧远弟子中有"谨律息心"的名僧,也有"绝尘清信"的隐士,真正是"化兼道俗"了。庐山因有慧远,成为当时公认的"道德所居"的胜地,连上层统治集团也非常礼敬慧远。司徒王谧、护军王默,以及后来作江州刺史的桓玄,尽管有的反对佛教,但对慧远的学问人品都极表钦慕,甚至连晋安帝也致书问候。

著名诗人谢灵运《庐山慧远法师诔并序》说:

昔释安公振玄风于关右,法师嗣沫流于江左,闻风而说,四海同归。尔乃怀仁山林,隐居求志,于是众僧云集,勤修静行,同法餐风,栖迟道门。可谓五百之季,仰绍舍卫之风;庐山之隈,俯传灵鹫之旨,洋洋乎未曾闻也。②

这段话充满仰慕之情,高度评价了慧远对推动江南佛教流

---

① 《高僧传》卷六,中华书局,1992年,页214。
② 《全上古三代秦汉三国六朝文》,《全宋文》卷三三,中华书局,1958年,页2619。

布作出的重要贡献。实际上,岂止僧徒,江南的名流隐士宗仰慧远,同样是"闻风而悦,四海同归"。庐山近在咫尺,峰壑幽深,向来是游目骋怀的绝佳之地,也是隐士息心求志的理想所在。它那举世无双的自然景观和浓郁的文化氛围,自然会深深地吸引陶渊明。

　　慧远在名士中间影响如此巨大,主要的原因是他的思想行为高度玄学化,与名士的作风非常合拍。这也是东晋时一般名僧的共同品格。魏晋之世,玄学特盛,《老子》、《庄子》和《周易》,被称为必读的"三玄",名僧自幼皆有玄学的根底。同时,佛经大量译出,中土人士难于理解佛经中的许多名词术语,名僧讲经时多以玄学比附,这叫做"格义"。如竺法雅"少善外学,长通佛义,衣冠仕子,咸附咨察。时依门徒,并世典有功,未善佛理,雅乃与康法朗等,以经中事数,拟配外书,为生解之例,谓之格义"(梁《高僧传》卷四)①。名僧既善玄学,用玄学比附佛理,势必造成他们的作风高度玄学化,与深爱玄学的名士实无二致。东晋中期的名僧支道林,便是这样一个典型人物。他讲《庄子·逍遥游》,特标胜解,超出于向秀、郭象的旧注之外。《世说新语·文学》载:"《庄子·逍遥篇》,旧是难处,诸名贤所可钻味,而不能拔理于郭、向之外。支道林在白马寺中,将冯太常共语,因及《逍遥》。支卓然标新理于二家之表,立异义于众贤之外,皆是诸名贤寻味之所不得。后遂用支理。"②支道林解释《般若》,也完全用玄学的本无观点和语言。他虽然披着袈裟,其实是个杰出的玄学家。《世说新语·赏誉》载:"王长史叹林公寻微之功,不减辅嗣。"③

---

① 《高僧传》,页 152。
② 徐震堮校笺《世说新语校笺》,中华书局,1984 年,页 119。
③ 《世说新语校笺》,页 259。

意思说,支道林玄理精妙,不比王弼差。那些喜爱《老》、《庄》的名士,自然与这样的名僧沆瀣一气,一拍即合了。《支遁传》称"王洽、刘恢、殷浩、许询、郗超、孙绰、桓彦表、王敬仁、何次道、王文度、谢长遐、袁彦伯等,并一代名流,皆著尘外之狎"(梁《高僧传》卷四)①。

精通《老》、《庄》的名僧与玄学家风味相同,故孙绰作《道贤论》,以天竺七贤方竹林七贤,比如把支道林比作向秀,于法兰比作阮籍,说是"支遁、向秀,雅尚《老》《庄》,二子异时,风好玄同","兰公遗身,高尚妙迹,殆至人之流。阮步兵傲独不群,亦兰之俦也。"(《全晋文》卷六二)②可见,名僧援玄入佛,自身的作风高度玄学化,与浸润玄学精神的名士,不存在本质上的区别。

慧远就是在这样一种文化背景中出现的一代名僧。他在青年时期,系统学习六经之外,深得《老》、《庄》的真谛。梁《高僧传》说慧远为诸生时,"博综六经,尤善《老》、《庄》"。慧远宣弘佛法,常用《老》、《庄》之学。梁《高僧传》说:"尝有客听讲,难实相义,往复移时,弥增疑昧。远乃引《庄子》义为连类,于是惑者晓然。是后安公特听慧远不废俗书。"③这说明慧远对《老》、《庄》之学非常熟悉,讲经时运用自如。天台宗创始人智顗《奉晋王述匡山寺书》,称慧远"内闲半满,外善三玄"。所谓半满,指佛教小乘为半字教,大乘为满字教。这二句是说慧远娴熟佛经,也精通玄学。

渊明与慧远交往,不仅是名士与名僧交往的风会所致,可能

①　《高僧传》卷四,页159。

②　《全上古三代秦汉三国六朝文》,《全晋文》卷六二,页1812。

③　《高僧传》卷六,页212。

还与慧远的高尚人品为人宗仰有关。从前不少名僧常涉足世俗，尽管有的标榜游朱门如在蓬户，强调清高不在形迹，然而息心静修终究不易，因而更加为人称道。慧远与前代的支道林等一些名僧不一样的地方，是他入庐山以后，几十年迹不入俗。桓玄篡晋后，邀请慧远还俗从政。慧远《答桓玄书》说："出家则是方外之宾，迹绝于物"，"是故凡在出家，皆隐居以求其志，变俗以达其道，变俗服章，不得与世典同礼。"①坚决拒绝了桓玄的请求。桓玄失败后，晋安帝自江陵还京，辅国何无忌劝慧远前往迎候，他也称疾不去。慧远超世绝俗的高风，博得了人们的一致赞誉，尤其为不入世俗，爱好林泉的隐士仰慕。雷次宗、宗炳等高人雅士，不远千里，就慧远考寻文义，执卷承旨。不难理解，渊明坚持隐居，在精神上与慧远的超俗是完全相通的。渊明名列"寻阳三隐"，其中刘遗民、周续之早已对慧远仰慕得五体投地，渊明虽然不像他们入庐山常侍慧远左右，但他唯至庐山游观，多少可说明他对慧远的敬仰。

三

那么，渊明为什么终究不入庐山追随慧远，只是"游观"而已？这是需要着重探讨的问题。笔者认为浅层的原因是渊明不耐佛门法规。《莲社高贤传》载：慧远以书招渊明，渊明曰："若许饮则往。"许之，遂造焉，忽攒眉而去②。这段传闻透露了渊明不入庐山僧俗集团的消息。佛门的戒律是维护佛教独特面貌的重要手段。慧远继承了其师道安重视禅法的传统，忠实维护佛

---

① 《全上古三代秦汉三国六朝文》，《全晋文》卷一六一，页2392。
② 《陶渊明年谱》，页253。

门的戒律。据《高僧传·慧远传》载,慧远有慨于禅法无闻,律藏残阙,乃令弟子法净、法领等往西域远寻众经,并祈请昙摩流支译完《十诵律》。为了规范僧尼的行为作风,慧远曾作《法社节度序》、《外寺僧节度序》、《节度序》、《比丘尼节度序》等具体戒律(已佚,见陆澄《法论目录》,《出三藏纪集》卷一二),时人称为"远规",在南北佛门中产生重要影响,如后秦主姚兴见僧众戒律松弛,懈怠衰颓,曾下书说:"大法东迁,于今为甚,僧尼已多,应须纲领。宜授'远规',以济颓绪。"(《高僧传·僧碧传》)①从渊明"若许饮则往"的回答,便可印证慧远持戒律甚严。试想:渊明自称"性嗜酒",亲旧置酒招饮时,"造饮辄尽,期在必醉"(《五柳先生传》);又说"偶有名酒,无夕不饮,顾影独尽,忽焉复醉"(《饮酒二十首》序),"但恨在世时,饮酒不得足"(《挽歌诗》),这样一个爱酒如命的人,能忍受不让饮酒的痛苦吗?即使慧远许其饮酒,但能"期在必醉"吗?况且众人都在息心禅想,而自己独独重觞不已,处在这样的环境中,怎有"葛巾漉酒"的自在呢?渊明任真自得,追求精神自由,好不容易从官场中逃出来,岂肯再受佛门戒律的拘束,陷进另一个牢笼?

比不许饮酒更难堪的是"辞亲出家"。佛家为彻底的出世主义,僧徒必须割舍亲情,遁入空门。这势必与中国传统的伦理道德发生严重的冲突。家庭是中国社会的基础,是伦理道德的基石。维系家庭的亲情和家族的承传,被认为是最大的孝道。佛教却废弃亲情,屏除俗务,削发祖服,把人生的一切都看作是痛苦,去守着年复一年的青灯黄卷。由于佛教的教义和教规,与儒家倡导的纲常人伦格格不入,这当然会遭到传统伦理道德观不断攻击。孙绰《喻道论》中的"问者",就站在儒家思想的立场

---

① 《高僧传》卷六,页240。

上，大肆斥责佛教与孝道相违："沙门之道，委离所生，弃亲即疏，刓剃须发，残其天貌，生废色养，终绝血食，骨肉之亲，等之行路，背理伤情，莫此之甚。"①后来桓玄反对佛教，劝慧远罢道，也是站在儒家思想的立场上，攻击佛教违背亲情的出世主义。他在《与释慧远书劝罢道》说："沙门去弃六亲之情，毁其形骸，口绝滋味，被褐带索，山栖枕石，永乖世务……今世道士，虽外毁仪容，而心过俗人，所谓道俗之际，学步邯郸，匍匐而归。"②

渊明固然深受魏晋玄风的影响，任真自得，行为洒脱放旷，但在另一方面又恪守传统的伦理道德，重亲情和友情，服膺儒家宣扬的孝道和友道。孔子思想的核心是"仁"，"仁"的含义非常宽泛，但亲情是根本。《论语·学而》说："君子务本，本立而道生，孝弟也者，其为人之本。"将"孝弟"看作是做人的根本。同篇又说："弟子入则孝，出则弟，泛爱众，而亲仁。"由"孝弟"而"泛爱众"，即爱他人，这就是"仁"的表现。渊明正是很重亲情的一个人。他对母亲、弟妹、朋友，充满了爱心。当晋安帝隆安四年庚子（400），渊明从都还阻风于规林，旧居计日可望，即将见到亲人的喜悦油然而生，作诗说："一欣侍温颜，再喜见友于。"他与程氏妹、从弟敬远和仲德，感情很深。同时，渊明也是很重朋友的人。他的《移居》诗，生动地写出了他与邻里的过从交往之乐。因此，渊明归田后并不离群索居，倒是生活在亲情和友情之中。所以，当刘遗民等人一再招渊明隐遁庐山时，他以"直为亲友故，未忍言索居"为由婉言谢绝。渊明不入庐山缁素集团，与他追求精神自由的性格有关，也与他受儒家思想影响，不同意佛教教义有关。

---

① 《全上古三代秦汉三国六朝文》，《全晋文》卷六二，页1812。
② 《全上古三代秦汉三国六朝文》，《全晋文》卷一一九，页2143。

事实上的情形也不允许渊明割舍亲情遁入空门。晋安帝元兴元年（402），慧远与刘遗民、雷次宗等缁素一百二十三人，在般若云台精舍建斋立誓，共期西方净土时，渊明正因为母丧居忧。义熙元年（405）渊明归田时，五个儿子都未自立。不久又碰上火灾，旧居烧个精光，几无栖身之处。尽管一年四季辛勤劳作，仍连果腹也困难。这许许多多的人生实际问题，决非一心诵经念佛所能消弥。

四

渊明不入庐山缁素集团的更深层的原因，乃是他的哲学思想与佛教哲学之间存在深刻的矛盾。这种矛盾大致体现在三方面：

一是慧远认为形尽神不灭，而渊明以为形尽神灭。印度佛教传入中国后，神灵不灭说就成了佛教最重要的教义之一。早在东汉出现的《牟子理惑论》中，就以谷物的种子比喻神灵不灭。慧远结合中国传统的迷信观念，进一步论证了神不灭论。他肯定有一个永恒不变的精神性本体的存在，称之为"神"。他在《沙门不敬王者论》中描述"神"的不灭不穷："神也者，圆应无生，妙尽无名，感物而动，假数而行。感物而非物，故物化而不灭；假数而非数，故数尽而无穷。""则知化以情感，神以化传。情为化之母，神为情之根。情有会物之道，神有冥移之功。"[1]意谓"神"是无生无名，不死不灭，感应一切，会物冥移的精神性本体，是普遍的永恒的存在。《沙门不敬王者论》第五篇"形尽神不灭论"，更具体地辩论形神问题，文中的"问者"用古来常用的

---

① 《全上古三代秦汉三国六朝文》，《全晋文》卷一六一，页 2395。

薪尽火灭之喻,说明形尽神灭:"犹火之在木,其生必存,其毁必灭。形离则神散而罔寄,木朽则火寂而靡托,理之然矣。"①显然,"问者"所言,是先秦以来中土固有的形尽神灭思想。慧远却不然,为了给佛教的自然报应说奠定基石,极力宣扬形尽神不灭。他在虚构出一个渺茫难测的"神"之后,也借薪火之喻,反驳问者的形尽神灭思想:"火之传于薪,犹神之传于形。火之传异薪,犹神之传异形。前薪非后薪,则知指穷之术妙;前形非后形,则悟情数之感深。惑者见形朽于一生,便以为神情共丧,犹睹火穷于一木,谓终期都尽耳。此由从养生之谈,非远寻其类者也。"慧远将"薪火俱尽"的概念偷换为"火之传异薪"、"前薪非后薪",来证明薪尽火传,进而论证形体虽有变异,神灵却不灭无尽。

　　据《弘明集》卷五,慧远于元兴三年(404)作《沙门不敬王者论》,义熙八年(412),又立佛影,作《万佛影铭》说:"廓矣大象,理玄无名,体神入化,落影离形。"②渊明有感于慧远的《形尽神不灭论》和《万佛影铭》,作《形影神》诗三首,通过形、影、神三者的答辩,表达了与佛教不同的哲学见解。《形影神》诗中的"神",与慧远所说的"神"有区别,它等同于"神智"。诗云:"人为三才中,岂不以我故。"人因有神智,才能成为"三才"之一,万物之灵长。它与形影相合,故曰:"与君虽异物,生而相依附。结托善恶同,安得不相语。"此神与形俱化,最终归于消灭,故曰:"三皇大圣人,今复在何处? 彭祖爱永年,欲留不得住。老少同一死,贤愚无复数。"渊明的世界观中,不存在不灭无尽的神灵。他的《挽歌诗》三首同样表达了形尽神灭思想。第一首

---

① 《全上古三代秦汉三国六朝文》,《全晋文》卷一六一,页2394。
② 《高僧传》卷六,页213。

写人由生而死。"魂气散何之,枯形寄空木",以为人死是气散而归于无,这显然是传统的思想。神与形俱灭,所以"得失不复知,是非安能觉。千秋万岁后,谁知荣与辱"。第三首末尾二句说:"死去何所道,托体同山阿。"人死,不过是一抔黄土而已。

二是慧远宣扬佛教的因果报应说,渊明则怀疑善恶相报。形尽神不灭论,必然通向因果报应说。慧远思想中最有代表性、最有影响的部分,就是轮回报应论。"因俗人疑善恶无现验",慧远作《三报论》、《明报应论》,大力宣扬虚妄的自然报应论。《三报论》说:"《经》说业有三报,一曰现报,二曰生报,三曰后报。现报者,善恶始于此身,即此身受。生报者,来生便受。后报者,或经二生三生,百生千生,然后乃受。"①慧远的《三报论》,虽否定了司善惩恶的上帝和鬼神,但比传统报应说更虚妄。因为根据佛教的轮回说,造业和受报,都是同一主体。这个主体必须是永存不灭的,否则,今生所造的业,来生或百生千生无法受报。追问到底,这个主体便是不灭无尽的神灵,即慧远所说的"法性"。因此,佛教自然报应论是建立在形尽神不灭基石之上的。相比之下,传统报应说比较粗鄙,佛教自然报应论精致多了,因而更虚妄无验,更有害。

渊明根据自身的经验及对历史和社会的考察,怀疑和批判善恶报应说。《饮酒》其二说:"积善云有报,夷叔在西山。善恶苟不应,何事立空言!"斥善恶之报为"空言"。《晋故大将军长史孟府君传》说:"仁者必寿,岂斯言之谬乎!"尤其在《感士不遇赋》中,列举前代贤士之不遇,得出"疑报德之若兹,俱斯言之虚陈"的结论。渊明既然主张形尽神灭,并怀疑幽渺的天道和鬼神,更重要的是历史、现实和自身的经验给予他切实的教育,那

---

① 《中国佛教思想资料选编(汉魏六朝卷)》,中华书局,2014年,页87。

么,他怀疑和批判善恶报应说,就完全在情理之中。很难想象,渊明既已怀疑和批判传统报应说,还会去相信更虚妄的佛教自然报应论。而且,从根本上说,渊明持形尽神灭观,从这一思想出发,反对佛教自然报应论应属必然中事。

三是慧远信仰弥陀净土,祈求死后往生极乐世界,而渊明认为"死去何所道,托体同山阿"(《挽歌诗》),根本不存在弥陀净土这样的极乐世界。所谓弥陀是阿弥陀佛的省称,是佛教宣扬的"西方极乐世界"的教主,能接引念佛人往生"西方净土"。佛教把人世描绘成无边的苦海,把虚构的"西方极乐世界"说成是光明澄澈,到处鸟语花香的净土。慧远笃信因果报应说,深惧生死轮回的痛苦,因此发愿修持,期生净土。他在《与隐士刘遗民等书》中说:"君与诸人,并为如来贤弟子也。策名神府,为日已久。徒积怀远之兴,而乏因籍之资,以此永年,岂所以励其宿心哉? 意谓六斋日,宜简绝常务,专心空门,然后津寄之情笃,来生之计深矣。"[1]要刘遗民等如来弟子建斋念佛,专心空门,也就是勤于修持,才有可能往生弥陀净土。渊明则继承先秦以来气聚为生、气散为死的带有唯物主义色彩的观点,始终认为有生必有死,而人死形灭。在他的头脑中,根本不存在不生不死的西方净土。渊明的人生哲学是"委运任化",这就是《形影神》诗中所说的"纵浪大化中,不喜亦不惧。要尽便须尽,无复独多虑"。他了然生死之道,平静地看待生死问题,这比慧远这些深惧生死轮回的佛教徒高明得多。

综观以上所说,渊明与慧远的关系大致可以推知:庐山近在咫尺,渊明与慧远不可能无交往。慧远以其儒、玄、佛皆精的

---

[1] 《中国佛教思想资料选编(汉魏六朝卷)》,页118。

博学，以及足不出山，不耽世荣的个人品格和文采风流，吸引着渊明常往庐山游观；然而佛门戒律，与渊明所受的儒家思想的传统教育相矛盾，也与他爱好自由的性格发生冲突。更重要的是慧远的佛教思想，与渊明的世界观格格不入，这是他不人庐山僧俗集团的最主要原因。《莲社高贤传》说渊明到了庐山，却又攒眉而去。虽然这一传说的真实性令人怀疑，但倒是最形象不过地道出了渊明与慧远交往的若即若离，终究无法志同道合的历史真相。

（本文原载《华东师范大学学报》2000 年 7 月第 4 期）

陶渊明与佛教关系之再讨论

　　陶渊明与佛教有何关系？是信佛，还是不信佛？古今研究者对此有歧见。不过，渊明思想的核心是儒道二家，这始终是主流意见。历史上说渊明与佛教有干系的不多，如宋葛立方据陶集中《自祭文》、《挽歌诗》、《饮酒》、《形影神》诸作，称渊明为"第一达磨"（《韵语阳秋》）①。少数诗论家将陶诗的言约旨远与禅宗的不立文字相提并论，例如王世贞说："陶徵士'自祭''预挽'，皆超脱人累，默契禅宗。"（《艺苑卮言》）②近人朱光潜据陶诗中的"冥报"、"空无"，以为"他的诗充满着禅机"（《诗论·陶渊明》）③。最近一二十年来，随着陶学研究的深入，研究者数量日多，以为渊明受佛教影响的"新见"的言论不少，甚至长篇大论时有所见，佛光慢慢笼罩了陶渊明。这种"新见"是否符合陶渊明的真面目？本文拟对一些有代表性的见解进行考察、分析，以引起同道讨论的兴趣。

---

① 《历代诗话》，页575。
② 《历代诗话续编》，页1080。
③ 《陶渊明资料汇编》，页364。

一、辨析几个词语

讨论陶渊明与佛教的关系,无法绕开陈寅恪先生。上世纪四十年代,寅恪先生撰《陶渊明之思想与清谈之关系》一文,以为渊明不信佛教,称"陶集中诗文实未见赞同或反对能仁教义之单词只句"。翻检陶集,实际情况大体如寅恪先生所说。然而今人读书比前辈仔细,发现陶集里面有"单词只句"。穷搜苦索之后,得以下几处:

> 人生似幻化,终当归空无。(《归园田居》其四)
> 流幻百年中,寒暑日相推。(《还旧居》)
> 一生复如几,倏如流电惊。(《饮酒》其三)
> 吾生梦幻间,何事绁尘羁。(《饮酒》其八)
> 衔戢知何谢,冥报以相贻。(《乞食》)

由"幻化"、"空无"、"流电"、"冥报"(此词下节单独辨析)几个单词只语,比附佛经,证明渊明是个受佛教影响的人。用来比附的主要是《维摩诘经·方便品》中著名的"十譬喻":"是身如聚沫,不可撮摩;是身如泡,不可久立;是身如焰,从渴爱生;是身如芭蕉,中无有坚;是身如幻,从颠倒起;是身如梦,为虚妄见;是身如影,从业缘现;是身如响,属诸因缘;是身如浮云,须臾变灭;是身如电,念念不住。"①其实,陶诗中的比喻和《维摩诘经》的"十譬喻",形若相似,本质却绝不相同。

"十比喻"是表达世间万物无自性,皆为虚幻的佛理,也就

---

① 《释氏源流》卷上,中华书局,2019年,页146。

是事物无质的规定性，如镜花水月，一切皆空。陶诗中如梦、如幻、如电的比喻，主要取其"变化"之义，指人生的变动不居，转瞬即逝。这些词语，在中国本土文献中早已有之。如"幻化"一词，集中见于《列子·周穆王篇》："有生之气，有形之状尽幻也。造化之所始，阴阳之所变者，谓之生，谓之死。穷数达变，因形移者谓之化、谓之幻。造物者其巧妙，其功深，固难穷难终。因形者其巧显，其功浅，故随起随灭。知幻化之不异生死也，始可与学幻矣。"①这段话的大意是说，生死之变即幻化。气聚为生，生为有形之状；气散为死，死为无形之变。这是造化和阴阳变易之功。因此，《列子》所说的"幻化"不同于《维摩诘经》中的"幻化"，前者是讲有形之状的变化，后者根本不承认一切有形之物的实在性，一概不承认造化和阴阳。由于《列子·周穆王篇》讲幻化，另外其他故事用"如梦如幻"说明觉梦难辩等问题，有人据此说此篇的宗旨是对佛教"幻化生灭"说的一种抄袭。对此，严北溟先生早已甄别《列子》和佛教的本质差别，认为《周穆王篇》借"老成子学幻"的故事说明，"造物者"（物质本体）难穷难终，而"因形者"（具体事物）则随起随灭，后者对于前者，可谓幻化。② 严先生的分析是中肯的。要之，《列子》所说的"幻化"，是在承认世界物质性的基础上的变动。而佛教的"幻化"，乃是彻底否定世界的物质性和变化规律。

那么，陶诗中的"幻化"和"流幻"，究竟属于《列子》所说的"幻化"，还是佛教所说的"幻化"？为避免仅凭单词只句而立论，先抄录《归园田居》其四全篇："久去山泽游，浪莽林野娱。试携子侄辈，披榛步荒墟。徘徊丘陇间，依依昔人居。井灶有遗

---

① 杨伯峻《列子集释》卷三，中华书局，1979年，页99。

② 详见严北溟、严捷《列子译注》，上海古籍出版社，1986年，页68。

处,桑竹残朽株。借问采薪者,此人皆焉如?薪者向我言,死没无复余。一世异朝市,此语真不虚。人生似幻化,终当归空无。"①此诗先叙山泽之游,见昔日人居,已经化为荒墟,不禁生出人生似幻化的感慨,作生死之变的思考。"一世异朝市,此语真不虚"二句感慨人世变化之速,与后面"人生似幻化"句相呼应。可见,幻化是指"一世异朝市"的变易,即人居变成丘陇,井灶仅留遗处,并没有佛经中"幻化"一词指万物空无自性的意思,而和《列子》所说的"幻化"意义相同。"薪者向我言,死没无复遗"二句与"终当归空无"句相呼应。空无,指死没无遗,也就是《挽歌诗》其三"死去何所道,托体同山阿"之意。荒墟、丘陇、遗处、朽株,包括人自身的生死,无一不是有形之状的变易。整首诗叙写的,全是人世变迁、人命短促的感慨。

再读《还旧居诗》:"畴昔家上京,六载去还归。今日始复来,恻怆多所悲。阡陌不移旧,邑屋或时非。履历周故居,邻老罕复遗。步步寻往迹,有处特依依。流幻百年中,寒暑日相推。常恐大化尽,气力不及衰。拨置且莫念,一觞聊可挥。"②此诗所叙所叹,与《归园田居》其四大致相同。时间流逝,旧居不复旧貌,邻老罕遗。寻觅往迹,遗迹依依。人世沧桑之变,让诗人感慨不已。诗中"流幻百年中"之"流幻",义为流动变化。百年指一生,一生之变化,由少至老,寒暑相推,此即"流幻"。这个词完全不同于佛经中的"是身如幻"。陶诗中的"流幻"乃是生命流逝的真切感受,并不是说自身的虚幻不实。

从以上分析可看出,《归园田居》其四中的"幻化",《还旧居》中的"流幻",都是指人世或生命的变易,其意义仍属中土文

---

① 《陶渊明集校笺》卷二,页100。
② 《陶渊明集校笺》卷三,页227。

献中的固有语义。不区分中土的"幻化"与佛经中的"如幻"的本质有别，谬相比附，由此得出陶诗用的是佛经词义的结论，这是站不住脚的。

《饮酒》其八"吾生梦幻间，何事绁尘羁"二句中的"梦幻"之"梦"，用的也是中土固有字义。《庄子·齐物论》说："方其梦也，不知其梦也。梦之中又占其梦焉。觉而后知其梦也。且有大觉而后知其大梦也，而愚者自以为觉，窃窃然知之。"[①]这段话意在说明觉与梦不可区别。《齐物论》中著名的"庄周梦蝶"的寓言，其意也是阐发梦与觉并无区别的哲理。这是《庄子》"齐物"思想的表现。《列子·周穆王篇》以樵夫争鹿的故事，说明觉梦难辨的道理，与《齐物论》一脉相承。再有《列子·杨朱篇》说："五帝之事若觉若梦。"[②]《饮酒》其八"吾生梦幻间"之"梦"字，也是觉梦难辨的意思，用来比喻世事（包括人生）犹梦，一切存在，又一切不存在；一切似真，又一切似假，难于分辨。既然一切如觉梦难分，我又缘何事而被世俗羁绊呢？这是渊明归隐之后对人生和世事的看法，抒写他远离尘俗的隐士情怀。因此，陶诗中"梦幻"一词，与《维摩诘经》所言"是身如幻，从颠倒起；是身如梦，为虚妄见"中的梦、幻有本质的不同。佛经所说的"梦幻"指世间无实体，陶诗中的梦幻之"梦"，乃喻事物之虚实莫辨。

《饮酒》其三"一生复能几，倏如流电惊"二句，感叹人生短促如流电，与《维摩诘经》"是身如电"之喻更无关系。以石火或流电之稍纵即逝，形容生命的短促，这在中土文献中

---

① 郭庆藩《庄子集释》卷一下，中华书局，2012 年，页 104。
② 杨伯峻《列子集释》卷第七，中华书局，1979 年，页 234。

早已有之。如曹植《感节赋》说:"唯人生之忽过,若凿石之未耀。"①《刘子·惜时》说:"犹如石火,炯然以过。"②以电光迅疾,比喻人生之忽过的还有葛洪《抱朴子·自叙》说:"虽飞飙之经霄,激电之乍照,未必速也。"③《抱朴子·外篇·嘉遁》说:"迅乎犹奔星之暂见,飘乎似飞矢之电经。"④渊明惊悚生命短暂如流电,与前人若合符契。中土"流电"之喻,乃喻生命之短促,非喻生命之虚无。通读《饮酒》其三并稍作思考,相信多数读者都能看出这首诗表达的是及时行乐的人生哲学,与佛教教义和教规皆格格不入。

二、《乞食》诗解读

陶渊明《乞食》诗近来也被个别研究者作为陶渊明受佛教影响的证据,说诗人乞食,与佛教的"乞士"相似;诗人后来受到主人的遗赠和款待,正是佛门信徒的"随时布施"之义;又说诗中"冥报以相贻"之"冥报",乃是东晋佛教的"自然报应论"的精神,渊明不反对佛教的因果报应论云云。⑤ 关于《乞食》诗是否受佛教影响,拙著《陶渊明传论》曾作过辨析。⑥ 今于拙著中语焉未详及未涉及者,再讨论之。

渊明为何乞食?《乞食》诗云:"饥来驱我去,不知竟何之。行行至斯里,扣门拙言辞。主人解余意,遗赠副虚期。"这是一

① 赵幼文校注《曹植集校注》,中华书局,2016年,页747。
② 《刘子集校合编》,华东师范大学出版社,2012年,页1113。
③ 《抱朴子外篇校笺》卷五〇,中华书局,1991年,页717。
④ 《抱朴子外篇校笺》卷一,页27。
⑤ 均见丁永忠《陶诗佛音辨》,页87—99。
⑥ 龚斌《陶渊明传论》,华东师范大学出版社,2001年,页144—146。

幅真实无比的乞食者的自画像。渊明为救饥而乞食，不是借贷，
也不是"游戏"，①更不是僧徒托钵修行。佛教的乞食，是僧徒修
行之一种。《释氏要览》卷上释"乞食"条，引善见云："分卫，此
云乞食。"又引《僧祇》云："乞食，分施僧尼，卫护令修道业，故云
分卫。"②《宝云经》云："凡乞食分为四分，一分奉同梵行者，一分
与穷乞人，一与诸鬼神，一分自食。"③显然，僧徒的乞食有其修
道业的作用，其意不在救饥。《宝云经》所说的"穷乞人"，才是
世俗所说的乞食者。渊明穷而乞食，与僧徒乞食，完全不同。
《释氏要览》末又引肇法师云："乞食略有四意，一为福利群生，
二为折伏骄慢，三为知身有苦，四为除去滞著。"④渊明乞食，难
道有肇法师所说的"四意"吗？

　　再者，僧徒乞食有"为时"和"非时"之分。"为时"指适合
乞食之时，"非时"反是。《法苑珠林》四二"食时部第五"引《萨
婆多论》云："释时有四：一始从日出乃至日中，其明转炽，名之
为时。从中已后至后夜分，其明灭没，故名非时。二从旦至中，
是作食时，乞不生恼，故名为时。"⑤（以下不备录）由此可见，僧
徒乞食，还得看外部条件，何时适合，何时不适合，很有讲究。渊
明是"饥来驱我去"，如果讲"为时"、"非时"，恐怕早成路边之

---

① 张荫嘉《古诗赏析》卷一三云："此向人借贷、感人遗赠留饮而作。题云《乞
　食》，盖乞借于人以为食计，非真丐人食也，观诗中解意遗赠可见。解者误会，唐突多
　矣。"按，乞食与乞假不同。乞食只能作求乞借。《左传·僖公二十三年》："（重
　耳）乞食於野人，野人与之块。"《史记》卷六六《伍子胥传》："伍胥未至呉而疾
　止，中道乞食。"乞假（假通借）才作借贷解。《礼记·内则》："外内不共井，不共
　湢浴，不通寝席，不通乞假。"渊明漫无目标乞食，与主人不相识，非乞假也。张
　荫嘉所说非是。游戏说亦非。张说见《陶渊明资料汇编》，页70。
② 《释氏要览校注》卷上，中华书局，2014年，页213。
③ 《释氏要览校注》卷上，页213。
④ 《释氏要览校注》卷上，页213。
⑤ 《法苑珠林校注》卷四二，中华书局，2003年，页1308。

饿殍了。

据汤用彤先生研究，汉末以后，僧徒乞食也稀见了。他说："疑在汉代沙门尚行乞，至后则因环境殊异，渐罕尊奉。盖据今日所知，汉代以后传记所载，沙门释子未普行此事。而观《弘明集》所录护教之文，只闻对于沙门出家不孝无后常有非难，而于求乞则竟无一言，亦可知矣。"汤先生自注云："又《广弘明集》沈约《述僧设会论》云：'今既取足寺内，行乞事断，或有持钵到门，便呼为僧徒，鄙事下劣。既是众所鄙耻，莫复行乞。悠悠后进，求理者寡，便谓求乞之业，不可复云'云云，据此则至少在齐梁之世，求乞即未普行也。"①连僧徒都视乞食为鄙事，不复行乞，渊明怎么可能学僧徒的样子去乞食呢？这证明，渊明的乞食，是救饥真乞食，与僧徒的持钵行乞，完全不是一回事。因饿求乞得食，是《乞食》诗之"乞食"二字的唯一解释。

《乞食》诗后半部分写诗人与主人之间的相知相谐。既然汉末以后沙门释子未普行乞食，既然渊明行乞与僧徒乞食无关，那么，说主人也许是"佛门信徒"，他的施食是"随时布施"之行，这种话就等同说梦了。诚然，佛教以慈悲为怀，奖励布施，但中土文化中的"仁术"，也同样富有同情心、怜悯心。《礼记·檀弓下》："齐大饥，黔敖为食于路，以待饿者而食之。"②虽然黔敖此人对待饥者不大尊重，但终究是个有善心的人。若遇凶年，人民饥馑，官府或富人开粮仓赈灾，史书上也常见。这与佛门信徒广种福田而设食是两码事。读《乞食》诗，主人和诗人"谈谐终日夕，觞至辄倾杯"，似酒逢知己，喝得杯底朝天。主人哪像是出于福报的目的而设食呢？东晋佛教禁酒，主人与行乞者重觞终

---

① 　汤用彤《汉魏两晋南北朝佛教史》第五章"太平经与佛教"，页73。
② 　《礼记正义》卷十，页2845。

日，其行为又哪像是"佛门信徒"呢？依鄙人之见，主人不过是个有仁心之人，听到扣门声起，开门看见面前站着的陌生乞食者，恻隐之心顿生。乞者虽穷苦潦倒，却神情萧散，谈吐不凡，故主人一见欣然，设酒食款待，谈谐终日，赋诗言咏。如此而已。

说《乞食》诗与佛教很有关系的另一个"重要证据"，是诗末"衔戢知何谢，冥报以相贻"二句中的"冥报"一词。此词始见于魏晋，确实是佛门用语。因此，有人据此称渊明相信佛教的自然报应论。寅恪先生曾释"冥报"一词说："或疑陶公《乞食》诗'冥报以相贻'之句与释氏之说有关，不知老人结草之物语实在佛教入中国之前，且释氏冥报之义复由后世道家采入其教义，故渊明此语无论其为词汇问题，抑或宗教问题，若果涉宗教，则当是道教，未必为佛教也。"[①]以下照寅恪先生的意思，作一些解释。

如果是词汇问题，则仅仅借用"冥报"一词，未必用佛教因果报应之义。渊明生当佛教在中土迅速流布时期，江南佛教的一大中心庐山又近在咫尺，他又常去彼处游观，不应不知佛教因果报应之说。身处佛教比较强势的地域，难免完全不受周围语境的影响，因此偶尔用"冥报"一词也在情理之中。问题是，他是否认同这种强势的语境？如果不认同，那么，偶尔用"冥报"，也不过是词汇问题，不意味他就是受了佛教教义的影响。分析《乞食》诗中"冥报"一词的具体所指，鄙意以为当是基于中土"灵而有知"的观念，与佛教因果报应说无关。所以，这是词汇问题。

秦汉以后，鬼神之说愈炽。王充以为人禀神气而生，死后复归神气。《论衡·论说篇》说："或曰：鬼神，阴阳之名也。阴气

---

① 陈寅恪《陶渊明之思想与清谈之关系》，《陈寅恪史学论文选集》，上海古籍出版社，1992 年，页 137—138。

逆物而归,故谓之鬼。阳气导物而生,故谓之神。神者,伸也。申复无已,终而复始,人用神气生,其死复归神气。"①王充以阴阳二气之变解释鬼神,有一点唯物主义因素,但又说神周而复始,这其实已滑向精神不灭的泥淖。还有,东汉的《道经》中有"浴(谷)神不死"之说。这样佛道两教都以为精神不死。死者既然有知,便能或福或祸生人。这不仅见于《左传》的"老人结草",史书上也不乏其例。如《三国志·魏书·文帝纪》:"使死者有知,将不福汝。"②《晋书》卷一一五《徐嵩传》:"何不速杀我,早见先帝,取姚苌于地下!"③这些资料都能说明死者有知是中土已有的观念。区别在佛教有因果报应说,而中华文化无此说。

佛教的"冥报",与"老人结草"之类的善恶报应,似若相同,其实有很大差异。慧远《明报应论》说:"是故心以善恶为形声,报以罪福为影响。本以情感,而应自来。岂有幽司由御,失其道也。然则罪福之应,唯其所感。感之而然,故谓之自然。自然者,即我之影响耳。于夫玄宰,复何功哉?"④慧远以为佛教的因果报应,是自作自受,罪福之应,来自我之善恶,与鬼神(玄宰)无关。由此可见佛教因果报应说与中土传统的报应说之间的区别。前者是没有主宰的自然而然的报应,因和果为同一主体,后者由鬼神主宰罪福的施与。"天道无亲,常与善人"⑤的施与者是天道,"老人结草"的施与者是老人,"将不福汝"之主宰者是死者。那么,"冥报以相贻"之相贻的主宰者,也是将他人的恩

---

① 《论衡校释》卷二〇,中华书局,1990年,页872。
② 《三国志》卷二,页82。
③ 《晋书》卷一一五,页2955。
④ 《中国佛教思想资料选编(汉魏六朝卷)》,页90。
⑤ 朱谦之《老子校释》,中华书局,1884年,页304。

惠记在心中的死者。所以,《乞食》诗的"冥报",仍是中土的报应说,不过偶尔借用佛教用语罢了。寅恪先生的说法是可信的。

三、"委运任化"与佛教无关且有冲突

委运任化的人生哲学,在陶集中触处皆见。最重要最集中的表达是《神释》诗末四句:"纵浪大化中,不喜亦不惧。要尽便须尽,无复独多虑。"①其次为《归去来兮辞》:"聊乘化以归尽,乐夫天命复奚疑。"②这种独特的人生哲学来自《老》、《庄》和魏晋玄学。

可是,主张陶渊明与佛教有关系的论者,却有意无意地忽略或缩小渊明和道家哲学的联系。有人说,委运任化与佛教的本无哲学有很大关系;有人更言之凿凿,称委运任化来源于般若学的"心无义"。③ 证据在哪儿? 可惜,翻来覆去、喋喋不休的,总是"人生似幻化,终当归空无"二句。"幻化"之义,上文已言及。"空无"(特别是"无"),其实也不是佛教的最先发明,《老》、《庄》和后来的玄学,早就开口闭口不离"无"了。

《庄子·齐物论》说:"一受其形,不忘以待尽。④ 与物相刃相靡,其行尽如驰,而莫之能止,不亦悲乎! 终身役役而不见其成功,苶然疲役而不知其所归,可不哀耶? 人谓之不死,奚益! 其形化,其心与之然,可不谓大哀乎?"⑤这段话的主要意思可以

---

① 《陶渊明集校笺》卷二,页83。

② 《陶渊明集校笺》卷五,页454。

③ 徐洪《陶渊明佛教观新探》,《徐州师范学院学报》1993年第4期。该文认为《饮酒》其五似源于般若学的"心无宗",宗教"心无义"转化为陶渊明企图超脱人世的人生观。

④ 忘,据方勇、陆永品《庄子诠评》(巴蜀书社,1998年)说:《道藏》各本及各俗本并作"亡"。按当作"亡"是。不亡,指不亡失上文所说的"真宰"。"真宰",即自然也。

⑤ 《庄子集释》卷一下,页55。

概括为"形化心不化",陶诗中的不少作品,都能替它作注脚。如《五月旦作和戴主簿》:"居常待其尽,曲肱岂伤冲。迁化或夷险,肆志无窊隆。"①《连雨独饮》:"形骸久已化,心在复何言。"②《戊申岁六月中遇火》:"形迹凭化往,灵府长独闲。"③渊明以为形体可化,心灵长闲,居常待尽,这与《齐物论》所言若合符契。《庄子·大宗师》论生死说:"古之真人,不知说生,不知恶死,其出不欣,其入不距。"④《庄子·养生主》论养生说:"安时而处顺,哀乐不能入也。"⑤《庄子·德充符》论"不与物迁"说:"仲尼曰:'死生亦大矣,而不得与之变;虽天地覆坠,亦将不与之遗。审乎无假而不与物迁,命物之化而守其宗也。'"⑥难道不是渊明《神释》诗"纵浪大化中,不喜亦不惧"之意吗?至于郭象学说中的自然主义,则与渊明相似之处更多了。如《齐物论》郭象注:"夫任自然而忘是非者,其体中独任天真而已。"⑦《庄子·养生主》郭象注:"夫哀乐生于失得者也。今玄通合变之士,无时而不安,无顺而不处,冥然与造化为一,则无往而非我矣,将何得何失?孰生孰死哉!故任其所受,而哀乐无所错其间矣。"⑧《庄子·德充符》郭象注:"故生为我时,死为我顺;时为我聚,顺为我散。聚散虽异,而我皆我之。则生故我耳,未始有得;死亦我也,未始有丧。夫死生之变,犹以为一,既睹其一,则蜕然无系,玄同彼我,以死生为痎寐,以形骸为逆旅,去生如脱屣,断足如遗

---

① 《陶渊明集校笺》卷二,页130。
② 《陶渊明集校笺》卷二,页134。
③ 《陶渊明集校笺》卷三,页235。
④ 《庄子集释》卷三上,页229。
⑤ 《庄子集释》卷二上,页128。
⑥ 《庄子集释》卷二下,页189。
⑦ 《庄子集释》卷一下,页43。
⑧ 《庄子集释》卷二上,页129。

土，吾未见足以缨茀其心也。"①……渊明委运任化的人生哲学，即是视死生为一，不以喜惧为怀，平静其心，乐夫天命而待其生命之终。它与郭象学说之间的密切关系，为学人共知，然而有人好像置此明显的事实而不顾，宁愿从佛教的"心无义"溯其源头，目的当然是为了立一种新异之说。

那么，般若学的"心无义"，是否果真如"新说"所言，乃是《饮酒》其五"心远地自偏"之义及其他陶诗的渊源吗？这值得深入讨论。

所谓"心无义"，指东晋般若学七大宗派中的第六宗心无宗，为东晋初期北方来的高僧支愍度始立。陈寅恪先生《支愍度学说考》据《世说新语·假谲》"愍度道人始欲渡江"条刘孝标注、慧皎《高僧传》、僧肇《不真空论》等文献，考证并梳理出"心无义"的起源，它与"格义"的关系，"心无义"之传授等诸事实，从而得出了一些重要的结论，如谓"旧义者犹略能依据西来原意，以解释般若'色空'之旨。新义者则采用《周易》、《老》、《庄》之义，以助成其说而已"。"今据肇公（僧肇）之说，②知心无义者，仍以物为有。与主张绝对唯心论者不同"。汤用彤先生也对"心无义"作了精湛的研究，以为"心无义"是"空心不空境"③，也就是仅止于"心无"，而不否认"物有"。如此看来，"心无义"是不彻底的色空观，故竺法汰称之为"邪说"，而慧远、僧肇相继破之。

了解了"心无义"的意义后，再读《饮酒》其五。开头"结庐"四句，乃阐发心、形之关系。虽结庐人境，然车马不喧；而自

---

① 　《庄子集释》卷二下，页 192。
② 　陈寅恪《支愍度学说考》引僧肇《不真空论》云："心无者，无心于万物，万物未尝无。此得在于神静，失在于物虚。"
③ 　详见汤用彤《魏晋南北朝佛教史》第九章《释道安时代之般若学》"支愍度心无义"一节。

觉地偏,由"心远"之故。这一体悟上升至哲学层面,仍属老庄无疑。《庄子·人间世》说:"唯道集虚,虚者,心斋也。"①郭象注:"虚其心则至道集于怀也。"②意思是只有虚静其心,才能领悟至道。于"心远地自偏"之义最有直接关系的,当是魏晋玄学的"得意忘言"说。汤用彤《魏晋玄学论》中有《言意之辨》一文,论及"得意忘言"为魏晋人士广泛使用,其一是对"名士之立身行为亦有影响"③。"得意忘言"用之于隐逸,则会很自然地引向注重心迹而忽略形迹。所谓只要"心远",隐于山林亦可,隐于朝市亦可。《晋书·邓粲传》记粲少以高洁著名,后应召为荆州刺史桓冲别驾。好友刘骥之、刘尚公对邓粲说:"卿道广学深,众所推怀,忽然改节,诚失所望。"粲笑着回答说:"足下可谓有志于隐而未知隐。夫隐之为道,朝亦可隐,市亦可隐。隐初在我,不在于物。"④尚公等竟然无以难之。渊明归隐,邓粲出仕,两人行径不同,但对于隐之为道在心不在迹的看法相同。再举一例:《世说新语·言语》四八载:"竺法深在简文坐,刘尹问:'道人何以游朱门?'答曰:'君自见其朱门,贫道如游蓬户。'"⑤竺法深心中无有朱门、蓬户之分,因而游朱门如游蓬户。这也是"心远地自偏"之义,溯其源,盖出于玄学的"得意忘言"。

再回到"心无义"。正如陈寅恪、汤用彤所说,"心无义"是取《老》《庄》和玄学,以解释佛经,与"格义"的方法有关。支愍度渡

---

① 《庄子集释》卷二中,页147。
② 《庄子集释》卷二中,页148。
③ 汤用彤《言意之辨》:"……然既旨在得意,自指心神之超然无累。如心神远举,则亦不必故意忽忘形骸。读书须视玄理之所在,不必拘于文句。行事当求风神之萧郎,不必拘于形迹。夫如是则身虽在庙堂之上,心无异于在山林之中"按,渊明行事亦多合"得意忘言"之旨。《饮酒》其五是"得意忘言"最高明的运用。
④ 《晋书》卷八二,页2151。
⑤ 《世说新语校笺》,页60。

江伊始，就和伧道人谋曰："用旧义往江东，恐不办得食。"可见，"心无义"不过是披着江东玄学外衣的佛学流派。刘孝标注："无义者曰：种智之体，豁如太虚。虚而能知，无而能应，居宗至极，其为无乎？"①一看即知这是抄袭玄学家的贵无学说。王弼立论以无为贵，无为天下母，有生于无，因其无，故能以少统众，以无驭有。玄学贵无，无为本体，但并不否认无的存在。而佛教以为万物性空，即一切诸法本性空寂。故"心无义"不合佛法的根本宗旨——性空，而与玄学的贵无相似。"心无义"实质就是"贵无"，只是用佛教语言稍作涂饰而已。渊明熟读《老》、《庄》和玄学，以之观照人生，何必借用、依傍玄学的"心无义"呢？

　　至于说渊明受到桓玄、刘遗民"心无义"的影响，这是缺乏证据的推测。僧祐《出三藏记集》一二陆澄《法论要目》载有桓玄《心无义》、刘遗民《释心无义》。桓、刘著作早佚，无从得其详。不错，渊明是做过几年桓玄的幕僚，和刘遗民也有来往。据桓玄曾是渊明的上司，就推论后者受前者"心无义"的影响，这结论难于成立。大概在隆安三年，桓玄入庐山拜访慧远，那是仰慕慧远的盛名。不久，桓玄攻入京师，致书慧远，对因果报应说表示怀疑。后桓玄沙汰僧众，劝慧远罢道，又与慧远论沙门敬王者。这都证明桓玄站在权力集团的立场上反对佛教。刘遗民确实是佛教信徒，对慧远佩服得五体投地。刘以书招渊明，入庐山共事慧远。渊明婉言拒绝，作《和刘柴桑》诗，说是"直为亲旧故，未忍言索居"②，坚守儒家赞美的亲情和"结庐在人境"的隐居方式。可见两人虽有交往，志趣却不同。考察这些基本事实，就很难相信渊明会受桓玄、刘遗民的"心无义"影响。

---

① 　《世说新语校笺》，页459。
② 　《陶渊明集校笺》，页143。

四、《桃花源记并诗》与佛教
净土宗有否关系

以为《桃花源记并诗》受佛教净土宗影响，这是前所未见的新说。这种新说的主要立论依据是：佛经（如《无量寿经》）中有理想国，桃花源也是理想国，后者就有可能受前者的启发；而且佛国和桃花源都体现了基于现实的苦难而对理想国的追求①。将《桃花源记》与佛教作类比，找出两者之间的"共同点"，进而推测并断定影响和接受的关系。鄙意以为这种类比方法和逻辑推断，均值得商榷。

首先，中国历史和文化史证明，对理想社会的追求，最迟在《诗经》时代就存在。《诗经·魏风·硕鼠》说："逝将去女，适彼乐土。乐土乐土，爰得我所。"②据郑玄笺，乐土是有德之国。人民痛恨国君税敛之多，不修国政，无有恩德眷顾，于是出走，徙往乐土。这首诗虽然没有描绘乐土的社会特征，但既然刺国君税敛之多，那么乐土起码税敛较轻或免除之。《桃花源诗》说："秋熟靡王税。"③可见，桃源中人与《硕鼠》中对乐土的追求可谓前后呼应，反映了苦难中的人民逃避残酷赋税的愿望。《桃花源记并诗》接受了《老子》以来关于"小国寡民"的社会理想，又根据历史上和当时民众不避深山，逃离阶级压迫和战乱的事实，作艺术的概括、创造。此皆人所共知，不赘述。渊明笔下的桃源社会，打着中国历史，尤其是道家社会理想的深刻印记。陶渊明既

① 详见邓小军《陶渊明与庐山佛教之关系》，载《中国文化》第 17、18 期。
② 程俊英、蒋见元著《诗经注析》，中华书局，1991 年，页 304。
③ 《陶渊明集校笺》，页 468。

然坚守家世传统和中国文化的品格，既然不相信佛教，怎么可能在表达自己最重要的社会理想时，会联想起佛教的净土，并借鉴佛经中的描写，来创造自己钟情的美妙境界呢？

其次，佛经中的西方佛国，与桃源社会无丝毫共同之处。佛教往生净土的目的在摆脱生死轮回之苦，这是佛教的理想国和中土的理想国最根本的区别。桃源社会的创造是为着摆脱现世的赋税徭役之苦，向往宁静纯朴的和谐社会。佛国的境界无比虚幻，是超现实的，一切皆匪夷所思。桃源社会则"土地平旷，屋舍俨然。有良田、美池、桑竹之属。阡陌交通，鸡犬相闻"，充满了人间的亲切和温馨。《无量寿经》说佛国"去此十万亿刹"，远在六合之外，而桃花源就遮蔽在山重水复之中。佛国只对一心修炼的人开放，而且在"临寿终时，无量寿佛与诸大众现其人前"，接引而去。桃花源却为捕鱼人无意间得之，虽迷离恍惚，但不须人接引，并且能进亦能出。刘子骥欣然规往，尽管未果，但绝没有非得"寿终"才能前往。佛教禁杀生饮酒，佛国饮食时，"七宝钵器，自然在前"。桃花源里却"设酒杀鸡作食"，邀客至家，"皆出酒食"。佛国与桃花源迥然不同，这反映出印度佛教文化和中国文化的绝大差异。

再次，《桃花源记》与六朝志怪小说有密切关系。关于当时志怪小说流行的文化背景，鲁迅《中国小说史略》论之甚详。照鲁迅的说法，志怪小说中有一部分是文人的作品，并非如释道二家，意在自神其教。如曹丕《列异传》、张华《博物志》、王嘉《拾遗记》、干宝《搜神记》、托名陶潜《搜神后记》等，都是文人作品。其中偶有神化佛教者，但绝大多数记录异闻，以"发明神道之不诬"（鲁迅语）。若论宗教，乃属道教，而非佛教。释慧皎《高僧传序》将《搜神后记》与刘义庆《宣验记》、《幽明录》等宣扬佛教之书归为一类，说这些书"并傍出诸僧，叙其风素"。似乎《搜神后记》也是辅教之书。其实,这不符合《搜神后记》的实际内容。检该书属于释教故事者,仅卷二"天竺佛图澄"、"石虎邺中"、"昙游道人",卷三"元嘉元年建安郡山贼",卷五"晋太康中谢家沙门竺昙遂",卷六"晋淮南胡茂回能见鬼"、"沙门竺法师",卷九"顾霈者吴之豪士也",计八则,占其书比例极小。因此,不可因为慧皎有"傍出诸僧"之语,就称《搜神后记》为"辅教之书";更不可据《桃花源记》载于《搜神后记》,就进一步推断它可能渗透了佛教的因素。

《桃花源记》的产生,当受魏晋时文人喜欢记录异闻风气的影响。以《搜神后记》为例,卷一记嵩高山北有大穴,莫测其深,晋初有人误堕其中。此人在穴中行十余日,忽然见明,又有草屋,中有二人对坐围棋。堕者渴饮"白饮",饥取井中物食,经半年左右,乃出蜀中归洛下,问张华。华曰:"此仙馆大夫,所饮者玉浆也,所食者龙穴石髓也。"①这则异闻,显然神化道教。同卷又记会稽剡县民袁柏、根硕二人打猎入深山重岭,逐羊群至赤城,经瀑布之下小径,入一洞穴。有山穴如门,豁然而过,既入内,甚平敞,草木皆香,有一小屋,二女子住其中……②又记长沙醴陵县有小水,有二人乘船取樵,见岸下土穴中有水逐流出。二人入穴,穴才容人行,数十步,便开明朗,然不是世间。③ 这些偶尔进入"别有洞天"的异闻,与武陵人捕鱼误入桃花源何其相似乃尔。如果说渊明创作《桃花源记》有所借鉴,那么,最有可能借鉴上面这些故事,而决不可能从《无量寿经》吸取灵感或描写手法。自然,《桃花源记》寓意深刻,绝非叙事简略的异闻可以

①　李剑国《搜神后记辑校》,中华书局,2019年,页691。
②　《搜神后记辑校》,页461。
③　《搜神后记辑校》,页463。

相比。但不能否认，《桃花源记》有相当的志怪成分。寅恪先生曾说《桃花源记》是南方溪族之纪实文字。① 中国南方山重水复，人迹罕至之处甚多，发现别有洞天完全可能。另外，在魏晋人的思想观念中，视鬼神为真实。所以，要说《桃花源记》与宗教有关，那也是道教，而非佛教。

以陶集中的词语比附佛经，是持渊明受佛教影响论者最常用的方法。以前仅是"空无"、"幻化"、"冥报"几个词语，随着"新见"越来越多，陶集中"受佛教影响的词语"也迅速膨胀。如有人以为《桃花源记》中"捕鱼为业"、"夹岸"、"落英缤纷"、"问讯"、"还家"、"一一"、"处处"……，都是佛教词汇，从而宣告"为陶渊明与佛教关系觅得了新证"。② 本文限于篇幅，（也感到无必要辨析所有这些词语的来源），这里仅辨析三个词语："一一"、"还家"、"规"。③

"一一"在中古文献中广泛使用，兹举数例：

> 《魏书·管辂传》："先说鸡子，后道蚕蛹，遂一一名之，惟以梳为枇耳。"④

---

① 　陈寅恪《魏书司马睿传江东民族条释证及推论》，载《陈寅恪史学论文选集》，上海古籍出版社，1992 年。

② 　王启涛《陶渊明与佛教关系新证》，《西南民族学院学报》2001 年第 10 期。

③ 　王启涛文又说："中古'一一'是典型的佛教用语，日本已故著名汉学家志村良治已注意到，在探讨'一一'的意义和用法时，举例全为佛教。"又说："'还家'一词的最早出处，应为《桃花源记》。然而就愚所见，还家早期用例主要是与佛教有关的典籍。"又说："'规'的新用法'图'、'欲'，'完全来自汉译佛典……日本汉学家太田辰夫曾谈及'规'的这一用法，共举 4 例，颇为意味深长的是，其中三例均来自佛典，一例即为《桃花源记》。'"我们从以上角度分析了《桃花源记》与佛典的关系。《桃花源记》里与佛典有关的词汇那样多，使我们不得不承认作者本人与佛教确有关系。"

④ 　《三国志》卷二十九，中华书局，1982 年，页 824。

《晋书·刘寔传》："吾之好闻笋声有甚于先王，欲一一列而听之。"①

《晋书·郭璞传》："数千赤衣人皆反缚，一一自投于井。"②

上述例子中的"一一"，与《桃花源记》中"一一"意义基本相同。仅举佛经中"一一"，然后说《桃花源记》"一一"是佛教词语，如此推断，岂非儿戏乎？

"还家"是最普通不过的词语，最早使用的决不是与佛教有关的典籍。如：

《后汉书·苏不韦传》："不韦后遇赦还家。"③

《后汉书·郑玄传》："玄乃以病自乞还家。"④

《魏书·武宣卞皇后》："今日还家，明日若在，何面目复相见也？"⑤

《魏书·管辂传》："清河王经去官还家。"⑥

"规"字其义为"欲""图"，是中古时期的日常用语，并不来自汉译佛典。如：

《魏书·陈泰传》："泰敕经进屯狄道，须军到，乃规取之。"⑦

---

① 《晋书》卷四十一，页1193。
② 《晋书》卷七十二，页1900。
③ 《后汉书》卷三十一，中华书局，1965年。页1108。
④ 《后汉书》卷三十五，页1211。
⑤ 《三国志》卷五，页156。
⑥ 《三国志》卷二十九，页815。
⑦ 《三国志》卷二十二，页639。

《蜀书·诸葛亮传》："(刘)琦意感悟,阴规出计。"①

《蜀书·李恢传》："官军粮尽,欲规退还。"②

《搜神记》："规为娶妇,未得。"③

西方僧人携佛经来中国,译经不谙汉语,须请中土文化人作为助手,则汉译佛典出现"——"、"还家"等当时的日常用语,乃是自然而然的事,表明中古语言在佛经翻译中得到广泛使用。仅此而已。比如有一洋人来中国,讲汉语,就说咱们中国人受他影响,与其关系密切,岂不谬哉!

五、略谈认识和研究方法上的误区

鄙意以为陶渊明受佛教影响说,在认识和研究方法上都存在一些误区。认识上的误区主要表现是模糊了玄学和佛教之间的关系,把佛学看作魏晋学术思潮的主流,进而将渊明委运任化的玄学人生观判断为受佛教影响。

佛教自东汉初年传入中国后,遭受中土传统文化的阻击,先以道术面目出现,即以术数传教;继而依附玄学,吸收玄学,逐渐形成自己的独立面貌。这一艰难曲折的过程,从慧皎《高僧传》、僧祐《出三藏记集》、《弘明集》等佛学典籍中皆可寻其轨迹。近代和现当代的佛教史学者也早有比较一致的看法,认为佛学长期依附玄学而立足、而发展。东晋名僧如支遁、道安、竺法汰、竺法雅、慧远、僧肇、竺道生等,无不精通外书。翻开《高

---

① 《三国志》卷三十五,页914。

② 《三国志》卷四十三,页1045。

③ 李剑国《搜神记辑校》,中华书局,2019年,页112。

僧传》，先涉猎《老》、《庄》，后精研佛经的僧徒举不胜举。东晋佛教传播，非得依赖玄学。支愍度去江东谋食而创"心无义"，说明东晋中期江南玄学盛行，佛教若不改旧义，不袭用玄学，就没有立足之地。般若学的"本无宗"、"性空宗"、"即色义"、"心无宗"等佛学派别，或多或少借鉴了玄学的思想资料。汤用彤论及"本无宗"时说："因此而六朝之初，佛教性空本无之说，凭借《老》、《庄》清谈，吸引一代之文人名士。于是天下学术之大柄，盖渐为释子所篡夺也。""因此而《般若》各家，盖即不受《老》、《庄》之影响，至少亦援用《老》、《庄》之名词。"①方立天也说："佛教依旧没有超出玄学的窠臼，是披上佛学外衣的玄学，玄学化的佛学。"②东晋佛学依附《老》、《庄》和玄学，乃是历史的真实。承认这一基本事实，就不会把陶诗中仅见的"空无"、"幻化"等单词只句，误认是佛教思想。要是颠倒过来，认为东晋中期之后佛学主宰了思想界，主宰了所有文化人，彻底驱逐了玄学，那就会把玄学也看作佛学，把道教也当成佛教。所以，把握东晋佛教和玄学的关系时，一定要认清何者为主，何者为次，何者为先，何者为后。

研究方法上的误区是执其一端，不及其余。鲁迅先生早就指出，研究一个作家须看他的全人和全部作品，否则是等同于说梦的。他在《题未定草》（六）一文中谈选本，举了陶渊明的例子，说："倘要取舍，即非全人，再加抑扬，更离真实。"陶渊明思想复杂，研究者更应遵循鲁迅先生指明的方法。如果仅以陶诗中的几个似是而非的词语，就敷衍推论开去，而不顾及陶集的全

---

①　参见汤用彤《魏晋南北朝佛教史》第九章《释道安时代之般若学》"竺法雅之格义"。

②　参见方立天《魏晋南北朝佛教论丛》，中华书局，1982年，页21—22。

部,不顾及陶之家世、经历,则必定"小言破道",必定远离真实。考察陶渊明与佛教的关系,应该从六道轮回,因果报应这些最根本的问题入手,看渊明是否相信这些东西。《感士不遇赋》说:"咨大块之受气,何斯人之独灵。"①《自祭文》说:"茫茫大块,悠悠高旻,是生万物,余得为人。"②显然,渊明继承的是中华学术中气聚为生的思想。渊明坚信生必有死,死不能复生。《形影神》、《连雨独饮》、《五月旦作和戴主簿》、《杂诗》其三、《悲从弟仲德》、《挽歌诗》等篇章,不断地重复这一见解。认为人死不能复生,这是中华学术与印度轮回之说最大的不同。不信轮回之说,自然也就不信因果报应。不信果报,当然是神灭论,当然与佛教的神不灭论尖锐对立。视而不见这些重要的作品,只斤斤于几个"似佛实玄"的字词,自以为找到了渊明与佛教关系"密切"的确切证据,能让人恭维吗?

知人论世这条原则永远不会过期。忽视渊明的家世传统和人生经历,也不会得出真实的结论。渊明曾祖父陶侃勤于事功,似乎不信佛教。外祖父孟嘉是个浸透玄学精神的风流名士,从弟仲德则是近乎狂热的道教徒。这种家族传统,支撑着渊明对传统文化的坚守。另一方面,庐山仅在咫尺,渊明常去那儿游观,肯定与慧远、刘遗民有来往,偶尔听讲佛经也未必无可能。有些人总喜欢据此断定渊明必与佛教有关系,理由是:环境、氛围如此,能不受影响吗? 这不合逻辑。对强势思潮充耳不闻者,在每个时代中都不鲜见。以今视昔,即可理解。何况,陶集中《和刘柴桑》、《拟古》其六,皆隐含了渊明与庐山僧人不合拍的事实。

---

① 《陶渊明集校笺》卷五,页426。
② 《陶渊明集校笺》卷七,页534。

渊明喜读书,读《论语》、《周易》、《庄子》、《史记》、《汉书》、《山海经》,但找不到读佛经的痕迹。所谓读《无量寿经》,读《维摩诘经》、读《华严经》之类,都是推测而已。与渊明同时的谢灵运,散佚的作品很多,但现存诗文中不少和佛教有关,一看就知他是佛教的信徒。陶集基本是旧貌,可找不到明显与佛教关联的文字,这也可以说明他对佛教确实是充耳不闻。

离开了事物之间的本质区别,离开了对一个作家的整体把握,仅从一些表象加以比附和推论,这毫无意义。陈寅恪先生《桃花源记旁证》、《陶渊明之思想与清谈之关系》等论文,结合渊明思想、家世、魏晋玄学、佛教、道教、民族学,作通盘研究,探微烛幽,多有发明。现在有些研究者求新求变,对寅恪先生关于渊明不信佛教的观点不以为然,这固然并无不可。学术是要创新,要前进。但前提是有敬畏学术之心,敬畏大师之心。学力和识力比大师犹如小丘之与泰山,仅凭“后生可畏”之勇力,肯定无法超越大师而更上层楼。学术创新是手段,求真才是终极目的,才是最高境界。如果为了创新而创新,先假设,后找一些似是而非的材料来证明,那很有可能变成“创新的异化”,出现像“红学”研究中已经存在的弊病。研究陶渊明与佛教的关系,也要警惕并防止“创新的异化”。

(本文原载《九江学院学报》2008 年专辑)

苏轼论陶渊明

自颜延之以来,评论和研究陶渊明的历史已长达一千五百余年。历代作家、学者的论陶资料汗牛充栋。其中,苏轼是陶渊明研究史上一个十分重要的人物。他对陶渊明的人格、思想、情趣、诗歌艺术,都有精深的见解。梳理和分析苏轼的论陶,取其精华,判其得失,这对于推动当代的陶渊明研究,有着十分宝贵的启示意义。

一

论文艺与学术,必先论人。这是中国文艺自古以来的优良传统。文学是人学。作者的人格、精神、气质发而为诗文。换言之,诗文(包括学术)是作者整个人格和思想的结晶。文学作品与学术成果的高下优劣,与作者人格之崇高与卑微、气度格局之深弘或猥琐,密切关联。所以,评论文艺若忽略作者的人格剖析,所论必浅,不可能深刻揭示文艺作品独特性的内在原因。

苏轼之前,颜延之、萧统、钟嵘、孟浩然、李白、白居易诸人都曾高度赞扬陶渊明的高洁品格。至宋代,推崇陶渊明的文化潮流进一步高涨，许多文化名人一致肯定和赞美陶渊明固穷守节的高洁人格。众声喧哗中，苏轼的声音最为宏大，传响最远。他最精辟的论陶言论，当推《与子由弟六首之五》一文：

> 古之诗人，有拟古之作矣，未有追和古人者也。追和古人，则始于东坡。吾于诗人，无所甚好，独好渊明之诗。渊明作诗不多，然其诗质而实绮，癯而实腴，自曹、刘、鲍、谢、李、杜诸人，皆莫及也。吾前后和其诗，凡一百有九篇，至其得意，自谓不甚愧渊明。今将集而并录之，以遗后之君子，其为我志之！然吾于渊明，岂独好其诗也，如其为人，实有感焉。渊明临终疏告俨等："吾少而穷苦，每以家弊，东西游走，性刚才拙，与物多忤。自量为己，必贻俗患，俯仰辞世，使汝等幼而饥寒。"渊明此语，盖实录也。吾真有此病，而不早自知，平生出仕以犯世患，此所以深愧渊明，欲以晚节师范其万一也。①

此文意思有四层：第一层说追和古人之作，始于自己。这是指苏轼作和陶诗一百有九首。第二层指出渊明诗的特色，所谓"质而实绮，癯而实腴"，古来诗人皆不及。第三层自称"我于渊明，岂独好其诗也哉，如其为人，实有感焉"。第四层以自己半生出仕经历，以为"深愧渊明，欲以晚节师范其万一也"。关于苏轼的和陶诗及对陶诗艺术的评价，于后文再说。先说苏轼有感于渊明的为人，不唯好其诗，而且好其为人。这是苏轼论陶最有价值的地方，也是给予后人最有启迪意义的地方，即评论者不仅知作者的作品，更要知作者的为人。评论古人，须今古相通，

---

① 孔凡礼点校《苏轼文集》，中华书局，1986 年，页 2515。

以我之情感，理解古人之情感。以我之情感，观照古人之情感。或反过来，以古人之经历处境，自思我之经历处境。如此，才能从根本上理解古人的经历思想与情趣，从古贤身上获得自身人格修炼的动力。我们发现，在苏轼诗文中，对渊明人格的致意之处难以遍举。再三致意渊明为人的同时，有感自身的经历、经验与情感活动。

苏轼一生处在北宋政治派别斗争的夹缝中，频遭迫害，四处流放，深切体会到仕途的艰险和社会的黑暗，丰富的人生阅历，使他比前人更深刻地理解陶渊明的人格。渊明不为五斗米折腰，辞官彭泽令，归隐田园，亲近自然，苏轼对此敬佩至极。他常常反思自己，觉得愧对渊明。他说："渊明临终疏告俨等：'吾少而穷苦，每以家弊，东西游走，性刚才拙，与物多忤，自量为己，必贻俗患，俛勉辞世，使汝等幼而饥寒。'渊明此语。盖实录也。吾真有此病，而不早自知。半生出仕，以犯世患，此所以深愧渊明，欲以晚节师范其万一也。"某年，苏轼在任上雨中监督民工开河，或许是太过劳累，想到渊明的归隐，觉得滞留仕途，愧对前哲，作《汤村开运盐河雨中督役》诗道："胡不归去来，滞留愧渊明。"又《送曹辅赴闽漕》诗说："渊明赋归去，谈笑便解官。今我何为者，索身良独难。"

苏轼晚年流放海南，生活极其艰辛，又无朋友可晤，光阴寂寥。此时，陶渊明弃官归隐和平淡的田园诗，成了他的精神慰藉。他一面不断赞美陶渊明的人格，一面从读陶中发现自我，反思自我，以渊明的恬淡和固穷，作为效法的楷模，所谓"乃欲以桑榆之末景，自托于渊明"[①]。他先后作一百零九首和陶诗，集中抒写了慕陶学陶的情感。例如"我不如陶生，世事缠绵之。

---

① 孔凡礼点校《苏轼诗集》，中华书局，1982年，页1882。

云何得一适,亦有如生时"①。感慨自己为世事羁绊,不如渊明辞官归隐,向往闲适,享受生之乐趣。"去乡三十年,风雨荒旧宅。惟存一束书,寄食无定迹。每用愧渊明,尚取禾三百。"②回顾自己三十年来,为了一点薄薄的俸禄,离乡背井,风雨中荒芜了旧宅,到处漂流,寄食仕途,一无所有,愧对渊明。"当欢有余乐,在戚亦颓然。渊明得此理,安处固有年。……我昔堕轩冕,毫厘真市廛……但恨不早悟,犹推渊明贤。"③惭愧不如渊明的决绝仕途,遂追慕渊明,师法渊明。《和形影神》诗说:"甚欲随陶翁,移家酒中住。"④《和咏贫士》诗说:"我欲作九原,独与渊明归。"⑤表示追随渊明的归去之举。追随之久,心性也就洒脱,于是他有时觉得自己就是渊明的后身。如《和归去来兮辞》说:"师渊明之雅放,和百篇之清诗。赋归来之清引,我其后身盖无疑。"⑥又《江城子》词说:"梦中了了醉中醒,只渊明,是前身。"⑦

　　苏轼旷达洒脱的天性,本来就与渊明的真率个性相近。这是他喜陶慕陶效陶,引渊明为知己的重要原因。他在录渊明《饮酒》二十首之九"清晨闻扣门"一诗后说:"此诗叔弼爱之,予亦爱之。予尝有云:言发于心而冲于口,吐之则逆人,茹之则逆予,以谓宁逆人也,故卒吐之。与渊明诗意不谋而合,故并录之。"⑧渊明此诗作于义熙十三年(417)左右。归隐十多年来,

① 《苏轼诗集》,页1883。
② 《苏轼诗集》,页1889。
③ 《苏轼诗集》,页2271。
④ 《苏轼诗集》,页2307。
⑤ 《苏轼诗集》,页2137。
⑥ 《苏轼诗集》,页2560。
⑦ 邹同庆、王宗堂校注《苏轼词编年校注》,中华书局,2007年,页353。
⑧ 孔凡礼点校《苏轼文集》,中华书局,1986年,页2111。

渊明生活日见贫困，竟至"褴褛茅檐下"。时人见其生活困窘，不乏劝其出仕者。《南史·隐逸传》载："义熙末，征为著作佐郎，不就。江州刺史王弘欲识之，不能致也。"①《饮酒》其九正是渊明有感于时人劝其出仕而表白己志的作品，突出表现了诗人不为世俗所羁和与物多忤的孤傲个性。苏轼爱渊明此诗，即是肯定不应该违背本心而屈从世俗的行为准则。他也和渊明一样，与世俗落落寡合，骨鲠在喉，一吐为快。又苏轼《书渊明东方有一士诗后》这则题跋，对陶渊明坚持隐居的品格流露出深深向往。他说："此东方一士，正渊明也，不知从之游者谁乎？若了得此一段，我即渊明，渊明即我也。"②《东方有一士》诗系渊明《拟古》九首之五，自述诗人向往居住东方的一个隐士，于是渡越河关，意欲从之而游。东方一士，其实正是渊明自况。诗云："愿留就君住，从今至岁寒。"③表白诗人坚持晚节的志向。绍圣二年（1095），苏轼贬在惠州，年已六十，称"我即渊明，渊明即我也"，吐露决心效法渊明，隐居终老的心声。

任真自得是陶渊明人格的集中表现。魏晋名士追求发言玄远，举止放旷，以及精神的自得超逸。但实际上不少名士貌似通脱放达的言行举止，带有不同程度的"矫情"成分。陶渊明人格却像水晶一般晶莹透明，决没有半点矫揉做作，从而赢得了后人的衷心赞颂。萧统说其"颖脱不群，任真自得"，"不以躬耕为耻，不以无财为病"④。苏轼则说："孔子不取微生高，孟子不取于陵仲子，恶其不情也。陶渊明欲仕则仕，不以求之为嫌，欲隐则隐，不以去之为高，饥则扣门而乞食，饱则鸡黍以延客。古今

① 《南史》卷七五，中华书局，1975年，页1856。
② 《苏轼文集》，页2115。
③ 《陶渊明集校笺》卷四，页327。
④ 《陶渊明集校笺》附录一《陶渊明传》，页652。

贤之,贵其真也。"(《书李简夫诗集后》)①就是说,陶渊明一生行为出处,无一不说明他的任真人格。无论出仕和归田,都一任率真的个性。渊明的诗文,是他任真人格的极自然的流露。苏轼在《和陶渊明饮酒诗》二十首中评价渊明说:"道丧士失己,出语辄不情。江左风流人,醉中亦求名。渊明独清真,谈笑得此生。"②苏轼以"清真"论陶,犹承前人旧说。但由江左风流名士"醉中亦求名",来突出独有渊明的"清真",可谓视野宽阔,独具只眼,指出江左貌似风流的文化氛围里,只有陶渊明才是真风流、真名士。后来朱熹论陶说:"晋宋人物,虽曰尚清高,然个个要官职,这边一面清谈,那边一面招权纳货。陶渊明真个能不要,此所以高于晋宋人物。"(陶澍集注《靖节先生集》诸本评陶汇集)③朱熹此语,或许受到苏轼评陶的启发。

　　陶渊明的高洁人格令苏轼无限神往。然而,苏轼心目中的陶渊明形象,却因东坡过多的主观感受而变得偏于平淡,缺少不平与抗争的气度。渊明归田以后,心境总的来说比较平和。但正如鲁迅所指出的,陶渊明正因为并非"浑身是静穆",所以他伟大。尤其在晋宋易代之际,渊明于世事感触良多,心中的感情波澜比往昔更为跌宕起伏。渊明的为人,又不同于魏晋名士的一味作达,精神的超逸自得和行为的富有人情,两者完美和谐地组成他统一的人格。苏轼从其自身经历和思想出发,似乎过分强调和赞美渊明性格中的旷达,而忽略他的仁厚谦恭,甚至认为他还不够放达。如《刘陶说》说:"陶渊明作《无弦琴》诗云:'但得琴中趣,何须弦上声。'苏子曰:渊明非达者也。五音六律,不

①　《苏轼文集》,页2148。
②　《苏轼诗集》,页1884。
③　《陶渊明资料汇编》,中华书局,1962年,页75。

害为达，苟为不然，无琴可也，何独弦乎？"①《和顿教授见寄》诗
也说："我笑陶渊明，种秫二顷半。妇言既不用，还有责子叹。
无弦则无琴，何必劳抚玩。"②苏轼仕途坎坷，又受庄子思想影响
至深，常以作达排遣情绪，求得心灵的平静。苏轼笑谈渊明不够
放达，就是上述心理的反映。于此，不由想起杜甫论陶渊明。他
在《遣兴五首》之一中说："陶潜避俗翁，未必能达道。观其著诗
集，颇亦恨枯槁。达者岂是足，默识盖不早。有子贤与愚，何其
挂怀抱。"③杜甫认为陶潜既已避俗，于世事和儿女应该了无牵
挂。杜、苏的观点，显然忽视了渊明个性中不平和富有人情的一
面。所以，苏轼尽管声言师范渊明其万一，可是一旦宋徽宗即位
诏其北上之时，这位已处桑榆末景的老人立即放弃了隐居终老
的意愿，高唱："秋霜春雨不同时，万里今从海外归。已出网罗
毛羽在，却寻云迹贴天飞。"④一股豪情勃然生发。哪像"渊明即
我，我即渊明"？可见，陶渊明的人格既不容易理解，也很难师
法。这也正是苏轼与陶渊明的距离。

二

苏轼艺术天分极高，阅历又丰富，眼光敏锐，评论渊明诗文，
往往见解独到，议论精辟，非同时代的他人可及。

南朝诗风以绮丽藻饰为高，陶渊明的田园诗则造语平淡，情
趣盎然。因此，时人就不能欣赏陶诗语言的平淡。钟嵘《诗品》
评陶诗谓"世叹其质直"一句，就代表了世人对陶诗的普遍的审

---

① 《苏轼文集》，页 2029。
② 《苏轼诗集》，页 626。
③ 《杜诗详注》，中华书局，1979 年，页 563。
④ 《苏轼诗集》，页 2454。

美感受。唐宋以来,人们交口称誉陶诗,却对陶诗之所以高妙不甚了了。犹如手摩一块美玉,只知其美而不知为何美。苏轼开始初步揭示了渊明田园诗与诗人经历及亲自躬耕之间的内在关系。他说:"陶靖节云:'平畴返远风,良苗亦怀新。'非古之偶耕植杖者,不能道此语,非余之世农,亦不能识此语之妙也。"(《题渊明诗》)①渊明"平畴"二句,以质朴的语言写出了田野上生机勃勃的良苗形象。正是因为诗人深切体验到劳动的艰辛,所以看到良苗在远风中的茁壮生长便满怀喜悦。情移于物,良苗似乎亦具有诗人之情。如这类情味淳厚的诗句,如果没有长期劳动的实践,满怀对土地、对庄稼的热爱,确实是不能道此语,亦不能识此语之妙的。据《晁氏客语》载:苏子瞻一日在学士院闲坐,忽命左右取纸笔,写"平畴交远风,良苗亦怀新"两句,大书、小楷、行草,凡写七八纸,掷笔太息曰"好! 好!"散其纸于左右给事者。苏轼爱渊明这二句诗,简直到了失态的地步。他能深识陶诗妙句,想必同他被谪黄州和晚年流放海南时亲自参加劳动的经历大有关系。

　　陶渊明一些咏史诗,借咏古人古事,或表达安贫乐道的志向,或寄寓欲言又难言的感慨。萧统说:"有疑陶渊明之诗,篇篇有酒;吾观其意不在酒,亦寄酒为迹也。"(《陶渊明集序》)②韩愈说:"及读阮籍、陶潜诗,乃知彼虽偃蹇不欲与世接,然犹未能平其心,或为事物是非相感发,于是有托而逃焉者也。"(《送王秀才序》)③这些评论,标志着陶渊明研究上升到一个新的高度。人们认识到"古今隐逸诗人之宗"的陶渊明,还有其寄酒为

---

①　《苏轼文集》,页 2091。
②　《陶渊明资料汇编》,页 9。
③　《陶渊明资料汇编》,页 19。

迹和有托而逃的深沉意蕴。

至苏轼，更是具体指出陶集中深有寄托的作品。他在《书渊明述史章后》说："渊明作《述史九章》，《夷齐》、《箕子》盖有感而云。去之五百余载，吾犹知其意也。"①渊明《读史述九章》序文说："余读史记，有所感而述之。"②究竟有感什么，作者没有交代。苏轼也没有明说"吾犹知其意"的"意"之所在。但从他特为拈出的《夷齐》、《箕子》二篇分析，苏轼的意见或许可以窥知一二。这两首诗歌咏了商亡后伯夷、叔齐的高风亮节和箕子的易代之悲，曲折地表现了诗人在晋宋易代之际的向往、痛苦以及难言的深衷。易代之感，即渊明寄托之意，五百年后苏轼犹知之。再有渊明《咏二疏》诗，咏西汉疏广及侄疏受知足而归乡。苏轼作《和咏二疏》诗，赞美二疏归乡是"高趣"，称自己同渊明神交已久，《咏二疏》诗是"妙想"："我尝游东海，所历若有素。神交久从君，屡梦今乃悟。渊明作诗意，妙想非俗虑。庶几二大夫，见微而知著。"③指出渊明此作的命意是"妙想"，二疏是"见微知著"。可见，苏轼深刻理解，渊明《咏二疏》诗乃是寄托察见世路艰险之微而决然归去之意。

唐宋时期，人们日益注意探讨陶渊明的思想。渊明不再仅仅被视作一个隐逸诗人，一个孤陋寡闻的田舍翁。他的许多作品，证明他是个具有独特思想的杰出诗人。苏轼最早注意到了陶渊明作品中的哲学思想，发表了许多前人所未发的精到见解。一般研究陶渊明思想的人，都非常注重《形影神》三首。实际上陶集中不少作品颇具理趣。苏轼独具慧眼，指出了渊明《饮酒

① 《苏轼文集》，页2056。
② 《陶渊明集校笺》卷七，页492。
③ 《苏轼诗集》卷四十，页2183。

二十首》中的谈理之诗。他在《书渊明饮酒诗后》中说:"《饮酒》诗云:'客养千金躯,临化消其宝。'宝不过躯,躯化则宝亡矣。人言靖节不知道,吾不信也。"①宋葛立方说:"东坡拈出陶渊明谈理之诗,前后有三。一曰:'采菊东篱下,悠然见南山。'二曰:'啸傲东轩下,聊复得此生。'三曰:'客养千金躯,临化消其宝。'皆以为知道之言。"(《韵语阳秋》卷三)②苏轼指出的三首谈理之诗,为《饮酒》其五、其七、其十一。《饮酒》其五,神游象外,余味无穷,传颂最广。"结庐在人境"四句,道出了一个具有鲜明的时代色彩的哲理:心中无物,则虽在人境,而自会空寂虚静。这正是魏晋名士研求的胜义。魏晋玄学兴起后,士大夫崇尚以无为本,以有为末,忘形骸重自然,认为如能清真寡欲,则万物不能移,世俗不能拘,虽游朝市,亦与蓬户无异,显然,"心远地偏"之义,正与魏晋玄学的得鱼忘筌,得意忘言的要义相通。"采菊东篱下,悠然见南山"二句,表现诗人无意见山,心与物遇,进入物我两忘的境界,领会到了自然的真趣。"啸傲东轩下,聊复得此生",是《饮酒》其七中的二句。苏轼分析说:"靖节以无事自适为得此生,则凡役于物者,非失此生耶?"③(《题渊明诗》)他指出此诗表现了渊明的得生之趣,见解非常精到。道家主张万物顺乎自然,以自适为得。诗人从完全委运自然的归鸟悟出真趣,啸傲东轩,称情一世,这也就合乎道家的顺应自然之旨。而出仕就像鸟拘笼中,鱼锁深渊,口腹自役,违己交病,岂不是失生之苦吗?《饮酒》其十一,全篇为谈理之诗。前八句说名不足取,人生应该以"称心"为好。渊明对于名的看法,与魏晋

---

① 《苏轼文集》,页 2112。
② 《陶渊明资料汇编》,页 62。
③ 《苏轼文集》,页 2091。

名士放诞任达精神一致。后面"客养千金躯，临化消其宝"四句
说身亦不足惜。汉末以来，盛行长生久视之说。士大夫以千金
躯为宝，多留意服食养生之术，然而最终临化宝消。这四句是委
运自然的陶渊明，对于汉末以来神仙长生之说的批判。苏轼拈
出渊明三首谈理之诗，强调渊明的知"道"，尽管他没有清楚指
出这个"道"是什么，但从我们以上的略作分析，可以清楚地看
出渊明"知道"之"道"，即道家的顺应自然之道。苏轼称渊明是
"知道"之人，非常正确。渊明不仅是个诗人，而且也是个杰出
的哲人，在魏晋思想史上独树一帜。

　　《桃花源诗并序》文辞迷离，境界恍惚。自问世以来，备受
人们喜爱，以至仿效之作纷至沓来，争艳斗奇，竞翻新意。随之，
对这篇作品描写的境界以及命意，也就歧见纷呈，莫衷一是。唐
代诗人多把桃源视为仙境。如王维《桃源行》说："初因避地去
人间，更闻成仙遂不还。""春来遍是桃花水，不辨仙源何处
寻。"①刘禹锡《桃源行》："仙家一出寻无踪。"②宋代词人学者多
不信唐人之说，认为桃源中人不过是避世之人。如王安石《桃
源行》说："避世不独商山翁，亦有桃源种桃者。""儿孙生长与世
隔，虽有父子无君臣。"③汪藻《桃源行》说："那知平地有青山，只
属寻常避世人。"苏轼《和桃花源诗并序》则考辨说："世传桃源
事，多过其实。考渊明所记，止言先世避秦乱来此，则渔人所见，
似是其子孙，非秦人不死者也。又云杀鸡作食，岂有仙而杀者
乎？"以下又举南阳菊水，蜀青城山，认为"桃源盖此比也欤？"又
说："尝意天壤之间若此者甚众，不独桃源。"④苏轼考渊明原文，

---

① 《陶渊明资料汇编》，页339。
② 《陶渊明资料汇编》，页340。
③ 《陶渊明资料汇编》，页340。
④ 《陶渊明资料汇编》，页341。

以为桃源中人是来此避乱的秦人子孙,不是神仙,又以菊水、青城山为例说明桃花源是天地间实有的境界,并非仙境。苏轼的见解,后人或赞同,或反对。前者如宋吴子良说:"惟王荆公诗与东坡《和陶源诗》所言最为得实,可以破千载之惑矣。"(《荆溪林下偶谈》卷二)后者如明张自烈说:"东坡不悟《桃源记》,却从南阳青城觅蹊径,直是梦中说梦,至所云'岂有仙而杀者乎',此又儿女子痴语,渊明闻此必大笑,东坡不是解人。"(《笺注陶渊明集》卷五)①比较以上两种议论,张氏之说贬之太甚。在唐人以仙境目桃源之说流行之时,苏轼率先指出桃源乃人间实有之境,这是符合《桃花源记并序》的原意的。"帝乡不可期",渊明不信神仙的存在。苏轼读书果然独具慧眼,他的见解一扫前人迷雾,在当时确实起到了破后人之惑的作用。当然,用现代人的研究水平衡量,苏轼对《桃花源记》的解释还不是非常正确的。他偏重于把该文作为纪实之文,而对于陶渊明的作文命意缺乏更深入的探讨。《桃花源记》的写作固然有历史的、现实的、地理的记载作为构思的依据,但它首先是艺术创造。在迷离的情节和恍惚的境界中,寄寓着作者对污浊现实的批判和对美好社会的追求,同时,也突出地体现出作者的审美观念。所以,更重要的应该把《桃花源记》看作寓意之文。从这点上说,张自烈笑议"东坡不是解人",并非一无道理。古今学者论苏轼评《桃花源记》的得失,数近代陈寅恪最为公允。他说:"古今论桃花源者,以苏氏之言最有通识。洪兴祖释韩昌黎《桃源图诗》,谓渊明叙桃源初无神仙之说,尚在东坡之后,独惜子瞻于陶公此文中寓意与纪实二者,仍牵混不明,犹为未达一间。"(《桃花源记旁证》)

---

① 《陶渊明资料汇编》,页350。

三

　　揭示陶诗的艺术特色，是苏轼论陶渊明最有价值的部分。凭借高超的艺术鉴赏力，苏轼进入了陶诗高妙的艺术殿堂。陶诗在六朝属于凤毛麟角，它诞生于它的时代，又超出于它的时代。可惜陶诗独特的艺术造诣，在相当长的时期内没有被人发现和重视。陶渊明的朋友颜延之为渊明作诔，涉及其文学方面的只有二句："学非称师，文取指达。"①齐梁人喜好风云月露，感叹陶诗的质直，钟嵘于是为渊明辩护，举出"欢言酌春酒"、"日暮天无云"等"风华清靡"的诗句，说"岂直为田家语耶？"(《诗品》)由于钟嵘没有认识陶诗的妙谛，他的辩护难免令人有隔靴搔痒之感。萧统初步认识到陶渊明作品的艺术价值，称渊明"文章不群，词采精拔，跌荡昭彰，独起众类，抑扬爽朗，莫之与京。横素波而傍流，干青云而直上。语时事则指而可想，论怀抱则旷而且真。"②称扬不谓不力。但若稍作研究，萧统的话实在比较笼统。他固然指出渊明文章不群，却没有明确把握作者的独特艺术风貌。北朝阳休之喜爱陶渊明，曾编辑陶集，可是对渊明作品的理解很肤浅。其《陶集序录》说："余览陶潜之文，辞采虽未优，而往往有奇绝异语，放逸之致，栖托仍高。"③所谓"辞采未优"与"世叹其质直"，相去不远。"奇绝异语"云云，也只不过说明阳休之喜爱渊明的隐逸高趣罢了。

　　至宋代，人们开始研究陶渊明的艺术特征、艺术风格，以及

---

① 《陶渊明资料汇编》，页1。

② 《陶渊明集校笺》附录一，页660。

③ 《陶渊明集校笺》附录一，页661。

陶诗与诗人人格之间的关系等等重大问题。黄庭坚、秦观、朱熹等著名作家和学者,一致指出了陶诗平淡自然的艺术特征。当然,陶集中还有如朱熹所说的豪放篇章,但"豪放得来不觉耳"(见《朱子语类》卷一百四十)①。所以,豪放与平淡仍有相通之处。在宋人评陶的众多议论中,苏轼见解最精拔,被后人普遍接受。他说:"渊明作诗不多,然其诗质而实绮,癯而实腴,自曹、刘、鲍、谢、李、杜诸人,皆莫及也。"(《与苏辙书》)②又说:"观陶彭泽诗,初若散缓不收,反覆不已,乃识其奇趣。"(《书唐氏六家书后》)③苏轼所说"质而实绮,癯而实腴"八字,非常精练地概括出陶诗的艺术造诣。"奇趣"两字,则揭示了陶诗的真正高妙之处。苏轼揭开了陶诗平淡的外表,发现了深藏其内的更为美丽诱人的东西。自从建安以来,诗歌的绮丽与日俱增。晋宋之际,"庄老告退,而山水方滋。俪采百字之偶,争价一句之奇,情必极貌以写物,辞必穷力而追新"(《文心雕龙·明诗》)。以谢灵运为代表的山水诗人,雕镂山水,穷妍极态。陶诗则触物寓兴,吟咏情性,不屑于组织锤炼。它以非常质朴精粹的语言,描写景物,表现诗人独特的经验与体会,虽然"不待安排,胸中自然流出"(朱熹《论陶三则》)④,然有奇趣贯注,故无一不成为天下妙文。写景如"有风自南,翼彼新苗"⑤、"蔼蔼堂前林,中夏贮清阴"⑥、"倾耳无希声,在目皓已洁"⑦,皆质朴简炼,贴切和传神地写出了不同景物的特征,情味十分隽永。写意

①　《陶渊明资料汇编》,页75。
②　《苏轼文集》,页2515。
③　《苏轼文集》,页2206。
④　《陶渊明资料汇编》,页76。
⑤　《陶渊明集校笺》卷一,页9。
⑥　《陶渊明集校笺》卷二,页152。
⑦　《陶渊明集校笺》卷三,页217。

如"采菊东篱下，悠然见南山"①、"户庭无尘杂，虚室有余闲"②更是意在言外，一片天机。由于陶诗的奇趣以平淡之语出之，初看质朴散缓，若反复不已，加上以读者的经历补充、丰富所得的感受，则自会感到它的高妙与不可企及。正如橄榄一样，含之愈久，其味愈出。

苏轼对陶诗艺术赞不绝口，在很大程度上源于他的关于诗歌语言形式的平淡与诗歌内在情趣的丰腴这两者之间关系的独到理解。他在《评韩柳诗》题跋中说："所贵乎枯淡者，谓其外枯而中膏，似淡而实美，渊明、子厚之流是也。若中边皆枯，淡亦何足道！佛云如人食蜜，中边皆甜。人食五味，知其甘苦者皆是，能分别其中边者，百无一二也。"这段非常精彩的议论，证明苏轼艺术鉴赏力多么高超！他指出陶渊明的枯淡，是外枯而中膏，似淡而实美，也就是《与苏辙书》所云"质而实绮，癯而实腴"的意思。如果诗人的情志和诗歌的语言"中边皆枯"，那么平淡是不足取的。善于欣赏者应当分别诗歌的中边，看是否"外枯而中膏，似淡而实美"。从南朝至宋代，历五百载，能分别陶诗的中边，确如苏轼所说"百无一二也"。苏轼"目光如炬"，看出陶诗枯淡中的绮腴，单纯中的醇厚。

苏轼论诗以意趣为宗，作文工于命意，所以能正确把握和理解陶诗的奇趣所在，指出"陶渊明意不在诗，诗以寄其意耳"。最有名的例子是苏轼对于《饮酒》其五的精辟分析："'采菊东篱下，悠然见南山'，因采菊而见山，境与意会，此句最有妙处。近岁俗本皆作'望南山'，则此一篇神气都索然矣。古人用意深微，而俗士率然妄以意改，此最可疾。"（《题渊明饮酒诗后》）诗

---

① 《陶渊明集校笺》卷三，页258。
② 《陶渊明集校笺》卷二，页91。

人采菊无意见山，其闲适之趣，自得之情，皆意在言外。若作望南山，则有意望南山，言尽意浅。一字之改，相去何止万里！这一例子，说明苏轼读书确实见解精微，远非俗士可及。

苏轼称道陶渊明，以至说"自曹、刘、鲍、谢、李、杜诸人，皆莫及也"。后人对此颇有异议。如果从反映社会生活的广度和深度考察，那么说曹、刘、鲍、谢、李、杜皆不及渊明，未免扬之过甚。试看李、杜诗的浩瀚博大，那是渊明不能比肩的。苏轼的赞扬，恐怕主要还是喜爱渊明的人格，并着眼于陶诗"质而实绮，癯而实腴"的艺术造诣。平心而论，陶诗的平淡自然和奇情妙趣如此完美和谐的统一，呈现出晶莹剔透的美感，曹、刘、鲍、谢、李、杜诸人，确乎稍逊一筹。陶渊明出现以后，历代有许多学陶、效陶的诗人，不管如何悉心摹拟，却往往只得其平淡，而无法得其奇趣。如白居易写了不少效陶潜体诗，欣慕陶令的归田与饮酒，结果只得其浅切。所以陈师道告诫世人："渊明不为诗，写其胸中之妙耳。学杜不成，不失为工；无韩之才与陶之妙，而学其诗，终为白乐天耳。"① 苏轼于陶渊明，更是心追手摹，"至其得意，自谓不甚愧渊明"。但终究因个性、情趣、经历等诸方面的差异，苏轼的和陶诗总不类陶诗。朱熹就指出，"渊明诗所以为高，正在不待安排，胸中自然流出。东坡乃篇篇句句依韵而和之，虽其高才，似不费力，然已失其自然之趣矣"②。苏轼和陶诗多旷达之语，毕竟掩盖不住诗人的豪气和才气。陶诗的平淡自然，完全出之于渊明奇趣的自然流露。历代许多和陶诗终失自然之趣，说明陶诗独特的艺术造诣，决不是任何一个高才所能达到的。陶诗不可企及，奥秘所在是渊明的个性及情韵的

---

① 陈师道《后山诗话》，《陶渊明资料汇编》，页42。
② 苏轼《论陶三则》，《陶渊明资料汇编》，页76。

独特。陈善说："东坡晚年酷好之，谓李、杜不及也。此无他，韵胜而已。"①渊明"韵胜"，故其诗高妙不可企及。严格说来，陶诗只是属于渊明"这一个"人，无法复制。即使如苏轼这样的高才，也终究不及陶诗的自然超诣。所以，效陶和陶不过是好事者的东施效颦，何苦来着？

（本文原载《九江师专学报》1986 年第 4 期，今略作改动）

① 陈善《扪虱新话》上集卷一，《陶渊明资料汇编》，页 60。

试论陶渊明《饮酒》二十首

  《饮酒》二十首是陶渊明的重要作品。历代研究者对这组诗的个别篇章不乏精当的见解，然而由于这组诗难以确定其写作年代，故往往无法通过考察《饮酒》诗产生的社会环境，正确探讨作品的思想内容，以致影响到从总体上对陶渊明的评价。本文先论证《饮酒》诗究竟有没有章法，再考辨此诗的写作年代，最后论述《饮酒》诗丰富而深刻的思想内容。

一

  据《饮酒》诗序文"兼比夜已长"，"既醉之后，辄题数句自娱"和诗中"秋菊有佳色"，"凝霜殄异类"，"被褐守长夜"[①]等语，可知这一组诗作于同一年的秋冬之际。对此，人无异议。此外，《饮酒》二十首是否依一定的原则排列？诗序说得很明白："纸墨遂多，辞无诠次。"说明二十首诗编排不很用心，并没有规则。

  明黄文焕却刻意求深，说"陶诗凡数首相连者，章法必深于

---

① 龚斌校笺《陶渊明集校笺》卷三，上海古籍出版社，2018 年，页 248。

布置。《饮酒》二十首尤为淋漓变幻，义多对竖，意则环应"，"而题序乃曰辞无诠次，盖藏诠次于若无诠次之中，使人茫然难寻，合汉、魏与三唐，未见如此大章法"。为了证明他的"义多对竖，意则环应"的说法，黄氏莫名其妙地把《饮酒》二十首分为"因景而饮者"、"因人而饮者"、"古之仗人资我饮者"、"愁饮"、"喜饮"等等；又摘录诗中同类句子，分为"示达"、"剖疑"、"戒同"、"矢节"等似是而非的名目，最后得出这一组诗"归宿于孔子与六经"的结论①。

《饮酒》是否如黄文焕所说，于无诠次之中有诠次？先来检验组诗中与饮酒关涉与无关涉的诗。与饮酒有关者为第一、三、七、八、九、十三、十四、十八、十九、二十，计十首；其余为与酒无关者。黄文焕谓说到饮酒者有十一首，其中第十首也归入饮酒。其实第十首追忆昔年游宦的经历："在昔曾远游，直至东海隅，道路迥且长，风波阻中途。此行谁使然，似为饥所驱。倾身营一饱，少许便有余。恐此非名计，息驾归闲居。"②诗人追忆昔年行役之苦，最后回归田园。全诗无一"饮"字，亦无"酒"字。黄文焕却分析说："十首追昔日远游之风波，今日幸得归家，闲居岂是容易，欣莫长焉，所当以昔日庆今日而饮。"诗固有昨非今是之意，但并无"当以昔日庆今日而饮"之意？再读第十一首："颜生称为仁，荣公言有道。屡空不获年，长饥至于老。虽留身后名，一生亦枯槁。死去何所知，称心固为好。客养千金躯，临化消其宝。裸葬何必恶，人当解意表。"③此诗言身名皆不惜，还不如现世称心，享受生的乐趣。黄文焕解释道，死去之冥知，今日

---

① 黄文焕《陶诗析义》卷三。转引自北京大学北京师范大学中文系、北京大学中文系文学史教研室编《陶渊明资料汇编》，中华书局，1962年，下册，页154—156。
② 《陶渊明集校笺》卷三，页271。
③ 《陶渊明集校笺》卷三，页273。

赖犹未死,光阴亦总无多,"益当以他日催今日而饮"。全诗无一字言及饮酒,何来"催今日之饮"?《饮酒》二十首一半言酒,一半不及酒。不及酒者,固然不妨想象渊明也在饮酒,自抒情怀,但不必一定说不及酒者也在饮酒,再分什么"愁饮"、"喜饮"等等。邱嘉穗说:"公《饮酒》二十首中有似着题似不着题者,其着题者固自言其饮酒之适,其不着题者亦可想见其当筵高论、停杯浩叹之趣,无一非自道其本色语也。东坡有云:'作诗必此诗,定知非诗人。'岂此谓欤?"①邱氏以为《饮酒》诗不论着题不着题者,都是陶公"自道其本色"。如此解释《饮酒》诗的全部,就比较通达了。而黄文焕一律以饮酒解释着题与不着题者,未免拘泥如东坡所讥。

再者,区分渊明的饮酒为"愁饮"、"喜饮",亦属牵强。譬如《饮酒》第三首:"道丧向千载,人人惜其情。有酒不肯饮,但顾世间名。所以贵我身,岂不在一生。一生复能几,倏如流电惊。鼎鼎百年内,持此欲何成。"②此诗慨叹世人惜情顾名,意谓身后名还不如眼前一杯酒。可以想象陶公停杯之际,感叹世人"有酒不肯饮,但顾世间名"的愚蠢。你说渊明这时是"愁饮"还是"喜饮"?又第六首:"行止千万端,谁知非与是。是非苟相形,雷同共誉毁。三季多此事,达士似不尔。咄咄俗中愚,且当从黄绮。"③此首亦不涉饮酒,批判俗世是非不分,雷同毁誉,而我唯从黄绮而已。黄文焕解释此首说:"六首俗中多恶,毁誉万端,又最可慨,当再以愁饮。"陶公远离俗世,向往与黄绮为伍。这是大好事,理当"喜饮"啊,为什么当"愁饮"呢?黄氏所说的"喜

---

① 《东山草堂陶诗笺》卷三,《陶渊明资料汇编》,下册,页157。
② 《陶渊明集校笺》卷三,页254。
③ 《陶渊明集校笺》卷三,页262。

饮"、"愁饮"，真是乱判葫芦案。陶公感慨深沉，岂能以不是"喜"者便是"愁"，来个一截为二？

再者，黄氏所说的"义多对竖"也有问题。何谓"对竖"？是"喜"与"愁"，"前"与"后"，还是"深"与"浅"？从上面例举的诗，就可以看出《饮酒》二十首并不存在此首与彼首之间的旨意上的"对竖"。有的是感情抒发的纵横慷慨。《饮酒》诗序明明说："辞无诠次"，然偏偏有人不相信，偏偏刻意求深，偏偏从无铨次中找出"诠次"来，证明《饮酒》诗的有章法，而且"深有布置"。试想，渊明"偶有名酒，无夕不饮，顾影独尽，既醉之后，辄题数句自娱"之际，一边独顾影独尽，时醉时醒，体会酣畅的美妙境界，一面感慨纵横，时有时无，时深时浅，时古时今，一任内心的波澜起伏，兴之所至，今日一首，明日二首。哪里还会故作深思状，布置章法呢？

我们再举几首诗，看《饮酒》诗是否"章法必深于布置"。《饮酒》诗之十、之十六、之十九，这三首诗都是追述诗人出仕及隐居的经历。第十首追述昔年行役之苦，道出为贫而仕的原因，以及为什么归隐。第十六首追述归隐之年以及归隐后的穷困生活。第十九首追述离开田园之年及归田以来的年岁。合以上三诗，可以大体推知渊明出仕和归田的年月，及作《饮酒》诗的时间。如果《饮酒》诗深于布置章法的话，那么上面三首诗应该编在一起，以便读者观览，一目了然诗人的生平经历。但现在却分开了。由此可证明诗序"辞无诠次"是符合实情的，也可证明这组诗并不存在如黄文焕所说的"层层对竖之义"。还是清初诗人王士禛说得好："题是《饮酒》，诗不必咏饮酒也。公陶情于酒本无心，观序所云，亦不经意之笔。"[1]诗题《饮酒》，其实不必每首皆咏酒。虽然"不经意之笔"一句未必说的对，但若说组诗的

---

① 《古学千金谱》卷一八，《陶渊明资料汇编》，下册，页156。

排列"不经意",那是符合事实的。又谭元春说:"妙在题是《饮酒》,只当是感遇诗、杂诗,赋诗以自娱。"①也能正确理解诗题《饮酒》的意义。总之,《饮酒》二十首乃纵横感慨之辞,而并非有意组织之篇。

二

关于《饮酒》诗的写作年代,是重要得多的问题。知人论世是评价作家作品的先决条件,不确定《饮酒》诗的写作年代,势必无的放矢,不可能挖掘这一组诗的丰富而深刻的思想内容。历代学者于渊明《饮酒》诗的写作年代多所考订,大致有四种说法。一、作于元兴二年癸卯(403)。如吴仁杰《陶靖节先生年谱》说:"先生服阕闲居,有《饮酒》诗二十首。内一篇,上云'是时向立年',下云'亭亭复一纪'。又别篇云'行行向不惑',是年三十九矣。"②清人陶澍,近人古直、逯钦立亦主此说。逯先生《陶渊明事迹诗文系年》说:"作于三十九岁,与诗中所谓'畴昔苦长饥,投耒去学仕。是时向立年,志意多所耻。遂尽介然分,终死归田里。冉冉星气流,亭亭复一纪',正相吻合。向立年,二十九岁,又经一纪(十年)恰为三十九岁。"③二、作于元兴三年甲辰(404)。如王质《栗里谱》说:"有《饮酒》诗云:'是时向立年,志气多所耻。遂尽介然分,终死归田里。'当是在壬辰、癸巳为州祭酒之时,所谓'投耒去学仕'。又云'冉冉星气流,亭亭复一纪'至是得十二年。"④三、作于义熙二年丙午(406)。如北

---

① 钟惺、谭元春评选《古诗归》卷九,《陶渊明资料汇编》,下册,页154。
② 许逸民校辑《陶渊明年谱》,中华书局,1986年,页15。
③ 见逯钦立校注《陶渊明集》附录二。中华书局,1979年,页271。
④ 《陶渊明年谱》,页3。

大中国文学史教研室选注的《魏晋南北朝文学史参考资料》说：
"从诗的内容看来，应当是在从彭泽归园田之后，这时归隐不
久，所以第九首中才会写到田父劝他出仕之事。兹定此诗于晋
安帝义熙二年（406），时陶渊明四十二岁。"①四、作于义熙十三
年丁巳（417）。汤汉《靖节诗注》说："彭泽之归，在义熙元年乙
巳，此云复一纪，则赋此《饮酒》，当是义熙十二三年间。"王瑶先
生编注《陶渊明集》，承汤汉旧注，并根据《饮酒》其十六、其十九
两首诗的上下文意，指出："第十六首中说'行行向不惑，淹留遂
无成'，是追述以前的事情，说明'四十无闻'之意，不是实际作
诗的时间。第十九首中说'是时向立年'，也是追叙语气；'亭亭
复一纪'，这一句是承'终死归田里'而说，不是承'是时向立年'
说的。"②以上四种说法中，其实一、二、三种没有根本的分歧，都
在向立年上再加一纪，只是有的把一纪作十年，有的作十二年，
以致推算的结果才相差了一二年。细读《饮酒》诗和陶集中的
其他作品，笔者认为作于义熙十三年（417）之说最符合实际；同
时，也很赞同王瑶先生对于《饮酒》其十六、其十九两首诗中的
上下文句意思的理解。

历代学者考订《饮酒》诗的写作年代，一般依据该诗其十
六、十九两首。其实这还很不够，我们认为应该考察《饮酒》诗
的其他篇章并联系陶集中的某些作品、多方面地考定这组诗的
写作年代。以下，我们从三方面进一步论证《饮酒》诗作于义熙
十三年之说。

首先，从《饮酒》诗所描写的诗人的居处判断，这组诗不可

---

① 北大中国文学史教研室选注《魏晋南北朝文学史参考资料》，下册，中华书局，
  1962 年，页 400。
② 王瑶编注《陶渊明集》，人民文学出版社，1956 年，页 50。

能写于元兴二年或元兴三年。关于陶渊明的居处，一般认为始居柴桑，后三经移居，地点是上京、南村、寻阳（见朱自清《陶渊明年谱中之问题》）。假如《饮酒》诗作于渊明三十九岁或四十岁，则此时渊明居上京。他当时所居的宅院尽管朴素简陋，却还算是个平静安逸、怡悦宜人的好处所。如作于三十八岁（从王瑶说）的《和郭主簿》写道："蔼蔼堂前林，中夏贮清阴……园蔬有余滋，旧谷犹储今。"①这个宁静的、有着上古社会色彩的小康之家，也就是《归去来兮辞》中写到的居处，所谓"三径就荒，松菊犹存。携幼入室，有酒盈樽"②。在作于四十三岁的《归园田居》中，渊明又一次描写他的住宅："方宅十余亩，草屋八九间，榆柳荫后檐，桃李罗堂前。"义熙四年（408），这个环境优美的住所毁于一场大火（见《戊申岁六月遇火》诗）。义熙六年（410），渊明移居南村。③ 以后较长的一段时间内，他就住在狭小的敝庐之内。④ 而在《饮酒》中写到的居处，完全没有宁静怡人的色彩。它杂草丛生，一片凄凉。如《饮酒》十五说："贫居乏人工，灌木荒余宅。班班有翔鸟，寂寂无行迹。"《饮酒》其十六说："敝庐交悲风，荒草没前庭。"⑤《饮酒》其十七说："幽兰生前庭，含薰待清风，清风脱然至，见别萧艾中。"⑥显然，这灌木荒凉寂无行迹的敝庐，其景物状貌与《和郭主簿》、《归园田居》中的园田居判然有别。这起码能说明，《饮酒》诗不可能写于义熙四年（408）遇火之前。

---

① 《陶渊明集校笺》卷二，页 152。
② 《陶渊明集校笺》卷五，页 454。
③ 李公焕注《戊申岁六月中遇火》诗说："至是属回禄之变，越后年，徙居于南里之南村"。
④ 《陶渊明集校笺》卷二，页 138。《移居》其一："弊庐何必广，取足蔽床席。"
⑤ 《陶渊明集校笺》卷三，页 283。
⑥ 《陶渊明集校笺》卷三，页 286。

其次，从《饮酒》诗表现的诗人决意隐居的态度看，这一组诗也不可能写于渊明四十岁前后。渊明的隐逸思想固然早已有之，但都没有像《饮酒》诗那样表现得坚决和明确。如其一说："达人解其会，逝将不复疑。"①其四把自己比作徘徊独飞，最后栖息于孤松的归鸟，"托身已得所，千载不相违"②二句、表现出诗人迷途知返的欣喜和坚持隐居的节操。最突出的是《饮酒》其九，诗人听罢好心的田父劝其与世推移的话后，斩钉截铁地回答："纡辔诚可学，违己讵非迷。且共欢此饮，吾驾不可回。"③上面这些诗所反映的诗人安于隐居的决绝态度，非常符合晋宋易代前夕陶渊明的思想情绪。

渊明在决意归隐之前，常常摇摆于出仕和隐居两者之间。这可以从他四十岁前后的作品和经历得到证明。《癸卯岁始春怀古田舍》诗说："长吟掩柴门，聊为陇亩民。"④《辛丑岁七月赴假还江陵夜行涂口》诗说："投冠旋旧墟，不为好爵萦。养真衡茅下，庶以善自名。"⑤《癸卯岁十二月中作与从弟敬远》说："平津苟不由，栖迟讵为拙。"⑥经常表露甘当隐士的愿望。另一方面，又对仕途抱有幻想。作于四十岁的《荣木》一诗就抒写了"总角闻道，白首无成"的惆怅和继续求道的志向。此诗最后一章说："先师遗训，余岂云坠！四十无闻，斯不足畏。脂我名车，策我名骥，千里虽遥，孰敢不至。"诗人表示要遵奉孔子"四十五十而无闻焉，斯亦不足畏也已"的遗训，继续驱车

① 《陶渊明集校笺》卷三，页 248。
② 《陶渊明集校笺》卷三，页 257。
③ 《陶渊明集校笺》卷三，页 268。
④ 《陶渊明集校笺》卷三，页 214。
⑤ 《陶渊明集校笺》卷三，页 203。
⑥ 《陶渊明集校笺》卷三，页 217。

远道,求取功名。这种迈往图功的念头,显然与《饮酒》诗中
"吾驾不可回"的决绝之意很不协调。事实上在写《荣木》的
诗这一年,渊明又离家出仕,先作刘裕的参军,继作建威将军
刘敬宣的参军,虽然"望云惭高鸟,临水愧游鱼"(《始作镇军
参军经曲阿作》诗),但毕竟未能摆脱形迹的拘束。如果《饮
酒》诗作于渊明四十岁前后,那就很难解释,同一时期的渊明
一边以幽兰、孤松自况,说着"吾驾不可回"的话,一边却又奔
走仕途。

　　最后,从《饮酒》诗的用词看,这一组诗也必作于陶渊明的
晚年。《饮酒》其十说:"在昔曾远游,直至东海隅,道路迥且长,
风波阻中途。"诗中所叙为庚子岁(400)从都还,中途遇风,阻于
规林事(见《庚子岁五月中从都还阻风于规林》诗)。假若此诗
作于元兴二年(403),距诗中所叙事仅隔三年,用"在昔"二字似
乎并不确切。考渊明诗文中"畴昔"、"昔闻"、"在昔"等词,一
般是指年岁较远的过去或遥远的古代。如《饮酒》其十九"畴昔
苦长饥,投耒去学仕"①,指的是二十九岁始从政为祭酒事。《杂
诗》其六说:"昔闻长老言,掩耳每不喜。奈何五十年,忽已亲此
事。"②"昔闻"二句指渊明五十岁时追述青少年时的所闻。再如
作于渊明晚年的《有会而作》诗说:"馁也已矣夫,在昔余多
师。"③"在昔"是指遥远的古代。以上所举的诗似可证明,《饮
酒》其十"在昔曾远游"四句所述情事,也必然是离写作这一组
诗较为遥远的历史旧事。由此可以证明,《饮酒》二十首必作于
渊明晚年。

①　《陶渊明集校笺》卷三,页289。
②　《陶渊明集校笺》卷四,页347。
③　《陶渊明集校笺》卷三,页311。

三

萧统《陶渊明集序》说："有疑陶渊明之诗，篇篇有酒，吾观其意不在酒，亦寄酒为迹也。"《饮酒》二十首即是"寄酒为迹"的作品。对此，历代诗评家不无有识见的论述。如刘履说："靖节退归之后，世变日甚，故每每得酒，饮必尽醉，赋诗以自娱。此昌黎韩氏所谓'有托而逃焉'。"①陶必诠《黄江诗话》说："此二十首，当是晋宋易代之际，借饮酒以寓言。骤读之不觉，深求其意，莫不中有寄托。"②"寄酒为迹"是汉末以来一些正直之士在险恶的社会环境中韬晦遗世的一种手段，例如阮籍即是以酒逃世的代表人物。渊明纵酒程度虽不能比肩阮籍，但他所处的晋末与阮籍生活的魏末相仿佛，故内心与阮籍一样，感觉十分痛苦与不平。他的《饮酒》诗与嗣宗《咏怀诗》一样兴寄多端，感慨淋漓。所不同的是《咏怀诗》"酒是酒，诗自诗的，诗中并没有关于饮酒的心境底描写……但陶渊明，却把酒和诗直接连系起来了，从此酒和文学发生了更密切的关系"③，在中国文学史上，以酒入诗，借酒寄意的传统，是陶渊明开创的。《饮酒》二十首虽然有的言酒，有的不言酒，但无一不是优秀的咏怀诗，表现了诗人的爱憎喜好及奇趣，其中多有至理名言，思想内容十分丰富。

《饮酒》某些篇章寄托着诗人深沉却又难言的易代之感，证明陶渊明并非是一个忘情世事者。自晋安帝义熙三年刘裕击灭桓玄后，实际上已经掌握了东晋政权。义熙五年，刘裕灭

---

① 刘履《选诗补注》卷五。《陶渊明资料汇编》，下册，页154。
② 《陶渊明资料汇编》，下册，页158。
③ 见王瑶《文人与酒》，《中古文学史论集》，上海古籍出版社，1982年，页45。

南燕。义熙五年,击败卢循。义熙七年,年收复广州。义熙八年,杀刘毅。义熙十二年,分水陆两路攻后秦国。义熙十三年,攻破长安。一连串的赫赫武功,为刘裕取东晋而代之奠定了基础。义熙十二三年时,刘裕势力极盛,东晋已是名存实亡了。作为东晋重臣陶侃后代的陶渊明,不可能对即将发生的世事变乱漠然无感。《饮酒》其一即写出了诗人在晋宋易代前夕的感受:"邵生瓜田中,宁似东陵时。寒暑有代谢,人道每如兹。"①邵生指邵平,原是秦东陵侯,秦亡后为布衣,家贫,在长安城东种瓜,瓜美,故世俗称之"东陵瓜"。渊明咏邵生,前人或以为是自况。比如何焯《义门读书记·陶靖节诗》说:"先世宰辅,故以邵平自比。"②其实,渊明不过借邵生感叹荣衰无定,从寒暑代谢悟出人道的变易也是常事,并非一定是自比邵生。从此诗可知,尽管渊明隐居南山下,对晋宋易代前夕的政局变化是很敏感的。

《饮酒》其二对守节饿死的殷朝遗臣伯夷叔齐深表同情,并赞颂他们固穷的高尚节操。这也是一首深有寄托的作品。在渊明赞颂的古代众多的贫士和节士中,伯夷、叔齐是他最仰慕的人物。渊明赞扬两位古贤,是有以之自况的意味。不仅《饮酒》诗如此,大致作于晋宋易代之际的《拟古》、《读史述九章》、《述酒》等篇中,都有赞扬伯夷、叔齐的词句。特别是《读史述九章·夷齐》,热情赞颂伯夷、叔齐:"二子让国,相将海隅。天人革命,绝景穷居。采薇高歌,慨想黄虞。贞风凌俗,爰感懦夫。"对于夷、齐在殷周易代之际所表现出来的勇气和节操,深表敬佩。苏轼说:"渊明作《述史》九章,《夷齐》、《箕子》,盖有感而

①　《陶渊明集校笺》卷三,页248。
②　《陶渊明资料汇编》,下册,页160。

云。去之五百余载，吾犹知其意也。"①东坡所说的"有感而云"，
即指有感于晋宋易代而作。联系《拟古》和《读史述九章》，再读
《饮酒》其二，就比较容易明白这首诗的深意何在。

　　《饮酒》其十八诗意较为隐晦。此诗先写扬雄，后忽及柳下
惠。诗人借古人行事曲折地表达了处世的准则。诗云："子云
性嗜酒，家贫无由得。时赖好事人，载醪祛所惑。觞来为之尽，
是咨无不塞。有时不肯言，岂不在伐国。仁者用其心，何尝失显
默。"②前人对于此诗的理解似并不一致。汤汉说："此篇盖托言
子云以自况，故以柳下惠事终之。"③王棠说："当时刘裕举兵，岂
非伐国？渊明绝口不言朝政，岂非守默？我如是，子云亦如是，
仁者用心相同……"④汤汉、王棠都认为渊明以子云自况。这样
解读不合作者的原意。只有陶澍的注释，才算是比较正确地道出
了作者的本意。他说："载醪不却，聊混迹于子云；伐国不对，实希
风于柳下。盖子云'剧秦美新'，正由未识不对伐国之义；必如柳
下，方为仁者之用心，方为不失显默耳。"⑤渊明称述扬雄，在于他
"载醪不却"。这点正与诗人行径相似。《五柳先生传》不是说
"性嗜酒，家贫不能常得；亲旧知其如此，或置酒而招之。造饮辄
尽，期在必醉"吗？诗中忽及柳下惠，取其"伐国不对"——对世事
变乱不表示态度。如果笼统地说渊明以子云自况，则扬雄写《剧
秦美新》，为王莽篡汉制造理论根据，比之渊明，就太不可思议了。
联系晋宋易代前夕的社会背景，可以体会到渊明肯定仁者的不失
显默，也就是肯定自己的行为准则：于美酒尽可倾壶自醉，对时局

---

①　《东坡题跋》卷一《书渊明述史章后》。《陶渊明资料汇编》，上册，页27。
②　《陶渊明集校笺》卷三，页288。
③　《陶靖节先生诗》卷三。《陶渊明资料汇编》，下册，页192。
④　吴瞻泰辑《诗汇注》卷三引。《陶渊明资料汇编》，下册，页193。
⑤　陶澍《陶靖节集》卷三《饮酒》诗注。《陶渊明资料汇编》，下册，页194。

则应守默不言。从中,我们不是可以感觉到诗人难言的痛苦吗?

抒写坚持隐居的高尚志向是《饮酒》诗的又一重要主题。义熙元年渊明返回田园后,在其思想深处还时有贫富、穷达一类问题的困扰。《饮酒》其一说:"达人解其会,逝将不复疑。"①语调很旷达。《饮酒》其十二却说:"一往便当已,何为复狐疑。"②这说明归隐后的渊明有过狐疑。这点可从《咏贫士》诗证实。该诗其五说:"贫富常交战,道胜无戚颜。"③前一句写出了陶渊明的平凡,后一句可见他的伟大。他终究战胜了可鄙的念头,坚持了君子固穷之道。

陶渊明决不再返仕途的决心与日俱增。到晋宋易代前夕,他已看惯了世俗的污浊,更加坚守他的操守。在《饮酒》诗中,诗人运用多种艺术手法为自己的高洁志向写照。《饮酒》其十二咏汉代张挚和杨伦:"长公曾一仕,壮节忽失时。杜门不复出,终身与世辞。仲理归大泽,高风始在兹。"④张挚(长公)官至大夫,因不能取容当世,故终身不仕。杨伦(仲理)为郡文学掾,不合于世,去职讲授于大泽中。两位前贤不满世俗、终身隐退的故事,恰与渊明相似。诗人借咏史以明志,肯定自己的隐逸之举和安贫乐道之志。《饮酒》其十六则回顾从少年好六经到晚年抱穷守节的一生经历,感受着长夜难明的痛苦,最后叹曰:"孟公不在兹,终以翳吾情。"⑤诗人把自己比作汉代隐居蓬蒿的张仲蔚,慨叹世无孟公(刘龚字),无人理解自己的志向。

陶诗常借物喻志,以鸟、松、兰抒写情趣或志向。《饮酒》其

---

① 《陶渊明集校笺》卷三,页248。
② 《陶渊明集校笺》卷三,页276。
③ 《陶渊明集校笺》卷四,页369。
④ 《陶渊明集校笺》卷三,页276。
⑤ 《陶渊明集校笺》卷三,页283。

四通篇以失群鸟自比，表现诗人的介特之节。诗分两个部分，前半描写失群鸟的日暮独飞、声悲厉响，以比喻诗人拘身仕途时的痛苦和迷惘；后半描写失群鸟值孤松而敛翮，表现诗人"托身已得所"的欣喜和"千载不相违"的永不凋零的高洁志向。有人说此诗讥切殷景仁、颜延之附宋，这样理解自然未免滞粘，但却不能否定诗中寄寓的诗人不屑与俗士为伍的情绪。《饮酒》其八以青松自况："青松在东园，群草没其姿。凝霜殄异类，卓然见高枝。连林人不觉，独树众乃奇。"①《饮酒》其十七以兰自喻："幽兰生前庭，含薰待清风。清风脱然至，见别萧艾中……"②上面两首诗中的众草和萧艾，喻指那些"有酒不肯饮，但顾世间名"③的名利之徒和"是非苟相形，雷同共誉毁"④的俗中之愚。在晋宋易代前夕，不少人不顾节操，依附新贵，诗人却像卓然独立的青松和拔出萧艾的幽兰，坚持隐居的志向。

《饮酒》其六以愤激的笔墨，写出了诗人归隐的原因。诗人强烈不满是非不分的污浊社会，感叹陷入世俗而不能自拔的愚人，表达"且当从黄绮"的志向。黄绮，即秦末避于商山的绮里季、夏黄公。逯钦立因主《饮酒》诗作于元兴二年说，故认为"陶以四皓避秦，自喻不仕桓楚。桓玄篡晋，在此年冬。"⑤我们认为：《饮酒》其六说"且当从黄绮"，乃是表明了渊明决不仕于刘裕的政治态度。比较有力的证据是《赠羊长史》诗。此诗作于义熙十三年（417），众无异议。当时刘裕伐后秦，灭姚泓，驻军关中。左将军朱龄石派长史羊松龄往关中称贺。羊与渊明

---

① 《陶渊明集校笺》卷三，页266。
② 《陶渊明集校笺》卷三，页286。
③ 《陶渊明集校笺》卷三，页254。
④ 《陶渊明集校笺》卷三，页262。
⑤ 逯钦立校注《陶渊明集》，中华书局，1979年，页90。

友好,渊明作诗赠之。首二句说:"愚生三季后,慨然念黄虞。"对照《饮酒》其六"三季多此事,达士似不尔。咄咄俗中愚,且当从黄绮"①等句,显然又可证明《饮酒》诗与《赠羊长史》诗作于同时。《赠羊长史》诗对商山四皓极尽赞美之词,并嘱羊长史:"路若经商山,为我少踌躇。多谢绮与甪,精爽今何如?"②渊明在晋宋易代前夕,如此赞美和仰慕四皓,其深意自然是不愿依附刘氏,像四皓一样隐居自终。《饮酒》其六正与《赠羊长史》同意,只是意思更直截、语言更愤激罢了。

渊明坚持归隐的决心在《饮酒》其九中表现得最坚决。这首诗在构思上可能受到屈原《渔父》的启发,意旨却正相反。诗人借田父和自己的对话,寄托怀抱。《南史·隐逸传》说:"义熙末,征为著作佐郎,不就。江州刺史王弘欲识之,不能致也。"或许,当时有人劝陶渊明出仕,这便是诗中幻出的"田父"。这首诗并非完全出于毫无事实根据的虚构。

《饮酒》诗中几乎所有的篇章都贯穿着批判世俗的精神,充分表现了陶渊明性格中"金刚怒目"的一面。例如其三说"道丧向千载,人人惜其情"③,其十三说"去去当奚道,世俗久相欺"④。即使是被看作陶诗平淡风格的典范作品("结庐在人境"),也流露出诗人对世俗的鄙视。不过需要指出的是:渊明对世俗的批判,主要不是产生于他企图挽回颓风的入世精神,而是源于远离俗世的出世精神。他每批判社会一次,便更增加一层旷达,更增加一分隐居的决心。在《饮酒》这组诗中,系统而又激烈地批判道丧已久的俗世,应首推第二十首。诗云:"羲农

---

① 《陶渊明集校笺》卷三,页262。
② 《陶渊明集校笺》卷二,页171。
③ 《陶渊明集校笺》卷三,页254。
④ 《陶渊明集校笺》卷三,页276。

去我久，举世少复真。汲汲鲁中叟，弥缝使其淳。凤鸟虽不至，礼乐暂得新。洙泗辍微响，漂流逮狂秦。诗书复何罪，一朝成灰尘。区区诸老翁，为事诚殷勤。如何绝世下，六籍无一亲。终日驰车走，不见所问津。若复不快饮，空负头上巾。但恨多谬误，君当恕醉人。"①无论儒家还是道家，都向往和赞美上古三代社会。陶渊明的社会观儒道兼综，对真风弥满的羲农时代大加礼赞。《戊甲岁六月中遇火》说："仰想东户时，余粮宿中田。鼓腹无所思，朝起暮归眠。"②《赠羊长史》说："愚生三季后，慨然念黄虞。"③《五柳先生传》自比上古无怀氏之民。《与子俨等疏》说："尝言五六月中，北窗下卧，遇凉风暂至，自谓是羲皇上人。"④《饮酒》其二十抨击羲农以来世俗的虚伪，其出发点正是崇尚黄虞三代大朴未亏的社会观。

历代研究者对《饮酒》其二十的思想意义一般都很推崇。如李光地说："元亮诗有杜韩不到处，其语气似未说明，义蕴已包涵在内，如《羲农去我久》一首，识见超出寻常。"⑤方东树说："……言己非徒独自任真，亦欲弥缝斯世。此陶公绝大本量处，非他诗人所能及。"⑥沈德潜甚至说："汉人以下，宋儒以前，可推圣门弟子者，渊明也。"（《古诗源》卷九）⑦以上意见，均有可议之处。诚然，渊明受过儒家思想的熏陶，《饮酒》其二十也确实肯定了鲁中叟和诸老翁企图恢复淳朴世风的努力，但这种肯定，是出于对真淳的上古社会的热切向往和对人欲横流的世俗社会

① 《陶渊明集校笺》卷三，页292。
② 《陶渊明集校笺》卷三，页235。
③ 《陶渊明集校笺》卷二，页171。
④ 《陶渊明集校笺》卷七，页512。
⑤ 陶澍集注《靖节先生集》卷三引。《陶渊明资料汇编》，下册，页198。
⑥ 《昭昧詹言》卷四。《陶渊明资料汇编》，下册，页200。
⑦ 《陶渊明资料汇编》，下册，页199。

的强烈愤恨。渊明并不想作"圣门弟子","欲弥缝斯世"。"终
日驰车走,不见所问津"二句,最能说明渊明的立场。他自比
沮、溺,叹世无孔子之徒,决不是自任孔子之徒。总之,这是一位
隐士对俗世的批判。这种情况,同嵇康在《太师箴》中对唐虞以
来"宰割天下,以奉其私"①的批判有某些相似之处。

<h1 style="text-align:center">四</h1>

魏晋时期,出现了不少有着很高理论造诣的思想家。陶渊
明以诗人著称于后世,其实他的宇宙观、人生观,继承儒道两家
思想又有发展变化,从而形成其不同于前代哲人而自成一家的
独特面貌。《饮酒》诗的某些篇章,就反映了陶渊明独特的自然
观、人生观。在这方面,历来研究《饮酒》诗的论及仍少。一般
研究渊明的思想都注意著名的《形影神》三首,只有苏轼独具只
眼,指出《饮酒》诗中的谈理之诗。宋葛立方《韵语阳秋》说:"东
坡拈出陶渊明谈理之诗,前后有三,一曰:'采菊东篱下,悠然见
南山。'。二曰:'啸傲东轩下,聊复得此生。'三曰:'客养千金
躯,临化消其宝。'皆以为知道之言。"东坡拈出渊明三首谈理之
诗,为《饮酒》其五、其七、其十一。由此三首诗,足以见出《饮
酒》诗在渊明复杂世界观中占据着一个不容忽视的重要位置。

以下就以东坡拈出的三首诗为主,并参证陶集中的其他作
品,略论渊明的自然观和人生观。《饮酒》其五兴会独绝,神游
象外,最为后人称道。"结庐在人境"四句确如前人所说,自有
诗人以来未有此种诗句。原因是四句诗道出了一个哲理:心远
地偏。心若凝滞于物,则自觉车马喧嚣;心中无物,则虽在人境,

---

① 戴明扬校注《嵇康集校注》,中华书局,2014 年,页 534。

而自会空洞虚静。这正是魏晋玄学兴起以后名士们探求的胜义。较早的关于隐居的观念是逃于江海之上以避世。《庄子·刻意》篇说："就薮泽,处闲旷,钓鱼闲处,无为而已矣;此江海之士,避世之人,闲暇者之所好也。"①《庄子·在宥》篇说："贤者伏处大山嵁岩之下。"②到后来,便有人出来调和仕与隐的矛盾,以为朝廷亦能避世。西汉东方朔就是一个著名的例子。据《史记·滑稽列传》载："朔行殿中,郎谓之曰:'人皆以先生为狂。'朔曰:'如朔等,所谓避世于朝廷间者也。古之人乃避世于深山中。时坐席中,酒酣,据地歌曰:'陆沉于俗,避世金马门,宫殿中可以避世全身,何必深山之中,蒿庐之下。'"③魏晋时期,因着社会现实的黑暗和老庄思想的兴盛,隐逸之风极盛。王弼等人倡导以无为本,以有为末。这种哲学指导人们不执着于外在的形迹,而去追求心境上的超然无累。用之于隐居,倘心中无累,则隐于市朝与隐于岩穴无异,甚至认为"小隐隐陵薮,大隐隐朝市"④。与陶渊明、刘遗民同称为"寻阳三隐"的周续之身为处士,时践朝廷,曾说"情致两忘者,市朝亦岩穴耳",故时号通隐先生。如周续之这样的隐士,在魏晋时期是不乏其人的。他们认为如能清真寡欲,则万物不能移,世俗不能拘,虽在朝市,亦能忘筌。当然,指出"心远地偏"之义正同魏晋隐士探求的胜义,但不等于说陶渊明的隐居与通隐先生们毫无二致。渊明坚持隐逸的高洁志向,是足以使那些奢谈"得意"的假隐士们羞愧无颜的。"采菊东篱下,悠然见南山"二句,写诗人无意见山,心与物

① 郭庆藩《庄子集释》卷六上,中华书局,2012 年,页 535。
② 《庄子集释》卷四下,页 373。
③ 《史记》卷一二六,中华书局,1982 年,页 3205。
④ 王康琚《反招隐诗》,逯钦立辑校《先秦汉魏晋南北朝诗》,第二册,中华书局,2017 年,页 953。

遇,进入物我两忘的境界,领会到了自然的真趣。"山气日夕佳"四句,表现诗人从"飞鸟相与还"的自然图景中悟得的真意。鸟日出而出,日夕而返,完全委运自然,真趣无穷。那么我像飞鸟一样,纵浪大化中,以尽百年之限,不也是欣然自得吗!这就是诗人悟得却又不愿辨析的真意。

《饮酒》其七说:"日入群动息,归鸟趋林鸣。啸傲东轩下,聊复得此生。"①傲然啸歌,称情一世,这也是诗人从万物和归鸟中悟出的真意,所谓师法自然,师法造化。苏轼说:"靖节以无事自适,为得此生,则凡役于物者,非失此生耶?"②东坡指出,此诗表现了渊明的得生之趣,是很正确的。道家主张万物顺乎自然,以自适为得。如《庄子·马蹄篇》以马及埴、木等为喻,反复申述"无为自化"之意。渊明从归鸟悟出得生的真趣,合乎道家顺乎自然之旨。我们再以渊明的其他作品进一步说明之。在《与子俨等疏》一文中,诗人曾以十分真率的笔墨,叙述从大自然的和谐图景中所感受到的得生之喜。他说,"见树木交荫,时鸟变声,亦复欢然有喜。常言五六月中,北窗下卧,遇凉风暂至,自谓是羲皇上人"③。读《读山海经》十三首之一"孟夏草木长"一诗,也是表现诗人得生之趣的名作。他见"众鸟欣有托",不由悟出"吾亦爱吾庐"。在闲适恬静的环境中,感觉到无限的乐趣。与此相反,在写作时间较早的一些作品中,拘于物役的诗人常会面对大自然中自由自在的事物,进行理性的反思,流露出失生的痛苦。如《始作镇军参军经曲阿》诗说:"望云惭高鸟,临水愧游鱼。"④高鸟游鱼自由自在,合乎自然天性而得生;自己奔波

---

① 《陶渊明集校笺》卷三,页264。
② 《东坡题跋》卷二《题渊明诗》。《陶渊明资料汇编》,上册,页28。
③ 《陶渊明集校笺》卷七,页512。
④ 《陶渊明集校笺》卷三,页189。

仕途,拘于形迹为失生。所以诗人面对自然便觉得有惭愧之感了。《归园田居》其一回忆往事说:"羁鸟恋旧林,池鱼思故渊。"鸟喜森林,鱼思深渊,而自己出仕就像鸟在樊笼、鱼拘园池,完全失去得生之理。《归去来兮辞》也说:"质性自然,非矫厉所得。饥冻虽切,违己交病。尝从人事,皆口腹自役。于是怅然慷慨,深愧平生之志。"①所谓"违己交病"、"口腹自役",是指心为物役,违反了人的自然天性,因此深感失生的痛苦。渊明义熙元年决计归隐,并一生安贫乐道,当然有其政治上的原因,但他所持的自然观,不能不说是重要的思想基础。

比较起来,《饮酒》其十一更富哲理(诗见上文)。汤汉注此诗甚为言简意明:"前八句言名不足赖,后四句言身不足惜,渊明解处,正在身名之外也。"②以下我们就渊明对待名与身的态度,阐述其自然观。

诗人认为:颜回求仁,虽然留名身后,但一生枯槁;况且于死者来说,名已没有任何意义,人生应该以称心为好。然则何谓"称心"？ 概括说来是四字:饮酒自得。渊明喜酒,一生赞美酒,因为他认为饮酒乃是人生"称心"或是"称情"的最佳体现。饮酒不仅能引导人们进入形神相亲的自然境界,而且它本身就是对追求世间之名的俗士的一种超越,一种鄙视。在渊明看来,不肯饮酒乃是趋附名利之徒的"惜情"表现。《饮酒》其十三说:"一士长独醉,一夫终年醒。"③非常形象地表达了渊明以醒者为愚、醉者为颖的看法。渊明把立名与饮酒两者对立,其实也是继承了魏晋名士的精神传统。嵇康、阮籍即是以

---

① 《陶渊明集校笺》卷五,页453。
② 《陶靖节先生诗》卷三。
③ 《陶渊明集校笺》卷三,页278。

饮酒对抗俗世的代表人物。张季鹰也说:"使我有身后名,不如即时一杯酒。"①道家以立善求名为有累。深受道家思想影响的陶渊明在不少作品中申述名不足赖之义。如《和刘柴桑》:"去去百年外,身名同翳如。"②《怨诗楚调示庞主簿邓治中》:"吁嗟身后名,于我若浮烟。"③《杂诗》之四:"孰若当世士,冰炭满怀抱。百年归丘垄,用此空名道!"④既然名不足赖,那么,世间唯"称心"为好。"称心"除上面所说饮酒外,又包括性情的自得。试看《饮酒》其三:"所以贵我身,岂不在一生。"⑤这二句诗包含的哲理的深刻性,实在不在东坡拈出的三首谈理之诗之下。诗人以为:短短一生,倏如流电,惜情者顾恋声名,其实何尝贵其身?只有委运大化,任情肆志,才是贵我身。不过,渊明的任情与魏晋名士的玄虚放诞有别,主要表现为充分享受得生之趣,或采菊东篱,或啸傲东轩,或听时鸟变声,或流观《山海图》……见理安分,任真自得,心情与自然化为一片。

《饮酒》其十一后半部分则批判"养身"的愚蠢之举。自秦汉以来,神仙家思想盛行;至汉末变为道教,士大夫很少不受神仙长生之说的迷惑,采药、炼丹、服食之风历久不衰,养生论亦成为魏晋清言的主要论题。魏末最负盛名的玄学家嵇康在其名论——《养生论》中主张:"修性以保神,安心以全身,爱憎不栖于情,忧喜不留于意,泊然无感,而体气和平。又呼吸吐纳,服食养身,使形神相亲,表里俱济也。"⑥嵇康养生的理论包括养神和

① 余嘉锡笺疏《世说新语笺疏》,中华书局,2007年,页869。
② 《陶渊明集校笺》卷二,页143。
③ 《陶渊明集校笺》卷二,页121。
④ 《陶渊明集校笺》卷四,页242。
⑤ 《陶渊明集校笺》卷三,页254。
⑥ 《嵇康集校注》卷三,页253。

养身两部分，以前者为主，后者为辅。陶渊明的世界观，部分接受了嵇康清心寡欲、名利不存于心的养神方法和生活态度，而舍弃其"呼吸吐纳、服食养身"的养身部分。"客养千金躯，临化消其宝"二句，可以说是对秦汉以来神仙长生之说的一个明确否定，充分证明渊明识见的拔出流俗。诗人说，"富贵非我愿，帝乡不可期"①，求名与养身都是惜情的表现，违反了自然规律。这首诗所反映的哲学思想，正与《形影神》诗相同。

关于陶渊明的自然观，陈寅恪据《形影神》诗并对照嵇康、阮籍的自然观，名之为"新自然说"②。我以为寅恪先生的意见是可取的。渊明"纵浪大化中，不喜亦不惧"自然观，体现在他的一系列作品中，如《形影神》、《归去来兮辞》、《归园田居》、《连雨独饮》、《五月旦作和戴主簿》……在《饮酒》诗中也反映得较为集中。陶渊明独特的自然观，不仅是他安贫乐道的根基，也是他批判污浊社会的思想武器，因而在他所处的时代，有着一定的积极意义。

（本文原载《华东师范大学学报》1986 年第 4 期）

---

① 《陶渊明集校笺》卷五，页 454。
② 详见陈寅恪《陶渊明之思想与清谈之关系》。

论陶渊明《乞食》诗

——兼评"渊明乞食求仕"说

罕见古代诗人以自我讨乞之事入诗,而陶渊明《乞食》诗,生动逼真地描绘自己行乞的笨拙举止以及食人酒食后的感念报答之情,哀楚动人,在中国诗歌史上绝无仅有。自古迄今,评说《乞食》诗者不少,异见纷呈,诸如此诗作年、渊明是否真乞食、乞食是否象征乞求俸禄、《乞食》诗中的"主人"是谁、"乞食"一词是否与僧人的乞食有关、怎样评价《乞食》诗等问题,都还存在解读和阐释的空间。

一

确定《乞食》诗的写作年代是理解此诗的关键。历代《陶渊明集》注释者及《陶渊明年谱》,绝大多数人认为此诗作于渊明晚年。例如梁启超《陶渊明年谱》以为《乞食》诗大概作于宋文帝元嘉元年(424);逯钦立《陶渊明事迹诗文系年》、邓安生《重订陶渊明年谱》、杨勇《陶渊明年谱汇订》、袁行霈《陶渊明集笺注》,皆谓《乞食》诗作于宋文帝元嘉三年(426)。多数学者以为此诗作于渊明晚年，根据是渊明虽然一生贫苦，但晚年尤甚，嗟老叹贫的作品特别多。《有会而作》、《咏贫士》七首，大致与《乞食》诗同时作，都能看出渊明晚年贫苦之甚。如《有会而作》诗序说："旧谷既没，新谷未登，颇为老农，而值年灾。日月尚悠，为患未已。登岁之功，既不可希，朝夕所资，烟火裁通。旬日以来，始念饥乏。"①诗序所说的"年灾"，当指元嘉二三年旱蝗之灾。史传记载的旱灾、蝗灾②，与渊明"而值年灾"之说正相合。据此，定《有会而作》诗作于元嘉三年是妥当的。又据萧统《陶渊明传》："江州刺史檀道济往候之，偃卧瘠馁有日矣。道济谓曰：'贤者处世，天下无道则隐，有道则至；今子生文明之世，奈何自苦若此？'对曰：'潜也何敢望贤，志不及也。'道济馈以粱肉，麾而去之。"③《有会而作》说："常善粥者心，深念蒙袂非。嗟来何足吝，徒没空自遗。"④这四句是用《礼记·檀弓》的典故："齐大饥，黔敖为食于路，以待饿者而食之。有饿者蒙袂辑屦，贸贸然来，黔敖左奉食、右执饮，曰：'嗟，来食！'扬其目而视之，曰：'予唯不食嗟来之食，以至于斯也。'从而谢焉。终不食而死。"⑤渊明对《礼记·檀弓》下的不食嗟来之食的典故作了新的解释，以为黔敖施粥，出于善心，蒙袂者以受嗟来之食为耻，"徒没空自遗"，这是不对的。联系渊明饥而乞食，我们就比较容易理解渊明何以对《礼记·檀弓》的典故作出这样的解读。《有会而作》诗最后四句说："斯滥岂攸志，固穷夙所归。馁也已矣夫，

---

① 《陶渊明集校笺》卷三，页310。
② 《宋书》卷三一《五行志》："宋文帝元嘉二年夏，旱。"卷六〇《范泰传》："元嘉二年，表贺元正，并陈旱灾。"中华书局，1974年，页912，页1620。
③ 《陶渊明资料汇编》上册，中华书局，1962年，页7。
④ 《陶渊明集校笺》卷三，页311。
⑤ 孙希旦《礼记集解》卷十一，中华书局，1989年，页298。

在昔余多师。"①抒发不食嗟来之食，固穷守志，虽馁也要师法前
贤的坚强意志，应该是谢绝檀道济馈粱肉有感而发。

　　弄清《有会而作》诗的写作时间以及"古典"和"今典"，有
助于理解《乞食》诗的写作背景和旨意。除《有会而作》诗外，
《咏贫士七首》也很有可能与《乞食》诗作于同时。其中第二首
说："倾壶绝余沥，窥灶不见烟。"第四首说："好爵吾不荣，厚馈
吾不酬。"第七首说："一朝辞吏归，清贫略难俦。年饥感仁妻，泣
涕向我流。丈夫虽有志，固为儿女忧。惠孙一晤叹，腆赠竟莫
酬。谁云固穷难，邈哉此前修。"②这几首诗，都可以证明渊明此
时"始念饥乏"的艰难处境，以及拒绝檀道济馈赠的固穷气节。

　　然而，有人认为《乞食》诗作于渊明早年。陶学研究者魏正
申首倡此说："陶渊明为实现建功立业的宏图大志，有渴望举荐
而尽早入仕，施展才干的思想，《乞食》诗便是较为有力的佐
证。"又以为《乞食》诗用韩信报答漂母之恩的典故，"虽有愧'非
韩才'的逊说，但也明确地表述了陶渊明希望自己像韩信那样，
辅佐明君而成就大事业，也要像韩信那样，报漂母之恩的思想实
际。陶渊明深知，'大济于苍生'（《感士不遇赋》）理想的实现，
要靠进入仕途社会。因此，开始'东西游走'（《与子俨等疏》），
请人举荐入仕，以实现入仕有为理想。《乞食》诗采用借托的手
法，选取颇能借以抒情的事例而设事，然后，以意写贫，以意写
乞，使'主人解余意'并有'遗赠'，以托言行乞得赠，表达企望举
荐的从政之想。"③魏氏这段话概括说来有三层意思：一、《乞
食》诗是渊明早年渴望举荐而尽早入仕的"较为有力的佐证"；

①　《陶渊明集校笺》卷三，页 311。
②　《陶渊明集校笺》卷三，页 360，367，373。
③　魏正申《陶渊明评传》，文津出版社，1996 年，页 170—171。

二、渊明早年"东西游走"，请人举荐入仕；三、《乞食》诗非真乞食，是以意写贫写乞，托言行乞得赠，表达企望举荐从政思想。三层意思可一言蔽之：《乞食》诗是借托，是渊明早年渴望从政的干谒诗。

魏先生研究陶渊明多年，其研究的一个显著的特点就是竭力挖掘并强调陶渊明早年希望建功立业，归田后"以诗立言"，追求以诗文垂名后世。他把陶渊明塑造成为终生希企当世名，也非常看重身后名的人。为了支撑这一观点，他将陶渊明作于晚年的《乞食》诗说成是早年所作，且乞食并非真乞食，乃"借托的手法"。魏先生的看法是否得渊明之真，要打上大大的问号。

陶渊明研究"谈何容易"，不易首先在历史文献的缺乏，以致许多作品难以确定写作年份。同一首作品，有人以为作于早年，有人以为作于晚年，相去不可以道里计。《乞食》诗的作年，也属于这种情况。魏先生称渊明"渴望举荐而尽早入仕"，"《乞食》诗便是较为有力的佐证"，意思是此诗作于渊明入仕之前。这一看法，与多数研究者大相径庭。

《乞食》诗是否作于渊明入仕之前？是必须首先弄清的问题。关于渊明初仕经历，沈约《宋书·隐逸传》说："亲老家贫，起为州祭酒，不堪吏职，少日，自解归。州召主簿，不就。"①《南史·隐逸传》、萧统《陶渊明集序》、《晋书》同。颜延之《陶徵士诔》称渊明"少而贫困，母老子幼"，"远惟田生致亲之议，追悟毛子捧檄之怀，初辞州府三命，后为彭泽令"②。关于渊明初仕即辞归的记载，与史传基本相同。于此可知，渊明初仕江州祭酒，是乡里举荐的结果，并不是到处干谒、请人推荐的结果。自魏立九

① 《宋书》卷九十三，页2287。
② 《文选》，中华书局，1977年，页791。

品中正制之后,乡里举荐、州郡或朝廷征辟成为士人进入仕途的一般途径。高门华族,膏腴见重,占据仕途的要津。翻检汉晋历史文献,得以征辟者,或以孝廉,或以礼让,或以德望,或以明经,或以博学,或以隐德,或以华族。乡里举荐是科举考试出现之前用人制度的基础,州郡和朝廷对乡里举荐一般都极为重视。当然,历代皆有人通过交游请托而获誉,由此进入仕途的情况,东晋也肯定有干谒而为官者。但在多数情况下,乡论还是能代表基本真实的评价。因此,若将乡里举荐与干谒划等号,或以为非干谒就得不到举荐,这不符合事实。事实上,若非世族高门,寒门弟子须有美誉善名,才有州郡征辟的机会。至于交游请托,一般为人所不齿,不仅不获令誉,反而得"贪竞"之恶名。试看与陶潜同列于《晋书》卷九四《隐逸传》中的人物,便不难发现彼时对交游请托的鄙视。《晋书·隐逸传》序说:"自典午运开,旁求隐逸。谯元彦之杜绝人事,江思俊之啸咏林薮,峻其贞白之轨,成其出尘之迹,虽不应其嘉招,亦足激其贪竞。"①何谓"贪竞"?惶惶然奔走之徒,干谒权门之谓也。董养"不干禄求荣";伍朝"闲居乐道,不修世事,性好学,以博士征,不就";任旭"及长,立操清修,不染流俗,乡里推而爱之";孟陋"口不言世事,未曾交游";韩绩"不交当世,由是东土并宗敬焉";谯秀"少而静默,不交当世","郡察孝廉,州举秀才,皆不就";翟汤子庄"遵汤之操,不交人物","州府礼命,及公车征,并不就";辛谧"性恬静,不妄交游,召拜太子舍人、诸王文学,累征不起"②。读晋世隐逸人物传记可知,两晋士风以不妄交游为高,不染流俗、不尚交游者,往往为乡曲推崇,州郡崇敬。也许实际情况确有通过交游当世权

① 《晋书》卷九四,中华书局,1974 年,页 2425—2426。
② 《晋书》卷九四,页 2425—2447。

贵而入仕途者，但这种人物不会得廉洁之美名。《晋书·隐逸传》说："潜少怀高尚，博学善属文，颖脱不羁，任真自得，为乡邻之所贵。"渊明"少怀高尚"，年轻时就有隐逸的念头，这是乡里贵之的重要原因。而魏先生却描述渊明早年"渴望举荐而尽早入仕"，这是不是给高士抹黑？渊明作《五柳先生传》自况："闲静少言，不慕荣利。"诗曰："少无适俗韵，性本爱丘山。"若渊明真如魏先生所说，为了早早进入仕途，到处奔走干谒请托，试想，如此贪竞人物，岂能为乡邻所贵，为州府所征召？沈约凭什么把他列入《隐逸传》？如果渊明早早想入仕，何至于"向立年"才迟迟入仕？既然很早就想建功立业，大济苍生，何以作州祭酒没几天就辞归？魏先生无乃"刻画无盐，唐突西子"乎？魏先生一无依据，硬把作于晚年的《乞食》诗说成是早年之作，把"少怀高尚""不慕荣利"的陶渊明，说成是个很早就奔走权门，请人举荐的干谒者，岂非"莫须有"？

二

陶渊明初仕江州祭酒。为什么州府征召渊明？渊明既然"少怀高尚"，为什么应召？第一个问题无历史文献说明。第二个问题有答案：颜延之《陶徵士诔》说是"少而贫病，居无仆妾，井臼不任，藜菽不给，母老子幼，就养勤匮"[1]。《饮酒二十首》十九自述："畴昔苦长饥，投耒去学仕。将养不得节，冻馁固缠己。是时向立年，志意多所耻。"其为贫而仕的原因说得再清楚不过了。下面着重探讨第一个问题——为什么州府征召渊明？笔者认为大致出于两个原因：

---

① 《文选》，中华书局，1977年，页791。

一是搜求隐逸的文化政策。《晋书·隐逸传》序说："自典午运开，旁求隐逸。"两晋隐逸之风特盛，与朝廷推崇隐逸、搜求隐士的文化政策极有关系。渊明博学善属文，颖脱不群，任真自得，不慕荣利的隐士品格，既为乡邻所贵，必闻达州郡，故州郡征召之。换言之，州召渊明为祭酒，主要是他不慕荣利的隐士品格所造成的声誉，当然也有欣赏渊明学问、文章及卓绝不凡个性的原因，而绝不是渊明干谒的结果。《晋书·隐逸传》中的不少人物闲居乐道，不交当世，然州郡往往礼命，或征博士，或察孝廉，或举秀才，或为朝廷征辟，看中的正是他们静默闲静、与世无竞的隐士品格，认为隐逸之士能激浊扬清，有助教化。州府征辟渊明，当出于同样的原因。倘若渊明一心干谒请托，以求早早入仕，必为当时推崇士风的世人所鄙视，岂能为乡邻所贵？《饮酒二十首》十六说："少年罕人事，游好在六经。"[①]《辛丑岁七月赴假还江陵夜行涂口》诗："闲居三十载，遂与尘世冥。诗书敦宿好，林园无世情。"[②]《归园田居五首》一："少无适俗韵，性本爱丘山。"[③]从渊明的自述可以看出他出仕之前罕交人事，不慕荣利的品格。以毫不相干的《乞食》诗，证成所谓渊明早年"请人举荐入仕"，显然罔顾史传与陶诗的事实。

二是渊明出身洪族，曾祖为赫赫有名的大司马、长沙郡公陶侃。祖茂，武昌太守。渊明为陶侃庶支，虽家道中落，但祖先的荣光还未完全消退。州府辟他为州祭酒，除其本人的隐士品格为乡邻贵重，名达州郡之外，其门第也是重要原因。《梁书·太祖五王传》载，梁武帝天监六年(507)，武帝弟安成康王萧秀出

---

① 《陶渊明集校笺》卷三，页283。
② 《陶渊明集校笺》卷三，页202。
③ 《陶渊明集校笺》卷二，页91。

为江州刺史，"及至州，闻前刺史取徵士陶潜曾孙为里司，秀叹曰：'陶潜之德，岂可不及后世。'即日辟为西曹"。梁时陶潜名声还不大，江州刺史萧秀即因陶潜之德，辟其曾孙为州西曹。相比梁时陶潜的名声，陶侃在晋末的名声不知要胜过陶潜几何，州府辟陶侃曾孙陶潜为州祭酒，是非常自然的，完全符合当时的取士制度。寻阳是陶侃的发迹之地，也是以后陶氏后裔最主要的聚居地。当时九品中正制举荐人才，除考察德行才能之外，门第也是重要根据①。渊明出身江州大族，曾祖陶侃、祖父陶茂，都声名显赫，如果他想做官，何必四处奔走，请人举荐？渊明孤介性刚。《戊申岁六月中遇火》诗说："总发抱孤介，奄出四十年。贞刚自有质，玉石乃非坚。"②《饮酒二十首》八自比荒草中的青松："凝霜殄异类，卓然见高枝。连林人不觉，独树众乃奇。"③颜延之《陶徵士诔》称赞渊明"物尚孤生，人固介立"。性格孤介者，岂能忍受干谒的折腰赧颜？《梁书·臧严传》："性孤介，于人间未尝造诣，仆射徐勉欲识之，严终不诣。"便是一例。沈约《宋书》等皆记渊明"起为州祭酒，不堪吏职，少日自解归。州召主簿，不就"。如果事情确实如魏先生所说，渊明有"尽早入仕，施展才干的思想"，那么，合乎逻辑的结果应当是安于州祭酒的职位，忍受吏职的鞅掌无聊，为什么"少日自解归"？而且，州里数次召主簿皆不就？这哪像是一心想入仕，请人举荐者的所作所为呢？干谒奔竞之徒，既得官职，绝大多数视为荣禄，保之护之，并贪婪不已，谋求晋升和更大的利益，能像渊明一样少日解归，弃之如敝屣吗？

---

① 唐长孺《魏晋南北朝史论丛》，中华书局，2011 年，页 81—121。
② 《陶渊明集校笺》卷三，页 235。
③ 《陶渊明集校笺》卷三，页 266。

　　结论只能是这样：渊明初仕江州祭酒不是请人举荐的结果。渊明具有的隐士道德人格和他的洪族出身，都是被辟为州祭酒的原因。说他干谒请托，纯属子虚乌有。他初仕为州祭酒，原因是母老子幼，出仕以救贫。少日自解归，州召主簿不就，乃是性格孤介、喜爱自由所致。确实，渊明年轻时有建功立业的大志，但不应过高估计其入仕志向的强烈程度与恒久性。自曾祖陶侃始，陶氏家族历代为官，渊明年轻时怀有远志，一是想光耀门楣，二是接受儒家"士志于道"的传统。但这不过是许多读书人都有的一般表白，并不是深植于灵魂深处的不懈追求。陶集中更多的是喜爱自然、不涉世情的自白。隐居不仕，愿为"羲皇上人"，才是渊明的夙志。假如渊明不是"母老子幼，就养勤匮"，他可能不会出仕，而会终老田园。不对渊明的个性和仕隐原因作基本的估量，有意忽略陶集中大量的崇尚自然、向往隐逸的诗文，仅仅根据"猛志逸四海"几句诗，夸大他年轻时曾有过的入仕愿望，以至称他干谒请托，甚至谋求身后名，这不过是研究者以今人的观念或者以己心度君子之腹，用自家的人生价值观来解释陶渊明罢了。

　　为了证成所谓渊明早年"请人举荐入仕"说，魏先生不惜误解渊明《与子俨等疏》一文。渊明五十岁后，曾与子俨等言及自己当年的仕宦经历："吾年过五十，而穷苦荼毒，家贫弊，东西游走；性刚才拙，与物多忤，自量为己，必贻俗患，僶俛辞世，使汝等幼而饥寒。"[①]"东西游走"，指人在仕途，饱经行役之苦。在这本来不会误解的地方，魏先生偏偏误解道："开始'东西游走'，请人举荐入仕。"如此一来，"东西游走"遂成四处奔走权门的代名词。如果照魏先生的解读，《与子俨等疏》的意思就变为：吾年

---

① 　《陶渊明集校笺》卷七，页511。

过五十，而穷苦荼毒，家贫弊，奔走请人举荐入仕。性刚才拙，与物多忤……试想，奔走请人举荐入仕之后，接以"性刚才拙，与物多忤"，文意既不相接，更严重的是歪曲了渊明的性格。干谒求仕者，多半奉货请托，摇尾乞怜。说完干谒，后面突然冒出"性刚才拙，与物多忤"，而性刚多忤之人，实在很难厚着脸皮请托。所以，"东西游走"必不作奔走干谒解。

其实，稍稍熟悉陶诗的读者，不难理解"东西游走"一语的具体所指。《陶集》卷三中有多首诗写到行役之苦。《始作镇军参军经曲阿》诗："投策命晨装，暂与园田疏。眇眇孤舟逝，绵绵归思纡。我行岂不遥，登陟千里余。目倦川涂异，心念山泽居。"①《庚子岁五月中从都还阻风于规林二首》一："江山岂不险，归子念前途。凯风负我心，戢枻守穷湖。高莽眇无界，夏木独森疏。谁言客舟远，近瞻百里余。延目识南岭，空叹将焉如。"同上其二："自古叹行役，我今始知之。山川一何旷，巽坎难与期。崩浪聒天响，长风无息时。久游恋所生，如何淹在兹。静念园林好，人间良可辞。当年讵有几，纵心复何疑。"《辛丑岁七月赴假还江陵夜行涂口》诗："闲居三十载，遂与尘事冥。诗书敦宿好，林园无俗情。如何舍此去，遥遥至南荆。……怀役不遑寐，中宵尚孤征。"②《乙巳岁三月为建威参军使都经钱溪》诗："伊余何为者，勉励从兹役。一形似有制，素襟不可易。园田日梦想，安得久离析。终怀在归舟，谅哉宜霜柏。"③这些行役诗描写的修途风波以及心系田园的痛苦情怀，才是"东西游走"一语的确切注脚，哪里是讲早年请人举荐做官呢？

---

① 《陶渊明集校笺》卷三，页189。
② 《陶渊明集校笺》卷三，页198—202。
③ 《陶渊明集校笺》卷三，页222。

三

　　"乞食"与请人举荐本是互不相涉的两种行为,不可因二者都有"乞求"之义,遂谬相比附,混为一谈,称"《乞食》诗以借托的手法","以托言行乞得赠,表达企望举荐的从政之想"。这种说法看似新奇,其实混淆了二者的概念。

　　在中国文化观念中,饥而乞食是很正常的行为,并不可耻。姑且举几个古人饥而乞食的例子,《史记·伍子胥传》:"伍胥未至吴而疾,止中道,乞食。"太史公称赞说:"悲夫! 方子胥窘于江上,道乞食,志岂尝须臾忘郢邪? 故隐忍就功名,非烈丈夫孰能致此哉!"①以为伍子胥窘而乞食,隐忍就功名,不是烈丈夫谁能做到!《史记·邹阳列传》载邹阳于狱中上书梁王云:"故百里奚乞食于路,缪公委之以政。"②《三国志·魏志·管宁传》裴松之注引《魏氏春秋》:有高士寒贫者,"独居穷巷小屋,无亲里。人与之衣食,不肯取。郡县以其鳏穷,给廪食五升。食不足,颇行乞,乞不取多。"③上述例子说明,贫乏行乞,人格并不卑鄙。因为饥者行乞求食,乃是正常不过的生理行为,何耻辱之有? 人皆有恻隐之心,施舍者出于怜悯,是值得赞美的善举。干谒请托与饥而乞食,完全不可混为一谈。或以才干,或以德行,或以通经,或以诗赋,州郡或朝廷授以官职,乃是古代选拔官员的正当途径。干谒请托,必然奔走权门;奉货行贿,必定厚颜卑膝。请托之风公行,买官卖官,从根基上摧毁吏治。凡是负责任

---

① 《史记》卷六六,中华书局,1975 年,页 2183。
② 《史记》卷八三,页 2473。
③ 《三国志》卷一一,中华书局,1982 年,页 365。

的统治者，都不能容忍干谒请托之风，设防打击。《汉书·何武传》："欲除吏，先为科例以防请托。"①《后汉书·明帝纪》载明帝即位之初，即下诏："今选举不实，邪佞未去，权门请托，残吏放手，百姓愁怨，情无告诉。有司明奏罪名，并正举者。"②《后汉书·梁松传》："松数为私书，请托郡县，二年，发觉免官。"③《后汉书·乐恢传》："（恢）复为功曹，选举不阿，请托无所容。"④通过干谒请托获取官位者，被人视为追逐荣利、品格低下。反之，性情高洁者，多耻以干谒。《后汉书·井丹传》："性清高，未尝修刺候人。"⑤杜甫《自京赴奉先县咏怀五百字》说："以兹悟生理，独耻事干谒。"⑥高适《行路二首》一："有才不肯学干谒，何用年年空读书？"⑦可见干谒请托，向来为清明政治不容；干谒求官者，为正直的士大夫所不齿。饥而行乞，以求一饱；干谒请托，贪竞求荣，二者性质绝不相同。

　　遍观史书，似乎也不见有借乞食比喻请托求仕的例子。我们先看看古代的才能之士如何干谒，干谒时何种情绪，何种神气。如《梁书·刘勰传》载，刘勰撰《文心雕龙》，"既成，未为时流所称。勰自重其文，欲取定于沈约。约时贵盛，无由自达，乃负其书，候约出，干之于车前，状若货鬻者。约便命取读，大重之，谓为深得文理，常陈诸几案。"⑧刘勰敢于干谒当时文坛领袖沈约，是自重其文，并抱有自信心。又如，李白《与韩荆州书》是

①　《汉书》卷八六，中华书局，1962 年，页 3485。
②　《后汉书》卷二，中华书局，1965 年，页 98。
③　《后汉书》卷三四，页 1170。
④　《后汉书》卷四三，页 1477。
⑤　《后汉书》卷八三，页 2764。
⑥　《杜诗详注》卷四，中华书局，1979 年，页 266。
⑦　《高适诗集编年笺注》，中华书局，1981 年，页 1。
⑧　《梁书》卷五十，中华书局，1973 年，页 712。

一篇有名的干谒请托之作，其中李白自比"龙盘凤逸之士"，以"三千宾中有毛遂"自况，又自言"十五好剑术，遍干诸侯。三十成文章，历抵卿相。虽不满七尺，而心雄万夫。王公大人，许与气义。"孟浩然《临洞庭湖赠张丞相》是首脍炙人口的干谒诗，赠丞相张九龄，表现作者希望入仕得到援引的心情。

以上三例，是以诗文干谒权门，希望得到举荐入仕的著名例子——刘勰持巨著十分自信，李白干谒而意气豪迈，孟浩然请托意味深长。哪有自比乞儿，得食后感激不尽，以至冥报相贻的干谒者？何况渊明生性孤介，岂愿意自我作贱，作此寒酸相？如果《乞食》诗真是一首干谒诗，那么，是否渊明持此诗谒见权贵？诗中的"主人"是谁？如果此诗只是抒发自己请人举荐的愿望，耻于投赠权贵，则此诗便失去价值，渊明又何必作此无用之物？再说，干谒者必定有明确目标，即向谁干谒，请何人援引，早有准备。可是《乞食》诗说："饥来驱我去，不知竟何之。行行至斯里，叩门拙言辞。"乞食者漫无目标。后面又称主人是"新知欢"，说明不识主人。若《乞食》诗是投赠州郡长官或是中正的干谒诗，岂有不识而称"新知欢"之理？这证明《乞食》诗作于渊明贫困至极的晚年，绝不是三十岁之前的干谒诗。

以下论《乞食》诗旨。前人对此诗大致有三种解读：一是以为是诗人晚年贫而乞食的真实写照。王维《与魏居士书》说："近有陶潜，不肯把板屈腰见督邮，解印绶弃官去。后贫，《乞食》诗云'叩门拙言辞'，是屡乞而惭也。"[1]苏轼《东坡题跋》卷二《书渊明乞食诗后》说："渊明得一食，至欲以冥谢主人，此大类丐者口颊也，哀哉哀哉！"[2]温汝能《陶诗汇评》卷二说："此诗

---

[1]　《陶渊明资料汇编》，上册，中华书局，1962年，页16。

[2]　《陶渊明资料汇编》，上册，页31。

非设言……俱是实情实境。"①二是以为此诗是"设言"，即有寄托之作。陶必诠《莫江诗话》说此诗"寄托遥深"，"精卫填海之意见矣"。又说："此诗与《述酒》读书诸篇，皆故国旧君之思，不但乞食非真，即安贫守道亦非诗中本义。"②三是以为此诗乃游戏之作。黄廷鹄评注《诗冶》："'谈谐终日夕'、'情欣新知欢'，非真乞食也，盖借给园行径，以写其玩世不恭耳。"③

上述三种解读，当以第一说为是。如本文第一节所言，作于渊明晚年的《咏贫士》、《有为而作》等诗写到的饥乏贫困之状，以及史传所记渊明"偃卧瘠馁有"，便是饥馁行乞的有力依据。若谓此诗作于渊明早年，而早年虽也贫困，但尚不至行乞。另外，如果没有行乞的经历，也不太容易将乞食者的情状写得如此真切动人。

《乞食》诗不是"设言"。细读此诗，实在看不出《莫江诗话》所谓"寄托遥深"、"精卫填海之意"。《述酒》诗满篇隐语，想说又不便明说，当是涉及时事，有难言之隐。《乞食》诗写诗人因饥而出，漫无所适，叩门辞拙，主人解意施食，饮酒赋诗，以至感激得欲冥报相贻。事真、境真、情真，明白晓畅，一目了然。何来"故国"？谁是"旧君"？

而以为《乞食》诗寄寓政治寄托者，大有人在。如黄文焕《陶诗析义》卷二说："愧非韩才，时代将易，英雄无聊。'冥报'二字，愤甚。淮阴能辅汉灭项，乃能报漂母。不然竟漂之恩，亦何繇报哉！板荡陆沉之叹，寄托于此。"④何焯《义门读书记·陶靖节诗》评"衔戢知何谢"二句说："胸中亦将以有为也，冥报相

---

① 《陶渊明资料汇编》，下册，页69—70。
② 《陶渊明资料汇编》，下册，页70。
③ 《陶渊明资料汇编》，下册，页67。
④ 《陶渊明资料汇编》，下册，页67。

贻，则不事二姓，以遗逸终焉之志，亦已久矣。"①以上数人皆专注于"感子漂母惠"以下四句，刻意求深，全然不顾用漂母饭韩信的典故，不过表示受惠主人，却不能像韩信那样，生前报答漂母的一饭之恩，故只能死后相报。这与"精卫填海"、"板荡陆沉之叹"何干？渊明何来不能如淮阴侯那样辅汉灭项的叹恨？古今总有一些人喜欢把陶诗中描写日常生活苦乐的作品与当时政治联系起来，如此读陶，曲解陶诗，也曲解了渊明的性格与为人。

　　以为此诗是游戏之作，"写其玩世不恭"，也是无根之论。读《乞食》前面几句，字字句句沉着、真切、厚道、谦恭，丝毫没有诙谐、油滑的味道。诗人不是写诗，而是描写自己饥乏的形象和真实的内心。有人说是游戏之作，这可能从"谈谐终日夕"句而来。谈谐，谓合洽之谈，见诗人和主人言谈谐和，非指调笑谐谑之谈。《陶集》中有二首诗为游戏之作，一是《止酒》诗，二是《责子》诗。反观《乞食》诗，语句沉重，举止笨拙，神情谦恭，透露出无限悲凉之意，哪有"玩世不恭"的样子？

　　最后，略谈《乞食》诗与佛教是否有关。丁永忠以为此诗的内容和标题，无不与《牟子理惑论》所说的"一飧之惠""一饭之故"及《十住论》所言的"乞食""施食"之语相合，"主人的留饮遗赠，正是佛门信徒的'随时布施'之行"②。对此，鄙人在十余年前有过辨析，以为同佛教的乞食无关③。今再作补充。

　　佛教的乞食，梵语云"分卫"，为十二头陀行之一。《分别善恶报应经》下云："若有比丘持钵乞食，有十种功德。一威仪无缺，二成熟有情，三远离慢心，四不贪名利，五福田周普，六诸佛

①　《陶渊明资料汇编》，下册，页68—69。
②　丁永忠《陶诗佛音辨》，四川大学出版社，1997年，页91。
③　龚斌《陶渊明传论》，华东师范大学出版社，2001年，页145—146。

欢悦，七绍隆三宝，八梵行圆满舍下劣意，九命终生天，十究竟圆寂；如是功德，若常持钵乞食所获。若有比丘持钵乞食，远离十种黑暗，始获如是十种功德……"①《大乘义章》十五云，"以何义故专行乞食？所为有二：一者为自省事修道，二者为他福利世人"②。所以，僧徒乞食是一种宗教实践，并不是无食物才乞食。沈约《述僧设会论》说："佛昔在世，佛与众僧，僧伽蓝内本不自营其餐具也，至时持钵，往福众生"，"出家之人，本资行乞，戒律昺然，无许自立厨帐并畜净人者也"。③ 可见，僧徒行乞是原始佛教的戒律，寺院内"本不自营其食具"。在《佛藏经》卷下中，佛告诫舍利弗如何乞食，得食后如何吃食。诸如乞食时须摄心；乞食得后在净水边置食，以食著前；然后禅定，想各种不净臭脏之物，以无贪著心，然后乃食。经此禅定功夫，达到"诸法无所分别"的境界，即可口之事物与不净臭烂之物无有区别，方可进食。陶渊明晚年饥饿乞食，与僧徒的乞食有何相干？《乞食》诗中的主人，也不是乐意施舍的在家居士。以《乞食》诗证明渊明受佛教影响，岂非捕风捉影？

宋人陈渊《与陈子通别纸》感慨道："渊明不以五斗米为督邮折腰，宁叩门以乞食，昔人尝议之。嗟乎！士之不遇赏音，千古所同，真可悲哉！自今观之，强之其所不乐，虽万钟可辞，而况五斗乎？辞之不幸至于乞食，固吾所乐也，而又何恤焉。渊明百世一人，岂浅之为丈夫者所能窥测，亦及之而后知耳。"④我读此，与陈渊同叹。评说渊明者多矣，自称爱渊明者夥矣，然有几人能窥测百世高士？渊明岂止难遇赏音，反遭误解曲解，真

---

① 　《大正藏》第 1 册 No.0081。
② 　《大正藏》第 44 册 No.1851。
③ 　《汉魏六朝一百三家集》卷八七《沈约集》，文渊阁《四库全书》本，页 1811。
④ 　《默堂集》卷十八，《四部丛刊》三编景宋钞本，页 147。

可悲也哉！

　　总之，《乞食》诗作于渊明晚年，时间大概在元嘉三年（426），不可能作于渊明出仕之前。陶渊明初仕江州祭酒是乡里举荐、州郡征辟的结果，称其到处请人举荐并无依据。《乞食》诗既然可以肯定作于晚年，那么称此诗是渊明希望尽早入仕，乞食非真，乃是假托，这种看法也属臆说。在中国诗歌史上也找不到假托乞食的干谒诗。《与子俨等疏》自述"东西游走"，乃指在仕途行役奔波，非谓早年到处请人举荐入仕。称他通过干谒而进入仕途，是无根据的臆说。《乞食》诗是渊明晚年极度饥乏的真实写照，不是所谓"寄托遥深"的政治抒情诗，也不是"玩世不恭"的游戏之作。渊明饥而乞食，与作为僧徒宗教实践的持钵乞食毫无关系。

　　　　　　　　　　（本文原载《天中学刊》2013 年第 4 期）

再论陶渊明《赠长沙公》诗

　　陶渊明《赠长沙公》诗是了解诗人身世的重要作品,也是陶集中一首非常难解的作品。历代研究者无不殚精竭力,欲破解长沙公究竟是谁,以及陶渊明与长沙公的关系。然而因此诗的诗序有异文及断句不同,遂造成种种解读,犹如谜团,始终不得确解,至今仍未达成共识。解读中的异说自宋代就已产生,至清代的文史学者或考证,或推测,或怀疑,歧见纷呈,叹为观止。文化固然经世代的累积而渐趋深沉厚实,可是深厚的地层并不全由精金构成,更多的是泥沙俱下。后来者面对千百年累积的文化层,往往一时难辨东西,有不知从何措手之窘困。所谓治丝者愈棼,炼金者愈杂,《赠长沙公》诗犹如谜团,始终不得确解。可叹历史真相的揭示,何其难哉!

一、诗题与诗序之异文及断句

　　《赠长沙公》诗的诗题,各本陶集皆作《赠长沙公族祖》。陶澍《靖节先生集注》(以下省作陶本)校:"各本皆作'赠长沙公族祖'。杨时伟曰:'序"长沙公于余为族"一句,"祖同出大司马"一句。题中"族祖"二字乃后人误读序文"祖"字为句,因而妄增诗题也。'何孟春、何焯亦皆以'族祖'二字为衍,今删之。"依照校勘学原则,既然各本皆作"赠长沙公族祖",那么一般视为原文如此,不作改动。但杨时伟却以为该诗诗序应该读作"长沙公于余为族,祖同出大司马",诗题"族祖"二字乃后人误读序文以"祖"字为句而妄增。杨氏的这一判断,是有充分道理的。因为后人出于误解而妄增渊明诗题的情况确实存在。例如陶渊明《与殷晋安别》诗,李公焕《笺注陶渊明集》(以下省作李本)、陶本皆于诗题下有"景仁名铁"四字,意谓殷晋安就是殷景仁。吴仁杰《陶靖节先生年谱》(以下省作吴谱)据《宋书·殷景仁传》以为"所谓殷晋安,即景仁也"。其实,殷晋安非殷景仁。李本、陶本于诗题下有"景仁名铁"四字,很可能信从吴谱而妄增之。再譬如《赠羊长史》诗,李本、陶本于诗题下注有"松龄"二字。以上二诗诗题下的文字,非渊明自注,而是后世读者所增。《赠长沙公》诗题下的"族祖"二字,也应当是后世读者读诗序,因"族祖"二字连读而妄增。

　　后世读者或研究者,读前人作品若有心得,有时在诗题下或诗中简略作一点注释,年代一久,注释与原文混为一体,原文的真相就有可能不可复得。这种现象,不止古人,今人亦犹如此。例如袁行霈先生依据他对诗序及全诗的理解,以为"诗题'族祖'当依诗意改为'族孙'。诗题之改动虽无版本依据,但诗中内证确凿,当用理校"云云①。后来袁先生出版《陶渊明集笺注》,径直改"族祖"为"族孙",诗题为《赠长沙公族孙》②。当然,袁先生这样改,并非他的新发现,始作俑者乃吴谱。吴谱说:

①　袁行霈《陶渊明研究》,北京大学出版社,1997年,页258。
②　袁行霈《陶渊明集笺注》,中华书局,2003年,页18。

"诗题当云'赠长沙公族孙'，而云'族祖'者，字之误也。"①"族祖"固然是妄增，那么"族孙"是否妄改？诗题中的"族祖""族孙"，即是上文所说的世代文化累积中的泥沙，形成"文化乱层"，看似贡献了新东西，实质添加的是严重的混乱。

相比诗题，诗序中异文的性质是根本性的，造成的混乱更严重。宋代陶集的几种最有价值的善本，如宋刻本、曾集刻本、汤汉注本，诗序的原文皆作"长沙公于余为族，祖同出大司马"，并有原注："一作'余于长沙公为族'。"由此可知，"长沙公于余为族"一句，至迟在宋代就已出现"一作'余于长沙公为族'"的异文。朱自清疑心"'一作'乃经人校改，非本来面目"②。其疑不无道理。

既然各本正文皆作"长沙公于余为族"，而诗题为《赠长沙公》，细加体味，诗题与诗序的逻辑及语气都较"余于长沙公为族"更通顺。设想陶渊明当初下笔作"长沙公于余为族"，就不太可能改作"余于长沙公为族"。"一作"当为后人所改。何以改？盖"族祖"二字连读，遂不明渊明与长沙公两人的辈分关系而妄改。诗序异文再加上断句，乃是此诗一切异说产生的根源，而尤以断句为关键。若只是异文，"长沙公于余为族"与"余于长沙公为族"，不过是词序的颠倒，都是说陶渊明与长沙公为同族。若在"祖"字下断句，即成"族祖"，谜团顷刻生成。

"长沙公于余为族祖"，是指长沙公是族祖，陶渊明是族孙。"余于长沙公为族祖"，则成了陶渊明是族祖，长沙公是族孙。于是在陶侃世系中，长沙公与陶渊明究竟是何世次就变得难以确定。一是长沙公是族祖，一是陶渊明是族祖，这两种情况实际上可以形成多种排列，由此引起莫大的混乱。清人全祖望、姚莹、洪

---

① 许逸民校辑《陶渊明年谱》，中华书局，1986年，页293。

② 《陶渊明年谱》，页295。

亮吉、孙志祖等人皆以"祖"字断句,遂致各种异说,莫衷一是。

　　在诸多的异说中,我们要格外重视宋人张縯的《吴谱辨证》。吴谱从"祖"字断句,遂致族祖、族孙之辨,故张縯辨证之。张縯据《赠长沙公》诗"伊余云遘,在长忘同"二句,说:"盖先生世次为长,视延寿乃诸父行。序云'余与长沙公为族',或云'长沙公于余为族',皆以'族'字断句,不称为祖。"①张縯据宋代各善本陶集,正确读解诗序,以"族"字断句,以为不称族祖。后来李本亦以"族"字为句,明人杨时伟同张縯之说,《四库总目提要》以为"其说颇确"。张縯以"族"字断句,否定"族祖",走出了正确理解《赠长沙公》诗的关键一步。

二、"族祖"的重重困惑

　　后世读者误读诗序,无中生出"族祖""族孙",虚构出陶渊明世系中难解的谜团,自宋迄今,学者殚精竭虑,索解不已。尤其是"族祖",好似压在古今学者心头的梦魇,难以摆脱。

　　吴谱从"余於长沙公为族祖",并据《晋书》卷六六《陶侃传》所叙世系推论:陶侃有子十七人,洪、瞻、夏、琦、旗、斌、称、范、岱九人见《侃传》。先生大父亦侃子也。侃以壬辰咸和七年(332)薨②,世子夏袭爵。及送侃丧还,杀其弟斌。庾亮奏加放黜,表未至而夏卒。诏以瞻子弘袭侃爵。弘卒,子绰之嗣。绰之卒,子延寿嗣。宋受禅,降为吴昌侯。以世次考之,先生於延寿为诸父行。今自谓于长沙公为族祖,见先生于寻阳者,岂不是延

---

① 《陶渊明年谱》,页28。
② 据《晋书》卷七《成帝纪》,陶侃之卒在咸和甲午九年(334)。中华书局,1974年,页169。

寿之子。延寿入宋降封为吴昌侯，仍以长沙称之，从晋爵也。吴谱又以为诗题当云"赠长沙公族孙"。

然正如张缵《吴谱辨证》所质疑，延寿已为吴昌侯，其子又安得称长沙公哉？张缵的反驳很有说服力。此诗若作于入宋后，时延寿已降封吴昌侯，延寿之子更不能称长沙公。据《晋书·陶侃传》，长沙公爵位传至延寿，延寿是长沙公爵位的终结者。"宋受禅，降为吴昌侯"者乃延寿，非是延寿子。

与吴谱以陶渊明为长沙公族祖相反，更多的研究者从诗序"长沙公于余为族祖"。不过，长沙公究竟是谁？又是众说纷纭。考证长沙公的主要史料依旧是《晋书·陶侃传》所载的长沙公世系。陶侃世子夏早在陶渊明出生前就已辞世，故渊明所见之长沙公，不可能是世子夏。夏卒，瞻子弘袭爵位。弘卒，子绰之卒。绰之卒，子延寿嗣。弘、绰之、延寿祖孙三人，谁是渊明所见之"族祖"？为了找到子虚乌有的"族祖"，学者便将陶侃世系中的长沙公一一排列比较、考量。然而不论怎样排列长沙公的世次，渊明所见之长沙公究竟何人，始终抵牾，无法自圆。因为无法自圆，就怀疑《宋书》及萧统《陶渊明集序》所叙陶侃是渊明曾祖的记载。

以下逐一考辨种种有关长沙公的异说：

1. 长沙公为陶弘说

此说为吴国富君主张，乃陶渊明世系研究中的新说。国富君数年前作《陶渊明寻阳觅踪》一书，第二章"寻阳与陶渊明的家世"探讨陶侃、陶渊明祖父、父亲、家叔等与陶渊明的关系[①]，有许多新的思考。其中最重要的考证结论是：陶渊明非陶侃曾孙，陶侃为陶渊明高祖；陶弘为陶渊明族祖。这些新说应该引起

---

① 　吴国富《陶渊明寻阳觅踪》，江西人民出版社，2007年，页43—53。

大家的关注,想必也一定会引起讨论的兴趣。陶渊明不是陶侃曾孙的说法,待稍后再作考辨。这里还是先继续讨论所谓"族祖"。盖陶渊明是侃五世孙、六世孙、七世孙的旧说今说,溯其源头,皆由"族祖"引起。

长沙公陶弘,是否就是陶渊明在寻阳见到的"族祖"?国富君据陶侃、陶渊明的年纪,以为陶渊明"完全有可能在年轻时见到年高的长沙公陶弘"。不过,如果根据陶侃及陶渊明年龄为起点再推论,年轻的陶渊明与年高的长沙公陶弘相遇的概率为零。《晋书·陶侃传》载,侃子瞻为苏峻所害,考其时在咸和四年(329)左右。世子夏病卒后,以瞻子弘袭侃爵。按,陶侃卒于咸和九年(334),年七十六,则其生年是魏高贵乡公曹髦甘露四年(259)。假定侃二十五岁生子瞻,则瞻生年是西晋太康四年(283)。又假定瞻亦二十五年生子弘,则弘生年在西晋永嘉元年(307)。假定陶渊明二十岁见长沙公陶弘,以渊明享年六十三岁推算,时在太元九年(384),而此时陶弘年龄已七十八岁。虽说并非绝对不可能,但可能性微乎其微。再说,陶弘果为渊明族祖,那么正如吴谱所云,"使侃诸子而在,乃先生祖之昆弟,服属近矣,安得云'昭穆既远'?当曰从祖,亦不得云族祖也"。

更难解释者在于《赠长沙公》诗的语气充满人世沧桑感,显然是老者情怀。诗第二章说:"於穆令族,允构斯堂。谐气冬暄,映怀圭璋。爰采春花,载警秋霜。我曰钦哉,实宗之光。"味其诗意,是对晚辈的赞美。若是年且八十的族祖,还用得到年轻的族孙的赞美吗?诗的末章说:"何以写心,贻此话言。进篑虽微,终焉为山。"殷勤希望长沙公道德学问日进不止,口吻明显是长辈对晚辈的勖勉。若陶渊明此时二十岁,对高龄的族祖说这样的话就太不合情理了。

2. 长沙公为陶绰之说

此说出于姚莹《与方植之论陶渊明为桓公后说》。姚氏考证的逻辑起点也是以长沙公为族祖。他说："今渊明以长沙公为族祖，其同高祖实无疑义。"这一结论的得出，依据是古代的丧服制度。《仪礼·丧服》说："族曾祖父母，族祖父母，族父母，族昆弟。"郑玄注："族祖父母者，亦高祖之孙，祖父之从父昆弟之亲也。"①据郑注，族祖者，乃祖父之从父昆弟，高祖之孙。姚氏根据《仪礼》郑注，进而推论渊明世次："至于昭穆之次，则此所谓赠长沙公为先生族祖，等身而上，是为三代，上溯高祖，则五代矣。"然后再据《晋书·陶侃传》所记的世系，排除陶弘及陶延寿，得出绰之为近是的结论："以绰之为族祖，则高祖乃瞻也……数传至渊明，上及桓公已及六世。"②其说可表述如下：侃—瞻—弘—绰之—延寿—渊明。

3. 长沙公为陶延寿说

此说始于宋人张縯《吴谱辨证》。张縯据《赠长沙公》诗"伊余云遘，在长忘同"二句，谓"先生世次为长，视延寿乃诸父行"，并说诗序以"族"字断句，不称为"祖"，"盖长沙公为大宗之传，先生不欲以长自居，故诗称'於穆令族'，序称'于余为族'，又云'我曰钦哉，实宗之光'，皆敬宗之义也。"张縯读诗序是正确的。然清代学者多不从其说，以致"族祖""族孙"异说纷纭。梁启超《陶渊明年谱》、邓安生《陶渊明年谱》（下省作邓谱）同张縯说，读诗序从"长沙公于余为族，祖同出大司马"，在"族"字下断句，谓长沙公乃延寿。邓谱考证精详，依据有三：一是《晋书·陶侃传》叙长沙公世次，"降为吴昌侯者当是延寿"。二是延寿在晋

---

① 清嘉庆刊本《十三经注疏》，中华书局，2009 年，页 2423。

② 《东溟文集》文后集卷一，清中复堂全集本，页 142。

季行迹历历可见。三是诗序云："长沙公于余为族。"族,即同族。"渊明为陶侃四世孙(曾孙),延寿为陶侃五世孙,论世次渊明于延寿为三从父兄弟,延寿与渊明之子则四从昆弟,正《大传》所谓'四世而缌,服之穷也'之义。序称长沙公为'族',为'昭穆既远',诗云'礼服遂悠',宜矣。"①邓谱三证,尤其第三证以《礼》经解释什么叫族祖,论据很坚实。

4. 长沙公为延寿之子说

吴谱首唱长沙公为延寿之子说,依据是诗序一作"余于长沙公为族祖"。如上所述,"族祖"是误读诗序的产物。既然陶渊明成了长沙公的"族祖",而长沙公又是延寿子,则长沙公便是"族孙"了。但这样的推论与《晋书·陶侃传》所叙长沙公世次不符。长沙公世次为侃—瞻—弘—绰之—延寿。延寿入宋,降封吴昌侯。长沙公自陶侃始,传至五代而绝。延寿子不见史传,若延寿果有子,也是袭爵吴昌侯,岂可"从晋爵"再称长沙公?吴谱的辩解牵强不可信。据邓谱所考,长沙公延寿在晋末的行迹历历可见,且诗序云"昭穆既远",诗云"礼服遂悠",延寿为陶侃五世孙,虽尚在五服之内,但亲情已经十分疏远了。若长沙公为延寿之子,则出于五服之外,亲情断竭,何必称"礼服遂悠"?由于《赠长沙公》诗序有异文有误读,无中生出一个"族祖",以致千年以来的读者始终为"族祖"困惑。自弘、绰之、延寿、延寿子,不论哪一个长沙公,都无法充当渊明的"族祖"。为了考证出确实有此"族祖",有人甚至怀疑陶渊明是陶侃曾孙的史传记载,曲解其诗文中的确凿内证。泥沙俱下的文化积累,构成千年不解的迷宫。对此,朱自清也无奈地说:"大抵此事只可存疑矣"。

---

① 邓安生《陶渊明新探》,台北文津出版社,1995年,页213—214。

三、诗序诗意的补充论证

张縯《吴谱辨证》、邓谱都正确解读了诗序，今再作一些补充论证。孙志祖《陶渊明世系》一文说以"族"字断句，"既不成句，且与题所云'族祖'相戾矣"。袁行霈也说族字下断句，"于义颇不顺畅"①。其实，"为族"一词，古已有之。《左传·隐公八年》："无骇卒，羽父请谥与族。公问族于众仲，众仲对曰：'天子建德，因生以赐姓，胙之土而命之氏；诸侯以字为谥，因以为族；官有世功，则有官族，邑亦如之。'"杜预注"因生以赐姓"一句曰："因其所由生以赐姓。"②由杜注可知，上文"羽父请谥与族"一句之"族"，义即姓氏，"请谥与族"，意思是请（隐公）赐以谥号与姓氏。"诸侯以字为谥，因以为族"二句杜预注："或使即先人之谥称以为族。"意思是用先人的谥号以为姓氏。又《战国策·秦策二》："费人有与曾子同名族者而杀人。"③高诱注："族，姓。""长沙公于余为族"，意思是长沙公与余同姓（同为陶氏）。"为族"之"族"，用其家族、宗族的统称意义，表示姓氏。孙志祖、袁行霈不明"为族"的意义，故有"不成句"、"义颇不顺畅"之说。

"祖同出大司马"一句之"祖"字，前人几乎无有解释。祖之常用义是指祖父。但这句中的"祖"不作祖父解。否则余之祖父与长沙公之祖父同出大司马，肤浅之事实，何用述说？此"祖"字，义为始也，初也。"族祖"两字连读者，盖不明《礼记》

---

① 袁行霈《陶渊明集笺注》，中华书局，2003 年，页 19。
② 清嘉庆刊本《十三经注疏》，页 3764。
③ 何建章注释《战国策注释》卷四，中华书局，1990 年，页 129。

的缩祀之礼，也就不明"祖"义。《诗·商颂·长发》序："《长发》，大禘也。"郑玄笺："大禘，郊祭天也。《礼记》曰：'王者禘其祖之所自出，以其祖配之是谓也。'"朱子辨说《诗序》卷下："禘祫于后稷之庙，而以后稷配之，所谓禘其祖之所自出，以其祖配之者也。"①"祖"之义为始，见于孔颖达的解释。《诗·大雅·生民》序："《生民》，尊祖也。"孔颖达疏："祖之定名，父之父耳。但祖者，始也，己所从始也。自父之父以上皆得称焉。"②据此，《礼记》"禘其祖之所自出"之"祖"，其义为"始"，为"初"。祭宗庙是不忘己之由何处而来，而以初祖祭之。明了《礼记》的缩祀之礼及"祖"之意义，诗序"祖同出大司马"一句就迎刃而解。"祖"者，谓你我双方之始；"同出大司马"者，谓你我之始同自大司马来，即大司马是我们共同祖宗。这一句完全符合《礼记》"王者禘其祖之所自出，以其祖配之是谓也"的古义。由此可见，渊明非常熟悉《礼记》。至此，诗序"长沙公于余为族，祖同出大司马"二句可以得到确解。千百年来的"族祖""族孙"之辨可以休矣。

　　与此相关联的诗中"礼服遂悠"一句，亦有必要解释。陶渊明与长沙公同族，同出大司马陶侃。据《仪礼·丧服》第十一："族曾祖父母、族祖父母、族父母、族昆弟。"《正义》："郑氏康成曰：曾祖昆弟之亲也。贾氏公彦曰：此即《礼记大传》云：'四世而缌服之穷也，名为四缌麻者也。'族，属也，骨肉相连属，以其亲将尽，恐相疏，故以族言之耳。"③渊明为陶侃曾孙，渊明之祖乃延寿族曾祖，延寿当服"四缌麻"——最轻之丧服。骨肉虽相

---

① 程俊英、蒋见元著《诗经注析》，中华书局，1991年，页1033。
② 清嘉庆刊本《十三经注疏》，页1137。
③ 清嘉庆刊本《十三经注疏》，页2423。

连属，但与渊明的亲属关系已经非常疏远了，故诗序称"昭穆既
远，已为路人"。陶侃乃延寿高祖，据汉儒的解释，高祖有服，即
高祖在五服之内，服宜缌麻。《仪礼·丧服》卷一一郑玄注："正
言小功者，服之数尽于五，则高祖宜缌麻，曾祖宜小功也。"①服
之将尽，故诗云"礼服遂悠"。若渊明是侃六世孙或七世孙，长
沙公是延寿子，延寿子是侃六世孙，则礼服已竭，亲属等同陌路，
何必再称"礼服遂悠"？"礼服遂悠"者，正说明陶侃为延寿高
祖，高祖虽仍有服，但丧服已是最轻最疏远的缌麻了。

四、再论陶渊明为陶侃曾孙

"族祖"、"族孙"之说诚为错误之源，危害极大。"族祖"问
题不得其解，遂否认陶侃是渊明曾孙的史传记载，甚至进而曲解
渊明诗文。阎咏称诗序中的"大司马"乃"右司马"。姚莹断然
说："晋宋二书以侃为渊明曾祖，则当直断其误，无事附和可
也。"孙志祖以为"大司马"改"右司马"良是。② 汪师韩追随阎
咏，说"渊明自有祖，何必借侃而后重也哉？"以上都是否认陶渊
明曾祖是陶侃的显例。阎咏等人误读诗序，曲解《命子诗》，否
认渊明为陶侃之后，诚是"新奇惑人"之说，直至今天仍有人信
奉之。故虽有钱大昕驳之于前，笔者仍以为有再辨之必要。

陶侃为陶渊明曾祖，始见于沈约《宋书》。沈约生于宋文帝
元嘉十八年（441），距陶渊明卒年元嘉四年（427）仅十四年。他
在青年时代听闻陶侃及陶渊明的旧事是可能的。沈约于齐永明

① 　清嘉庆刊本《十三经注疏》，页2404。
② 　关于阎咏改"大司马"为"右司马"之谬，钱大昕《跋陶渊明诗集》及陶澍《靖节先
　　生年谱考异》辨之已详，本文从略。

年间奉命撰《宋书》,距陶渊明之卒仅六十年,他记陶渊明"曾祖侃,晋大司马",依据必是当时所见晋代的谱牒。按氏族之书,由来远矣。两晋之世,谱牒兴盛,成为专门之学。"挚虞作《族姓昭穆记》十卷,齐、梁之间,其书转广。"①齐王俭撰《百家集谱》十卷,梁王逡之撰《续俭百家谱》四卷、《南族谱》二卷、《百家谱拾遗》一卷,王僧孺撰《百家谱》三十卷、《百家谱集抄》十五卷,贾执撰《百家谱》二十卷,傅昭撰《百家谱》十五卷。尚有佚名《百家谱世统》十卷,《百家谱抄》五卷,《江州诸姓谱》十一卷等。陶氏是江州望族,王俭、贾执、王僧孺诸人为著名学者和谱学专家,不可能不谙陶氏族谱。可以肯定,齐梁之世所见的各种旧谱,以及王俭等谱牒专家所撰的百家谱,必定有陶氏的族谱。如果《江州诸姓谱》没有陶氏族谱,那是不可思议的。沈约是当时著名学者,非常重视谱牒,曾上奏梁武帝,以为东晋谱籍"既并精详,实可宝惜,位宦高卑,皆可依案"。武帝因之留意谱籍。② 沈约此奏,说明他不仅见过,且研究过晋代的谱牒,故能得出晋籍"精详"的看法。很难想象,"精详"的晋牒,会不记陶侃及其子孙的世系。作为极重视谱牒的大学者沈约,非常清楚刘宋以来的谱牒混乱所造成的不良后果,利用谱牒时必持审慎的态度。故《宋书》记陶潜寻阳柴桑人,曾祖陶侃,必有所据,怀疑大可不必。萧统《陶渊明传》称渊明"曾祖侃,晋大司马",也应该是据所看到的晋牒,并非一定照抄《宋书》。萧统编《陶渊明集》之前,已有两本陶集行于世。③《赠长沙公》诗序"祖同出大司马"一句向来无异文,说明萧统当年所见即如此,应是陶渊

---

① 《隋书》卷三三,中华书局,1973 年,页 990。
② 《南史》卷五八,中华书局,1975 年,页 1461。
③ 见阳休之《陶集序录》,清陶澍集注《靖节先生集》卷首《诸本序录》,转引自《陶渊明资料汇编》,上册,页 10。

明原文，非是萧统所改。

　　沈约《宋书》、萧统《陶渊明传》记渊明"曾祖侃"，《南史》、《晋书》则作渊明"大司马侃曾孙也"，两者是否有矛盾？曾孙的概念是不是与曾祖对应？是否所指意义模糊？笔者以为史传或记曾祖，或记曾孙，两者是一致的，并不矛盾。曾祖、曾孙属于古代九族的概念。《书·尧典》："克明俊德，以亲九族。"孔传："以睦高祖、玄孙之亲。"高祖至玄孙为九世，据马融、郑玄的解释，高祖一、曾祖二、祖三、父四、己五、子六、孙七、曾孙八、玄孙九。①王夫之《诗经稗疏》卷二："曾孙者对曾祖而言也。大夫三庙：一始祖，二祖，三祢。不祀曾祖，不得称曾孙。"②可见，曾祖曾孙是自古有之的一组相对应的称呼，不应该引起误解。

　　当然，曾孙除与曾祖相对应的意义外，还有另一项意义，即对曾孙以下后裔的统称。《诗·周颂·维天之命》："骏惠我文王，曾孙笃之。"郑玄注："犹重也。自孙之子而下，事先祖皆称曾孙。"王肃《答尚书访》说："景初中，明帝崩于建始殿，殡于九龙殿。尚书访曰：'当以明皇帝谥告四祖。祝文于高皇帝称玄孙之子，云何？'王肃曰：'《礼》称曾孙某，谓国家也。荀爽、郑玄说皆云：天子诸侯事曾祖以上，皆称曾孙。'"③据此可知，《礼》经上称曾孙某，荀爽、郑玄的解释是事曾祖以上，皆称曾孙。这一曾孙的意义仅用于特定的场合，譬如祝文。曾孙某，指代国家，亦即荀爽、郑玄所说的天子诸侯。国富君举钟雅《奏改太庙祝文》："陛下继承世数，于京兆府君为玄孙，而今祝文称曾孙，恐此因循之失，宜见改正。"晋元帝《报钟雅诏》答曰："礼，事宗

---

① 　陈师凯《书蔡氏传旁通》，文渊阁《四库全书》本。
② 　王夫之《诗经稗疏》，文渊阁《四库全书》本。
③ 　严可均校辑《全三国文》卷二三。

庙,自曾孙已下皆称曾孙。此非因循之失也,义取于重孙,可历世共其名,无所改也。"①元帝解释对高祖自称曾孙,是"义取于重孙",用的正是荀爽、郑玄义,代表国家。但正如前文所说,自曾孙而下的子孙对自曾祖以上的祖宗自称曾孙,多在特定的场合,如晋元帝的《太庙祝文》,或在赞颂祖德时。至于史籍或族谱记载某个家族或人物的世次时,曾孙就有确切不可改易的意义,而不能用统称意义。例如《魏书·王粲传》:"曾祖父龚、祖父畅,皆为汉三公。父谦为大将军何进长史。"②《蜀书·张翼传》:"张翼字伯恭,犍为武阳人也。高祖父司空浩,曾祖父广陵太守纲,皆有名迹。"③《晋书》卷三九《荀勖传》:"荀勖字公曾,颍川颍阴人,汉司空爽曾孙也。祖棐,射声校尉。父肸,早亡。"④《晋书》卷六八《贺循传》:"族高祖纯,博学有重名,汉安帝时为侍中,避安帝父讳,改为贺氏。曾祖齐,仕吴为名将。祖景,灭贼校尉。父邵,中书令,为孙皓所杀。"⑤《宋书》卷五三《张茂度传》:"高祖嘉,曾祖澄,晋光禄大夫。祖彭祖,广州刺史。父敞,侍中、尚书、吴国内史。"⑥……高祖是高祖,曾祖是曾祖,意义十分明确。因此,《宋书》记渊明曾祖侃,即渊明乃侃之曾孙。《晋书》、《南史》记渊明乃侃之曾孙,即侃乃渊明曾祖。曾祖、曾孙意义明确,前者指陶侃为渊明祖之父,后者指渊明乃陶侃孙之子。不因为曾孙还有统称的意义,就怀疑《晋书》、《南史》"大司马侃之曾孙"一句中的曾孙用的或许也是统称

① 《晋书》卷七十,页1877。
② 《三国志》卷二一,页591。
③ 《三国志》卷四五,页1073。
④ 《晋书》卷三九,页1152。
⑤ 《晋书》卷六八,页1824。
⑥ 《宋书》卷五三,中华书局,1974年,页1509。

意义，进而怀疑陶侃不是陶渊明曾祖，而是高祖或是高祖以上的祖先。

陶侃为陶渊明曾祖，这在陶渊明诗文中有数处内证，《赠长沙公》诗之外，如《命子》诗、《征西大将军长史孟府君传》。尤其是后者，可称确证。此文先叙孟嘉早年的经历及仕宦："娶大司马长沙桓公陶侃第十女……弱冠，俦类咸敬之。"又叙庾亮镇武昌，并领江州，辟孟嘉部庐陵从事。考《晋书》卷七三《庾亮传》：陶侃卒，庾亮乃镇武昌，时在咸和九年（334）。此时孟嘉已过弱冠之年。假定孟嘉为庾亮僚属年二十五左右，则其生年约在永嘉四年（310）。文云孟嘉年五十一卒，据上可以大致推断出孟嘉卒年约在晋穆帝升平四年（360）。《孟府君传》又云："渊明先亲，君之第四女也。"①据此文，得出几点重要信息：孟嘉乃陶侃婿，为渊明外祖父，外祖母乃陶侃第十女，即渊明祖姑。渊明父母中表为婚。

试据以上信息及推断为基础，再作推断：陶侃嫁第十女较晚，或在成帝咸和中（330年左右）。侃多妻妾，第十女或生于陶侃五十岁之后，这并非不合情理。假定陶侃第十女年龄与孟嘉仿佛，而生三子（女）后再生渊明母，则渊明母生年约在咸康年间（335—342）较为合理。据旧说，渊明生于晋哀帝兴宁三年（365），时孟夫人大概二十余岁。以上虽据孟嘉行事推断所得，但与事实不会相去太远。

古人撰人物传都很重视史料的真实，何况为外祖父作传。作者说："谨按采行事，撰为此传。惧或乖谬，有亏于大雅君子之德，所以战战兢兢，若履深薄云尔。"②可见陶渊明撰此传多么

---

① 龚斌校笺《陶渊明集校笺》卷六，上海古籍出版社，2018年，页478。
② 《陶渊明集校笺》卷六，页480。

谨慎认真。因此,《孟府君传》的真实性完全可以信从。笔者之所以作上述推断,旨在再证陶侃为陶渊明曾祖,陶渊明为陶侃曾孙,并破所谓五世孙、六世孙、七世孙之类新奇易惑之说也。

（本文原载《江西师范大学学报》2016 第 4 期）

《桃花源记》散论

　　《桃花源记》是《陶渊明集》中意蕴最丰富的作品之一。[①] 自古至今,有关这篇奇文的评论赏析文章汗牛充栋。可是,今人好像仍有许多话说,并力图说出新意来。这证明伟大的作品确实是永恒的,它的内涵太深广,不同时代的人会对它作出不同的解读。但也正因为言说者要翻出新意,难免就臆说、戏说,信口雌黄、牵强附会,说得越多,说得越细,反而离真相越远。笔者有感于此,也来说几句。原则是不唯新,也不弃旧,而唯真是从。因涉及《桃花源记》的文体、寓意、思想、人物等多个话题,故题曰"散论"。

一、《桃花源记》与《搜神后记》

　　《桃花源记》与《搜神后记》的关系,陈寅恪先生以为是"草本"与"定本"的关系。他说:"今本《搜神后记》中《桃花源记》,

[①]　《桃花源记》,见拙著《陶渊明集校笺》(修订本)卷六,上海古籍出版社,2011年,页425—426。

依寅恪之鄙见,实陶公草创未定之本,而渊明文集中《桃花源记》则其增修写定之本。二者俱出于陶公之手。"①寅恪先生的这一明确的论断,是在肯定《搜神后记》的作者是陶潜的基础上作出的。

《搜神后记》最早著录于《隋书·经籍志》,题为陶潜作。《四库全书总目》则以为此书是伪托陶潜。证伪的第一条证据是:《搜神后记》中记桃花源事,"全录本集所载,诗序惟增'渔人姓黄名道真'七字"。第二条证据是年代不合:"潜卒于元嘉四年,而此有十四、十六年事。"第三条证据是纪年与《陶集》习惯不符:"陶集多不称年号,以干支代之,而此书题永初元年,其为伪托固不待辩。"②《四库提要》证伪的第一条证据后文再作辨析。其他二条证据很坚实,特别是最后一条,书中又有"宋永初三年"、"元嘉二十三年六月"、"元嘉中"、"宋时"等纪年,可以断定这些内容皆后人伪托。

鲁迅从陶潜思想性格的别一角度,证《搜神后记》之伪,说"陶潜旷达,未必拳拳于鬼神也"③。现代有些研究者不认为此书伪托,以为《隋书·经籍志》著录此书为陶潜撰,是可信的。例如山东大学李剑锋教授据慧皎《高僧传》、《艺文类聚》注引《搜神后记》共十五条、《法苑珠林》引此书共十三条,得出结论说:"足见《搜神后记》不但从梁代到隋唐都署名陶渊明撰,而且一直在流传。"又以为《搜神后记》产生年代几乎与萧统编撰《陶

① 见陈寅恪《桃花源记旁证》。载《陈寅恪史学论文选集》,上海古籍出版社,1992年,页231。

② 《四库全书总目》卷142,中华书局,1965年,页1208上。

③ 见鲁迅《中国小说史略》第五篇云:"续干宝书者,有《搜神后记》十卷,题陶潜撰。其书今具存,亦记灵异变化之事如前记,陶潜旷达,未必拳拳于鬼神,盖伪托也。"人民文学出版社,1973年,页33。下同。

渊明集》同时，直接署名陶潜是有可能的。李剑锋据《晋书·翟
汤传》，翟汤隐于寻阳县界南山，始安太守干宝与汤通家，而渊
明续妻出于寻阳翟氏家族，故渊明有机缘读到干宝《搜神记》。
又据干宝之兄干庆做过豫章建宁令，建宁与寻阳相近，干宝既与
翟氏通家，干庆就有可能与翟氏往来，故渊明记载"干宝父妾复
活"之异闻有可能①。李教授考证渊明的亲友关系，得出渊明极
有可能读到《搜神记》的结论，非常精彩。

　　鄙见以为古今论《搜神后记》之作者，当推陈寅恪先生最圆
融通达。他说此书为随笔杂记之属，非有固定之系统，但不能
据此就断全书是伪托。即便全书为伪托，要必出于六朝人之
手，由抄辑前人旧篇而成②。寅恪先生既否定全书为伪托，又
不肯定全书皆为陶潜作，其实质是认为此书部分内容与陶潜
有关。当然，要分辨《搜神后记》中那些出于陶潜之手，那些为
后人伪托，则无法做到。可以肯定的是，此书中记桃花源事，
必定出于陶潜，时间在作《桃花源记》之前，寅恪先生称之为
"草本"是也。

　　现在辨析《四库全书总目》证伪《搜神后记》的第一条证
据——以为《搜神后记》全录本集《桃花源记》，即本集《桃花源
记》在前，《搜神后记》在后，看法正与寅恪先生相反。

　　究竟何者为是，通过比对二者的叙事详略、境界差异，大体
可知。

　　《搜神后记》与本集大部分相同，不同者如下：

　　前者作"武林人"，后者作"武陵人"；前者注："渔人姓黄，名

① 详见李剑锋《陶渊明及其诗文渊源研究》第六章，山东大学出版社，2005 年，页
260—266。
② 见陈寅恪《桃花源记旁证》，《陈寅恪史学论文选集》，页 230。

道真。"后者无;前者作"土地旷空",后者作"土地平旷";前者作
"遂与外隔",后者作"遂与外人隔绝";前者作"太守刘歆",后
者无"刘歆"二字;前者无"南阳刘子骥"至文末一段文字。两相
比对,本集《桃花源记》与《搜神后记》最大的不同,即在文末增
添刘子骥欲寻桃源不果的情节,以及"后遂无问津者"的叙述。
正是这一情节,使原来叙事简略的桃源之寻,再添曲折迷离,更
具奇幻美感。最后一句"后遂无问津者",看似平淡的叙述,其
实余音悠远,寄寓作者淳薄异源,桃源不可复得的感慨。一篇
怪异文字因之而具灵魂。"定本"比"草本"虽然只多出二十
余字,却字字珠玑,画龙点睛,具有无上价值,决定了本集《桃
花源记》在叙述宛转、境界迷离、寄托深远这三方面都高出于
《搜神后记》。"草本"与"定本"之间的艺术差异,孰优孰劣,
一看自明。

　　《搜神后记》卷一记桃花源事之后,后一条记刘子骥采药至
衡山事。寅恪先生指出:"陶公之作《桃花源记》,殆取桃花源事
与刘骥之二事牵连混合为一。"[1]这一看法完全符合陶潜创作
《桃花源记》的实际,体现了写作学上由粗转精的一般规律。据
此不难判断,《搜神后记》所记桃源事,必定先于本集《桃花源
记》。"草本"二件事分为二条,"定本"将各自独立的二个故事
完美融合。唯有此融合,才使《桃花源记》成为六朝志怪小说中
的绝品。

　　《搜神后记》卷一还有几篇记洞穴怪异。例如记嵩高山北
有大穴,有人误堕穴中,堕者为寻穴而行十余日,忽然见草屋中
有二人对坐围棋。堕者饮玉浆、食石穴石髓,半年许乃出蜀中,
归洛下。紧接一条记会稽剡县袁相、袁根二人打猎,见山穴如

---

[1]　见陈寅恪《桃花源记旁证》,《陈寅恪史学论文选集》,页230。

门，豁然而过。既入内甚平畅，草木皆香。遇二女，并为室家。特别是"南阳刘子骥"一条后，记长沙醴陵县有二人入洞穴，与武陵人入桃花源很相似：

> 长沙醴陵县有小水，有二人乘船取樵，见岸下土穴中水逐流出，有新斫木片逐流下，深山中有人迹，异之。乃相谓曰："可试如水中，看何由尔。"一人便以笠自障入穴，穴才容人，行数十步，便开明朗然，不异世间。①

《桃花源记》是武陵人乘船捕鱼，醴陵县民则乘船取樵；武陵人从口入，"初极狭，才通人，复行数十步，豁然开朗，土地平旷，屋舍俨然"，醴陵县民"入穴，穴才容人，行数十步，便开明朗然，不异世间"。虽然描写有详略雅俗之分，情节却何等相似。

刘敬叔《异苑》卷一也有一条记武溪蛮人入洞穴：

> 元嘉初，武溪蛮人射鹿，逐入石穴，才容人。蛮人入穴，见其傍有梯，因上梯，豁然开朗，桑果蔚然，行人翱翔，亦不以怪。此蛮于路斫树为记，其后茫然，无复仿佛。②

武溪蛮人发现洞穴，见穴中别有洞天，以及后来不复可得，主要情节与境界奇幻全似《桃花源记》。

以上这些文字质朴、叙述简单的发现洞穴的异闻，时代应该早于《桃花源记》。陶潜创作《桃花源记》之前，民间必定已有这类有关洞穴的异闻，陶潜或亲自记录，或听而未录。这些异闻，

---

① 陶潜《搜神后记》，文渊阁《四库全书》本，1042 册，页 472 上。
② 刘敬叔《异苑》，文渊阁《四库全书》本，1042 册，页 502 下。

其实同样是创作《桃花源记》的"草本"。魏晋时期张皇鬼神、称道灵异、述异志怪之风盛行,《桃花源记》便是这种文化背景下产生的有关洞穴异闻的杰作。由此可见,它与《搜神后记》、《异苑》一类志怪小说确实有内在联系。

二、《桃花源记》的志怪与"幻设为文"

《桃花源记》属于志怪小说,已经成为许多研究者的共识。

现代意义上的小说的概念是舶来品。与街谈巷议、道听途说相生相伴的传统小说,历来为人轻视,不登大雅之堂,作家编辑文集时不列小说一项。《陶渊明集》中的《桃花源记》归属"记"(游记)一类。至于现当代的文学史教材也把《桃花源记》当作传记体的散文来讲,这不过是因袭传统的《陶集》,并不是一定不承认这是一篇志怪小说。

关于魏晋志怪小说兴起的原因及特点,鲁迅《中国小说史略》作出了开创性的研究,不少精辟的见解至今仍被奉为经典。比如鲁迅论由晋至唐小说的演变:"小说亦如诗,至唐而一变,虽尚不离于搜奇记逸,然叙述宛转,文辞华艳,与六朝粗陈梗概者较,演进之迹甚明,而尤显者乃在是时则有意为小说。"鲁迅又引胡应麟《笔丛》三十六:"变异之谈,盛于六朝,然多是传录舛讹,未必尽设幻语。至唐人乃作意好奇,假小说以寄笔端。"①总括鲁迅的观点,以为六朝志怪小说文笔粗略,不过记鬼神、明因果,至唐人乃有意为小说。

鲁迅论六朝志怪至唐人小说之演进,总体说来很精辟,当然也有不够周密处。比如既然同意胡应麟所说六朝小说"未必尽

---

① 鲁迅《中国小说史略》,页54。

设幻语"，却又在后文说："幻设为文，晋世固已盛，如阮籍之《大人先生传》、刘伶之《酒德颂》、陶潜之《桃花源记》《五柳先生传》皆是矣，然咸以寓言为本，文词为末。"①据此看来，鲁迅所说晋世盛行的"幻设为文"是六朝的传记之作，举例之一即《桃花源记》，而不是志怪小说。显然，鲁迅把《桃花源记》排除在志怪小说之外。这确实未能正确认识《桃花源记》的志怪小说的特质。即便如此，鲁迅还是指出《桃花源记》"设幻为文"，"以寓言为本，文词为末"，认为此文乃虚构，以寄寓为本。毕竟是鲁迅，眼光仍然卓越。

何谓"幻设"？六朝志怪小说有无"幻设"？如何理解《桃花源记》的"幻设为文"？对以上几个问题，我们据六朝志怪小说的实际，作些考察。幻，大致有三义：虚无、变化、神奇。"幻设"，指有意虚构虚无、变化、奇妙的人物与情节变化。所以，"幻设"是有意为小说的最主要标志。胡应麟说，志怪盛于六朝，"然多是传录舛讹，未必尽设幻语"，意思是说六朝志怪小说大多记录无根据的异闻，未必都是虚构人物与情节。鲁迅说六朝小说"粗陈梗概"，意思与胡应麟相近。今存的《搜神记》、《搜神后记》、《异苑》，大多记录异闻，不是有意为小说。有人或许说：志怪小说记录世间虚无灵变之事，皆匪夷所思，不能求证于现实，难道不是"幻设为文"吗？确实，鬼怪之事，神异变化，在现实生活中不存在，或极其罕见。但不等于生活中不可能产生鬼神灵异的异闻。何况，志怪小说中许多记录灵异之变者，不全是虚构。如殉葬者复活，猪生两头之类的灵变，并非一定虚诞。宇宙无穷，大千世界无奇不有，幽眇难测。即使在科学昌明的今天，我们认识的世界，也仅仅占整个宇宙的百分之几，何况在一

---

① 鲁迅《中国小说史略》，页54。

千多年前的魏晋时代。魏晋六朝时期神仙之说、巫风鬼道、佛教神异，无不盛行，特多神异之说。最后，有人记录而成志怪小说。归根结柢，志怪小说是经民间传闻而后来写定的作品，属于科学蒙昧时代的记实文学。正如鲁迅所说，当时以为神鬼乃皆实有，记录异闻与记载人间常事，"自视固无诚妄区别"①。试读《晋书·五行志》，神异之变，祸福之作，触目皆是。今人可能以为虚诞不可信，然古人皆视之为事实，认为幽显休咎、阴阳灾异的出现，源于天地之气并不调和，也与现实政治违背天道有关，不仅不以为虚诞，而且极其重视神异变化，郑重其事记录之，惕然为戒，以究天人之道。所以，六朝志怪小说不是"幻设"，当时人看作是实录。

当然，我们也应该看到，以"张皇鬼神，称道灵异"为基本内容的民间异闻，在流布过程中很有可能经传播者或记录者的为求新奇而添枝加叶。踵事增华，这是文学史已经证明的一般规律。这一由简趋繁、由粗至细的过程，其中重要的表现(或手段)，便是叙事与情节的虚构，即"幻设"。六朝志怪小说有少数篇章，已经有"幻设"的特征。例如《搜神后记》卷四记广州太守之儿马子，与前太守徐玄方亡女，结为人鬼夫妻。马子如何梦见鬼女，鬼女如何得以复活，得以生儿育女，叙述宛转，情节多属虚构。② 又同书卷五记晋安帝时人谢端，早丧父母，无有亲属，得一大螺，养之家中数日。谢耕作回家，见已有做好的饭菜，以为是邻居好意为之。谢邻居，邻居笑称君已娶妇。谢疑之，潜回家中，果然见一新妇炊饭。问之，答曰我天汉中白水素女也，天帝哀卿少孤，故使我权为守舍炊烹，十年之中，使卿居富得妇，自当还去。而

---

① 鲁迅《中国小说史略》第五篇，页 29。
② 《搜神后记》，文渊阁《四库全书》本，1042 册，页 479 上。

卿无故窃见我形，我不宜再留，留螺壳以贮米，谷常可不乏。螺女去后，谢端因有壳以贮米，生活富足，后乡人以女妻之。① 这篇情节波澜曲折，比之粗陈梗概者演进之迹显然。

现在回到《桃花源记》。鲁迅称其"幻设为文"。怎样理解"幻设为文"？鲁迅未曾指明，只是连及阮籍《大人先生传》、刘伶《酒德颂》，说是"咸以寓言为本，文词为末"。体会鲁迅的意思，《桃花源记》的"幻设"，大概指以虚幻的情节，寄寓作者的社会理想。如果将"寓言"理解为义同"寄意"，《桃花源记》以寄托陶潜的避世之意为本，那么鲁迅的见解仍然是精辟的。如果把"寓言"理解为《桃花源记》通篇想象虚构，无复依傍，那就忽略了此文作为志怪小说记录异闻的本质特点。如前所说，陶集中的《桃花源记》是牵混、融合《搜神后记》中的桃花源事与刘子骥事而成的杰出的志怪小说。武陵人捕鱼为业，不意发现洞穴，进入其中，这不无真实成分。中国南方溶洞很多，进入之后发觉别有洞天，并非罕见。重峦叠嶂隔绝而成一自足的农耕小社会，在中国古代也并非不可能。所以，武陵人由洞穴进入桃花源，本质是记实，算不上虚构。

近读杨秋荣《桃花源记：魏晋时期最伟大的玄怪小说》一文，该文分析《桃花源记》的"虚构叙事"，把此文中的"缘溪行，忘路之远近，忽逢桃花林"数句中的"忘"、"忽逢"作为"虚构叙事"的证据②。其实，作者写武陵渔人发现桃花源的离奇过程，不过是六朝志怪小说的普遍写法，不属于想象性的虚构。仅以《搜神后记》为例：卷五记会稽县女子望子，"路忽见一贵人"。

---

① 见《搜神后记》，文渊阁《四库全书》本，1042 册，页 481—482。

② 见杨秋荣《桃花源记：魏晋时期最伟大的玄怪小说》，《北京教育学院学报》2011 年第 2 期。下同。

同卷记孙恩作逆时,吴兴一男子,"忽突入蒋侯庙"。卷六记承俭病亡十年,"忽夜与其县令梦",称有人劫其墓。县令派人去冢上,日已出,"天忽大雾"①。诸如此类,不胜枚举,无非是记灵异之变,突出志怪之"怪"罢了,不属于"虚构叙述",更无寄托。

鄙人认为《桃花源记》的"幻设为文",最主要的是两处:一是桃源中人"自云先世避秦时乱,率邑人妻子,来此绝境,不复出焉,遂与外人隔绝。问今是何世,乃不知有汉,无论魏晋"。自秦末至东晋太元中,桃源中人来此绝境不复出,与外界隔绝年至六百。固然古代深山深处有与世隔绝之民,但一个族群经六百年与外界完全断绝恐不会有。这自然是虚构。② 渔人问"今是何世",知其"不知有汉,无论魏晋",也纯属虚构。这处"虚构叙事",表达陶潜避世俗之暴政,向往淳朴乐土的社会理想。二是武陵人以桃源事告太守后,太守"即遣人随其往,寻向所志,遂迷不复得路","后遂无问津者"。依照常理,既能进出桃源,又处处志之,不可能迷路不复得,显然这是有意作小说,属于"虚构叙事",寄托了作者淳薄异源,羲皇时代不可再现的感慨。

想象性的虚构是小说成熟的最主要标志。记实局限于见闻的事实,虚构则超乎事实,在更高的层次上显示历史与现实的本质。只有凭借虚构,作者才能随心所欲,打破时空的界限,寄托

---

① 见《搜神后记》,文渊阁《四库全书》本,1042 册,页 482 下,485 上。

② 清王先谦《读吴窗斋尚书桃源记书后》据《史记·秦本纪》昭襄王时,秦将司马错攻楚黔中,立黔中郡,《括地志》云:"故城在辰州沅陵县西二十里。"刘禹锡《登司马错故城》自注:"秦时错征五溪蛮城,在武陵沅江南。"以为"是当日沅、澧左侧,皆秦兵威所至。吾意必要秦人戍役不归,寻幽选僻,相率聚居……"(见清余良栋等修《桃源县志》卷十二,北京师范大学中文系、北京大学中文系文学教研室编《陶渊明研究资料》下册,中华书局,1962 年,页 358—359。)王氏以为秦人避乱之秦人,乃秦人戍役不归者。其说新奇,然不无根据,可参考。

想要表达的旨意。当然，从宽泛的意义说，六朝大多数志怪小说，也是在表达作者的旨意——证明"神道不诬"。连篇累牍，主题如此重复而单调，原因就在于视怪异灵变为真实，并用质朴的语言记录之。《桃花源记》源于志怪，又超乎志怪，既有记实的怪异色彩，又有虚构产生的理想光辉。假若没有桃源中人自述避秦时乱，不知有汉，无论魏晋；没有太守欲寻桃花源而不果，后遂无问津者这两处虚构叙述，《桃花源记》不过是一篇较好的志怪小说而已。有了两处虚构，此文才成为六朝志怪中的巅峰之作，寄寓的深意与艺术成就，远远超出志怪小说，是古代短篇小说中的无与伦比的珍品。

三、《桃花源记》是否与魏晋玄学有关

陶渊明生活在《老》、《庄》与魏晋玄学流行的时代，他的人格和诗文受此影响不言而喻。

那么，《桃花源记》是否受到魏晋玄学的影响？回答这个问题之前，有必要先弄清魏晋玄学的一些基本概念。魏晋玄学源于《老》、《庄》，是以老庄思想为主体，并且融合了儒家思想的哲学新思潮。魏晋玄学形成一些特殊的哲学命题，诸如"名教与自然"、"言不尽意"、"圣人有情与无情"、"声无哀乐"、"圣人体无"、"才性四本"等。这些新的哲学命题有特殊的思想形态，虽说渊源于《老》、《庄》，但已调和儒学，不同于《老》、《庄》的原始形态。因此，笼统地称"老庄玄学"，其实是不妥当的。

《桃花源记》寄寓陶潜对于淳朴社会的向往，桃源中人"黄发垂髫，怡然自乐"的社会图景，形象地再现老子"小国寡民"的社会观。陶潜向往"羲皇上人"，桃花源中人正是"羲皇上人"。《桃花源记》与《老》、《庄》思想有深刻的联系，此是千百年来读

者的共识,无须再述。

　　然杨秋荣《桃花源记:魏晋时期最伟大的玄怪小说》一文,以为《桃花源记》体现了玄学,进而认为六朝志怪小说应该改为"玄怪小说"①。这是《桃花源记》研究中出现的新见解。但鄙人不以为然。

　　杨文为了证实《桃花源记》与玄学有关,先列数此文的"深深的玄怪意味":一,偏偏是武陵人撞见进入桃花源之洞穴,其他人无缘得见,其中蕴含深深的玄怪意味。二,"忘"与"忽逢"二句构成密切关联,也蕴含玄怪意味。三,关于桃花源的描绘,依然蕴含深深的玄怪意味。四,"渔人甚异之,复前行,欲穷其林",这一句,仍然蕴含玄怪意味。结尾部分,比照开头,"充满着玄远的意旨"。说《桃花源记》从头至尾都有"浓浓的玄怪意味",这并不错。问题在于玄怪之"玄",与玄学之"玄",还是有所区别。玄怪之"玄",义为幽远。《文选》江淹《杂体诗·效袁淑〈从驾〉》李善注引《说文》:"'玄,幽远也。'谓神道幽远也。"②玄怪,指幽远茫昧的神鬼怪异之变。玄学之"玄",义为深奥、玄远、玄妙,即《老子》一章:"玄之又玄,众妙之门"之"玄"。为了证实《桃花源记》与魏晋玄学有关,极力把历来认同的"志怪小说"的称谓改为"玄怪小说",并混淆玄怪之"玄"与玄学之"玄"的区别,实不足取。杨文又说玄怪小说的出现,与玄言诗相对应,都是顺应玄风大畅的时代潮流而出现的文学新品种;讥评鲁迅未能看出这一点,是他"看走了眼";又以为后来的文学史研

---

① 杨秋荣《桃花源记:魏晋时期最伟大的玄怪小说》一文以为《桃花源记》应归属志怪小说,不同意鲁迅《中国小时史略》"唐人始有意为小说"的结论,有可取之处。但以为六朝志怪小说与魏晋玄学有联系,称志怪之名应改为"玄怪",其说恐有问题。

② 《文选》卷三一,中华书局影印宋淳熙刻本,页453下。

究者"拘囿于鲁迅定下的老论调,而不敢越雷池一步"①。又说：
"《桃花源记》的构思异常奇妙,其发现和隐迹的过程,总体上暗
合了'无中生有'和'复归于无'的玄学奥旨。"上述看法,牵强附
会,皆难以成立。

《桃花源记》写桃源之发现,桃源之异境,桃源之复失,幽眇
难测,这是六朝志怪小说的共同特征,只是此文更宛转曲折罢
了。我们随便举二例：

《搜神后记》卷一：

> 荣阳人姓何,忘其名,有名闻士也。荆州辟为别驾不
> 就,隐遁养志,常至田舍,人收获在场上。忽有一人长丈余,
> 萧疏单衣角巾,来诣之。翩翩举其两手,并舞而来,语何云：
> "君曾见《韶舞》不？此是《韶舞》。"且舞且去。何寻逐径,
> 向一山,山有穴,才容一人。其人命入穴,何亦随之入。初
> 甚急,前,辄闲旷,便失人,见有良田数十顷。何随垦作以为
> 世业,子孙至今赖之。②

此篇情节虽不如《桃花源记》宛转,但忽见长人,忽失长人,变

---

① 杨秋荣《桃花源记：魏晋时期最伟大的玄怪小说》："……鲁迅偏偏忘记提及最
重要、最切近的因素：这类小说与魏晋玄学的关系！笔者提议将'志怪小说'更
名为'玄怪小说',用意就在于此。笔者主张：玄怪小说的苫然冒出,实际上是
与玄言诗相对应的,都是顺应玄风大畅的时代潮流而出现的文学新品种。鲁迅
未能看出这一点,算是他看走眼了。""总之,将'志怪小说'改称'玄怪小说',决
不仅仅是更换表述字眼,而是有着巨大的学术价值：其一,鲁迅依据明朝胡应
麟的说法,笔者依据唐朝牛僧孺《玄怪录》的说法,后者的说法更古老,学术界理
应遵从。其二,由'志怪'改称'玄怪',不仅仅是字面意义的扩充,关键在于内
含的差别：它准确地把捉了该文体与魏晋玄学的内在关联。"
② 见陶潜《搜神后记》,文渊阁《四库全书》本,1042 册,页 471 上下。

幻神奇。但这与所谓"无中生有"和"复归于无"的玄学完全
无关。前者是文学作品中情节的变幻,后者讲"无"、"有",属
于哲学范畴。

《异苑》卷六:

> 陆云独行,逗宿故人家,夜暗迷路,莫知所从。忽望草
> 中有火光,云时饥乏,因而诣前。至一家,墙院甚整,便寄
> 宿,见一年少可二十余,丰姿甚嘉,论叙平生,不异于人。寻
> 共说《老子》,极有辞致。云出,临别语云:"我是山阳王辅
> 嗣。"云出门,回望向处,止是一冢。①

陆云夜行迷路,忽望草中有火光,末后发觉向处仅有一冢。
也是无而有,有而无。志怪小说的情节突变皆如此,与魏晋玄学
的有无之论毫不相干。

魏晋玄学中的有无是本末、体用关系。《老子道德经》一章
王弼注:"凡有者始于无,故未形无名之时,则为万物之始。及
其有形有名之时,则长之育之,亭之毒之,为其母也。"②王弼又
说:"圣人体无。"③《周易正义》卷七《系辞上》上韩康伯注引王
弼曰:"夫无不可以无明,必因于有,故常以有物之极,而必明其
所由之宗也。"④意思是必须用"有"来阐明"无"。《桃花源记》
中得桃源与失桃源,忽有忽无,乃是情节的怪异迷离,以此寄寓

---

① 见刘敬叔《异苑》,文渊阁《四库全书》本,1042 册,页 527 下。
② 王弼注《老子道德经》,《四部精要》,上海古籍出版社影印,1992 年,第 12 册,页
　16 上。
③ 见《世说新语·言语》八,龚斌《世说新语校释》,上海古籍出版社,2011 年,
　页 382。
④ 《四部精要》,上海古籍出版社影印,1992 年,第 1 册,页 80 上。

作者的感慨和社会理想，与魏晋玄学的"以无为本，以有为末"哲学范畴有何关系呢？

改称志怪小说为"玄怪小说"，进而论证"玄怪小说"与玄学相关联，这在笔者看来不可理喻，也殊为多事。志怪之名最早出于《庄子》。[①] 志，作动词，记录也。志怪小说，意谓记录怪异之小说。《述异记》之"述异"，义同志怪。"玄怪小说"之"玄怪"，作规定小说的状语，意谓怪异小说，实远不如志怪小说之名贴切。唐代牛僧孺有《玄怪录》。录，记也。《玄怪录》者，记录玄怪也，其实意思等同"志怪"。所以，完全不必循牛僧孺《玄怪录》之例，改志怪小说为"玄怪小说"。

六朝志怪小说张皇鬼神、称道灵异，与当时的道教极有关系。作为最杰出的志怪小说《桃花源记》，是否也是江南道教流行的产物？ 或者说，与道教文化的意识有关？ 读《桃花源记》，呈现在眼前境界虽然扑朔迷离，却俱是淳朴安详的人间气息，非鬼亦非仙，似乎与道教无关。鲁迅将此文排斥在志怪小说之外，并认为《搜神后记》是伪托，理由是"陶潜旷达，未必拳拳于鬼神"。既然《搜神后记》非陶潜作，那么，《桃花源记》自然更与道教无关了。可是，与鲁迅的论断相反，陈寅恪不仅认为《搜神后记》不全是伪托，而且称渊明是天师道的信徒[②]。此外，寅恪先生《天师道与滨海地域之关系》、《魏书司马叡传江东民族条疏

① 《庄子·逍遥游》："齐谐者，志怪者也。"成玄英疏："志，记也。……齐谐所著之书，多怪异之事。"郭庆藩《庄子集释》，中华书局，1961 年，页 5。

② 见陈寅恪先生《陶渊明之思想与清谈之关系》："渊明虽不似主旧自然说者之求长生学神仙，然其天师道之家传信仰终不能无所影响，其读《山海经》诗云'泛览周王传，流观山海图'，盖《穆天子传》、《山海经》俱属道家秘籍，而为东晋初期人郭璞所注解，景纯虽不是道家方士，故笃好之如此，渊明于斯亦习气未除，不觉形之吟咏，如《咏荆轲》、《咏三良》、《读史述》、《扇上画赞》之类也。"以为"渊明始终是天师道的信徒"。《陈寅恪史学论文集》，页 139，141。

证及推论》二文皆有陶氏宗仰天师道之论述。鲁迅出言谨慎，以陶潜旷达为由，称其"未必拳拳于鬼神"。此言经得起推敲。寅恪先生从天师道在滨海流布，渊明出于溪族，而溪族处于天师道盛行地区，陶氏家世亦信仰天师道，从而得出"渊明始终是天师道信徒"的结论。视野宽广，探微发覆，极有启发性。

探讨渊明与道教的关系，最可靠的当然是《陶集》。我们先看《陶集》中"未必拳拳于鬼神"的例子：

> 《怨诗楚调示庞主簿邓治中》诗："天道幽且远，鬼神茫昧然。"
>
> 《五月旦作和戴主簿》诗："既来孰不去，人理固有终。……即事如已高，何必升华嵩。"
>
> 《连雨独饮》诗："运生会归尽，终古谓之然。世间有松乔，于今定何间？"
>
> 《形赠影》诗："我无腾化术，必尔不复疑。"
>
> 《影答形》诗："存生不可言，卫生每苦拙。诚愿游昆华，邈然兹道绝。"
>
> 《归去来兮辞》："富贵非我愿，帝乡不可期。"①
> ……

以上这些例子，都能证明鲁迅的论断很中肯。不过，鲁迅又说过，评论一个作家，要顾及他的全人和全部作品。《陶集》中有相反的例子，说明渊明受道教文化的影响。比如渊明爱读异书《山海经》，作《读山海经》十三首，第三首说："恨不及周穆，托乘一来游。"第五首说："我欲因此鸟，具向王母言：在世无所须，惟

---

① 《陶渊明集校笺》卷二，页104，112，117，61，65，卷五，页414。

酒与长年。"①《九日闲居》诗说："菊解止颓龄。"菊花酒能延年，可见渊明并不完全否定"卫生"之举，也企盼长年。渊明从弟敬远性好服食养性，可能二人一起采过药。卜筮为道教法术之一，渊明为长子俨命名，作《命子》诗说："卜云嘉日，占亦良时。"说明他亦信占卜术。渊明确实"未必拳拳于鬼神"，但受道教影响也偶然可见。二者结合起来，才是真实完整的陶渊明。

尚新好奇是文人的普遍习气。渊明性格尚奇，"心好异书"，喜听异闻自在情理之中。他作《搜神后记》，即是喜听异闻，好作新奇之文的表现，不一定真的相信神鬼的存在。在古代作家的观念中，诗文与小说的价值殊异，前者言志载道，后者不过是道听途说，自娱亦娱人而已。因此，我们不能无视他在诗文中对鬼神的清醒认识，仅据《搜神后记》便断定渊明是道教的信徒。寅恪先生称"渊明始终是天师道的信徒"，主要理由是陶氏出于溪族，溪族信奉天师道。这理由其实并不充分。②

鄙见以为陶渊明仅仅是受道教的影响而已，而影响同信从是两回事。在东晋滨海地区天师道盛行的外部环境中，好奇的陶渊明受《山海经》、《搜神记》一类异书的影响，也喜听神鬼灵异之变并记录之，并不一定相信这些异闻的真实性。信从则不仅是思想上的认同，而且见诸行动。如郗愔服符，王凝之请鬼兵抵御孙恩之类，才是天师道的信徒。所以，指出渊明受道教文化的影响，符合事实，若称他始终是天师道的信徒，恐怕言过其实。

《桃花源记》牵混武陵人捕鱼发现桃花源及刘子骥入衡山采药二事，叙事奇幻，与六朝志怪小说同一笔法、同一境界。据

---

① 　《陶渊明集校笺》卷四，页 359，361，362。
② 　陈寅恪先生称渊明"种姓出于世奉天师道之溪族"，这一观点学界有不同看法。拙著《陶渊明传论》第五章，以为称陶侃为溪族，缺少坚实的证据。可参看。华东师范大学出版社，2001 年，页 152。

陈寅恪考证,《搜神后记》中的武陵渔人黄道真,是"溪洞显姓","道真之名颇有天师道色彩","陶侃后裔亦多天师道之名",所以,"溪之一族似亦属天师道信徒"①。若寅恪先生推论可信,则更能证明《桃花源记》受道教影响。

《桃花源记》叙述虽然奇幻迷离,但桃源社会充满人间气息,何以唐人多看作仙境?我以为原因主要在于此文的志怪性质,而志怪最大的来源是张皇鬼神的道教;况且,道教在唐代被尊为国教。由唐人视桃源为仙境推测,唐之前接受《桃花源记》,大概都把此文与道教联系起来。到了宋代,人文精神高扬,宋人以理性审视《桃花源记》,苏轼、王安石等一反前人看法,以为桃源非仙境,乃寄寓渊明的避世之意。

综上所述,《桃花源记》作为志怪小说,与魏晋玄学无关,而受道教影响。至于此文寄寓及尽善尽美的桃源社会,思想渊源主要来自《老》、《庄》无疑。

四、再论《桃花源记》与佛教无关

最近二三十年来,有人欲颠覆陈寅恪的陶渊明与佛教无关的结论,从许多方面论证陶与佛教的关系。《桃花源记》研究也不例外。有些研究者将此文的体式、词语、人物、境界,同佛典相比附,企图证明与佛教有关。对此现象,我曾写过一些文章辨析,认为《桃花源记》与佛教无关。现对以前未曾涉及的"捕鱼为业"以及笔者认为重要的问题,再申鄙见。

"武陵人捕鱼为业",这句是再普通不过的叙事,意义一目

---

① 见陈寅恪《魏书司马叡传江东民族条释证及推论》,《陈寅恪史学论文集》,页247—249。

了然，根本无须索解。然而，主张"陶渊明深受佛教影响"的论者，非要索隐，终于发现"捕鱼为业"是"佛典故实"，"渊源或来自印度原典，或为中国僧人所自造"①。王启涛先生举证北魏慧觉等译撰《贤愚经·重姓品》中一段文字："而彼富家，恒令一奴捕鱼贩卖，仆输大家。其奴日日捕鱼为业。"因为《贤愚经》中有"捕鱼为业"四字，就说《桃花源记》中"捕鱼为业"是"佛典故实"，自然比较荒唐。于是作者设法弥缝之，据《出三藏记集》卷九《贤愚经记》载释昙学等八人求经至于阗，在般遮于瑟之会上听彼处长老各讲经律，八人各作记录，译成汉文，集成一部经。《贤愚经记》所记，乃讲此经传译之缘起。然而作者却得出了下面结论："这些故事在西域流行时，早就由僧人或高人口传至中国内地，在晋代陶潜之时就已盛行，亦未可知。"明明《贤愚经》译出时间在陶潜身后②，何以经中"捕鱼为业"的故事，在晋代陶潜之时已盛行？并且"《桃花源记》给予体现和记载"？

　　"捕鱼为业"不过是远古时就有的生存方式，为世界各民族所共有。印度人"捕鱼为业"，中国人也"捕鱼为业"。难道中土捕鱼，受天竺影响不成？《太平寰宇记》卷九四"余渔浦"引周处《风俗记》："昔舜渔于雷泽，此乡之人一时化之，其捕鱼之人来

---

① 见王启涛《陶渊明与佛教关系新证》，《西南民族学院学报》，2001 年 10 月。此文用"语言文字学考据法"，称《桃花源记》中"落英缤纷"、"夹岸"、"复前行"、"还家"、"具答之"、"来问讯"、"各复"、"处处"、"规"、"一一"等词语在佛典中均出现过，以此证明《桃花源记》与佛典有关。笔者曾撰《陶渊明与佛教关系再讨论》一文作过辨析。见《九江学院学报》2008 年专辑，《第三届陶渊明国际学术研讨会论文集》。

② 据《出三藏记集》卷九僧祐《贤愚经记》，此经先由于阗至凉州，释慧朗改名号曰《贤愚经》。"元嘉二十二年岁在乙酉，始集此经。"见《佛藏要籍选刊》，上海古籍出版社影印，1994 年，第 2 册，页 289 下。可知《贤愚经》于宋世始流传至南方，渊明即使读佛经，也无由得见。

居此浦,故名。"①可见至迟在舜的时代,捕鱼已经是人们赖以生存的生产方式。《诗·小雅·小弁》:"无发我笱。"笱,竹制的捕鱼工具。说明至迟在《诗经》时代,人们发明了捕鱼工具。陶渊明曾祖陶侃微贱时也曾捕鱼为业。《太平御览》卷八二五《异苑》:"陶侃尝捕鱼。"②《太平御览》卷七六七引《幽明录》:"义熙中江乘聂湖忽有一板,广数尺,长二丈余,恒停在此川溪,采菱及捕鱼者资以自济。""捕鱼者"即"捕鱼为业"者。江南及湘楚地区,江河溪流纵横,捕鱼为业者极多,与"佛典故实"有何相涉?

说《桃花源记》中的"捕鱼为业"为"佛典故实",更严重的问题是完全不审察佛典中的"捕鱼"与中土文献中的"捕鱼"在文化上的巨大差异。佛典中的"捕鱼"是杀生,为恶业之一,佛常以此事告诫比丘。中土文献中的"捕鱼"完全不存在这种文化意义(佛教辅教之书除外)。《贤愚经·善事太子入海品》:"太子闻此,深叹舍去。到河池边,见捕鱼师,张网捕鱼,狼藉在地,跳踉申缩,死者无数。太子复问,皆各答言:'我仰此鱼,用供衣食。'太子长叹,愍哀群生。'为衣食故,乃当如是,杀害众生,供俟身口;殃罪日滋,后报如何?'"③又《杂阿含经》卷一九:"佛告诸比丘:'此众生者,过去世时,于此王舍城为捕鱼师,缘斯罪故,已地狱中受无量苦,地狱余罪,今受此身,续受斯苦。'"④《大方便佛报恩经》卷六《优波离品》第八有"十二恶律仪者",其五即是"捕鱼"⑤。试问:武陵人"捕鱼为业"与"佛典故实"有何干系?难道陶潜当初下笔"武陵人捕鱼为业"之时,

---

① 《太平寰宇记》,文渊阁《四库全书》本,480 册,页 54 下。
② 《太平御览》卷 825 引刘敬叔《异苑》,文渊阁《四库全书》本,页 365 上。
③ 《大正藏》第 04 册 No.0202。
④ 《大正藏》第 02 册 No.0099。
⑤ 《大正藏》第 03 册 No.0156。

头脑中忽然出现佛典中的捕鱼，既而想到捕鱼乃是恶业？牵强附会如此，是很令人诧异的。

　　《桃花源记》研究中最重要的问题是桃源社会是典型的东方"乌托邦"，是古代的中华民族依据本土独特的思想资源和思维方式构建的理想国。桃源社会中的一草一木、土地房舍、男女老少、衣着种作、风尚习俗，无一不是深深植根于中国悠久的历史文化土壤，打上中国人的印记，是彻里彻外的"中国制造"，与佛教的西方极乐世界迥然不同。可是，有少数文学史研究者宣称桃源理想主题是受佛经净土理想的启发影响，《桃花源记》及《诗》诗文合一的文体，又受佛典长行偈颂文体的影响①。

　　关于所谓《桃花源记并诗》受佛教影响之说，笔者曾在十多年前多次表示过不同意见，以为桃源社会与佛教净土宗无关②。由于此问题涉及陶渊明的思想以及正确理解《桃花源记并诗》这篇伟大的作品，故不得不再论之，正本清源，还《桃花源记并诗》纯粹中国文化印记的本来面目。

　　我们也先来比较桃源社会与佛教理想国二者之间的巨大差异。

　　桃源社会的基本特征是无君臣、无赋税、无智慧。那是大朴归真、羲皇之上的原始社会的理想化描述。渊明创造桃源社会

---

① 详见邓小军《陶渊明与庐山佛教之关系》，北京《中国文化》2001 年第 17、18 期合刊。该文比较《桃花源记并诗》和《无量寿佛经》、《阿弥陀经》，以为桃源理想主题及小说、诗歌合一的文体创造，当是受佛经中净土理想之主题及长行偈颂合一的文体的启发影响。又有王启涛《陶渊明与佛教关系新证》，以为《桃花源记》的四言句式，与佛学之偈颂和佛典汉译的四字一体化风格有关。又说世外桃源类型的向往，恰是当时士大夫佛教信仰者的普遍心态。

② 详见拙著《陶渊明集校笺》，页 434。又拙著《陶渊明传论》，华东师范大学出版社，2001 年，页 225—227。又拙文《陶渊明与佛教关系之再讨论》，载《九江学院学报》2008 年专辑。

的最主要的思想资源,无疑是老庄思想。《老子》所说的"大道废,有仁义;智慧出,有大伪"(十八章)①,"绝圣弃智,民利百倍;绝仁弃义,民复孝慈;绝巧弃利,盗贼无有。……见素抱朴,少私寡欲,绝学无忧"(十九章)②,反复阐发"绝胜弃智"才能使社会合乎道,合乎自然的社会发展观。到了《庄子》那儿,老子的这一"向后看"的重要思想得到进一步的发挥。《庄子·德充符》说:"圣人不谋,恶用知? 不斫,恶用胶? 无丧,恶用德? 不货,恶用商? 四者,天鬻也。天鬻也者,天,食也。既受食于天,又恶用人?"③以为若一切合乎自然,就根本用不到知、胶、德、商。《庄子·胠箧》说:"圣人生而大盗起","圣人已死,则大盗不起。""圣人不死,大盗不止。""故绝圣弃知,大盗乃止。擿玉毁珠,小盗不起;焚符破玺,而民朴鄙;掊斗折衡,而民不争。殚残天下之圣法,而民始可与论议。擢乱六律、铄绝竽瑟,塞瞽旷之耳,而天下始人含其聪矣。灭文章、散五采、胶离朱之目,而天下始人含其明矣。毁绝钩绳,而弃规矩,攦工倕之指,而天下始人有其巧矣。故曰大巧若拙。"④在老庄看来,富贵象征之珠玉,君权标志之符玺,利益相较之斗衡,约束民性之圣法,动人耳目之竽瑟文章,折断巧匠手指之钩绳规矩,一概毁绝,毁绝之后,社会和民性才能回归天道自然。

　　《庄子·胠箧》还描绘了体现自然的"至德之世"的景象:"子独不知至德之世乎? 昔者容成氏、大庭氏、伯皇氏、中央氏、栗陆氏、骊畜氏、轩辕氏、赫胥氏、尊卢氏、祝融氏、伏戏氏、神农氏,当是时也,民结绳而用之,甘其食、美其服、乐其俗、安其居,

---

① 蒋门马校注《道德经注释》,中华书局,2012 年,页 75。
② 《道德经注释》,页 75。
③ 郭庆藩《庄子集释》卷二下,中华书局,2012 年,页 217。
④ 《庄子集释》卷四中,页 353。

邻国相望,鸡狗之音相闻,民至老死而不相往来。若此之时,则至治已。"①《庄子》所描绘的三代以上不用智慧,安居乐业的社会,难道不就是最具传统文化特色的古代中华民族所向往的理想境界吗? 渊明笔下"阡陌交通,鸡犬相闻,其中往来种作,男女衣着,悉如外人,黄发垂髫,并怡然自乐"的桃花源,显然与《庄子·胠箧》赞美的"至德之世"一脉相承。

此点乃是陶渊明研究者之共识,原本没有必要赘述。但有些论者为了证实所谓陶渊明受佛教净土理想的"启发影响"的新说,却全然不顾、有意忽略《桃花源记并诗》深深的老庄思想的印记,小言破道,故不得不再辩。

如果说,老庄的理想社会标揭合乎天道,赞美自然,那么,儒家的理想社会则宣扬"圣德治民",向往公正、和谐与大同。《礼记·礼运》说:"大道之行也,天下为公,选贤与能,讲信修睦,故人不独亲其亲,不独子其子,使老有所终,壮有所用,幼有所长,矜寡孤独废疾者,皆有所养。男有分,女有归。货,恶其弃于地也不必藏于己。力,恶其不出于身也不必为己。是故谋闭而不兴,盗窃乱贼而不作。故外户而不闭,是谓大同。"②这里描绘的是仁义广被下的"圣王之治":平等,祥和,所有社会成员各得其所。此与道家描绘的理想社会相同。道家主张不用圣人、法律来治国,一任自然,而儒家强调以圣贤之道治民,归依仁义理智信。一是标举自然,一是崇尚圣德。这是二者的区别所在。

以上略说儒道二家构建的理想世界,旨在说明桃源社会的"中国特色",桃源理想是深深植根于中华本土的思想文化传

---

① 《庄子集释》卷四中,页357。
② 孙希旦《礼记集解》卷二十一,中华书局,1989年,页581。

统,与老庄的社会发展观尤为契合。《桃花源记》描写的景象,是老庄崇尚的"绝圣弃知"、小国寡民理论的具象化。《桃花源诗》说"嬴氏乱天纪,贤者避其世","俎豆犹古法",显然受儒家"圣德治世"及礼乐制度的影响。但决不是主要的。至于道教的神仙思想,在《桃花源记》中几乎不见痕迹。

下面我们看看佛教宣扬的理想国。

《佛说无量寿经》卷上:"其佛国土自然七宝:金、银、琉璃、珊瑚、琥珀、车璩、玛瑙,合成为地,恢廓旷荡不可限极。悉相杂厕,转相入间,光赫焜耀,微妙奇丽,清净庄严,超逾十方一切世界众宝中精,其宝犹如第六天宝。又其国土无须弥山及金刚围一切诸山,亦无大海、小海、溪渠、井谷。佛神力故,欲见则见。亦无地狱、饿鬼、畜生诸难之趣。亦无四时,春、秋、冬、夏,不寒、不热,常和调适。"①佛国的景象,一切皆匪夷所思,与中土文化格格不入,亦非中土人士所能想象。

陶渊明《神释》诗说:"三皇大圣人,今复在何处?彭祖爱永年,欲留不得住。老少同一死,贤愚无复数。"《五月旦作和戴主簿》诗说:"既来孰不去,人理固有终。"《挽歌诗》其三:"幽室一已闭,千年不复朝。"一个了悟生死之变的智者,会相信西方净土,相信佛教构建的理想国吗?

桃花源中良田、美池、桑竹之属,阡陌交通,鸡犬相闻,典型的乡村景象,简朴、自然、淡雅,"四时自成岁",安逸、宁静、平和犹如太古。而佛教的理想国全由金银、琉璃等异域的矿物、珍宝一一合成,既无四时,也无大海、溪渠,甚至国中无妇人,人民和动物皆在七宝水池莲花中化生……其荒诞不经,完全出于常理常识之外。西天佛国与桃源理想二者之间的巨大差异,反映出

---

① 《大正藏》第 12 册 No.0360。

中华文化与古印度佛教文化的截然不同。古人有所谓"夷夏之辨"，桃源与佛国是最典型的夷夏关于理想国的两种文化符号。前者代表中夏之制，后者代表西戎之俗，绝不相同，二者在很长时间内发生严重冲突，不可调和。只是在西戎之俗表现出迎合中夏之制的态度，表现出一定的灵活性之后，才有一部分中土人士信奉净土理想。但始终不能成为中国知识者的心悦诚服、根深蒂固的精神皈依。如果认为二者既然都是人类创造的理想国，因而就互相影响，甚至进而称陶渊明创造的桃源社会受佛国的"启示"，这是一种毫无依据的"轻易想象"，并不是有难度的求真研究。

有人说，东晋时佛教迅速流布中土，江南士人渐受佛教影响，庐山高僧慧远近在咫尺，陶渊明受净土思想的启示并非不可能。笔者每每听到这种议论就不以为然。因为周围的文化环境并非都对身处其中的所有个体发生"正影响"。耳边嘈嘈切切，眼前光怪陆离，然而不能动其耳目者也不乏其人。确实，东晋时江南佛教发展迅速，王导、何充、王濛、刘惔、殷浩，以及稍后的王谧，都是上层社会中著名的佛教信徒。但我们也应该注意到，在同一文化环境中，以本土传统文化为武器，不信并反对佛教者也大有人在。比如晋成帝时，庾冰辅政，而庾氏家族有浓厚的儒风，坚守传统思想文化，指出佛教废弃名教，主张"沙门应尽敬王者"，极力维护世俗的人伦秩序。王导喜与名僧交往，见西域高僧尸黎蜜天姿高朗，风韵遒厉，奇之，称之为"吾之徒也"①。可是，以礼法自守的卞壶却对僧人十分严肃。所以，以处于同一时代为由，称此时代中一切人皆受某种社会思潮的影响，这种论

---

① 见《世说新语·言语》九三注引《高坐别传》。《世说新语笺疏》，中华书局，2007年，页119。

调既违背历史真实,也不合乎逻辑。何况,当时佛教本身尚且依附本土的玄学,也不是世俗政权蛮横规定的国教,净土思想也刚开始传播于上层集团。为什么视而不见陶渊明深厚的儒道思想,视而不见他对有生必有死的思考,视而不见他对"天道无亲,常与善人"一类说教的怀疑,视而不见《桃花源记并诗》与老庄社会发展观之间无可置疑的联系,反而称桃源理想受佛教净土理想的"启发和影响"?岂非无风捉影?

以为桃源理想与佛教净土思想有关联者,还有一条依据:所谓《桃花源记并诗》散文、诗歌合一的文体,乃受佛典长行、偈颂合一的文体的启发和影响。这种说法,似是而非。

陶渊明是否读过净土宗原典《佛说无量寿佛经》及《阿弥陀经》,无任何文献资料可以证明。在《桃花源记》及全部《陶集》中,几乎难觅渊明读过佛典的痕迹。就文体而言,《桃花源记并诗》先是小说(散文),后为诗歌。这类诗文合一的文学样式,广泛存在于汉魏六朝的赋、碑、铭、赞、颂等许多文体中①。《桃花源记并诗》前为记,后为诗,文体样式与上文所举的各类作品并没有什么两样。所不同者,它的散文部分是一篇叙事小说而已②。陶渊明熟稔前代文学作品,何必去模仿佛经的长行、偈颂合一的体式?退一步说,即便渊明读过《无量寿佛经》或《阿弥陀经》,也不太可能理解佛典的体式何以如此,更不会理解佛典的音乐特质。所以,完全无视中国本土文学中早已存在的诗文

---

① 例如马融《长笛赋》前是赋,为散文,后是一首七言诗。嵇康《琴赋》前是赋,为散文,末后为乱辞,一首带"兮"字的楚歌。蔡邕《陈太丘庙碑铭》前为铭文,叙陈寔生平事迹,后世铭词,赞颂陈寔品德,为四言诗。蔡邕《郭有道碑》前为碑文,是散文,后是赞词,为一首四言诗,赞颂郭泰懿德。蔡邕《京兆樊惠渠颂》:前为散文,叙樊惠渠的由来及功用,后为歌,即一首四言诗,赞颂樊惠渠惠及人民的恩德……

② 现代意义上的"小说"概念是舶来品,《桃花源记》在当时是记述异闻的散文。

合一的样式，回避《陶集》中几乎不见佛经影响的文本实际①，不去探究《桃花源记并诗》与前代作品之间的继承及创新关系，却用佛经解释《桃花源记并诗》，是否太本末倒置，太糟蹋这篇伟大的作品了。由此可见，学术研究如果远离或罔顾作家的思想渊源和文学传统，一味追求新奇，追求"语不惊人死不休"的"轰动效应"，是很容易误入歧途的。这样的弊病，或在今后的陶学研究中还会不断出现。

　　（本文原载《粟里论陶——中国星子陶渊明国际学术研讨会论文集》，江西美术出版社 2013 年版）

---

① 《陶集》中《乞食》诗中有"冥报"一词，有人以此作为渊明受佛教影响的证据。然"冥报"一词不过借用佛教用语，其实质仍是中土的报应说，非为佛教因果报应。详见拙文《陶渊明与佛教关系之再讨论》，《九江学院学报》，2008 年增刊。

桃花源原型在武陵之推论

在中国古代文学中，也许再也找不出第二篇作品，比《桃花源记》更有生命力，更能引起一代代读者的兴趣。陶渊明笔下的桃花源是否存在于天地之间？桃花源有没有原型？原型在何处？扑朔迷离的桃花源境界所引发的寻觅和索解桃花源原型的努力，自古代一直延续到今天。如今，许多地方都声称他们发现了桃花源，地区遍及湖南、江西、安徽、山东、四川、广西……简直是天下无处不桃源。然而，正如唐诗人王维《桃源行》诗所叹："春来遍是桃花水，不辨仙源何处寻。"①桃花源究竟在何处？至今仍是不解的困惑。

一

探讨桃花源原型，陈寅恪《桃花源记旁证》是一篇无法绕过的重要论文②。寅恪先生以为《桃花源记》是"寓意之文，亦纪实

---

① 陈铁民校注《王维集校注》，中华书局，1997年，页17。
② 陈寅恪《桃花源记旁证》，载《陈寅恪史学论文集》，上海古籍出版社，1992年，页224—235。下同。

之文"。其说精辟。陶潜笔下的桃花源是记录怪异与超俗理想融浑为一的境界，这已是大多数研究者的共识。寅恪先生的文章专门探讨《桃花源记》的记实，即桃花源原型究在何处，得出真实之桃花源在北方之弘农或上洛的结论。其推论的依据主要是郦道元《水经注》中引戴延之的《西征记》。戴祚，字延之，义熙十三年（417）随刘裕入关灭姚秦，得以闻见桃源、桃林、北方坞垒遗址，以及苻秦人民避乱的情况。寅恪先生先据《水经注》卷一五《洛水篇》的记述："洛水又东径檀山南，其山四绝孤峙，山上有坞聚，俗谓之檀山坞。义熙中，刘公西入长安，舟师所届，次于洛阳，命参军戴延之与府舍人虞道元即舟溯流，穷览洛川，欲知水军可至之处。延之届此而返，竟不达其源也。"①又引《水经注》卷四《河水篇》中郭缘生《述征记》所说的"曹公垒"、"李典营"等坞垒。再引《元和郡县图志》六"虢州阌乡县条"、"陕州灵宝县"条、《新唐书》三八《地理志》"陕州灵宝县"条中有关桃源、桃源塞、桃源宫的地名。最后，据《资治通鉴》卷一一八《晋纪》和陶渊明《赠羊长史》诗序"左军羊长史衔使秦川，作此与之"，推断云："则陶公之与征西将佐本有雅故。疑其间接或直接得知戴延之等从刘裕入关途中所闻见。《桃花源记》之作或即取材于此也。"

　　寅恪先生所引地志资料繁富，环环相扣，似甚雄辩，然究其赖以推断的基础，却并不坚实。陶公与羊长史本有雅故固是事实，却不等于与征西将佐有雅故。陶公是否熟识戴延之，与戴有否交往？或者羊长史是否与戴有交往，并得知戴入关途中所闻见？抑或陶公从羊长史处间接得知戴之闻见？皆无从考见。所以，疑陶公间接或直接得知戴延之等从刘入关途中之闻见，无确

---

① 《水经注校证》卷十五，中华书局，2007年，页365。

凿证据可以依凭。若所疑非是,则所谓陶公《桃花源记》之作即取材戴延之所闻见的推论就成为空中楼阁。

我们先看看陶公有没有可能间接或直接得知戴延之入关途中的闻见。陶公《赠羊长史》诗序中之左军,当为左军将军、江州刺史檀韶①。《资治通鉴》卷一一八《晋纪》四〇,刘裕于义熙十三年九月(417)至长安②。则羊长史衔使秦川,当在刘裕攻克长安之后。再看看戴延之的行踪。《宋书》卷二《武帝本纪中》载:义熙十二年(416),刘裕率大军发于京师。九月,次于彭城。十月,众军至洛阳。义熙十三年九月,前锋王镇恶克长安,生擒后秦主姚泓。九月,刘裕至长安。十二月,刘裕发自长安,自洛入河,凯旋而归③。戴延之为刘裕参军,其行踪当与刘裕一致。假设羊长史于义熙十三年九月从寻阳出发往关中祝贺,减去途中时日,至十二月随大军离开长安返回寻阳,逗留关中的时间最多只有二个月。在此短时间里,未必一定会听到戴延之入关途中之所闻见。若羊长史未听到,则陶公作《桃花源记》之取材,当然与北方的桃源完全无关。

然后,我们来探究戴延之入关途中的闻见是什么。寅恪先生说:戴延之等溯洛水至檀山坞而返,"晋军前锋抵崤函为春二三月,适值桃花开放之时,皇天原之下,玉涧水之旁,桃树成林,更情理之所可有者。至于《桃花源记》所谓'山有小口'者,固与郤鉴之'峰孔'相同。所谓'土地平旷'者,殆与皇天原之'平博方可里余者'亦有所合欤?"概括寅恪先生以上所说,戴延之闻

---

① 逯钦立《陶渊明事迹诗文系年》"义熙十三年丁巳(417)条"说:"檀韶自去年八月以左将军为江州刺史,坐镇寻阳,今遣羊长史衔使秦川,向刘裕称贺,故曰左军羊长史。"见逯钦立校注《陶渊明集》,中华书局,1979年,页284。
② 《资治通鉴》,上海古籍出版社缩影胡刻本,1987年,页790下。
③ 见《宋书》卷二,中华书局,1974年,页36,42,44。

见至少有四：檀山坞垒、桃林桃源之桃花、"山有小口"之洞穴、皇天原上"平博方可里余"之平旷，而"刘裕遣戴延之等泝洛水至檀山坞而返事与《桃花源记》中武陵太守遣人寻桃花源终不得达者，约略相似，又不待言也"。总之，寅恪先生以为戴延之之所闻见与武陵捕鱼者发现桃花源之事约略相似。

下面依次对戴延之之所闻见作分析。

《水经注》卷一五《洛水篇》引戴延之《西征记》之檀山坞，是戴溯洛水而上最远之处，"届此而返"。《太平御览》卷七七〇引戴延之《西征记》曰："檀山凡去洛阳，水道五百三十里，由新安、渑池、宜阳、三乐。三乐男女老幼，未尝见船，既闻晋使溯流，皆相引蚁聚川侧，俯仰顾笑。"①据此可知，檀山极为偏僻闭塞，人民甚至从未见过船。又知檀山民居离洛水不远，故闻晋使至，皆相引蚁聚。檀山之上的坞垒，为一遗弃的古时遗址，不复人居。戴延之是否攀援而上，亲见檀山坞垒，尚是疑问。所以不能据檀山上有坞垒，就称当时民众坞聚于山上。

桃林、桃原究竟在何处？郭缘生《述征记》说："全节，地名也。其西名桃原，古之桃林，周武王克殷，休牛之地矣。"②桃林之地名，见于《尚书·周书·武成》："乃偃武修文，归马于华山之阳，放牛于桃林之野，示天下弗服。"孔氏传："桃林在华山东。"孔颖达《正义》："杜预云：'桃林之塞，今弘农华阴县潼关是也。'"③司马贞《史记索隐》卷一五："按：晋灼云'在弘农南阌乡南谷中。'应劭《十三州记》'弘农桃丘聚，古桃林也。'《山海经》云：'夸父之山，北有桃林，广三百里'也。"高士奇《春秋地名考

---

① 《京都大学藏钞本水经注疏》，卷十五，辽海出版社，2012年，页734。
② 《水经注校证》卷四，中华书局，2007年，页109。
③ 清嘉庆刊本《十三经注疏》卷第十一，中华书局，2009年，页390。

略》卷四"桃林之塞"条云"……《三秦记》曰：'桃林长安东四百里。'考潼关去长安东三百里，更加百里，则为阌乡之境。《元和志》曰：'虢之阌乡东南十里有桃原，武王放牛桃林之处。陕之灵宝又有桃林塞在焉。'盖秦中自华而虢，自虢而陕，而河南，中间千里，古立关塞有三：在华阴者，潼关也；自潼关东二百里至陕州灵宝县，则秦函谷关也；自灵宝县东三百余里，至河南府新安县，则汉函谷关也。王氏曰：'自灵宝以西，潼关以东，皆曰桃林。自崤山以西，潼津以南，通称函谷。'然则桃林、函谷，同实异名。"①据此可知，桃林地域辽阔，不是某一处具体城邑或乡村，自灵宝以西，潼关以东，皆称桃林。在此绵延数百里的地域中，绝无可能存在《桃花源记》所写"落英缤纷"之景色。再者，北方寒冷，节候较晚，二三月早春时节，恐不会有桃花盛开的美景。

戴延之大致行踪已见上文考证。刘裕于义熙十二年十月至洛阳，则遣戴溯洛水源头亦在其时。自洛阳溯洛水至檀山五百余里，又是逆水行舟，恐无两个月时间不办。而此时正值冬天，非桃花盛开季节。王镇恶、檀道济为北伐军前锋。义熙十三年二月，王镇恶前军渑池。戴延之既是刘裕参军，不会随前锋王镇恶。此年四月，刘裕在洛阳行视城堑。五月，尚在洛。八月，刘裕至阌乡。即或如晋灼所说，"桃林在弘农南阌乡谷中"，而桃林也确有桃树，然八月亦非桃花开放季节，戴延之无由得见桃花。故若称戴随晋军前锋于春二三月之时，值桃花开放，事实上不论是时节还是戴的行踪，都看不到桃花开放，更何况桃林未必有桃树。

戴延之自洛阳至长安途中，是否看到过如《太平御览》卷四

---

① 高士奇《春秋地名考略》卷四，文渊阁《四库全书》本，页77—78。

二引《地理志》记载的邹县之北的峄山——俗谓之"峄孔"一类的地形地貌？此问题根本无从考索。即使有"石间有孔穴，洞达相同"的地形，亦必在人迹罕至的深山之中。戴延之随北伐大军而进，戎马倥偬，固然遵刘裕之命溯洛川而上，但其目的在于探究水军可达之处，不会远离洛水，探幽访奇。若称郗鉴永嘉年间带领乡曲逃入"峄孔"，与"山有小口"的桃花源相似，则未免牵强。

《水经注》卷四《河水篇》引《周固记》曰："开山东首上平博，方可里余。三面壁立，高千许仞。汉世祭天于其上，名之为皇天原。"①此段文字接于"风陵"，即戴延之《西征记》所称"风缬者"之后，故《周固记》所说之皇天原，怀疑戴延之足迹未尝至②。退一步说，即使戴履迹皇天原，可是，"平博方可里余，三面壁立，高千许仞"的峻峰之中之小小谷地，与武陵渔人所见之"豁然开朗"、"土地平旷"之景象也了不相似。

综合以上分析，可见寅恪先生疑心《桃花源记》之作，乃取材于间接或直接得知戴延之等从刘裕入关途中之所见闻的论点，不论是桃林、桃花，还是檀山坞、皇天原，皆无确凿证据，故其《桃花源记旁证》引起一些学者的质疑，乃是很自然的事。

寅恪先生又认为桃花源先人所避之秦乃苻秦，而非嬴秦：

> 所谓避秦人之子孙亦桃原或檀山之上"坞聚"中所居之人民而已。至其所避之秦则疑本指符坚之苻秦而言，与始皇、胡亥之嬴秦绝无关涉。

---

① 《水经注校证》卷四，中华书局，2007 年，页 108。
② 陈寅恪《桃花源记旁证》"补记一"：《匡谬正俗》七"黄巷"条云："又戴延之《西征记》曰：'皇天固去九原十五里。'"按，若戴延之亲至皇天原，必有历史掌故或彼处风物之记载。故仅凭此方位之简单记录，似不能遽断定戴亲见皇天原。

　　为了证实"避苻秦"说，寅恪先生举《晋书》卷一一二《苻生载记》叙苻秦亡时民不聊生、人皆流散的史实。然苻生暴虐，在位二年便被杀。继起的苻坚是五胡十六国时少见的有为之主。苻坚前期，史称"盗贼止息，请托路绝，田畴修辟，帑藏充盈"，"关陇清晏，百姓丰乐，自长安至于诸州，皆夹路树槐柳，二十里一亭，四十里一驿，旅行者取给于途，工商贸贩于道。百姓歌之曰：'长安大街，夹树杨槐。下走朱轮，上有鸾栖。英彦云集，诲我萌黎。'"①是当时中国北方难得一见的安定之地。前秦亡后，姚兴、姚泓父子为后秦，姚兴前期关中也较为安定。《晋书》一一九《姚泓载记》史臣评曰："取汾绛，陷许洛，款僭燕而藩伪蜀，夷陇右而静河西，俗阜年丰，远安迩辑，虽楚庄、秦穆何以加焉！"到后期才"储用殚竭，山林有税，政荒威挫"②。前秦苻坚之亡至刘裕入关，不过三十余年。然《桃花源记》中避乱之人"自云先世避秦时乱，率妻子邑人，来此绝境，不复出焉，遂与外人隔绝。问今是何世，乃不知有汉，无论魏晋"；又《桃花源诗》云："嬴氏乱天纪，贤者避其世"，"奇踪隐五百"③。所避之秦乃嬴秦，非苻秦明矣。

　　《桃花源记》中秦人子孙亦非北方之桃源或檀山之上"坞聚"中所居之人民。关于桃源、桃林之所在及地域范围，上文已言及，乃指灵宝以西、潼关以东的广大地区。故若称桃源、桃林之居人皆为避苻秦之人，恐不合情理。檀山固是戴延之等溯洛水而返之处，彼地人民见戴等舟至，相引聚于水侧而观，说明檀山居民并不居于四绝孤峙的"檀山坞"，而居洛水两岸，汲水

---

① 《晋书》卷一一三，中华书局，1974年，页2888、2895。
② 《晋书》卷一一九，页3018。
③ 《陶渊明集校笺》卷六，页467—468。

便利。"檀山坞"很可能是古代的军事堡垒。檀山居民并非避秦人。

综上所论，寅恪先生此文的结论谓"真实之桃花源在北方之弘农，或上洛，而不在南方之武陵"；"真实之桃花源居人先世所避之秦乃苻秦，非嬴秦"；"桃花源记实之部分乃依据义熙十三年春夏刘裕率师入关时戴延之等所闻见之材料而作"。窃以为都难以信从。

唐长孺先生曾质疑过寅恪先生的结论，以为"似乎还缺乏足够的证据"，又说："檀山坞"、"皇天坞"等只能说其地曾建军事防御性的小城，不能断言为避难者入山所筑，或曾保聚之处，更不能由桃林之名偶合而断定为桃花源的真实所在地。唐先生又说："我们认为桃花源的故事本是南方的一种传说，这种传说晋宋之间流行于荆湘，陶渊明根据所闻加以理想化，写成了《桃花源记》，但闻而记之者不止渊明一人。"①唐先生的见解值得重视。

二

寅恪先生的结论虽然证据不足，难以信从，但他探微索隐、触类旁通，道人之未曾道，见人之未曾见的治学方法与高境界，终究常人莫及。《桃花源记旁证》一文的有些见解极有价值，比如说"《桃花源记》寓意之文，亦记实之文"，称旧题陶潜撰的《搜神后记》不能断定全书为伪托，又说《搜神后记》中《桃花源记》，"实陶公草创未定之本，而渊明文集之《桃花源记》，则其增修写

---

① 详见唐长孺《读〈桃花源记旁证〉质疑》，见唐长孺《魏晋南北朝史论续编》(《唐长孺文集》)，中华书局，2011年，页185，186。

定之本"。

《桃花源记》之文体属于六朝志怪小说，这已经成为许多文学史研究者的共识。关于六朝志怪小说的本质，鲁迅先生以为非有意为小说，演进至唐代，才有意为小说，并引胡应麟《笔丛》三十六："变异之谈，盛于六朝，然多是传录舛讹，未必尽设幻语。至唐人乃作意好奇，假小说以寄笔端。"指出六朝志怪小说"多是传录舛讹"，即多记录怪异变化之事，不是有意虚构以寄意。但鲁迅先生在后文又说："幻设为文，晋世固已盛，如阮籍之《大人先生传》、刘伶之《酒德颂》、陶潜之《桃花源记》《五柳先生传》皆是矣。然咸以寓言为本，文词为末。"①《桃花源记》既是记录异闻的志怪小说，又有"幻设为文"的成分。这就是寅恪先生所说的，"《桃花源记》寓意之文，亦记实之文也。"

《桃花源记》之记实，即是武陵人发现桃花源的传说。晋宋间流行着不少关于洞穴的异闻传说，保存在陶潜《搜神后记》、刘敬叔《异苑》等志怪小说中。例如《搜神后记》卷一除"桃花源记"、"南阳刘驎之"二则外，尚有多则记洞穴异闻：

> 嵩高山北有大穴，莫测其深，百姓岁时游观。晋初，尝有一人误堕穴中，同辈冀其觉不死，投食于穴中。坠者得之，为寻穴而行……半年许乃出蜀中。归洛下，问张华，华曰："此仙馆大夫，所饮者玉浆也，所食者龙穴石髓也。"②
>
> 会稽剡县民袁相、根硕二人猎，经深山重岭甚多。见一群山羊，六七头，遂经一石桥，桥甚狭而峻，羊去，根等亦随，渡向绝崖，崖正赤壁立，名曰赤城，上有水流下，广狭如匹

---

① 鲁迅《中国小说史略》，上海古籍出版社，2001年，页44。
② 李剑国辑校《搜神记辑校》，中华书局，2019年，页691。

布，剡人谓之瀑布。羊径有山穴如门，豁然而过。既入，内甚平敞，草木皆香。①

长沙醴陵县有小水一处，名梅花泉。有二人乘船取樵，见岸下土穴中水流出，有新斫木片，逐水流。上有深山，有人迹。樵人异之，相谓曰："可试入水中，看何由尔。"一人便以笠自障入穴，才容人。行数十步，便开明朗然，不异世上。②

尤其是"长沙醴陵县"一则，与《桃花源记》十分相似。

刘敬叔《异苑》卷一，有一则洞穴传说与《桃花源记》更相似：

元嘉初，武溪蛮人射鹿，逐入石穴，才容人。蛮人入穴，见其傍有梯，因上梯，豁然开朗，桑果蔚然，行人翱翔，亦不以怪。此蛮于路斫树为记，其后茫然，无复仿佛。

关于刘敬叔其人，《四库全书总目》考证云："敬叔《宋书》、《南史》俱无传。明胡震亨始采诸书补作之，称敬叔彭城人，起家小兵参军，元嘉三年为给事黄门郎，太始中卒。又称尝为刘毅郎中令，以事忤毅，为所奏免官。今案书中称毅镇江州，褊躁愈剧。又载毅妻为桓玄所得，擅宠有身，多蓄憾诋毁之词。则震亨之言当为可信。惟书中自称义熙十三年，余为长沙景王骠骑参军。以《宋书·长沙景王道怜传》考之，时方以骠骑将军领荆州

---

① 李剑国辑校《搜神后记辑校》，中华书局，2019年，页461。
② 《搜神后记辑校》，页463。

刺史，与敬叔所记相合，而震亨传中未之及，则偶疏也。"①唐长孺《读〈桃花源记旁证〉质疑》以为"刘敬叔与渊明同时而略晚，他当然能看到陶渊明的作品，然而这一段却不像是《桃花源记》的复写或改写，倒像是更原始的传说。我们认为陶、刘二人各据所闻的故事而写述，其中心内容相同，而异闻异辞"②。唐先生的看法符合事实。因为当时有关武陵一带洞穴的传说较多，流行也较广，所以陶、刘二人所闻也就各异。陶渊明于记实之外寄寓理想，刘敬叔则如实记录而已。作品的艺术价值由此分出优劣高下。

《搜神后记》、《异苑》之外，还有其他的文献保存武陵蛮人的传说。例如《水经注》卷三七"沅水"："沅南县西有夷望山，孤竦中流，浮险四绝，昔有蛮民避寇居之，故谓之夷望也。"③庾仲雍《荆州记》："武陵酉阳县南数里，有孤山，崖石峭拔，上有葱自成畦垄，拜而乞之，辄自拔，食之甚美。山顶有池，鱼鳖至七月七日皆出游。半岩中室中有书千余卷，昔道士之余经也。元嘉中有蛮人入此山，射鹿入石穴中，蛮人逐之。穴旁有梯，因上，即豁然开朗，别有天日。行数十步，桑果蔚然，阡陌平直，行人甚多。蛮人惊遽而出，旋削树记路，却结伴寻之，无复处所。"④"元嘉中有蛮人"以下文字，显然是改写《异苑》。《太平广记》卷一八"文广通"："文广通者，辰溪县滕村人也。县属辰州。沂州一百里，北岸次有滕村，广通居焉，本汉辰陵县，《武陵记》云：'广通以宋元嘉二十六年见有野猪食其稼，因举弩射中之。流血而走，

---

① 《四库全书总目》卷一四二，中华书局影印本，1965年，页1208中。
② 详见唐长孺《读〈桃花源记旁证〉质疑》，见唐长孺《魏晋南北朝史论续编》（《唐长孺文集》），中华书局，2011年，页187。
③ 《水经注校证》卷三七，页870。
④ 转引自唐长孺《读〈桃花源记旁证〉质疑》，《魏晋南北朝史论丛续编》，页188。

寻血踪，越十余里，入一穴中。行三百许步，豁然明晓。忽见数百家居止，莫测其由来。视所射猪，已归村人圈中……"①辰溪为武陵五溪之一，文广通射猪而入穴，豁然开朗，见数百家居止，不知其由来。这也与武陵人捕鱼而发现桃花源相似。

以上有关武陵一带别有洞天的传说，以及蛮人避寇入险绝之处的异闻，正是陶渊明创作《桃花源记》的丰富素材。魏晋南北朝时巫风大盛，鬼道愈炽，道教与佛教迅速传播，因而特多怪异灵变之谈。这一文化背景，是《搜神后记》、《异苑》一类志怪小说纷纷出现的根本原因。我们若考察志怪小说中有关洞穴的神异传说，则会发现它们大都与南方有关，如会稽、醴陵、武陵溪、衡山，尤以武陵地区最多。这种现象，当然同陶渊明、刘敬叔是南方人有关，但根本的原因，还是南方特殊的地理环境所致。中国南方的洞穴远比北方多而神奇，湘荆黔地区洞穴尤多。武陵特多别有洞天的传说，武陵又是蛮人的聚居地，而《桃花源记》的故事发生在武陵，这数者之间显然存在必然联系（详下文）。

以下我们对武陵蛮人的来源及与汉人的关系作一些考察。

武陵蛮的先世传说，充满原始、野蛮、怪诞的色彩。《后汉书》卷八六《南蛮西南夷列传》说：昔高辛氏有犬戎之寇，帝患其侵暴，而征伐不克。于是访募天下若有人能得犬戎之将吴将军头者，购黄金千镒，邑万家，又妻以帝之少女。时帝有一条毛色五彩之狗，名曰盘瓠，忽然衔人头造阙下。细看，乃吴将军头也。帝大喜，却拿不出赏赐此狗的合适办法。帝女闻之，以为帝皇下令，不可违信，因请为盘瓠之妻。盘瓠得女，负而走入南山，止石室中。三年后，生子十二，六男六女。盘瓠死后，自相夫妻。好入山壑，不乐平旷。武陵蛮，即盘瓠之后。李贤注："今辰州

① 《太平广记》卷十八，中华书局，1961 年，页 125。

卢溪县西有武山。黄闵《武陵记》曰:'山高可万仞,山半有盘瓠石室,可容数万人,中有石床,盘瓠行迹。'"李贤又注引干宝《晋纪》曰:"武陵长沙庐江郡,夷盘瓠之后也,杂处五溪之内。"①

　　夏商之时始,武陵蛮渐为边患。至秦昭王时,使白起伐楚,略取蛮夷,始置黔中郡。汉兴,改为武陵。后汉光武帝时,武陵蛮特盛,成为南方郡县严重的边患。汉蛮接壤地区,民族冲突不断,绵延数百年。《后汉书》中多有武陵蛮叛乱寇掠的记载。例如《后汉书》卷一《光武帝纪下》:建武二十三年(47)十二月,武陵蛮叛寇掠郡县。二十四年(48)七月,武陵蛮寇临沅。二十五年(49)三月,"伏波将军马援等破武陵蛮于临沅"②。《后汉书》卷七《孝桓帝纪》:延熹三年(160)十二月,"武陵蛮寇江陵,车骑将军冯绲讨,皆降散"。五年(162)冬十月,"武陵蛮叛寇江陵,南郡太守李肃坐奔北弃市"③。《后汉书》卷八《孝灵帝纪》:中平三年(186)冬十月,"武陵蛮叛寇郡界,郡兵讨破之"④。终东汉之世,武陵蛮叛寇不断,攻掠江陵、长沙等地。东吴时仍如此。《晋书》中却几乎不见武陵蛮叛寇的记载,只是在西晋末年,"天门、武陵溪蛮并反,(应)詹讨降之"⑤。至东晋,武陵蛮基本平定。究其蛮、汉民族冲突的原因,同赋税的沉重密切相关。例如后汉安帝元初二年(115),"澧中蛮以郡县徭税失平,怀怨恨,遂结充中诸种二千余人,攻城杀长吏"。顺帝永和元年(136),武陵太守上书,增加蛮夷租赋,以致澧中、溇中蛮反叛。⑥

① 《后汉书》,中华书局,1965年,页2829,2830。
② 《后汉书》页75—77。
③ 《后汉书》页307,311。
④ 《后汉书》页353。
⑤ 《晋书》卷七十,页1858。
⑥ 《后汉书》卷八六,页2833。

刘宋元嘉年间，"天门、溇中令宗侨之徭赋过重，蛮不堪命。十八年，蛮田向求等为寇，破溇中，虏略百姓"①。汉人与蛮人数百年的冲突，种姓不同固然是因素，但最主要的原因还是汉人政权沉重的赋税，使蛮人不堪重负而反抗。

武陵蛮的先世就喜居深山，不乐平旷。当被击败逃散之际，势必向深山更深处躲藏。夷望山的传说称"昔有蛮民避寇居之"，所谓"避寇"，很可能就是逃避州郡官府的搜捕追杀。

不仅武陵蛮人不堪徭役举兵反抗，汉人也有逃亡入蛮的情况。《宋书》卷九七《夷蛮传》说："蛮民顺附者，一户输谷数斛，其余无杂调，而宋民赋役严苦，贫者不复堪命，多逃亡入蛮。蛮无徭役，强者又不供官税，结党连群，动有数百千人，州郡力弱，则起为盗贼，种类稍多，户口不可知也。"②这里虽然说的是刘宋初年的情况，其实恐怕是常有的历史现象。《宋书·夷蛮传》后面说："有亡命司马黑石在蛮中，共为寇盗。"司马黑石，或许就是不堪赋役而逃入蛮中的宋民。入蛮后，与蛮人共同反抗。

史书上每每以"叛寇"、"寇盗"鄙称武陵蛮，似乎武陵蛮无端侵扰掳掠州郡。历史的真相恐怕并不如此。武陵蛮原本居在深山，无有徭役。州郡官府沉重的赋役，破坏了蛮人古来有之的生存方式，苦不堪命，势必起来反抗。上文言及西晋末应詹讨降天门、武陵蛮一事就颇能说明问题。蛮人背叛之因，盖在"时政令不一，诸蛮怨望"。应詹以仁术应对之："詹召蛮酋，破铜卷与盟，由是怀詹，数郡无虞。"③可见蛮人背叛是州郡无公信力，致其利益受损；若真诚待之，蛮人也懂得感恩，不会"蛮不讲理"。

---

① 《宋书》卷九七，页2396。
② 《宋书》卷九七，页2396。
③ 见《晋书》卷七十，页1858。

可惜州郡多视蛮人为"叛寇",动辄征讨杀伐。有压迫必有反抗。蛮人胜则劫掠,败者逃散山林,演绎成一部血腥的民族冲突史。《宋书·夷蛮传》史臣评论道:"……自元嘉将半,寇慝弥广,遂盘结数州,摇乱邦邑。于是命将出师,恣行诛讨,自江汉以北,庐江以南,搜山荡谷,穷兵馨武,系颈囚俘,盖以数百万计。至于孩年龀齿,执讯所遗,将卒申好杀之愤,干戈穷酸惨之用。虽云积怨,为报亦甚。张奂所云:'流血于野,伤和致灾。'斯固仁者之言矣。"①在"流血于野,伤和致灾"的残酷境遇中,蛮人唯有逃避于人迹罕至之处以求安宁。桃花源中避世人之先世,岂非不堪命之武陵蛮人欤?

关于桃花源中居人之先世问题的探讨,还有一种新奇的说法,以为桃花源中人乃秦昭王时戍役不归的秦兵后裔。王先谦《读吴宽斋尚书桃源记书后》一文解释桃源中人避秦时乱,很有新意,给人启示。他说:"《史记·秦本纪》昭襄王时,司马错定蜀,二十七年,错因蜀攻楚黔中,拔之,三十年,立黔中郡。《括地志》云:'故城在辰州沅陵县西二十里。'刘梦得《登司马错古城》诗自注:'秦时,错征五溪蛮,城在武陵沅江南。'是当日沅、澧左侧,皆秦兵威所至。吾意必有秦人戍役不归,寻幽选僻,相率聚居,若交阯、马流之比,而为之魁首,抑岂无一二奇杰,如卢生、徐市之流,知乱世未艾,号召部署,堑险自固,不与人境通。"②王氏据《史记》与刘禹锡诗,以为桃源中人乃秦昭王时戍役不归的秦兵后裔。虽属推测,颇合情理。历史上逃避战乱而避世者有之,戍役不归留居当地者亦有之。当然,王氏称秦昭襄

---

① 《宋书》页 2399。
② 王先谦《读吴宽斋尚书桃源记书后》卷十二,见北京师范大学中文系、北京大学中文系文学史教研室编《陶渊明资料汇编》,下册,中华书局,1962 年,页 358。

王时司马错征武陵蛮，时间比秦始皇乱天纪又提前了将近一百年，这与《桃花源记》及《诗》有矛盾。

至此，可以初步得出结论：桃花源中人之先世，最有可能是武陵蛮人，也有可能是逃避徭役的汉人。《宋书·夷蛮传》可以作为这一结论的依据。《桃花源诗》中"春蚕收长丝，秋熟靡王税"二句，隐藏着"蛮无徭役"的社会真相。至于王先谦以为桃花源中人乃是戍役不归的秦兵之后裔，虽不无合理性，但终究是猜测。

桃花源中人之先世为什么避入桃花源？寅恪先生从坞壁的角度立论，认为是避战乱。唐长孺先生则从逃避徭役的角度立论，以为桃花源中"所说的'秦时乱'，既不像后来的御用史学家以农民起义为'乱'，也不指刘、项纷争。在他的诗中开头就是'嬴氏乱天纪，贤者避其世'，显然是承用汉代以来'过秦'的议论，下面特别提到桃花源中人的生活是'春蚕收长丝，秋熟靡王税'，通篇没有一句说到逃避兵乱的话。由此可见，他所说的'乱'是指繁重的赋役"。唐先生的说法其实也不全面。原因是赋役背后必定是军事机器的支撑，而人民对抗徭役的手段不是请求——请求无用，最后也是武力起义。所以，"秦时乱"决不是仅仅是当时繁重的徭役引起人民的逃亡，必定包括战争的灾难。自商周以来南方蛮人与汉族政权的关系史，就是连绵不断的一部战争史。桃花源中人说"先世避秦时乱"，此"乱"之内涵，当然包括战争造成的社会动荡和人民的逃亡。至于桃花源社会没有豪强统率，没有用以御敌的堡垒，那是属于桃花源社会性质问题，不能据此就说桃花源中人之先世入桃花源仅仅是不堪徭役，与战争无关。《桃花源诗》说"嬴氏乱天纪，贤者避其世"，同样隐藏着武陵蛮人（包括汉人）逃避战乱的历史真实。

三

　　文学是地域的。不同地域决定着文学作品的不同内容、形式、审美特征。《桃花源记》属于中国南方的文学,它记叙的内容、风物、情调、色彩、美感类型,都是南方的。北方弘农或上洛的地理环境,不可能产生《桃花源记》那样的风物独特、境界迷离的作品。准确地说,《桃花源记》描写的地形地貌,具有武陵山水的典型特征:溪流清澈、花草鲜美、林木葱茏、洞穴奇异、山中谷地平旷。这样极具独特美感的山川景物,在北方的弘农或上洛都不存在。比如寅恪先生文章征引的《水经注》卷一五《洛水篇》记载的檀山坞,"其山四绝孤峙",无溪流,无洞穴。《水经注》卷四《河水篇》引《周固记》记载的皇天原,"平博方可里余,三面壁立,高千仞许",是高山夹峙中的小块平地,根本没有"豁然开朗,土地平旷,屋舍俨然"的景色。也无水源,不适宜人居。戴延之穷览洛川至檀山而返,当是水浅无法行舟之故,并无"林尽水源,便得一山"的曲折迷离。凡此,都可以说明《桃花源记》决不是描写弘农或上洛的地理风貌。假若当年羊长史由长安返回江州,真有与渊明言及所谓从戴延之那边听说的北方风物,陶渊明绝不可能写出《桃花源记》的奇美景物。合理的解释是:陶渊明因为熟悉武陵山川,才能真实地写出《桃花源记》中的溪流、桃花、芳草、林木、洞穴等景物的奇异迷人。

　　文学作品与地域有密切关系,郦道元的《水经注》提供了极佳的考察范例。《水经注》卷三七"澧水""沅水"二篇,真实和极有诗意的描写了武陵山水,这对于理解《桃花源记》的原型在武陵很有参照意义:

　　澧水东与温泉水会，水发北山石穴中，长三十丈，冬夏沸涌，常若汤焉。……澧水又东，九渡水注之，水南出九渡山，山下有溪，又以九渡为名，山兽咸饮此水，而径越他津，皆不饮之。九渡水北径仙人楼下，旁有石，形极方峭，世名之为仙楼。水自下历溪，曲折逶迤倾注。……武陵郡嵩梁山，高峰孤竦，素壁千寻，望之苕亭，有似香炉。其山洞开，玄朗如门，高三百丈，广二百丈，门角上各生一竹，倒垂下拂，谓之天帚。

　　辰水又右会沅水，名之为辰溪口。武陵有五溪，谓雄溪、樠溪、无溪、酉溪，辰溪其一焉。夹溪悉是蛮左所居，故谓此蛮五溪蛮也。……武水南流，注于沅。沅水又东，施水注之，水南出施山溪，源有阳欺崖，崖色纯素，望同积雪。下有二石室，先有人居处其间，细泉轻流，望川竞注，故不可得以言也。

　　沅水又东历临沅县西，为明月池、白璧湾。湾状半月，清潭镜澈，上则风籁空传，下则泉响不断。行者莫不拥楫嬉游，徘徊爱玩。沅水又东历三石涧，鼎足均峙，秀若削成。其侧茂竹便娟，致可玩也。又东带绿萝山，绿萝蒙幂，颓岩临水，实钓渚渔咏之胜地，其迭响若钟音，信为神仙之所居。①

　　武陵山水如此清幽、奇幻、迷离，五溪夹岸皆住蛮人，还有许多蛮人的远古传说，附丽于这片幽妙的山川之间。这种独特的地理和人文景观，才是产生《桃花源记》的最佳、最合适的土壤。陈寅恪先生《魏书司马叡传江东民族条释证及推论》一文说：

---

① 《水经注校证》卷三十七，页866—868。

"《桃花源记》所云：'武陵人捕鱼为业，缘溪行。'正是一篇溪族记实文字。"①《桃花源记》中"缘溪行"之溪，乃武陵五溪；渔人及桃花源中人，乃武陵蛮人。这应该是最接近真实的推论。

再有明人尹台《武陵精舍诗序》描写经武陵郡所见地理环境，同样有助于我们感性了解武陵桃源地区的山水之幽妙，从而印证《桃花源记》境界的迷离恍惚，是源自武陵山水的真实。他说："顷余奉使，自长沙入武陵，中间多崇岭曲溪，杂以美田高木，时迤逦迷所出往，窈然若晋人所称记者，不一而值焉。然后知斯地信天下山水幽奇诡闶之会也。"②中国南方千山万岭，由狭隘的山口进入，豁然而见土地平旷、溪水潺潺，这种地形并不罕见。不过，如武陵桃源地区沅水迷津幽妙，溪水环抱山峦，并有石峡小口，山重水复，杂以平畴美田，地貌景物相似难以分辨，迷茫从何来，往何去，这样一种非常独特的自然环境，在中国南方也是罕见的。《桃花源记》境界迷离恍惚，与武陵桃源何等相似。

如果说，郦道元的《水经注》描写武陵山水，可能带着文学作品的主观色彩，那么，我们看看现代的武陵地理报告，怎样科学地说明这块神奇的土地。武陵地理报告说：桃花源山川奇妙天然，有三大特征。一是多低丘陵地貌，因江河切割与冲积，升降交替，形成嶂山东南麓多条峡谷，峡谷之中有状如串珠的山间小盆地，盆地首尾山口狭隘，其势萦回束逼，远望仿佛若有光。进入狭隘山口，里面土地平旷，与外面隔绝，别有天地。二是水多迷津。沅水桃源段凌津滩以下，河床开阔，河水较浅，经长期砂石泥土的堆积，形成十多个江心洲。沅江水面分而合，合而

<hr />

① 见《陈寅恪史学论文选集》，页248。
② 《洞麓堂集》卷一，文渊阁《四库全书》本，页18。

分,出现几十里长的连环水网。不熟悉水道的舟楫到此,不知从何来,往何去,有《桃花源记》所谓"忘路之远近"的感觉。沅水之外,同现在的桃源景区相关的有三条溪流:夷望溪、水溪、斯罗溪,皆注入沅水。其中斯罗溪唐宋人称为桃花溪,今五柳湖中下段,原来是斯罗溪的咽喉地带,有两个"才通人"的石峡小口。第二个石峡小口,上接青山冲一片众山环拱的平畴。沅水、溪流、山洞,很像武陵人"林近水源,便得一山,山有小口,仿佛若有光。便舍船从口入,初极狭,才通人,复行数十步,豁然开朗,土地平旷,屋舍俨然"的景象。三是桃源地区山环水复,嶂山、黄闻山均由沅水及其支流、水溪环抱,溪水绕山,其间重峦迭嶂,自然标志不明显。①

《桃花源记》最有可能以武陵为原型,同陶渊明做桓玄的僚属有内在联系。晋安帝隆安三年(399)十二月,桓玄袭杀荆州刺史殷仲堪、南蛮校尉杨佺期,自领荆州、江州二州刺史。至隆安五年(401)冬,母孟夫人卒,渊明回寻阳居忧。大概二年多时间,渊明仕桓玄于荆州。武陵郡属荆州统辖,荆州治所江陵离桃源距离并不远,陆路仅有数百里。渊明在江陵二年多,是否一定到过武陵,史无明证。但也不能排斥曾去过武陵的可能性。原因是他"性本爱丘山",若得知武陵山水幽妙,离江陵又不远,去武陵走一遭应该不是难事。

即使渊明未到过武陵,他仍有机会听说武陵的山水之奇以及武陵人发现桃花源的传闻。

依据之一:江陵州府必有武陵蛮人的传闻。桓玄之父桓温经营荆州二十余年,僚属中有不少荆楚人。桓温卒后,有些故吏

---

① 以上内容取自中共桃源县委、县政府、桃花源文化研究会编的《桃花源志》(广州出版社,2001年3月)第二、三章,文字有改动。下同。

成为桓玄的僚属。① 桓玄本人在"荆楚积年,优游无事",不会不熟悉武陵风物。隆安初,荆州刺史殷仲堪命南蛮校尉杨佺期与桓玄同为讨伐江州刺史王愉的前锋。② 杨既是南蛮校尉,自然熟悉武陵蛮人的故事。由此不难推知,江陵州府有关武陵山水与武陵蛮人的传说必多。那么,陶渊明听闻武陵人发现桃花源亦在情理之中。

依据之二:陶氏家族与武陵蛮人颇有因缘。据《晋书》卷六六《陶侃传》,中朝末年,"刘弘为荆州刺史,将之官,辟侃为南蛮长史"。东晋初,陶侃援救荆州有功,王敦上表拜侃为使持节、宁远将军、南蛮校尉、荆州刺史。陶侃以江陵偏远,移镇巴陵,"遣咨议参军张诞讨五溪夷,降之"。陶侃之子称,曾为南蛮校尉。陶侃兄子陶臻,咸和中,为南郡太守,领南蛮校尉。③ 渊明曾祖父陶侃后封长沙郡公,陶氏一族之大宗徙居长沙。长沙毗邻武陵,陶氏宗族中人在武陵为官,或进入武陵听闻桃源一类异闻,当是情理之中事。从渊明《赠长沙公》诗判断,长沙公同渊明虽时移世疏,形同陌路,但寻阳之陶与长沙之陶仍有往来。渊明出仕彭泽令,就得到过家叔陶夔的帮助,证明渊明与陶氏宗族之间的联系。又宋邓名世《古今姓氏书辩证》叙陶氏世系云:"……逸生彭泽令、赠光禄大夫潜,潜生族人熙之,宋度支尚书。"④陶澍《陶靖节年谱考异》以昌邑《陶氏宗谱》辩证邓名世之书。昌邑《陶氏宗谱》残破不完,然有可究者一二。其中"十行曰'祖妣江夏孟氏,五男。'次行曰'十代祖熙之,南宋仕本州

---

① 《世说新语·夙惠》:"桓宣武薨,桓南郡年五岁。服始除,桓车骑与送故文武别,因指语南郡:'此皆汝家故吏。'"桓南郡即桓玄,父桓温卒,袭爵南郡公。

② 《晋书》卷九九,页 2587。

③ 《晋书》卷六六,页 1769,1770,1775,1780。

④ 邓名世《古今姓氏书辩证》,文渊阁《四库全书》本,922 册,页 123 上。

别驾,除武陵内史。'"①陶澍称不知此孟氏是渊明母,还是渊明
从弟敬远母;也不知此熙之是孟氏的第一代还是第二代,是渊明
的同母兄弟还是敬远的同母兄弟。其说固是。邓氏书云"潜生
族人熙之",此处恐有脱文。渊明有五子,名俨、俟、份、佚、佟,
见《责子》诗。故熙之必不在昌邑《陶氏宗谱》所载"五男"之
数。然"五男"紧接"江夏孟氏"之下,又次行"十代祖熙之",则
此"五男"可能为孟氏所生,熙之或许是"五男"之一。如此,熙
之为渊明或敬远的同母兄弟。若此判断成立,则渊明就有可能
从武陵内史熙之处得知武陵蛮人的情况以及武陵发现桃花源的
故事。即或此判断有误,渊明与长沙陶氏的联系当为事实。陶
侃本人及子陶称、兄子陶臻曾为南蛮校尉,而陶氏徙于长沙后已
有数世,又毗邻武陵,渊明又曾在江陵仕桓玄,凡此,都是渊明了
解并熟悉武陵的条件。

　　《桃花源记》中刘子骥欣然规往桃花源而未果的情节,是
作者寄托深远的一笔。在《搜神后记》里,刘子骥事紧接武陵
人发现桃花源之后。由此判断,渊明听闻这二件事可能在同
时,时间也最有可能在荆州任职期间。《晋书》九四《刘骥之
传》载:"车骑将军桓冲闻其名,请为长史,骥之固辞不受。冲尝
到其家,骥之于树条桑,使者致命,骥之曰:'使君既枉驾光临,
宜先诣家君。'冲闻大愧,于是乃造其父。父命骥之,然后方还,
拂短褐与冲言话。父使骥之于内自持浊酒蔬菜供宾,冲敕人代
骥之斟酌,父辞曰:'若使从者,非野人之意也。'冲慨然,至昏乃
退。"②桓冲乃桓温之弟,桓玄之叔父。桓冲曾请刘骥之为长史
之事,想必桓玄不会不知。骥之"居于阳岐,在官道之侧,人物来

<hr />

① 　陶澍《陶靖节年谱考异》,见许逸民《陶渊明年谱》,中华书局,1986 年,页 62,64。
② 　《晋书》,页 2448。

往,莫不投之。"①刘驎之是当时著名隐士,也是"结庐在人境",居于官道之侧,上至官府,下至普通民众,皆知其名。《世说新语·任诞》说,"桓车骑冲在荆州,张玄为侍中,使至江陵,路经阳岐村",张素闻驎之其名,大相忻待。据《晋书》卷九《孝武帝纪》:太元二年(377)十月,桓冲作荆州刺史,太元九年(384)二月卒于任上。张玄出师江陵晤刘驎之,当在此数年中。《世说新语·栖逸》:"南阳刘驎之,高率善史传,隐于阳岐。于时苻坚临江,荆州刺史桓冲将尽吁谟之益,征为长史,遣人船往迎,赠赆甚厚。驎之闻命便升舟,悉不受所饷,缘道以乞穷乏,比至上明亦尽。一见冲,因陈无用,翛然而退。"驎之在阳岐积年,而阳岐在长江之南,临江,去荆州郡治二百里。② 考阳岐在石首,《晋书》一五《地理志》:石首属荆州南郡。《太平御览》四九引《荆南记》云:"石首县阳岐山,本属南平界。"则阳岐较江陵距武陵桃源更近。

　　刘驎之在阳岐生活时间较长,虽是隐士,但家于官道之侧,与外界有广泛接触。驎之生卒年不知,据桓冲死于太元九年推测,驎之之死可能在桓冲卒后,大概是太元十年(385)之后了。疑心驎之往衡山采药事,很可能在桓冲卒后。驎之在阳岐时间长,声名远播,有关他的传闻自然也多。渊明闻知刘驎之事的途径,除桓玄之外,尚有叔父陶夔。陶渊明《晋故征西大将军长史孟府君传》曰:"光禄大夫南阳刘耽,昔与君同在温府,渊明从父太常卿夔尝问耽"云云,③据此,陶夔与南阳刘耽通家世好。又《晋书》卷九四《刘驎之传》曰:"刘驎之子子骥,光禄大夫(刘)耽之族也。"④再者,刘耽为桓玄岳父。《晋书》卷六一《刘耽

①　《晋书》,页2448。
②　见《世说新语·任诞》刘孝标注。
③　《陶渊明集校笺》(修订本),上海古籍出版社,2011年,页436。
④　《晋书》,页2447。

传》："桓玄，耽女婿也。及玄辅政，以耽为尚书令，加侍中，不
拜，改授特进、金紫光禄大夫。"①故渊明可从陶夔处，也可以从
桓玄处，间接得知昔年刘骥之往衡山采药事。

　　《桃花源记》最后写到刘子骥闻武陵渔人入桃源，"欣然规
往，未果，寻病卒"。这段记载是否真实？我以为是真实的。
《太平御览》卷五〇四引《晋中兴书》：刘骥之"好游山泽，志在
存道，常采药至名山，深入忘返"。骥之既然好游山泽，采药远
至衡山，所居阳岐去武陵郡治及沅江一带不远，不可能不涉足。
如今听闻武陵渔者事，欣然规往完全在情理中。所以，我以为刘
骥之欲寻桃源事，并非虚构。

四

　　陶渊明的《桃花源记》最早以志怪述异的文学样式，描写了
武陵桃花源，寄寓了向往自由世界的理想。《桃花源记》的深
刻寓意，迟至宋代才被解读出来。因这问题与本文论旨无关，
故不论。

　　桃花源在武陵，是历史上的主流看法。这一看法的形成并
巩固，同唐人有莫大关系。换言之，桃花源在武陵的共识，与唐
人热情向往桃花源，寻找桃花源，咏唱桃花源密切相关。武陵、
桃花源、仙源，在唐人的观念中密不可分，从而形成意义更广泛
的"桃源文化"。唐代诗人孟浩然、王维、李白、王昌龄、张旭、包
融、刘长卿、刘禹锡、韩愈……无不吟唱桃源。这些数量不小的
诗篇，隐含着"桃花源在武陵"的许多讯息。这些讯息主要由两
种文化形态表现出来：一是宗教，一是文学。

---

① 《晋书》，页1676。

　　宗教主要是道教,尤以桃源的道观为代表。《(嘉靖)常德府志》载:"桃源观,县西南二十八里,晋人建。"①此"晋人",当是东晋人,然具体年代不可考。桃源观是桃源地区最古老的道观,观名"桃源",有可能源于陶渊明的《桃花源记》,也有可能在《桃花源记》问世之前,桃源观即已存在。《搜神后记》中《桃花源记》,称武陵捕鱼人名黄道真,而"黄氏乃溪洞显姓","道真之名颇有天师道色彩"。②则东晋时武陵五溪或已流行天师道。那么,桃源观存在于《桃花源记》问世之前并非没有可能。至唐人多视桃花源为仙源,而传说在桃源观有上升成仙者。如此,原本不相涉的桃花源与武陵道观,在唐人的观念中相混而为仙境。

　　以下举二首唐诗说明之。

　　盛唐诗人王昌龄《武陵开元观黄练师院》:

　　　　先贤盛说桃花源,尘忝何堪武陵郡。闻道秦时避地人,至今不与人通问。

　　王昌龄晚年贬龙标。龙标属叙州,汉为武陵郡,隋于此置辰州。③诗云"先贤盛说桃花源,尘忝何堪武陵郡",可知在王昌龄之前,武陵郡之桃花源,先贤已是"盛说"了。既称"先贤盛说",那么此"先贤"应当不是指写作桃花源记的陶渊明,而是指渊明以后的"先贤"。所以这二句可证明桃花源在武陵,在唐人来说是根本无疑问的,乃是古已有之的旧说,不成问题的问题。后二句即用《桃花源记》的典故。诗题"开元观",或许就是晋时的桃

----

① 转引自中共桃源县委、县政府、桃花源文化研究会编的《桃花源志》,页46。
② 详见陈寅恪《魏书司马叡传江东民族条释证及推论》,载《陈寅恪史学论文选集》,页249。
③ 见《元和郡县志》卷三一,文渊阁《四库全书》本。

源观；黄练师，当是溪族豪姓黄道真的后裔。

中唐诗人李德裕《尊师是桃源黄先生传法弟子常见尊师称先师灵迹今重赋此诗兼寄题黄先生旧馆》：

> 后学方成市，吾师又上宾。洞天应不夜，源树只如春。
> 棋客留童子，山精避直神。无因握石髓，及与养生人。①

从诗题和作者自注可知，尊师——茅山观道士，乃是武陵桃源观黄先生传法弟子。诗云："洞天应不夜，源树只如春。"作者自注："此并述桃源事。"桃源在武陵，桃源观练师黄先生，桃花源是仙境，唐人的这些观念在李德裕这首诗中再次被证实。

因陶渊明笔下的武陵桃源被唐人理解为扑朔迷离的异境，令人产生无限遐想，有些人遂不远千里寻觅桃花源。这一文化现象，在唐诗中得到充分反映。

李白《奉饯十七翁二十四翁寻桃花源序》说："二翁耽老氏之言，继少卿之作，文以述大雅，道以通至精。卷舒天地之心，脱落神仙之境。武陵遗迹，可得而窥焉。问津利往，水引渔者，花藏仙溪，春风不知。从来落英，何许流出。石洞来入，晨光尽开。有良田名池，竹果森列。三十六洞，别为一天耶？今扁舟而行，笑谢人世，阡陌未改，古人依然。白云何时而归来，青山一去而谁往？诸公赋桃源以美之。"②二翁当是隐逸者流，买舟往寻桃花源。文中"武陵遗迹"以下一段，显然是《桃花源记》的改写。

李白《博平郑太守自庐山千里相寻入江夏北市门见访却之武陵立马赠别》诗最后四句云："去去桃花源，何时见归轩？相思

---

① 《会昌一品集·别集》卷四，文渊阁《四库全书》本。
② 王琦注《李太白全集》，中华书局，1977 年，页 1257。

无终极,肠断朗江猿。"①郑太守去武陵不知何事,出游也有可能。武陵、桃源、朗江,②显然,在李白观念中,桃花源在武陵确切无疑。

送人游武陵桃源的诗还有刘长卿《送郭六侍从之武陵郡》诗:"尝爱武陵郡,羡君将远游。空怜世界迫,孤负桃源心。洛阳遥想桃源隔,野水闲流春自碧。花下常迷楚客船,洞中时见秦人宅。"郭六侍从由洛阳远往武陵,为的是寻访桃花源。诗人爱武陵,也十分向往桃花源,故曰"羡君"。后面"洛阳遥想桃源隔",更见出桃源异境,常存心中。唐人向往武陵、寻访桃源的文化心理由此可见。

包融《武陵桃源送人》则写送人出桃源:"武陵川径入幽遐,中有鸡犬秦人家。先时见者为谁耶?源水今流桃复花。"

刘禹锡《游桃源一百韵》,是以"桃源行"、"桃源篇"、"武陵行"为题的一类记游诗中的杰作,是唐人以为桃源在武陵,桃源是仙境这一共识的最佳佐证。刘禹锡曾贬官朗州,朗州即古之武陵郡,治所在今常德市。桃源近在咫尺,得以常游。《游桃源一百韵》详细描写沅江、回流、绝巘、水面空明、烟岚堆积,然后咏《桃花源记》,再以更多的篇幅写桃源的道教氛围。

其他诗人咏桃源的诗如武元衡《桃源行》、《桃源洞》,杜牧《酬王秀才桃花源见寄》,段成式《桃源僧舍看花》,司空图《武陵路》,释皎然《晚春寻桃源观》等等。这些诗篇反映出唐代诗人如何接受《桃花源记》,以及当时桃花源的浓厚的道教气息。经过唐人的不断咏唱,桃源在武陵遂成不可改易的事实,源于《桃

---

① 《李太白全集》,页579。
② 王琦注《李太白文集》引《方舆胜览》:"朗水,在常德府武陵县,其水西南自辰、锦州入郡界,经郡城入大江,谓之朗江。"

花源记》的"桃源文化"得以确立。

五

由以上推论，本文得出以下结论：

一，桃花源之原型，不在北方弘农或上洛，而在南方武陵郡治之桃源（今常德市桃源县）。《桃花源记》之境界，乃武陵山川之真实写照再加以理想化。

二，《桃花源记》中武陵渔人，为武陵五溪之蛮人。

三，桃花源中人之先世，乃避战乱及繁重徭役之武陵蛮人，亦包括不堪徭役之汉人。

四，陶渊明有可能亲至武陵。

五，陶渊明间接得知刘骥之欲规往桃花源事。

六，唐人有关桃源的诗文，是桃花源在武陵的有力佐证。

（本文原载《天中学刊》2015 年第 6 期）

陶集《五孝传》、《四八目》
真伪考辨

一

梁代萧统编陶集八卷本，无《五孝传》、《四八目》（即《集圣贤群辅录》）①两篇。北齐阳休之编陶集十卷本，有此两篇。两种陶集不同，后世遂有《五孝传》、《四八目》真伪的疑问及争论。

为使读者了解这桩公案的起源，有必要大致了解陶集的版本源流。关于陶集的源流，近代有日本学者桥川时雄、中国学者郭绍虞《陶集考辨》两种著作，考镜源流，最为详备，学者甚重之。

本文不再重复叙述历史上曾出现的各种陶集的起源与演变，而只是注意那些与《五孝传》、《四八目》有关的陶集及叙录。

一个最初的问题是：陶渊明生前，有否自己编定的陶集？有人说有，有人说无。说有者的依据是渊明《五柳先生传》说：

① 汲古阁陶集于《集圣贤群辅录》上篇题下注："一曰《四八目》。"按，《史记》卷五五考证："陶潜《四八目》即《圣贤群辅录》别名。《四八目》盖所载如四佐、四凶，八元、八恺之类，四与八居多，后人遂呼之为'四八目'耳。"

"尝著文章自娱,颇示己志。"还有《饮酒》二十首序说:"……既醉之后,辄题数句自娱。纸墨遂多,辞无诠次,聊命故人书之,以为欢笑耳。"既然命故人书写诗篇,也就有了编辑的意味。桥川时雄则以为渊明著文章自娱,"并不足以为陶公自定集本之佐证",陶公生前未有自定本①。我以为桥川时雄的看法是符合实际的。渊明写诗作文是"自娱",不像今人一样十分在乎传世留名。而"纸墨遂多,辞无诠次",说明渊明生前不曾着意整理和编辑自己的作品。在现存的陶渊明诗文中,也找不到作者编集的半点证据。

那么,编辑陶集始于何时? 编辑者又是谁? 上面二个问题也无明确的答案。齐梁时的大学者沈约作《宋书·陶潜传》,采用渊明的《五柳先生传》、《归去来兮辞》、《与子俨等疏》、《命子》诗等四篇重要作品,并说渊明"所著文章,皆题其年月,义熙以前,则书晋氏年号,自永初以来,唯云甲子而已"。桥川时雄说:"沈约《宋书·陶传》中所载诗文,恐是因约亲见当时行世之陶集而记述之者"。这种推测不无道理,因为不论是诗文集目录中,或者是诗文题目上的"年号"、"甲子",显然是经过整理、编排才有的形态。沈约生于宋文帝元嘉十八年(441),距渊明之卒元嘉四年(427)不足二十年。南齐永明五年(487),沈约奉命修撰宋书,距渊明之卒,也只有六十年。据此推断,陶集的编定,在渊明卒后几十年间。至于陶集的最初编辑者究竟是谁,无由得知。沈约看到的陶集中有否《五孝传》、《四八目》,同样难知。

随着陶渊明诗文广泛流播,陶集的版本多起来了。在梁代

---

① 桥川时雄《陶集版本源流考》(《雕龙丛钞》之一)第一节"论陶集自定本之有无"。文字同盟社,1931 年。

萧统之前,出现陶集六卷本、八卷本。大约在梁武帝大通元年(528),萧统编《文选》的同时,编陶集八卷本。萧统之卒大约六十年后,北齐阳休之编陶集十卷本①,收录了《五孝传》和《四八目》。可以考见陶集编辑的最初面貌的文选,是萧统《陶渊明集序》及阳休之《陶集序录》,而尤以后者更有价值。

阳休之《诸本叙录》说:"余览陶潜之文,辞采虽未优,而往往有奇绝异语,放逸之致,栖托仍高。其集先有两本行于世,一本八卷,无序;一本六卷,并序目,编比颠乱,兼复阙少。萧统所撰八卷,合序目诔传,而少《五孝传》及《四八目》,然编录有体,次第可寻。余颇赏潜文,以为三本不同,恐终至亡失,今录统所阙并序目等,合为一帙,十卷,以遗好事君子。"②这段文字,保存着《陶集》问世之初的多重密码。一是可知阳休之之前《陶集》有三本,先前行世有八卷本、六卷本两本,八卷本无序,六卷本"编比颠乱",且不全。萧统八卷本少《五孝传》及《四八目》,但"编录有体,次第可寻",品质较高。二是阳休之十卷本是合先前的三卷本为一本,录萧统所阙,主要是录萧统八卷本所阙的《五孝传》及《四八目》。由此可知二点:一,《五孝传》、《四八目》,收录在八卷本而非六卷本中,因为"六卷本'编比颠乱',且不全"。"不全"者,当包括阙失《五孝传》、《四八目》。二,六卷本、八卷本的年代在梁之前,然不知何人编辑。

再读萧统《陶渊明集序》:"余爱嗜其文,不能释手,尚想其德,恨不同时,故更加搜求,粗为区目。"由"更加搜求"一语推

①　参考桥川时雄《陶集版本源流考》:"据《北齐书·阳休之传》,武平六年(582),除正尚书右仆射,阳休之编成陶集,似在其时。"第二节"论齐梁隋唐各本之编次"。

②　陶澍《靖节先生集注》卷首《诸本序录》。见拙著《陶渊明集校笺》(典藏本)附录一,上海古籍出版社,2018年,页661。

断，萧统曾搜求过渊明遗文。一般来说，著名作家的作品，从收集到整理往往经历较长的岁月；何况在印刷术还未发明的古代，知识的传播途径只有手抄和言说，速度又慢。陶渊明诗文在刘宋初已开始流传，距梁初虽已有百年，但遗落人间者尚有，否则萧统不会"更加搜求"。即使广加搜求，却仍少《五孝传》及《四八目》。由此产生一个疑问：依常理推测，陶渊明诗文必由江南渐渐流传至江北。《五孝传》、《四八目》存于天壤之间，必然先在江南，再流传至江北。为什么北方的阳休之能见到《五孝传》及《四八目》，江南的萧统却反而搜求未见？再有，萧统的年代早于阳休之，为何早者搜求不到，反而晚者得到了？

上述疑问有两种解释：

一，萧统确实搜求未见。萧统短命，刚过而立之年即告别人世，编辑《陶渊明集》时，大概二十多岁。阳休之寿长，于隋开皇二年（582）卒，年七十四。虽年少萧统仅十年，却在萧统死后有五十年时间阅世、读书、著述。萧统当年未见《五孝传》、《四八目》，阳休之见到了，这并非不合情理。

二，萧统搜求已见，但不编入《陶集》。鄙意以为这种解释更为合理。据阳休之《陶集序录》，"先有两本行于世"。此两本《陶集》成于何人，编于何时，皆不可考。然体会其叙述次序，两本陶集当先于萧统八卷本。据鲍照有《学陶彭泽体》诗，而鲍照生活年代稍后于陶渊明，说明渊明故世不久，他的诗文就开始流传，并引起作家的仿效。至南齐，著名诗人江淹模拟陶诗，作《拟陶徵君田居》，风格逼近陶诗，几可乱真。江淹距渊明之卒，不过数十年间事，也说明陶诗流布渐广，深受时人喜爱。由此种文学现象推测，阳休之见到的先行于世的两本《陶集》，当编成于渊明逝世不久。既然阳休之见到此两本《陶集》，萧统必定也会见到，意味着他不会不知八卷本中有《五孝传》、《四八目》。

可是他编陶集，为什么不取这二篇呢？

鄙意以为萧统八卷本不编入《五孝传》、《四八目》，不是他未见，而是同他对陶渊明作品的审美评价有关。萧统高度赞美渊明之文，说："其文章不群，词采精拔，跌荡昭章，独超众类，抑扬爽朗，莫之与京。横素波而傍流，干青云而直上。语时事则指而可想，论怀抱则旷而且真。"综观萧统选录前代文学作品，历来注重作品本身的文学价值。特出的例子是他编辑《文选》，选录作品的重要标准是"事出于沉思，义归乎翰藻"——既有精心构思，又文采斐然。反观《五孝传》及《集圣贤群辅录》，纯是抄录古书，既非"事出于沉思"，亦非"义归乎翰藻"。读之乏味，与"文章不群，辞采精拔"相去太远。盖萧统以为此两篇不美，与渊明其他文章不伦不类，故删而去之。

宋人曾集抄录陶渊明诗文为一编，作序说："去其卷第与夫《五孝传》以下《四八目》杂著，所为犯是不韪，非敢有所去取，直欲嚅哜真淳，吟咏情性，以自适其适，尚庶几所谓遣驰竞之情，祛鄙吝之心者，虽以是获罪世之君子，亦不辞也。"曾集刻《陶集》，删去《五孝传》、《四八目》，乃出于"直欲嚅哜真淳，吟咏情性，以自适其适"的原因。盖《五孝传》、《四八目》这些杂著，不具有美感，不能使人获得情性上的适意，故曾集甘冒天下之大不韪，去除《五孝传》、《四八目》，虽获罪世之君子亦不辞。若以曾集之言，可以很好地解释萧统为什么不收《五孝传》、《四八目》的原因。这二篇既无文学的情感性，又无文章的藻饰之美，删之可也。

萧统《陶渊明集序》又说"更加搜求，粗为区目，白璧微瑕，惟在《闲情》一赋"。可见萧统对于渊明作品作过严格审视。阳休之《陶集序录》称萧统八卷本"编录有体，次第可寻"。有体之"体"，义指区分，分别。《墨子·经上》："体，分于兼也。"孙诒让《闲诂》："盖并众体则为兼，分之则为体。"故从整体中区分称为体。《五孝传》、《四八目》绝大多数是抄录古书中的人物，特别是《四八目》，简单介绍人物的事迹和品题，无有人物传记的味道。算不上是作家构思的文学创作，能归什么文体呢？故萧统编陶集，剔除《五孝传》及《四八目》。如果从文体区分来看，确实"编录有体，次第可寻"。

萧统陶集八卷本和阳休之陶集十卷本，从此成为陶集版本的两大源流。北宋宋庠《私记》说："有八卷者，即梁八卷者，即昭明太子所撰，合序传诔等在集前，为一卷，正集次之，亡其录。有十卷者，即阳仆射所撰……其序并昭明旧序诔传合为一卷，或题曰第一，或题曰第十，或不署于集端，别分《四八目》，自《甄表状》杜乔以下为第十卷，然亦无录。"①后世重要的陶集版本，源于萧统本的，或八卷，或七卷，少《五孝传》及《四八目》；源于阳休之本的，皆为十卷，有《五孝传》、《四八目》二篇。

二

《陶集》虽有萧统八卷本、阳休之十卷本两大源流，或有或无《五孝传》、《四八目》。然千年流行，并行不悖。有《五孝传》、《四八目》者，以为此二篇出于渊明手笔。无此二篇者，亦不以为非渊明作，只是认为无关吟咏性情，故不收录。可是，到了清乾隆年间编《四库全书》，馆臣纪昀等作《四库总目提要》，始黜阳休之所编陶集十卷本，而是萧统八卷本，说："昭明太子去潜世近，已不见《五孝传》、《四八目》，不以入集，阳休之何由续得？

---

① 陶澍《靖节先生集注》卷首《诸本序录》。见拙著《陶渊明集校笺》（典藏本）附录一，页661。

且《五孝传》及《四八目》所引《尚书》,自相矛盾,决不出于一手,当必依托之文,休之误信而增之。以后诸本虽卷帙多少、次第先后各有不同,其窜入伪作,则同一辙,实自休之所编始。庠《私记》但疑八儒、三墨二条之误,亦考之不审矣。《四八目》已经睿鉴指示,灼知其赝,别著录于子部类书而详辨之,其《五孝传》文义庸浅,决非潜作,既与《四八目》一时同出,其赝亦不待言,今并删除。惟编潜诗文,仍从昭明太子为八卷。虽梁时旧第,今不可考,而黜伪存真,庶几犹为近古焉。"①纪昀等又举《陶集》与《圣贤群辅录》矛盾之处及《五孝传》所引经籍句读的不同,并再次"仰承圣训",断言《五孝传》及《四八目》是伪作:"唐宋以来,相沿引用,承讹蹈谬,莫悟其非……始蒙睿智高深,断为伪托。"又称《四八目》、《五孝传》是休之所增,萧统序称深爱渊明其文,故加搜校,"则八卷之外,不应更有佚篇,其为晚出伪书,已无疑义。且集中《与子俨等疏》称子夏为孔子四友,而此录四友乃为颜回、子贡、子路、子张。又《五孝传》引'孝乎惟孝友于兄弟'之文,句读尚从包咸注,知未见《古文尚书》。而此录'四岳'一条,乃引孔安国传,其出两手,尤自显然。"②

《四库总目提要》断言《五孝传》及《四八目》是伪作,颇有人信从之。陶澍集注陶集十卷本,赞同《四库总目提要》说《五孝传》、《四八目》是伪作的结论,但处理比较灵活,并不删去这二篇。郭绍虞《陶集考辨》则称:"此《五孝传》、《四八目》二种,原非陶氏所选,《四库全书总目》辩之甚明。"③至逯钦立《陶渊明集校注·例言》,附和《四库总目提要》称《五孝传》、《四八目》

① 《四库总目提要》卷一四八集部别集类一,中华书局影印本,1965年,页1274上。
② 《四库总目提要》卷一三七子部类书类存目一,页1160上。
③ 郭绍虞《陶集考辨》,载《燕京学报》,1936年,页25—84。

是伪作的证据之外，又举《陶集》中的其他例子："又集中称'商山四皓'，率举黄公和绮里季夏为代表(《饮酒》诗云："咄咄俗中愚，且当从黄绮。"《桃花源诗》云："黄绮之商山，伊人亦云逝。")，而此录四皓，乃断绮里季与夏黄公为名，并于夏黄公下注云：'姓崔，名廓，字少通，齐人。隐居修道，号夏黄公。见《崔氏谱》。'四友、四皓均与《陶集》大相径庭，所以宋人定《八儒》、《三墨》二条为'后人妄加'(宋庠语)是对的。"①

　　然亦有人以为《集圣贤群辅录》非伪作。陈澧《东塾读书记》上卷一说："陶渊明有《五孝传》，或疑后人依托，澧谓不必疑也。盖陶公于家庭乡里，以《孝经》为教，称引古实以证之。故其《庶人孝传赞》云：'嗟尔众庶，鉴兹前式。'"②方宗诚《陶诗真诠》也说："《五孝传赞》大抵略述古人之孝，以示诸子者耳，非著述也。观《与子俨等疏》后段，勉其兄弟友爱，引故人以示之准，可悟此传为命子之作，非特着以示世者也。若以为述以示后世，则不该不备嫌于陋矣。"③又说："《集圣贤群辅录》，此卷前人有文辨之，以为非渊明作。予谓此或渊明偶以书籍所载，故老所传，集录之以示诸子，识故实、广见闻，非著述也。《八儒》、《三墨》，大抵亦记故事以示诸子，后人辑之以附集后耳。谓为著述则浅之乎视渊明矣。谓非渊明书，亦似不然。陆象山称渊明知道，陆桴亭称渊明可以从祀于文庙，予深以为然。"④以为《集圣贤群辅录》非著述，集录前代故实以示诸子。方氏之见，可备一说。

　　以下重点辨析《四库总目提要》以为《五孝传》及《圣贤群辅录》是伪作的几条证据。

---

① 逯钦立校注《陶渊明集》，中华书局，1979 年，页 7。
② 《陶渊明资料汇编》，下册，中华书局，1965 年，页 389。
③ 《陶渊明资料汇编》，下册，页 390。
④ 《陶渊明资料汇编》，下册，页 406。

一，《四库总目提要》称《五孝传》及《四八目》是伪作，最主要依据是萧统早于阳休之，已不见《五孝传》、《四八目》，不以入集，阳休之何由续得？遂断言这两篇是阳休之擅自增加的。此疑问的答案，仍然藏在阳休之《序录》中。阳休之十卷本是合先前行世的两本《陶集》与萧统八卷本合为一帙，则《五孝传》、《四八目》必在先前行世的两本中（上文说最有可能在八卷本中）。假若先前两本陶集中无有《五孝传》、《四八目》，阳休之何从增加？难道自己作伪掺入陶集中？如此做法，有何意义？因萧统本无有《五孝传》、《四八目》，就下结论称此两篇乃阳休之所增的伪作，这不合逻辑。

阳休之十卷本收录《五孝传》及《四八目》，这同他"恐终至亡失"的编辑宗旨密切相关。他编辑《陶集》的主要目的是完整保持陶集的文本，因担忧渊明诗文"恐终至亡失"，故"今录统所阙并序目"。萧统本"所阙"者，其中就包括萧统不录的《五孝传》及《四八目》。萧统则以审美尺度衡量陶渊明诗文，故不收这二篇。两人编辑宗旨迥异，这是造成萧统八卷本与阳休之十卷本差异的主要原因。细读阳休之《陶集序录》，可得出结论：《五孝传》、《四八目》不可能是阳休之的伪作，他编陶集十卷本，是以在此之前的陶集作为依据的。如果《五孝传》、《四八目》确实非渊明所作，在事实上也绝不可能找到萧统之前的作伪者。

二，《四库总目提要》以为《四八目》是赝作，另外的依据是《陶集》内部出现的两处矛盾。矛盾之一谓《与子俨等疏》说："子夏有言：'死生有命，富贵在天。'四友之人，亲受音旨。"而《圣贤群辅录》上记："颜回、子贡、子路、子张。右孔子四友。"矛盾之二谓《五孝传·卿大夫孝传赞》引"孝乎惟孝友于兄弟，是亦为政也"，句读尚从包咸注，知未见《古文尚书》。而此录"四岳"一条，乃孔安国传，其出两手，尤自显然。下面逐一考辨之：

　　"子夏有言"的典故出于《论语·颜渊》："司马牛忧曰：'人皆有兄弟，我独无。'子夏曰：'商闻之矣，死生有命，富贵在天。'"皇侃《义疏》："不敢言出己，故云'闻之'。云'死生有命，富贵在天'者，此是我所闻说，不须忧之事也。言死生皆富贵，皆秉无所得，应至不可逆。"按，孔子四友之中，确实无子夏。《孔丛子·论书》说孔子四友，与《圣贤群辅录》相同，皆指颜回、子贡、子路、子张。子夏虽亦为孔子高足，但确实不在孔子四友之列。《四库》馆臣以为渊明《与子俨等疏》中的子夏为孔子四友，实是误解。"四友之人，亲受音旨"，非谓孔子四友亲受子夏"死生有命，富贵在天"之音旨。此处"四友之人"，泛指亲善之人，以"四友"比况俨等五子，当亲受己之音旨也。《四库总目提要》先误解《与子俨等疏》中的子夏为孔子四友，然后据此称与《圣贤群辅录》中的孔子四友相矛盾，进而论证《圣贤群辅录》不出渊明之手。其论据有问题，结论也就不能成立。再者，"四友之人"一句有异文。曾集刻本、汲古阁本云：一曰"四方之友"。若作"四方之友"，文意亦通。既然"四友之人"句有异文，仍称"四友"为孔子四友，子夏不在四友之内云云，结论就更靠不住了。

　　《四库总目提要》谓《五孝传》引"孝乎惟孝，友于兄弟"，是句读未从包咸注，由此知未见《古文尚书》；而《圣贤群辅录》上引孔安国《古文尚书》，由此可见此篇出自他人之手，非渊明作。如此推论，其实并无说服力。"孝乎惟孝，友于兄弟"，见于《论语·为政》，何晏《论语集解》引包咸注："孝乎惟孝，美大孝之辞。友于兄弟，善于兄弟。"后夏侯湛《昆弟诰》曰："古人有言，孝乎惟孝，友于兄弟。"潘岳《闲居赋序》："孝乎惟孝，友于兄弟。"可知两晋皆从包咸注。《书·君陈》："王若曰：'君陈！惟尔令德孝恭，惟孝友于兄弟，克施有政。'"按，《五孝传》引"孝乎惟孝,友于兄弟",确实从包咸句读。此记孔子事,引《论语·为政》孔子语,从包咸注,有何不可? 且自西晋以来,包咸《论语》注已流行,夏侯湛等文士多用之。若引《书·君陈》,反倒不切合。仅仅因为《五孝传》用包咸《论语》注,《圣贤群辅录》"四岳"引用古文《尚书》,便称《五孝传》与《圣贤群辅录》不出于一人之手,这完全不合逻辑。至于《四库》馆臣说"今《四八目》已经睿鉴指示,灼知其赝",以帝王一人之是非定是非,更不足辨矣。

　　三,逯钦立证《五孝传》、《四八目》之伪,证据多同《四库》馆臣。新证仅一条,即《陶集》中商山四皓指黄公和绮里季夏,而《四八目》断为绮里季与夏黄公为名,"与《陶集》大相径庭"。按,《饮酒》诗说"且当从黄绮",《桃花源》诗说"黄绮之商山",作者并无注明二人之名是黄公和绮里季夏。《四八目》则记为:园公、绮里季、夏黄公、甪里先生。既然陶诗中"黄绮"并未注明具体名字,逯先生何以见出一定就是"黄公"和"绮里季夏",与《四八目》所记的"绮里季"、"夏黄公","大相径庭"?《四八目》注明商山四皓曰"见《汉书》及皇甫谧《高士传》"。考渊明《赠羊长史》诗说:"多谢绮与甪,精爽今何如? 紫芝谁复采,深谷久应芜。驷马无贳患,贫贱有交娱。清谣结心曲,人乖运见疏。"所用商山四皓的典故,正来自《汉书》七二《王贡两龚鲍传》和皇甫谧《高士传》。《汉书》云:"汉兴,有园公、绮里季、夏黄公、甪里先生。"《高士传》云:"一曰东园公,二曰甪里先生,三曰绮里季,四曰夏黄公。"《赠羊长史》诗中"紫芝"、"清谣",即是《高士传》所记四皓避秦,退入蓝田山所作歌。由此可证《赠羊长史》诗中的"绮"是绮里季,不称"绮里季夏"。更加有力的证据是《后汉书》卷三五《郑玄传》:孔融特敬重郑玄,告高密县特为玄立一乡,理由之一是"南山四皓,有园公、夏黄公,潜光隐耀,世加其高,皆悉称公"。可证汉晋间读作"夏黄公"、"绮里季",非读作"黄公"、"绮里季夏"。如此,《饮酒》《桃花源诗》中的"黄绮",自然应该是夏黄公和绮里季,这与《四八目》所记完全相符,何来"大相径庭"?

《集圣贤群辅录》记叙人物由古至今。两晋人物"晋中朝八达"、"河东八裴,琅琊八王"、"太原王,京兆杜"数条,或称"近世闻之故老",或称"闻之于故老"。考所记最晚近者,乃东晋安北将军王坦之。据《晋书》,坦之卒于东晋孝武帝宁康三年(375),陶渊明年幼虽不及见坦之,但日后闻之于故老完全可能。谈论、品题中朝及江左名士风流,在东晋成为一种风气。例如谢安常与子侄辈谈中朝典故,隆和中裴启作《语林》,记录汉魏以来至东晋的名士的言行佚事,流行一时,大受时人欢迎①。《集圣贤群辅录》之末云:"凡书籍所载及故老所传,善恶闻于世者,盖尽于此矣。"细味"故老所传"一语,非亲闻故老者不能道也。假若《集圣贤群辅录》确是托名渊明之伪作,则此作伪者既然能"闻之于故老",年纪必定与渊明相当。托名当世人物而作伪,时人必皆知其伪,造作赝品有何意义?假若作伪者在渊明卒后作假,则熟知东晋人物轶事者已不复存在,又何以解释"闻之于故老"?故鄙意以为渊明叙两晋人物,必定亲自访问过故老,此是《四八目》出于渊明之手的又一依据。

仰慕前贤,为之立传或作颂,是汉代以降的一种文化现象,盛行不衰,成为中国史学的重要支流。《隋书》卷三三《经籍》三说:"刘向典校经籍,始作《列仙》、《列士》、《列女》之传,皆因其志尚,率尔而作,不在正史。后汉光武,始诏南阳,撰作风俗,故

---

① 详见《世说新语·轻诋》二四及刘孝标注引《续晋阳秋》,拙著《世说新语校释》,页1783。

沛、三辅有耆旧节士之序，鲁、庐江有名德先贤之赞。"《后汉书》卷七三《梁鸿传》说："仰慕前世高士，而为四皓以来二十四人作颂。"至汉末魏晋，先贤高士的传记渐多。如《海内先贤传》、《诸国清贤传》、《鲁国先贤传》、《陈留先贤像赞》、《圣贤高士传赞》（嵇康撰）、《高士传》（皇甫谧撰）、《吴先贤传》（陆凯撰）《至人高士传赞》（孙绰撰）……其中，"嵇康作《高士传》，以叙圣贤之风"（《隋书·经籍志》），影响后世非常深远。陶渊明《圣贤群辅录》，是汉代以来为前世高士立传、作赞风气的产物，与嵇康《高士传》"以叙圣贤之风"的旨趣一脉相承。

渊明终生仰慕古贤，情不能已，屡见乎吟咏。例如《咏贫士》其二："何以慰吾怀，赖古多此贤。"其七："谁云固穷难，邈哉此前修。"《咏二疏》："谁云其人亡，久而道弥着。"《咏三良》："良人不可赎，泫然沾我衣。"《咏荆轲》："其人虽已没，千载有余情。"至于《感士不遇赋》遍咏古贤之不遇，"病奇名之不立"，真可谓与古贤惺惺相惜。若比对《集圣贤群辅录》与陶诗咏叹古贤的篇章，不难发现两者之间的联系及写作旨趣的一致。如前者三记伯夷，后者咏夷齐（《读史述九章》、《饮酒》其二）；前者记三良奄息、仲行、铖虎，后者有《咏三良》；前者三记颜回，后者咏"颜生称为仁"（《饮酒》十一）；前者记长沮、桀溺、荷蓧丈人，后者情寄古贤："遥遥沮溺心，千载乃相关"（《庚戌岁九月中于西田获早稻》）；前者记商山四皓，后者寄意四皓："多谢绮与角，精爽今何如？"（《赠羊长史》）……其他咏箕子、孔子七十二弟子、二疏（疏广、疏受）、二仲（求仲、羊仲）、袁安。

咏史即是咏怀。《集圣贤群辅录》最后以四语感叹作结："夫操行之难，而姓名翳然，所以抚卷长慨，不能已已者也。"莫友芝批校陶本于此处说："观末四语是靖节怀抱，此《四八目》二卷决非伪托也。"《集圣贤群辅录》之末的深沉感慨，显然与渊明诗文借咏古贤以抒怀若合符契。因此，实在不能轻易断定《五孝传》和《圣贤群辅录》是赝作。

（二十世纪九十年代初，鄙人校笺陶集，也信奉《四库总目提要》"《五孝传》、《四八目》是伪作"说，删而去之。十余年之后，再读有关陶集版本的叙录，反复思考论证，渐渐改变初识，以为此二篇为渊明作。遂恢复陶集十卷本的原貌，撰成《陶渊明集校笺》（增订本）。本文原载于《苏州教育学院学报》2017年第1期，后作为拙著陶集校笺十卷之末的"集说"，今又增删、改动如上。）

伟大的道德人格实践

——陶渊明《归去来兮辞》再解读

　　凡是不朽的文学作品,都是永远说不完的话题,每个时代都可以对它作出不同的解读,常读常新。陶渊明的作品至少有两篇,一是《桃花源记》,一是《归去来兮辞》,是永远不能道尽的。如果说,《桃花源记》是渊明社会政治理想的结晶,那么,《归去来兮辞》则是渊明道德人格实践的记录。桃花源旋开旋闭,幽眇难寻,真所谓"春来遍是桃花水,不辨仙源何处寻"①;《归去来兮辞》由仕而隐,乐天知命,一切实实在在,读之即在目前。前者系念社会,后者关乎自身。前者在中国社会思想史上具有重要价值,后者标志着一种道德人格新范型的出现,在中国士人生活史和精神史上具有永恒意义。如果要理解陶渊明的人格,寻找中国知识者道德人格的高标,就不可不读《归去来兮辞》。

---

① 王维《桃源行》诗,陈铁民校注《王维集校注》,中华书局,1997 年,页 16。

一、"觉今是而昨非"

读《归去来兮辞》，必然会先碰到老问题：陶渊明为什么做彭泽令？又为什么八十多天就辞官归隐？据《归去来兮辞》序，归结起来有三点：做彭泽令以救穷，再有公田之利足以为酒；"质性自然"的个性与虚伪的官场发生冲突；程氏妹丧于武昌，情在骏奔。此外，在有关陶渊明的史传中，还有鄙视督邮事（此事详本文第二节）。渊明自述作彭泽令的始末以及去就的原因，应该是完全真实可信的。

渊明毫不掩饰为贫而仕。口腹之需是人的第一需要，有什么可掩饰呢？中国的士大夫文人往往高尚其出仕的目的，称大济苍生呀，为国效劳呀，为民着想呀，非常动听，但不便说出口的是口腹之欲，身家性命。中国士人的最早代表，或者说是士人的原型孔子，最先赋予知识者"士志于道"的社会责任和崇高理想。[1] 但过分强调"谋道"，以至鄙视"谋食"，称"君子谋道不谋食。耕也，馁在其中矣；学也，禄之其中矣"。[2] 一面鄙视"谋食"，甚至看不起樊须的学稼，一面又说"学也，禄之其中矣"。可见终究忘不了禄，终究不能不"谋食"，而禄便是最佳的谋食之道。关于"谋道"和"谋食"，孔子说起来有点吞吞吐吐，忸怩作态。其实，君子必须谋食，谋食为了更好地谋道。只知"稻粱谋"者，固然是燕雀之志，然而世上也几乎不存在只谋道而不谋食的君子。

---

① 见《论语·里仁》："子曰士志于道，而耻恶衣恶食者未足与议也。"程树德《论语集释》，中华书局，1990 年，页 246。

② 见《论语·卫灵公》，《论语集释》，页 1119。

　　关于出仕的目的,渊明比孔子坦率得多。他在五十多岁时
回忆早年行役之苦说:"此行谁使然,似为饥所驱。"①又回忆初
次踏入仕途的原因:"畴昔苦长饥,投耒去学仕。将养不得节,
冻馁固缠己。"②至于《归去来兮辞》序,交代因贫而仕的原因更
真切具体。戮力劳作,所获仍不足自给,五个孩子待哺,瓶无储
粟,饥寒交至。他又是个读书人,拙于生计。亲戚朋友见其困顿
如此,纷纷劝他出仕。他本来已经厌恶官场,十年间,多次由仕
而隐,现在饥饿又一次逼着他踏进官场。仕而隐,隐而仕,反反
复复,摇摆不定。在某些人看来,他的仕隐不定未免是"二三其
德",不是君子行为。比如,日本学者冈村繁就怀疑渊明去就不
定,是否"怠懒","见异思迁","虚荣心"等等缺陷③。其实,类
似这种评论首先是漠视人性的存在。人为万物之灵,但"食、
色,性也",或者如渊明所说,"人生归有道,衣食固其端"④,衣食
属于人道之首,人不管如何标榜志向高尚,衣食总是不可须臾或
缺。谋道固然是鸿鹄之志,谋食亦非燕雀专擅。试想"幼稚盈
室",五个孩子面黄肌瘦,甚至妻子也有怨言,作为父亲,难道能
视若无睹,无动于衷?"息交游闲业,卧起弄书琴"⑤,那是"园蔬
有余滋,旧谷犹储今"⑥,衣食无虞时才有的舒泰闲适。倘若满
室幼稚饥冻之声不绝,为父亲者,即使铁石心肠也化作百转愁肠
矣。渊明数次由隐而仕,犹如宿疾,反复缠绵,至作彭泽令之前
尤甚,主要原因都是出于救贫的无奈。性格刚强的他只能硬着

① 《饮酒》其十,龚斌校笺《陶渊明集校笺》卷三,上海古籍出版社,2018 年,页271。
② 《饮酒》其十九,《陶渊明集校笺》卷三,页289。
③ 见冈村繁《世俗与超俗——陶渊明新论》,陆晓光、笠征译,台北台湾书局,
　　1992 年。
④ 《庚戌岁九月中于西田获早稻》,《陶渊明集校笺》卷三,页242。
⑤ 《和郭主簿》其一,页152。
⑥ 《陶渊明集校笺》卷二,页152。

头皮，再次违背"性本爱丘山"的素志，求个长吏做做。至于他如何求官，如何请托无门，内情不知。但可以断定，在"求之靡途"时，必定深感耻辱，痛苦不堪。

我历来认为：要理解古人和古代作品，必须具备对古人的人文关怀，即与古人心心相契，互相照面，设身处地感受古人的喜怒哀乐、悲欢离合、五情七欲。因为人情人心，可以超越时空，相通三世。你读《归去来兮辞》"幼稚盈室，瓶无储粟，生生所资，未见其术"①等语，自然会想象自己若处于与渊明相同的境遇，会是怎样的焦虑和痛苦。随后，你会自然地同情并理解渊明为何忍受耻辱和痛苦，赴任彭泽。你会看到，他在江边与儿子、亲友告别，冒着风波之苦，至彭蠡湖口，恰遇风潮激荡，江水湖水相激，怒涛拍打岸崖，声如雷鸣。这时，他远眺烟波阻隔的彭泽县，又生悔意，终当归去的念头，不禁涌上心头。

义熙元年(405)三月，渊明作建威将军刘敬宣的参军，不久辞职归田。到了这年的八月，又去作彭泽令。短短半年之中，辞官、做官如此频繁急遽，以至有人以为这是见异思迁。殊不知，看似反复无常的背后，是性爱自然的素志与出仕以救穷二者的严重冲突，哪里是"虚荣心"呢？渊明作彭泽令，岂止没有荣耀感，有的是难耐的屈辱和痛苦。

我们不知道渊明在彭泽任上的情况。唯一可知也可信的一件事是郡里的督邮来县巡查，他耻于束带见之，即日挂冠而去。此事容后文评论。为什么只做了八十余天彭泽令，就急匆匆归去？他自己说得再清楚不过了："及少日，眷然有归与之情。何则？质性自然，非矫厉所得，饥冻虽切，违己交病。尝从人事，皆

口腹自役。于是怅然慷慨,深愧平生之志。"①"质性自然",遇上外力的非要"矫厉",硬要变自然为虚伪,这难道不是最大的痛苦? 矫厉自然的本性,其情形正如龚自珍笔下的病梅:"斫其正,养其旁条;删其繁密,夭其稚枝;锄其直,遏其生气。"②于是,原来自然生长之梅,皆成病梅矣。中国的官场,从古至今都是矫厉自然人性的集中营,是各种矫厉工具的大卖场——欺上瞒下、诏媚逢迎、行贿受贿、弄虚作假、借公济私、鱼肉乡民、徇私舞弊、监守自盗……应有尽有。渊明生性喜爱自然,自然不愿被腐败的吏治矫厉。结果是深感心灵的痛苦,这痛苦比饥冻虽切还要难受。假若为了口腹之欲而役使良知,那就意味着抛弃自尊和自爱,与只知为"食色"生存的畜生相差无几。渊明坚持平生之志,不愿违己,不愿口腹自役,这是他最终退出官场的根本原因。耻见督邮和程氏妹之丧皆属次要。

　　渊明为彭泽令八十余天,告别了一生中最后的迷茫,接着迎来彻底的觉醒。之前,他已有多次的迷茫与觉醒,摇摆于仕隐两端。《归去来兮辞》说:"实迷途其未远,觉今是而昨非。"喻出仕是"迷途",是"昨非"。这种反思昨日出仕为非的意思,在后来所写的《饮酒》二十首中也多次言及。例如其四:"栖栖失群鸟,日暮犹独飞。徘徊无定止,夜夜声转悲。"③以失群鸟自比,描绘早年出仕的彷徨与痛苦。其十:"行行失故路,任道或能通。""失故路"就是"迷途","任道"当然是归隐了。其十九写投耒学仕,初入官场就感到"志意多所耻"。这种耻辱感一直持续到辞去彭泽令才彻底摆脱。

---

①　《陶渊明集校笺》卷五,页453。
②　龚自珍《病梅馆记》,《龚自珍全集》第三辑,上海人民出版社,1975年,页186。
③　《陶渊明集校笺》卷三,页257。

诚然，渊明年轻时有过济世之志。"少时壮且厉，抚剑独行游。"①"日月掷人去，有志不获骋。"②"忆我少壮时，无乐自欣豫。猛志逸四海，骞翮思远翥。"③从这少数几句诗，大致能看出他年轻时也有"尚志"的怀抱。不过，大济苍生的声音，在陶集中实在很微弱，好像是偶尔的内心独白。相反，田园情结和隐士情怀，却是触目皆见。向往归隐，才是渊明性格的鲜明底色。在他作彭泽令之前的十年中，归隐田园的情怀，常常挥之不去。晋安帝隆安四年（400），渊明为桓玄僚佐，从京师建康还江陵，还未到寻阳，阻风于规林，既叹行役之苦，又念家中老母，顿起归隐之念："静念园林好，人间良可辞。当年讵有几，纵心复何疑。"④暗下决心辞别仕途，纵心园林。隆安五年（401）七月，渊明由寻阳赴假还任所江陵。傍晚，挥手作别前来送行的朋友。秋月初升，凉风吹过江面，天宇清明，星光闪烁。一叶孤舟，逆水而行，夜已深，还在艰难地前进。此情此景，再次触发诗人的归隐情怀："商歌非吾事，依依在耦耕。投冠旋旧墟，不为好爵萦。养真衡茅下，庶以善自名。"⑤这年冬天，渊明母丧离职，自江陵回寻阳居忧，至元兴三年（404），过了二年多的躬耕生活。元兴二年（403）春天，作《癸卯岁始春怀古田舍》二首，抒写浓重的隐居情怀，赞美《论语》中的荷蓧丈人："是以植杖翁，悠然不复返。即理愧通识，所保讵乃浅。"⑥又对孔子"忧道不忧贫"的遗训不以为然，表示"长吟掩柴门，聊为陇亩民"。当年十

① 《拟古》其八，《陶渊明集校笺》卷四，页331。
② 《杂诗》其二，《陶渊明集校笺》卷四，页338。
③ 《杂诗》其五，《陶渊明集校笺》卷四，页344。
④ 《庚子岁五月中从都还阻风于规林》其二，《陶渊明集校笺》卷三，页201。
⑤ 《辛丑岁七月赴假还江陵夜行涂口》，《陶渊明集校笺》卷三，页203。
⑥ 《陶渊明集校笺》卷三，页210。

二月,他写诗给从弟敬远,表达对古贤的认识:"平津苟不由,栖迟讵为拙。"①到了义熙元年(405)三月,渊明为建威将军刘敬宣参军,使都经钱溪,也是经受风波之苦,行役不息,想到身心不自由,心底又萌发辞官归隐的念头:"园田日梦想,安得久离析。终怀在归舟,谅哉宜霜柏。"②

渊明自作江州祭酒至任彭泽令的十余年间,始终一心处于仕隐两端的痛苦中。越到后来,归隐之念越来越强烈。辞官彭泽是他"性本爱丘山"情性的最终胜利,是人生中最关键的转身,一次意义非凡的道德人格的实践。从此,他坚守田园,如扎根山崖的劲松,不论狂风或雷霆,都吹不倒、劈不断。陶渊明归隐田园,影响了后世无数知识者的处世行为,成为他们的精神追求和人生价值取向的高标。

二、"不为五斗米折腰"

陶渊明"不为五斗米折腰",是中国文化史上的著名典故。沈约《宋书·隐逸传》说:渊明为彭泽令,"郡遣督邮至,县吏白应束带见之。潜叹曰:'我不能为五斗米折腰向乡里小人!'即日解印绶去职,赋《归去来》。③"后来萧统《陶渊明传》、《晋书·隐逸传》、《南史·隐逸传》都有相同的记载。可见,"不为五斗米折腰",鄙视并耻见督邮,此事不会空穴来风。

可是,有人不信有此事;有人以为渊明辞官彭泽与督邮事无关。依据大概是《归去来兮辞》序叙以程氏妹丧,骏奔武昌,不

① 《癸卯岁十二月中作与从弟敬远》,《陶渊明集校笺》卷三,页217。
② 《乙巳岁三月为建威将参军使都经钱溪》,《陶渊明集校笺》卷三,页222。
③ 《宋书》卷九三,中华书局,1974年,页2287。

曾言及郡遣督邮之事。宋人韩子苍即持这种看法："余观此士，既以违己交病，又愧役于口腹，意不欲仕久矣。及因妹丧即去，盖其孝友如此。世人但以不屈于州县吏为高，故以因督邮而去。此士识时委命，其意固有在矣，岂一督邮能为之去就哉！躬耕乞食，且犹不耻，而耻屈于督邮，必不然矣。"①韩氏分析渊明辞官彭泽的原因有可取之处，但以"躬耕乞食，犹且不耻"，推论耻屈于督邮必不然，恐怕不合逻辑。孔子以学稼为耻，可渊明不以为耻。不仅不以为耻，而且劝农勤于躬耕。至于乞食也不是耻事。饥而乞食，不是自损人格，有何羞耻？只有接受嗟来之食才是羞耻。若为五斗米折腰逢迎督邮，为一点点官禄，向无道的威权低头，那才真叫耻辱。

　　有必要先弄清督邮是什么官。督邮，是郡守下面的功曹。《通典》卷三三："督邮，汉有之，掌监属县，有东西南北中部，谓之五部督邮也。故督邮，功曹之极位。"②《后汉书》卷二五《卓茂传》注："郡监县有五部，部有督邮掾，以察诸县也。"③督邮在郡功曹中最具实权，职责是监察、惩罚属县违法乱纪的官员，相当现今市一级的纪律检查委员。督邮司察愆过，威权在手，下面属县的官吏自然得小心翼翼迎送，有时还得低三下四。如果督邮人品差，借巡察之名，行敲诈勒索之实，那么这个督邮便是属县的灾难了。《后汉书》卷五三《周燮传》记冯良"出于孤贫，少作县吏，年三十为尉从佐，奉檄迎督邮，即路慷慨，然耻在厮役，因坏车杀马，毁裂衣冠，乃遁至犍为，从杜抚学"④。《后汉书》卷七十九下《赵晔传》："少尝为县吏，奉檄迎督邮，晔耻于厮役，遂弃

----

① 《苕溪渔隐丛话》前集卷三引，人民文学出版社，1962 年，页 15。
② 《通典》，中华书局，1988 年，页 915。
③ 《后汉书》，中华书局，1965 年，页 871。
④ 《后汉书》，页 1743。

车马去。"①《后汉书》卷八十一《范冉传》："少为县小吏,年十八,奉檄迎督邮,冉耻之,乃遁去。"②为什么县吏耻以奉迎督邮?盖督邮之职,多以查察他人罪愆为能事,少有能吏循吏的德性,甚至被人视作贱吏③。渊明熟读前后《汉书》,不会不知冯良、赵晔等人耻迎督邮的故事。吏白应束带见之的督邮,渊明却称之为"乡里小人",鄙视至极。可知这督邮鄙陋不雅,不是东西。渊明性刚,耻于奉迎,故解印绶而去。

渊明说"不为五斗米折腰"。五斗米是否五斗米道? 这也是个老问题,这里稍作解释。有人以为五斗米指汉末张鲁为开山教主的五斗米道,而"乡里小人"是信奉五斗米道的王凝之。这种说法以逯钦立先生为代表。他在《陶渊明事迹诗文系年》"太元十八年癸巳(393)条"下说:"刺史王凝之乃一五斗米道徒,《晋》传云:'郡遣督邮至县,吏白应束带见之,潜叹曰:"吾不能为五斗米折腰,拳拳事乡里小人耶!"'可见陶确实不屑于事王凝之。"督邮之事,史传都以为发生在渊明辞去彭泽令时,逯先生却置于渊明仕江州祭酒时,用意是解释渊明作江州祭酒,少日自解归的原因乃是鄙视江州刺史王凝之。④ 逯先生显然是张冠李戴了。此其一。王凝之为江州刺史,渊明即使不屑事之,也决不会称他是"乡里小人"。此其二。史传皆称五斗米,逯先生把五斗米等同五斗米道,过于牵强。此其三。上世纪五十年代,缪钺先生作《陶渊明不为五斗米折腰新释》,证明五斗米与当时

---

① 《后汉书》,页 2575。

② 《后汉书》,页 2688。

③ 《宋书》卷八十五《谢庄传》:"督邮贱吏,非能异于官长。有案验以之名,而无研究之名,愚谓此制宜革。"页 2173。

④ 见逯钦立《读陶管见》三《江州祭酒问题》,载逯钦立遗著、吴云整理《汉魏六朝文学论集》,陕西人民出版社,1984 年。

县令的俸禄绝无关系。① 鄙意以为五斗米固然不是当时县令的月俸禄，但与俸禄有关，是县令月俸禄微薄的夸张。② "我不能为五斗米折腰向乡里小人"，犹谓我不能为混这么一点饭吃，向乡里小人折腰。而乡里小人当指督邮无疑。

渊明不为五斗米折腰，象征意义非常丰富，比如知耻、傲岸、刚勇，都合乎"不为五斗米折腰"的内涵。当然，这一著名象征最确切的含义，应该指向孔子所说的"刚"，或者是孟子所说的大丈夫气概。《论语·公冶长》："子曰：'吾未见刚者。'或对曰：'申枨。'子曰：'枨也欲，焉得刚。'"皇侃义疏："刚，谓性无欲者也。孔子言我未见世有刚性无欲之人也。"③朱熹集注："刚，坚强不屈之意，最人所难能者，故夫子叹其未见。"朱熹又引程子曰："人有欲则无刚，刚则不屈于欲。"④据孔子的原意，无欲者刚，反之，多欲则不刚。后者犹今俗语"吃人嘴软，拿人手短"。孔子还有"刚毅"之说。《论语·子路》："刚毅木讷近仁。"何晏集解："王肃曰：刚，无欲也；毅，果敢也；木，质朴也；讷，迟钝也。有此四者，近于仁也。"⑤渊明无求五斗米，耻于逢迎督邮，此是"刚"；即日解印绶而去，此谓"毅"。"不为五斗米折腰向乡里小人"，合乎孔子赞美的刚毅人格。孟子丰富孔子刚毅说的内涵，在刚之外扩展"气"、"大"，热情赞美大丈夫气概。孟

---

① 缪钺之文载《历史研究》1957 年第 1 期。
② 近读钟优民编《陶渊明研究资料新编》(吉林教育出版社，2000 年)，引《梁实秋读书札记》，谓张宗祥称"五斗米"是"五斗米教"，督邮是五斗米教之信徒，故渊明深恶痛嫉之。梁实秋否定张说，以为"五斗，盖言其微小，并不实指俸禄之数额。文字有时夸张，大者说得特别大，小者说得特别小，如是而已。"梁先生所说恰与鄙意合。
③ 皇侃《论语义疏》卷三，中华书局，2013 年，页 109。
④ 《四书章句集注》，中华书局，1983 年，页 78。
⑤ 《论语义疏》卷七，页 346。

子论"浩然之气"说："其为气也，至大至刚，以直养而无害，则塞于天地之间。"①孟子论述以仁义为骨子的大丈夫说："富贵不能淫，贫贱不能移，威武不能屈，此之谓大丈夫。"②孔子仅仅指出"刚"源于无欲，孟子则以养浩然之气来解释"刚"的培育。何谓"浩然之气"？"浩然之气"的实质是蕴积道义于内，充盈丰沛，自然而然形之于外，表现为刚毅不屈的气概。

陶渊明不为五斗米折腰，是他刚毅个性与虚伪社会冲突的必然结果。他在晚年追述当年辞官归隐的原因，其一就是"性刚才拙，与物多迕"③。这两句话是对刚毅个性的自我肯定，对虚伪社会表示鄙视。他觉得为一点点俸禄，忍受督邮的颐指气使，那是一种耻辱。他自称"质性自然，非矫厉所得，饥冻虽切，违己交病"，本事究竟谓何？无法还原，不得而知。洪迈《容斋随笔》"陶潜去彭泽"条说："观其语意，乃以妹丧而去，不缘督邮。所谓矫厉违己之说，疑必有所属，不欲尽言之耳。"④我赞同洪迈"疑必有所属"的看法，但怀疑督邮事即是"必有所属"之一，而且是最主要的一件事。否则《宋书·隐逸传》、萧统《陶渊明传》等不会众口一词，郑重其事记录下来。

陶渊明"不为五斗米折腰"，为后世士大夫文人普遍赞赏。可是，也有人以为渊明鄙视督邮及去就彭泽令，庶几合于道而不及义。宋人陈渊《答翁子静论陶渊明》说："渊明以小人鄙督邮而不肯以己下之，非孟子所谓隘乎？仕为令尹，乃曰徒为五斗米而已。以此为可欲而就，以此为可轻而去，此何义哉！诚如此，是废规矩准绳而任吾意耳。""渊明至处，或几于道矣，于义则未

① 《孟子·公孙丑章句》上，焦循《孟子正义》卷六，凤凰出版社，页936。
② 《孟子·滕文公章句》下，《孟子正义》卷一二，页1222。
③ 《与子俨等疏》，《陶渊明集校笺》卷七，页511。
④ 洪迈《容斋五笔》卷一，《容斋随笔》，中华书局，2005年，页841。

也。……爱其人当学其为人。渊明固贤于晋宋之人远矣，于此窃有疑焉。"①陈氏批评渊明以小人鄙督邮而不肯奉迎，是孟子所说的"隘"——《孟子·公孙丑》上："孟子曰：'伯夷隘，柳下惠不恭。隘与不恭，君子不由也。'"朱熹集注："隘，狭窄也。不恭，简慢也。夷、惠之行，固皆造乎至极之地，然既有所偏，则不能无弊。故不可由也。"②陈氏又责问：渊明就彭泽令是为得五斗米，去彭泽令是轻五斗米，这算是义么？认为渊明是废规矩准绳，任意而为，于义未及。最后认为渊明虽"贤于晋宋人远矣"，但其德行颇有惹人疑窦之处。

批评陶渊明"不为五斗米折腰向乡里小儿"者还有王夫之，口气甚为严厉。他说："此言出而长无礼者之傲，不揣而乐称之，则斯言而过矣。君子之仕也，非但道之行也，义也；其交上下必遵时王之制者，非但法之守也，礼也。县令之束带以见督邮，时王之制，郡守之命，居是官者必由之礼也。知其为督邮而已矣，岂择人哉！少长也，贤不肖也，皆非所问也。孔子之于阳货，往拜其门，非屈于货，屈于大夫也；屈于大夫者，屈于礼也。贤人在下位而亢，虽龙犹悔，靖节斯言，悔道也。庄周曰：'无所逃于天地之间。'君子犹非之。君臣之义，上下之礼，性也，非但不可逃也。亢而悔，则蔑礼失义而不尽其性，过岂小哉！非有靖节不能言之隐，而信斯言之长傲，则小可以陵上，下可以凌上，则臣可以侮君；臣可以侮君，则子可以抗父。言不可不慎，诵古人之言，不可以昧其志而徇其词，有如是夫！"③

关于陈源及王夫之批评渊明"不为五斗米折腰"的言论，不

① 《全宋文》卷三二九五，上海辞书出版社，2006年，页186。
② 《四书章句集注》，页240。
③ 王夫之《读通鉴论》，中华书局，1975年，页422。

可不辩。

渊明鄙视督邮不肯以己下之,是否属于性格的"隘"?我们应该记得孟子对于道义与权势的孰高孰低,有更重要的见解。孟子说:"古之贤王好善而忘势,古之贤士何独不然?乐其道而忘人之势,故王公不致敬尽礼,则不得亟见之。见且由不得亟,而况得而臣之乎?"①孟子在这里先指出道与势的关系:权势者应好善而忘势,贤者乐其道而忘人之势。显然,道是贤王、贤士共同尊重的中心观念。接着指出贤士对势的态度:如果王公不对贤士致敬尽礼,那么,贤士就不必一次次见他们。孟子的这段话,"正式揭出道尊于势的观念"②,肯定并鼓励士人的自信与自尊,体现出要作王者师,有一种"舍我天下其谁"的大丈夫之气概。渊明不为五斗米折腰向乡里小人,正是孟子"道尊于势"的观念的人格实践。督邮司察愆过的权柄,颐指气使,以势傲人,不过是一"乡里小人"而已。若为五斗米折腰向此乡里小人,违己交病,丧失人格尊严,孔子赞美之"刚者"何在?孟子赞美之"大丈夫"何在?依我看来,渊明无欲而鄙督邮,不屈于势,合乎孔孟之道,是世上少见的"刚者",决不是心胸狭窄。颜延之《陶徵士诔》赞美渊明"人之秉彝,不隘不恭",识见比陈渊高明得多。王夫之则以君臣之义,尊卑有序的等级观念,批评渊明此言不合礼义。他认为居官必须遵守时王制定的礼法制度,而不必考虑督邮的年长年少,贤与不肖。遵守君臣之义,上下之礼,是德性的一种要求,不可逃避。如果贤人处于下位而高傲,那么也就可以凌上、悔君、抗父了。王夫之认为渊明此言虽有难言之隐,但违法犯礼。因此,王夫之是以维护封建等级制度的角度批

---

① 《孟子·尽心章句》上,《孟子正义》,页1828。
② 余英时《士与中国文化》,上海人民出版社,1987年,页37。

评渊明,在他的观念里,势仍旧高居于道之上,个人的人格尊严在君臣之义、卑贱等级制度之下应该被缩小或取消。但问题"时王"如果是昏君,"时王之制"是恶法,贤人难道也要遵守"君臣之义"? 如果督邮们盛气凌人,贪赃枉法,贤人难道为了"五斗米",照样毕恭毕敬,折腰向之? 显然,王夫之对陶渊明评论的局限性不言而喻。

渊明先就后去彭泽令,是否不及于义? 这问题可以从就、去两方面分析。渊明就彭泽令的动机,确实有为五斗米而来的意思。如前一节所述,为了救穷,养活满室幼稚,只好再一次违背性爱田园的素心,踏进官场。后人应该对渊明的窘境抱有一份同情心,更何况孟子也有"禄足以代耕"的话。① 颜延之《陶徵士诔》叙述渊明出仕之由,说是"母老子幼,就养勤匮。远惟田生致亲之义,追悟毛子捧檄之怀"②,用了齐宣王时田过事亲和后汉毛义出仕以养亲的两个典故,解释渊明出仕也是因为家贫,以养亲育子。颜延之能深刻体察渊明的出仕之由,以为同古代贤士没有什么两样。

不难设想,渊明甚至还没有踏进彭泽的官廨,内心深处肯定已有"违己交病"、"口腹自役"的痛苦。但为贫困所逼,只能暂时忍受。时间稍长,质性自然与黑暗官场之间的冲突越来越严重,去意也愈益坚决,最后因督邮之事挂冠而去。这是刚者的人格对于矫厉它的虚伪社会长期冲突的最后决裂。刚者不屈服于势,保持自己的尊严,怎么可以说是"于义未及"?"废规矩准绳"?"蔑礼失义而不尽其性"? 难道甘于微薄的五斗米,忍受官场的矫厉,忍受傲慢的督邮,这样才算及于义? 才算有德性而

---

① 《孟子·万章章句》下,《孟子正义》,页 1570。

② 《陶渊明年谱》,中华书局,1986 年,页 243。

不是傲慢？不要说区区一督邮，即使是无道昏君，也是可执可杀的。齐宣王曾以汤放桀、武王伐纣的史事，问孟子："臣弑其君可乎？"孟子回答："贼仁者谓之贼，贼义者谓之残，残贼之人谓之一夫。闻诛一夫纣矣，未闻弑君也。"(《孟子·梁惠王》下)①昏君贼仁贼义，杀之不过杀一独夫，并不违义。督邮傲慢无礼，渊明不堪忍受，辞彭泽令而去，不屈于无道与无礼，岂可说是性格狭隘呢？

三、陶渊明道德人格实践的意义

渊明作彭泽令仅仅八十余天，真是匆匆而来，匆匆而去。他在彭泽有何政绩？留下什么"标志性的建筑"？史无记载。依常理推断，八十多天不可能建树了不起的政绩，也不会有"形象工程"。他作彭泽令原本就是为一点俸禄，一是养活孩子，一是"聊欲弦歌以为三径之资"，即为以后的隐居积累本钱，并非为树立自己的形象，让后人追念遗泽。多种陶渊明的史传只记了他做了二件事。一件是"公田悉令吏种秫稻。妻子固请种粳，乃使二顷五十亩种秫，五十亩种粳。"另一件是"送一力给其子，书曰：'汝旦夕之费，自给为难，今遣此力，助汝薪水之劳。此亦人子也，可善遇之。'"②前者写渊明喜酒，是风流；后者写渊明仁慈，是德性。假若渊明在彭泽任上真有打击豪强、削富济贫的改革大手笔，史传中恐怕早就大书特书了。以此判断，他与彭泽实在没有太大的关系。也许，他只是在公田上经营经营，在廨舍中喝喝酒，或者跑到乡下劝农，说一番"民生在勤，勤则不匮"的大

---

① 《孟子正义》，页868。
② 《南史》卷七五，中华书局，1975年，页1857。

道理。可是，在他之前之后，作彭泽令者多矣，后人却只记得陶彭泽。一个很短命的陶彭泽，只存在八十多天，没有任何靠得住的政绩，却获得了永恒，居然成了中国职官史上的"天下第一县令"。原因何在？奥秘何在？值得深入探讨。

原因在于渊明辞官彭泽，是中国古代士人的一次道德人格实践，标志着一种道德人格新范型的出现。奥秘在于人格魅力往往胜于事功。事功具有鲜明的时代性，是一定的历史、政治条件下的产物。此时代之事功，有可能成为彼时代之恶果。彼时代之"伟人"，此时代或许称为"独夫"。人格之美则从人性的根基上产生并升华，具有美善的崇高品质，必然超越功利，超越时代，获得永恒。

渊明之前，"士志于道"是士阶层（知识者）普遍信奉的古老传统。士阶层的最早最伟大的代表孔子，是"士志于道"的传统的创立者。[①] 孔子说："士志于道，而耻恶衣恶食者，未足与议也。"[②]又说："君子谋道不谋食。""君子忧道不忧贫。"[③]孔子把"道"作为士的终极追求目标，"谋食"、"忧贫"不足与言士。那么，"道"是什么？"道"即仁义。"士志于道"，即志于仁义。孟子继续发挥孔子"士志于道"的理念，具体、详细地阐明"志""道"的内涵以及士如何达到仁义的境界。《孟子·尽心》上有一段齐国王子垫与孟子的对话："王子垫问曰：'士何事？'孟子曰：'尚志。'曰：'何谓尚志？'曰：'仁义而已矣。杀一无罪，非仁也。非其有而取之，非义也。居恶在，仁是也；路恶在，义是也。居仁由义，大人之事备矣。'"孟子以为士应当以"尚志"为事，而

---

① 关于"士志于道"的传统，参考余英时《士与中国文化》第一节《古代知识阶层的兴起与发展》。
② 《论语·里仁》，《论语集释》，页246。
③ 《论语·卫灵公》，《论语集释》，页1119。

"志"即是仁义而已,并举例说明什么是非仁非义,最后指出"居仁由义",大人的工作便完备了。意思说,仁义的内心修养与外在实践,就是士存在的全部意义。

由孔子创立,经曾子、孟子等先儒充实、完备的中国士人的人格,以仁义为旗帜,以尚志为品格,以任重道远为己任,以除恶扬善为担当,以朝闻夕死为标榜,影响中国士大夫文人至深至远,甚至成为中华民族精神的最有价值、最壮观的部分。

然而,士的欲使"天下归仁"的宏伟理想,与其自身地位的低下,从一开始就两不匹配。居于社会最高层的是贵族阶级中的最有权势者,是他们主宰天下,而不是贵族阶级中最卑微的士。虽然士是知识者,是思想者,"志于道",以天下为己任,但没有资格直接施政于民。他们必须先取信于权势者,才能对政治发生实际影响。非常尴尬,士不过是权势者的附庸,若权势者不用士,士就什么也不是。孔子曾经自比藏于匮中的美玉,说:"沽之哉,沽之哉,我待贾者也。"①孔子自比待价而沽的美玉,是士人真实处境的非常形象贴切的象征。美玉藏于匮中,固然仍是美玉,但无人知晓,也毫无作用。美玉只有在交易场合,而且只有善贾,才能显示它的真正价值。

士的处境尽管非常尴尬,但为了弘道达义,必须把自己沽出去。这是"士志于道"的首要条件。所以,作为权势者附庸的士,就始终存在一个出处进退的大问题。对此,孔孟都有影响深远的言论。孔子说:"君子哉蘧伯玉!邦有道,则仕;邦无道,则可卷而怀之。"②孟子甚至把出仕看作"农夫之耕",不可离弃。《孟子·滕文公》下记魏人周霄与孟子之间关于士出仕问题的

---

① 《论语·子罕》,《论语集释》,页601。
② 《论语·卫灵公》,《论语集释》,页1068。

对话：周霄问："古之君子仕乎？"孟子曰："仕。《传》曰：'孔子三月无君，则皇皇如也，出疆必载质。'公明仪曰：'古之人，三月无君则吊。'""三月无君则吊，不以急乎？"曰："士之失位也，犹诸侯之失国家也。"……"出疆必载质，何也？"曰："士之仕也，犹农夫之耕也；农夫岂为出疆舍其耒耜哉？"①孟子在这里首先肯定君子要出仕，然后举孔子"三月无君则皇皇如也"的例子和公明仪的话，说明出仕是必须并且急迫。接着解释士不可不仕，犹农夫之耕，不舍农具。"三月无君则皇皇如也"的孔子，真是出仕急不可待的典型。孟子性格比孔子刚毅，有大丈夫之气，不过在寻找明君以施展抱负，实现人生价值这点上是相同的。可叹孔子晚年还在自伤"吾道不行"，孟轲"辙环天下，卒老于行"，②同样不得志。虽然孔子说过"邦无道，则可卷而怀之"，孟子说过"有道则见，无道则隐"，可是孔孟处于礼崩乐坏、兵燹饥馑的无道之世，却并没有看到他们"卷而怀之"。他们始终都在"志于道"，不屈不挠，坚忍不拔，其弘毅人格，给予后世的知识者极大的影响。

孔子"三月无君则皇皇如也"，最能说明出仕对于士人来说是何等重要和迫切。但"有君"是否一定能弘道？不一定。如果遇上鄙视仁义的昏君或暴君，士的欲使天下归仁的理想不仅变得一分不值，自身也处于险境。结果是：要么融入封建专制政体，成为食利者；要么坚持孔孟倡导的弘毅人格，踽踽独行；要么急流勇退，"卷而怀之"；要么被无端猜忌迫害，身家性命不保。

东汉中后期的党锢人物，可能是将先秦儒家所赞美的刚毅

---

① 质：杨伯峻《孟子译注》谓"质"，同"贽"、"挚"（zhì）。古代初相见，用一定的礼物来表示诚意，这个礼物便叫"贽"，这礼品，士人一般用雉。中华书局，1960年，页144。

② 见韩愈《进学解》，《韩愈文集汇校笺注》卷二，中华书局，2010年，页148。

人格范型发展到极致的一群。当时,君主昏庸,宦官擅权,政治黑暗到极点。李膺、陈蕃、范滂、杜密等为代表的士大夫,高扬儒家的刚毅人格,以天下是非风教为己任,激烈批评朝政。结果,昏君震怒,前后两次逮捕党人,李膺、陈蕃、范滂等皆死狱中,连累者六七百人,天下善士,一时殆尽。东汉党锢之祸,典型地证明封建专制政体从根本上不能容忍儒家志于道的弘毅人格,邪恶与正直势不两立。

通过回顾儒家人格范型在历史上的遭遇,可以更清楚地显示陶渊明的独特人格与"士志于道"传统人格之间的关系,以及这种新的人格范型的意义。

毫无疑问,渊明年轻时受到传统的"士志于道"的儒家人格的影响,但"性本爱丘山"的隐逸情怀终究是他的人格底色。之所以如此,应当从东晋末年的时代及士人的生活史、精神史两方面解释。东晋末年吏治腐败,渊明看得很清楚。《感士不遇赋》说:"自真风告逝,大伪斯兴。"①《饮酒》其六:"是非苟相形,雷同共毁誉。"②《饮酒》十二:"去去当奚道,世俗久相欺。"③《饮酒》其二十:"羲农去我久,举世少复真。"④渊明年轻时就有隐逸情怀,与晋末的时代有关。从士人的生活史、精神史方面而言,东汉党锢人士惨遭专制政体的打击,深刻影响了后世士人的人生价值观念。加上汉末以降政治的极端险恶,以及老庄哲学的推波助澜,形成崇尚隐逸的潮流。渊明早年就深受这一潮流的洗礼。后来出仕,主要不在"尚志",而是为生活所迫。"身在曹营心在汉",即使为王事奔波,却常心系田园。在他身上,根本

---

① 《陶渊明集校笺》卷五,页 425。
② 《陶渊明集校笺》卷三,页 262。
③ 《陶渊明集校笺》卷三,页 276。
④ 《陶渊明集校笺》卷三,页 292。

看不到东汉党锢人物那种与邪恶势力殊死战斗的精神。几次短暂的归田，既没有孔子"三月不见君则皇皇如也"的六神无主，也没有孟子比喻的农夫耕田失去农具后的失落感。最后弃彭泽令如敝屣，与专制政体彻底决裂，完成了人生中最关键的转身。

陶渊明由官场转向田园，是一次意义非凡的道德人格实践。

一是彻底摆脱了封建专制政体（即体制）的附庸地位，确立了卓然不凡的独立人格。如前所述，"士志于道"，要想实现政治理想与体现自身价值，必须成为封建专制政体的一员。士人必须栖身于君主威权的阴影下，才有可能看到人生的光明。但这光明其实是虚幻的，光明掩盖之下是难言的耻辱。这样的读书人往往成为专制政体的附庸和工具，口腹自役，很容易丧失独立的人格。或许是孔子、孟子亲历权力对独立人格的胁迫，痛感人性在欲望面前容易萎靡退缩，因此一再强调遭逢厄运和困境时，必须高扬刚毅人格精神。颜渊称美孔子："夫子之道至大，穷然后见君子。"①孔子说"岁寒，然后知松柏之后彫也"②，又说"生则不可夺志"③，再有孟子给士大夫的定义，都是高扬士处于困境之时的弘毅刚健精神。然而，纵观秦汉以降的士人生活史，士依附于专制政体，以致丧失独立人格，终究是普遍现象。正因为专制体制与独立人格两者存在难以相融的矛盾，所以到了魏晋，一些思想家设法统一名教与自然之间的冲突，许多名士一面做官，一面不理官事，将仕隐统一，鱼与熊掌兼得，不无得意地咏唱"既欢怀禄情，复协沧州趣"④。这种人生策略看来很圆融，其

---

① 《史记·孔子世家》，《史记》卷四七，中华书局，1985年，页1932。
② 《论语·子罕》，《论语集释》，页623。
③ 《礼记集解》卷五二，中华书局，1989年，页1330。
④ 谢朓《之宣城出新林浦向板桥》诗，曹融南校注《谢朓集校注》卷三，中华书局，2019年，页218。

实虚伪至极。凡是直道之士，必然难容于专制政体，深感痛苦。因为专制政体的本质是不人道的，邪恶的，是腐败、枉法、黑暗的策源地，入于其中，很难洁身自好。"既欢怀禄情"，是丧失羞耻心，是食利者的情怀。"复协沧州趣"的所谓趣味，也决不是真隐士的啸傲山林，远离俗世，不过是假隐士的标榜。渊明耻于亦官亦隐，毅然逃禄而隐，再次确立了士人的独立人格，指明依附专制政体或亦官亦隐之外，还有归隐一条路，能真正保持人的良知与真性。

二是追求自由精神的可贵。"羁鸟恋旧林，池鱼思故渊。"[①]向往和追求自由，属于人的本性。魏晋是自由精神高扬的时代，"越名教而任自然"（嵇康语），成了追求自由，放任情性的一面旗帜。可是，真的越名教意味着放弃名位和官禄，要付出沉重的代价。渊明说的"口腹自役"，"违己交病"，乃是精神自由与官禄享受二者冲突引起的痛苦。要自由，还是要"五斗米"？一般官僚难以放弃"五斗米"，宁愿损失自由或降低自由度，经受专制政体的"矫厉"。"怀禄情"和"沧州趣"实际上难以调和，若要"怀禄情"，必然会全部丧失或部分丧失独立人格和自由精神。渊明却不，他不为五斗米折腰，而为人身自由折腰。他懂得，物质有价，自由无价，丧失自由，比饥冻虽切更难忍受。渊明辞官归隐所体现的追求自由的精神，不仅在古代难能可贵，而且具有当代意义。

三是保持自我本真。虚伪，乃是专制政体与生俱来的痼疾。一个以奴役人民为目的的专制政治体制，必然不存在正义和公平，必然导致吏治的腐败。虚伪，成了升迁的通行证；正直，反倒是官场的驱逐令。渊明拒绝被"大伪斯兴"的官场矫厉，要保持

① 《归园田居》其一，《陶渊明集校笺》卷二，页91。

"质性自然"，保持"任真自得"的生活状态，从思想渊源上说，既得之于儒家，也得之于道家。得之于前者而为刚毅、为固穷守志；得之于后者为本真、为自然。《庄子》一书中言及"真"的地方很多①，渊明"质性自然"，与《庄子》所说的"真人"一脉相承。

　　四是安顿生命于自由朴素的田园。为了自由和保持本真，渊明以富贵为敝屣，情愿选择贫困，躬耕田园，这是渊明道德人格最有实践意义与不可企及之处。魏晋隐士不少，但像他那样，与妻儿、亲知在一起，躬耕田亩，经受劳动的艰辛，收获艰辛的回报，在自然、宁静、孤独中安顿生命、安顿身心，这在中国士人生活史和精神史上最具开创意义。在渊明之前，知识者的人格犹如一个苦魂，身上刻着"士志于道"的印记，或者徘徊在专制政体的高墙之外，不得其入；或者在高墙之内苦斗挣扎，忍受口腹自役的痛苦。陶渊明却从高墙内毅然决然地冲出来，喜看出岫的云，高飞的鸟，篱边的菊，樽中的酒，欢乐地歌唱："富贵非吾愿，帝乡不可期。怀良辰以孤往，或植杖而耘耔，登东皋以舒啸，临清流而赋诗。聊乘化以归尽，乐夫天命复何疑。"在归田之初大声表达对即将开始的自由生活的憧憬。虽说过于理想化，贫困不久将会像大山一样压迫他，但他抛弃富贵，不信仙乡，尽情享受田园的宁静平淡，乐天知命的人生哲学，依然激动了后世千千万万的读者。

　　苏轼晚年独好渊明之诗，自称"然吾于渊明，岂独好其诗也哉，如其为人，实有感焉"。后世读者无不喜爱《归去来兮辞》，岂独好此文如绛云舒卷，行云流水，其实更是喜爱渊明的道德人

---

① 《庄子·齐物论》："其有真君存焉。"郭象注："任之而自尔，则非伪也。"《大宗师》："且有真人而后有真知。""天与人不相胜也，是之谓真人。"《刻意》："能体纯素，谓之真人。"

格、刚毅品性。北宋建中靖国年间，苏轼和《归去来兮辞》，门下宾客和者数人，都自感很得意，以至"陶渊明纷然一日满人目前"①。虽然感动、仰慕与效法还相差很远，但感动和仰慕毕竟是自思人格缺陷的开端。苏轼当年读渊明诗，常生深愧渊明之感，这证明了渊明的道德人格对于知识者的示范意义。面对道德人格的高标，感动、仰慕之余，是应该反观自身的。毫无疑问，后人几乎不可能达到渊明人格的高度，但读《归去来兮辞》，是否也像苏轼一样，生出一种愧意：处在"大伪斯兴"的时代，是否为五斗米折腰？是否口腹自役？有无违己交病的痛感？为了生存，是否经常低头？是否是非不分？是否经常作假？甚至信奉"厚黑学"，以四处钻营为得意，拍马溜须为聪明，遇权势必折腰致敬，见民瘼似若无睹。如今山林几乎消失，"松菊犹存"也已成梦幻，虚假与浮躁席卷神州大地，然而我们仍尽可以保持本真，尽可能安顿心灵于真诚、自由和宁静中。

高山仰止，虽不能至，然心向往之。如果能反思自身的人格孱弱、猥琐或堕落，面对渊明的道德人格高标，生出一份愧意，进而师其人格之万一，那么，庶几读懂了《归去来兮辞》，读懂了陶渊明。

（原载政协彭泽县委员会编《陶渊明与彭泽》，江西人民出版社，2013 年 10 月）

---

① 见洪迈《容斋随笔》卷三《和归去来》，中华书局，2005 年，页 32。

中国士人园林文化的不朽经典

——略论陶渊明园林的文化意义及其影响

一、魏晋时期的私家园林

　　中国园林史源远流长。中国园林史著作一般认为,《诗·大雅·灵台》一篇是最早记录中国园林的可靠文献。[①]《毛诗序》和郑玄笺都说是周文王受命,作邑于丰,立灵台。[②] 至秦汉时期,皇家园林至于极盛。园囿之辽阔,建筑之奢华,飞禽走兽众多,佳树名花遍野,无不空前绝后。读《三辅黄图》及司马相如《上林赋》等宫苑大赋,大体能了解当时皇家园囿的恢弘气势以及它所体现的文化内涵。

　　东汉后期,由于社会政治的黑暗、思想的解放、人的自身意

[①] 《灵台》诗说:"经始灵台,经之营之。庶民攻之,不日成之。经始勿亟,庶民子来。王在灵囿,麀鹿攸伏。麀鹿濯濯,白鸟翯翯。王在灵沼,於牣鱼跃。虡业维枞,贲鼓维镛。於论鼓钟,於乐辟廱。於论鼓钟,於乐辟廱。鼍鼓逢逢,蒙瞍奏公。"《毛诗正义》卷一六,《十三经注疏》,页1129。

[②] 《毛诗序》说:"灵台民始附也。文王受命,而民乐其有灵德以及鸟兽昆虫焉。"郑玄笺:"天子有灵台者,所以观祲象、察气之妖祥也。文王受命,而作邑于丰,立灵台。"《毛诗正义》卷一六,《十三经注疏》,页1128。

识的觉醒,个性得到尊重并张扬,加上自然山水美感的进一步发展,出现一些仕途不得志士人,有意疏离不堪的现实政治;或有性喜山水鱼鸟之人,向往优游自在的生活环境。由此,私家园林渐渐兴起。其中,仲长统是一代表人物,在中国园林史上很有影响。他以为游帝王者不过是想立身扬名,但名不常存,人生易灭,优游偃仰,可以自娱,欲卜居清旷,以乐其志,论之曰:

> 使居有良田广宅,背山临流,沟池环匝,竹木周布,场圃筑前,果园树后。舟车足以代步涉之难,使令足以息四体之役。养亲有兼珍之膳,妻孥无苦身之劳。良朋萃止,则陈酒肴以娱之。嘉时吉日,则烹羔豚以奉之。蹰躇畦苑,游戏平林。濯清水,追凉风,钓游鲤,弋高鸿,讽于舞雩之下,咏归高堂之上。安神闺房,思老氏之玄虚。呼吸精和,求至人之仿佛。与达者数子,论道讲书,俯仰二仪,错综人物。弹南风之雅操,发清商之妙曲。消摇一世之上,睥睨天地之间。不受当时之责,永保性命之期。如是,则可以陵霄汉,出宇宙之外矣。岂羡夫入帝王之门哉!①

仲长统勾画的园林图景,应该是中国士人最早的园林蓝图。这幅蓝图的旨趣是"优游偃仰,可以自娱,欲卜居清旷,以乐其志",选择自然环境清旷之地,优游闲居,自由自在,娱目赏心,逍遥一世。园林的要素如下:一是良田广宅。二是背山临流,置于山水之间。三是沟池环匝,竹木周布,景致优美。四是前有场圃,后有果园,经人工的治理,宜于家居。五是物质丰富,不须劳苦。六是有良朋,有美酒佳肴。七是游览山水之乐。八有静

---

① 《后汉书》卷四九《仲长统传》,页1644。

思养生之道。九是论道讲书，评论人物。十是"弹南风之雅操，发清商之妙曲"，有歌舞之乐。真所谓十全十美，既有山水之乐，又有口腹之乐、琴书之乐，物质与精神的种种享受，无不适意。显然，仲长统理想中的园林，并非一般的士人所可梦想，更无力营造。它代表了权贵和豪富的人生理想与审美趣味。虽然有背山临流的良田广宅，有竹木周布的优美景致，但终究有浓厚的富贵气，缺少高韵与雅趣。

汉末政治、社会、哲学、经学、美学等各个领域发生的深刻变革，直接影响到中国园林艺术的发展和变化。魏晋时期的皇家园林与秦汉相比，不啻小溪之与江海，简直可以略而不谈。私家园林则得到蓬勃发展的良机。从前，仲长统描绘的园林蓝图，只不过是理想中的士人园林，在现实中很难实现。事实上，仲长统虽然鄙视"游帝王者"，似乎很看淡俗世的虚名，而看重现世的物质与精神的双重享受，但他本人后来还是做了曹操的幕僚，并非以隐士名世。魏晋时期的文化与时会风气，源于汉末且变本加厉。以《庄》、《老》为核心的自然哲学，很大程度上打碎了束缚人性的桎梏，尊重人性及思想解放成为引领时代文化的两面大旗。同时，山水美感的普遍认同以及隐逸风气的盛行，都促使士人园林的勃兴。

魏晋士人园林中最早的当推西晋石崇的私家园林金谷园。石崇《金谷诗叙》说：

> 有别庐在河南县界金谷涧中，或高或下，有清泉茂林，众果、竹柏、药草之属，莫不必备。又有水碓、鱼池、土窟，其为娱目欢心之物备矣。时征西大将军祭酒王诩当还长安，余与众贤共送往涧中，昼夜游宴，屡迁其坐，或登高临下，或列坐水滨。时琴瑟笙筑，合载车中，道路并作，及住，令与鼓吹递奏。遂各赋诗，以叙中怀。或不能者，罚酒三斗。感性

命之不永,惧凋落之无期。①

读《金谷诗叙》,可以了解金谷园所包含的园林文化的基本内容。《金谷诗叙》说金谷别业"或高或下",是指别业依山势而建。郭缘生《述征记》写他所见的金谷园说:"石崇因即川阜而制园观。"②因地制宜,随地势之高下建筑园林,成为以后建造园林的圭臬。金谷别业环境极佳,有清泉茂林,各种植物毕备。石崇《思归引》说,有柏木几于万株。潘岳《金谷集作诗》描写金谷园中"前庭树沙棠,后园植乌椑。灵囿繁石榴,茂林列芳梨"③,又有水碓、鱼池、土窟等生产、生活用具。"昼夜游宴,屡迁其坐",以见别业占地之广。"或登高临下,或列坐水滨",写宾主游观山水。"时琴瑟笙筑,合载车中,道路并作",是说边游观边听音乐,极耳目之娱。石崇《思归引》自称"家素习技,颇有秦赵之声"④,可见石崇家有伎乐。后面写文士们"遂各赋诗,以叙中怀,或不能者,罚酒三斗"。金谷园是两晋士人园林的杰构,既有天然山水之美,又有人工营造之丽。其中最有文化意义者,在于游观山水、音乐、酒、诗此四者相融为一,成为士人园林的基本文化要素。四者之中,游观山水,即山水美的欣赏是第一位的。士人园林的兴起,与自然山水美的发现并意识到人与自然的和谐,是最根本的原因。虽说古人早有乐山乐水之说,但也仅仅是游观而已,尚未有寄身心于山水之间的深切愿望与获得的莫名感动。魏晋时期就不一样了,游观山水美景,欣赏鱼鸟之乐,以至寄

---

① 《世说新语·品藻》五七刘孝标注引,拙著《世说新语校释》(增订本),上海古籍出版社,2019 年,页 628。
② 《太平寰宇记》卷三,页 47。
③ 逯钦立辑校《先秦汉魏晋南北朝诗·全晋诗》卷四,中华书局,1983 年,页 632。
④ 《先秦汉魏晋南北朝诗·全晋诗》卷四,页 643。

形于山水，栖神于自然。例如建安文学作品就有很多的游观自然景色的描写。曹丕《与朝歌令吴质书》写春日出游："从者鸣笳以启路，文学托乘于后车。"①曹植《公宴诗》说："清夜游西园，飞盖相追随。"②《游观赋》说："静闲居而无事，将游目而自娱。"③

魏末，阮籍、嵇康等游于竹林，沉醉于自然美景中，以此远离世患。阮籍"登山临水，经日忘归"。嵇康"游山泽，观鱼鸟，心甚乐之"，曾作诗说："息徒兰圃，秣马华山，流磻平皋，垂纶长川。目送归鸿，手挥五弦。俯仰自得，游心太玄。嘉彼钓叟，得鱼忘筌。郢人逝矣，谁可尽言。"④初看似乎都是游山玩水，但竹林七贤与建安作家不同了。后者游观山水纯是娱情，前者走向自然，就有了逃世的意味。而逃世，原本就是士人园林兴起的社会、政治原因。仲长统不是说过吗，"不受当时之责，永保性命之期"。笃好林薮，隐遁于山水之间，远离险恶的世俗，"不受当时之责"，始终是历代士人栖身于园林的重要原因。

石崇金谷园中的山水之佳，足可以娱情。但园林若仅有自然景物，如山石、清泉、茂林、鱼鸟，美则美矣，却未必尽善。唯有赋予园林文化和艺术的内涵，园林才会具有高雅的格调和深厚的人文意义，从而成为精神的栖息地。其中，音乐、歌舞、美酒、诗歌，是士人园林不可或缺的要素。仲长统的园林蓝图中，已经有了音乐、美酒，还缺美人与诗。缺美人恐怕是仲长统无财力。畜养歌妓非得家资丰厚，这不是一般士子能办到的。至于诗，汉末的五言诗还在成熟的路上。酒与诗也尚未到互相融合的阶段。

① 《三国志》卷二一《吴质传》，页608。
② 《先秦汉魏晋南北朝诗·魏诗》卷七，页449。
③ 《全上古三代秦汉三国六朝文》，《全三国文》卷一三，页1126。
④ 戴明扬《嵇康集校注》卷一，《兄秀才公穆入军赠诗十九首》，中华书局，2014年，页24。

　　石崇富可敌国,可以建造地盘广大的金谷园,可以畜养许多美妓,完全有能力邀集良朋,把音乐、美妓、歌舞、美酒、诗歌等种种赏心乐事聚于金谷园中。山水、美妓、旨酒,三者凑泊,自然就产生诗,于是,园林就有了文化,有了艺术。尤须注意的是,建造园林和观赏园林,其实都是追求心灵宁静与精神寄托。石崇《金谷诗叙》说:"遂各赋诗,以叙中怀……感性命之不永,惧凋落之无期。"①"中怀"谓何? 即"感性命之不永,惧凋落之无期",抒写生命短促的意识,结果自然是及时行乐。

　　与石崇同时的潘岳,也建造颇有规模的园林。潘岳在仕途不很得意,退而闲居,在洛水边建造园林。他在《闲居赋》序中说:"览止足之分,庶浮云之志,筑室种树,逍遥自得。池沼足以渔钓,春税足以代耕,灌园鬻蔬,供朝夕之膳,牧羊酤酪,俟伏腊之费。"赋文写在天清气朗的佳日,一家人远览王畿,近游园林:"于是席长筵,列孙子,柳垂荫,车结轨,陆摘紫房,水挂赪鲤。或宴于林,或禊于汜。昆弟斑白,儿童稚齿。称万寿以献觞,咸一惧而一喜。寿觞举,慈颜和。浮杯乐饮,丝竹骈罗,顿足起舞,抗音高歌。人生安乐,孰知其他。"②仕途不得意而退归闲居,造园林以逍遥,享受人生的乐趣,乃是历代士人园林兴盛的又一重要原因。

　　在中国园林史上,东晋是非常重要的时期。士人园林迅速发展,一些造园的基本原则,深刻影响后世的造园技术及园林文化。据留存的文献资料,可知东晋士人园林有顾辟疆名园。《吴郡志》卷一说:晋辟疆园"池馆林泉之美,号吴中第一"。又有纪瞻"厚自奉养,立宅于乌衣巷,馆宇崇丽,园池林木足赏玩焉"③。名士孙

① 《全上古三代秦汉三国六朝文》,《全晋文》卷三三,页1651。
② 《晋书》卷五五《潘岳传》,页1506。
③ 《晋书》卷六八《纪瞻传》,页1824。

绰在东山"建五亩之宅，带长阜，倚茂林"①。王羲之、谢安在会稽时，也有园林。《晋书》卷八〇《王羲之传》说："羲之雅好服食养性，不乐在京师，初渡浙江，便有终焉之志。会稽有佳山水，名士多居之。谢安未仕时亦居焉。孙绰、李充、许询、支遁等皆以文义名世，并筑室东土，与羲之同好。"②羲之《与谢万书》说："顷东游还，修植桑果，今盛敷荣，率诸子，抱弱孙，游观其间。"又说："比当与安石东游山海，并行田视地利，颐养闲暇。衣食之余，欲与亲知时共欢宴，虽不能兴言高咏，衔杯引满，语田里所行，故以为抚掌之资，其为得意，可胜言邪！"③谢安先前居会稽，与王羲之、支遁、许询等交游，"出则渔弋山水，入则谈往来说属文，未尝有处世意也"④。后出仕在京师，"又于土山营墅，楼馆竹林甚盛，每携中外子侄，往来游集"⑤。晋末名士戴颙，"出居吴下。吴下士人共为筑室，聚石引水，植林开涧，少时繁密，有若自然"⑥。

东晋园林文化对后世影响最大者当推兰亭雅集。穆帝永和九年（353）的暮春，此时距自西晋石崇金谷雅集已有六十年了，王羲之、谢安、支遁等聚于会稽山阴之兰亭，游目骋怀，流觞曲水，咏怀赋诗。显然，兰亭雅集是对金谷雅集的有意识的回应，虽仿效前辈风流，但意义超越前辈，成为中国文化史上永恒的佳话。山阴兰亭是否王、谢的园林，此事不能确知。王羲之《兰亭集序》说，"此地有崇山峻岭，茂林修竹，又有清流激湍，映带左

---

① 《世说新语·言语》八四刘孝标注引《遂初赋》，《世说新语校释》，页309—310。

② 《晋书》卷八〇《王羲之传》，页2098。

③ 《晋书》卷八〇《王羲之传》，页2102。

④ 《世说新语·雅量》二八刘孝标注引《中兴书》，《世说新语校释》，页800。

⑤ 《晋书》卷七九《谢安传》，页2705。

⑥ 《宋书》卷九三《戴颙传》，页2277。

右"，是一处自然景色极佳的游览胜地。兰亭雅集"虽无丝竹管弦之盛，一觞一咏，亦足以畅叙幽情"。所谓"幽情"是指人生的大痛——生死之变："向之所欣，俯仰之间，以为陈迹，犹不能不以之兴怀。况修短随化，终期于尽。古人云，死生亦大矣，岂不痛哉！"①刚才游目骋怀之欢欣，转瞬之间，已为陈迹，但仍不能不令人兴怀感叹。何况，人生长短随自然之变化，终归于尽。死生是人生最大的变化，岂不痛哉！这与《金谷诗叙》"感性命之不永，惧凋落之无期"的感叹若合符契。

最后说谢灵运的山居。魏晋士人园林的冠冕应推晋末宋初谢灵运的山居。即使石崇金谷园与之相比，也是小巫比大巫。灵运出身东晋著名望族谢氏，曾祖谢安未出仕前就已经营东山别业。父祖并葬始宁县，有故宅及墅。灵运移籍会稽，在祖居旧宅的基础上开疆拓土，依山傍流，种竹、植树、栽花、建馆，营造巨大的园林。他的《山居赋》详细描写山居的形胜及花木、鸟兽、禽鱼之繁。"其居也，左湖右江，往渚还汀，面山背阜，东阻西倾"。山居四面有山有水。自注："茸室在宅里山之东麓，东窗瞩田，兼见江山之美。"②灵运信佛，建经堂、筑讲堂、立禅室、列僧房。又说："若乃南北两居，水通陆阻。"自注："两居谓南北两处，各有居止。峰崿阻绝，水道通耳。"南山居处的地域之广，见于自注："南山是开创卜居之处也，从江楼步路，跨越山岭，绵亘田野，或升或降，当三里许。途路所经见也，则乔木茂竹，缘畛弥阜，横波疏石，侧道飞流，以为寓目之美观。及至所居之处，自西山开道，迄于东山二里有余，南悉连岭叠嶂，青翠相接。云烟霄路，殆无倪际……南山相对，皆有崖岩，东北枕壑，下则清川如

---

① 《晋书》卷八〇《王羲之传》，页 2099。
② 《宋书》卷六七《谢灵运传》，页 1760。

镜，倾柯盘石，被隩映渚。西岩带林，去潭可二十丈许，葺基构宇，在岩林之中，水卫石阶，开窗对山，仰眺曾峰，俯镜浚壑。去岩半岭，复有一楼，迥望周眺，既得远趣，还顾西馆，望对窗户。缘崖下者，密竹蒙径。从北直南，悉是竹园。东西百丈，南北百五十五丈。北倚近峰，南眺远岭，四山周回，溪涧交过，水石林竹之美，岩岫峻曲之好，备尽之矣。刊剪开筑，此焉居处，细趣密玩，非可具记，故较言大势耳。"从作者的这段自注，可见灵运山居景色之美，莫不必备，难以殚述。生活舒适及游目骋怀自不待言，精神的追求也孜孜不倦。一是采药消病以求长生："寻名山之奇药，越灵波而憩辕。采石上之地黄，摘竹下之天门。"二是奉佛："远僧有来，近众无阙。法鼓朗响，颂偈清发。"三是读各种经典："见柱下之经二，睹濠上之篇七。承未散之全朴，救已颓于道术。嗟夫，六艺以宣圣教，九流以判贤徒，国史以载前纪，家传以申世模，篇章以陈美刺，论难以核有无。兵技医日，龟策筮梦之法。风角冢宅，算数律历之书。"四是吟诗作赋："援纸握管，会性通神。诗以言志，赋以敷陈，箴铭诔颂，咸各有伦。"历代描写园林的文学作品，很少有谢灵运《山居赋》那样的具体详细。

谢灵运的山居，堪称魏晋士人园林的极致。中国园林史上，也难见规模如此恢弘、景色如此优美的士人园林。一般的官僚和普通的士人，财力有限，绝无可能建造这么大的园林。因此，谢灵运的山居不可能复制，其实不具有典型性。

以上略述魏晋（特别是东晋）的士人园林，大致可以概括出当时园林的几个特点。其一，魏晋是门阀制度鼎盛的时代，园林的主人多出身于名门大族，有足够的财力物力建造"馆宇崇丽"。所以，研究中国的园林，自然不可忽略园林主人的身份。其二，士人园林一开始就是疏离社会的，但并不能据此就以为园林主人就是隐士。西晋石崇、东晋王羲之、纪瞻造园，主要是为现世的享受。石崇《思归引序》自述弱冠登朝，历位二十五年，五十以事去官，"晚节更乐放逸，笃好林薮，遂肥遁于河阳别业"。他晚年隐遁，不是作隐士，而是"笃好林薮"，过放逸的生活。谢灵运优游山居是喜好山水，也不是做隐士。其三，东晋士人园林追求自然山水的天然优美，但不废人工的营造，即以大量的人工，建造近于自然的景致。吴下士人为隐士戴颙筑室，"聚石引水，植林开涧"，"有若自然"，犹庄子所言，既雕既琢，复返自然。这一例子很能说明造园的重要原则，即人工的营造须接近自然。其四，东晋士人园林是名士审美情趣的鲜明体现，最能证明彼时的名士生活已经高度艺术化。正如有否雅量与高韵是品藻名士风流的主要标准一样，衡量园林的雅俗，当然也看园林主人有无情趣与韵味。兰亭雅集，曲水流觞，十分生动地展示了名士生活的审美化和艺术化，一直为后世津津乐道。

大体了解秦汉的皇家园林及两晋的士人园林，然后看陶渊明的园林的特点与文化内涵，就能比较容易理解陶渊明的园田居的拔出流俗，更能清晰显示其在中国园林史上的崇高地位，以及对后世园林的深远、巨大的影响。

二、陶渊明的园林及其文化意义

陶渊明诗文中讲到"园林"的地方仅有二处：《悲从弟仲德》诗："阶除旷游迹，园林独余情。"《庚子岁五月中从都还阻风于规林》诗其二："静念园林好，人间良可辞。"有时，"园林"又作"林园"。例如《答庞参军》诗："有客赏我趣，每每顾林园。"《辛丑岁七月赴假还江陵夜行涂口》诗："诗书敦宿好，林园无俗情。"其实，陶渊明的园林或林园，就是他的园田居，即《归园田居》诗中所说的"方宅十余亩，草屋八九间"。从严格的意义上说，陶渊明的田园居并不是有意经营的园林。

传说中的周文王的灵台，就是人工营造的。秦汉皇家园林，上文言及的魏晋士人园林，都不是纯天然的不费人工的居所。而陶渊明的园林完全是普通的、平凡的农家园舍。一千六百余年后的今天，如陶渊明园田居那样的农家，在江南仍不少。当然，榆柳种在后檐，桃李植于堂前，或许也是布置的结果。但这并不是刻意的规划和营造。

陶渊明的伟大，全在于从平凡中发现了伟大。正如他从司空见惯的自然景物和农家平淡的生活场景中发现了非凡的美，并倾诉了对田园生活的无比眷恋，再上升到对于生命和宇宙的思考，从而创造了高妙的田园诗一样，他发现了自己的平凡家园，处处与污秽的世俗社会不同，不论是将要荒芜的小径，庭中的松树，篱边的菊花，榆柳下的浓荫，北窗下的清风，都是那样的美，那样的有趣味。原来非常平凡的家园，经他的浸透感情与审美的笔墨点化，居然成为中国士人园林的极致。其中的奥妙何在？

完全可以这样说：在中国士人园林文化史上，全身心的热爱园林，拥抱家园，以非凡的审美情趣看待园林中的一草一木、一轩一几，陶渊明是第一人。上文言及，石崇与众宾客常在金谷别业游宴、奏乐、赋诗，固然是愉悦的，而且也抒发人生不永与及时行乐的情怀，但园林不过是他们享受现世欢乐的地方，也不是寄托情志的唯一场所。石崇自称五十岁之后才笃好林薮，肥遁于河阳别业。谢灵运承父祖之余荫，以巨量的资财，经营他的始宁山居，四处游目骋怀，留下不少写景佳句，例如："密林含余清，远峰隐半规"（《游南亭》诗），"江南倦历览，江北旷周旋。怀新道转迥，寻异景不延。乱流趋正绝，孤屿媚中川。云日相辉映,空水共澄鲜"(《登江中孤屿》诗),"昏旦变气候,山水含清晖。清晖能娱人,游子澹忘归。出谷日尚早,入舟阳已微。林壑敛暝色,云霞收夕霏。芰荷迭映蔚,蒲稗相因依"(《石壁精舍还湖中作》诗),"暝还云际宿,弄此石上月。鸟鸣识夜栖,木落知风发。异音同至听,殊响俱清越"(《夜宿石门》诗)。他自诩已经是隐士了,做到了"心迹双寂寞"(《斋中读书》诗)。其实,谢灵运形迹虽在山川,心犹不忘魏阙。故当朝廷一旦召他,他就丢下山居,又到都城任职了。直到被杀的一刻,方才痛叹道:"恨我君子志,不得岩下泯。"(《临终》诗)可见,灵运在山居虽能"弄此石上月",却始终做不到"岩下泯"。

陶渊明则与石崇、谢灵运等大不相同。园林是他的唯一居所,是他的生活来源,也是他得到欢乐以及日夜梦想的地方。他自幼在此读书、饮酒、弹琴、作文,园林给了他所有的欢愉。他在这里思考人生的意义。他不能离开园林,即使为生活所逼,不得不暂时离开故园,一颗心却仍留在田园。故园是他的根,是他的身心栖息地,也是他最终的归宿。渊明一百多首诗里,写到园林的不下几十首。这些情韵深厚的田园诗,蕴含着士人园林文化的许多精粹。

陶渊明的园林是现世的,世俗的,与主人的生活、劳作、休闲、养性密不可分。《戊申岁六月中遇火》诗说:"果菜始复生。"《酬刘柴桑》诗说:"新葵郁北墉,佳禾养南畴。"可见,渊明的园林种植果蔬与庄稼,不是仅供观赏。石崇金谷园中虽也有鱼池、水碓等治生之具,但并非是生活的唯一来源。金谷园不过是他的野外别业,是与宾客的游宴之处。纪瞻、谢安等人的园林,也是以供赏玩,并不是必需的生活资待。当然,渊明也在园林中招待客人,所谓"漉我新熟酒,只鸡招近局"(《归园田居》诗其五),但那是邻里之间的真诚与温情,与石崇金谷园的待客不能相提并论。渊明的园林淳朴自然，可亲可近，与豪富或权贵的园林不可等同而语。

陶渊明园林最重要的文化内涵，在于它的隐逸意义。在中国士人精神史上，隐逸思想或风气，具有头等重要的地位。士人园林的兴起，首先与隐逸风气有关。

中国隐逸的历史十分古老。陶渊明之前的隐士，一般都是割舍妻子，告别家园，走进荒凉的山林岩穴，有的甚至不知所终。东汉中期以后，隐逸的方式开始变化。张衡的《归田赋》，就透露出这方面的消息。《文选》李善注说："《归田赋》者，张衡仕不得志，欲归于田，因作此赋。"张衡究竟有没有归田？可能没有。《归田赋》中描写的归田后的生活情景，其实是一种虚拟和悬想。但并不妨碍据此可判断作者有隐逸的念头。当他于春日吟啸弋钓之后，傍晚回到蓬庐，"弹五弦之妙旨，咏周孔之图书。挥翰墨以奋藻，陈三皇之轨模"。末了抒发"苟纵心于域外，焉知荣辱之所拘"的超世之志①。张衡想象中的园林是疏离社会的，是隐士身心的栖息地。从前，传统的隐士岩居穴处，如今隐于景色优美的野外园林了。

到了魏晋，隐逸思潮盛行，士人园林勃兴。很容易发现，隐逸与园林两者为正向的关系，即隐逸风气高涨，士人园林随之兴盛。园林的主人虽未必都是隐士，但园林总是疏离社会，逃避俗世之红尘，追求尘外之清旷的场所。到了东晋，甚至出现"买山而隐"的名僧支道林②。支道林买山而隐，是想求一清旷之地。但古代的著名隐士如巢父、许由，或寝于树上，或居于岩穴的，何

① 见《文选》卷一五《归田赋》，《文选》，上海古籍出版社，1986年，页692。
② 《世说新语·排调》二八："支道林因人就深公买印山，深公答曰：'未闻巢、由买山而隐。'"《世说新语校释》，页1703。

必要买山而隐呢。从这一角度看,隐士的作风变了。名士郗超每每听闻有人欲隐居,"辄为办百万资,并为造立居宇。在剡,为戴公起宅,甚精整。戴始往旧居,与所亲书曰:'近至剡,如官舍。'"[①]既然起宅如官舍,则并非茅屋一二间,而是一处比较像样的园林。

不过,如支道林的买山而隐,郗超为隐士戴逵起宅如官舍,以及谢安早先隐居东山,园林与隐逸终究很难融为一体。支道林隐了一段时间后,朝廷一征召,就到京师讲经,与当时的许多大名士广泛交往。戴逵是个"通隐"——通达的隐士,与官府常来常往。中国历史上隐士无数,只有陶渊明是个真正的隐士。也只有他,赋予士人园林真正的隐逸意义。钟嵘《诗品》称陶渊明为"古今隐逸诗人之宗",后世称陶诗是"田园诗之祖",那么,若称渊明为古代士人隐于园林的第一人,应该是符合实际的。自从陶渊明的园林出现之后,士人园林就与隐逸文化密不可分。渊明的园田居平淡至极,也优美至极,被后来的隐士不断吟唱,为造园家不断赞叹与仿效。即使是富豪和权贵的林园,也或多或少借鉴和仿效他的园林的平淡自然,以此标榜清雅和超远。

陶渊明的园林,是隐逸的同义词。这是一个真正隐士的唯一家园,是他精神与灵魂的安顿之所。渊明园林的不可企及,在于它总是作为俗世的对立物出现,前者宁静、自由、美好,后者喧嚣、欺诈、污浊。显然,渊明的园林是与石崇金谷园、谢灵运山居等豪富或大名士的园林大不相同。诚然,金谷园位于洛阳郊外,确实是一处远离市井的清静之地。但它不过是豪富们奢华生活从市井向山水的延伸而已,并不表现出对抗现实的意味。魏末

---

① 《世说新语·栖逸》一五,《世说新语校释》,页1422。

以降，名教与自然渐渐调和。石崇就主张"身名俱泰"①，意思是身名二者兼美，名利双收，何必像颜回、原宪那样居贫呢！石崇推崇的"身名俱泰"，很能代表一部分人的人生价值观。他们一边高官厚禄，一边逍遥山水。石崇金谷园、谢氏山居，都是把巨额的官禄，做成"身名俱泰"的标本。他们享受园林的清旷，但不会真正鄙视世俗的丑恶，更不会对抗世俗政权。岂止不对抗，甚至还要百般维护。渊明的园林不一样，它总是闪耀着对抗现实，决不与现实妥协的光辉。"静念园林好，人间良可辞"（《庚子岁五月中从都还阻风于规林》其二），"闲居三十载，遂与世事冥。诗书敦宿好，林园无世情。如何舍此去，遥遥至南荆……投冠旋旧墟，不为好爵萦。养真衡茅下，庶以善自名"（《辛丑岁七月赴假还江陵夜行涂口》诗），"园田日梦想，安得久离析"（《乙巳岁三月为建威将军使都经钱溪》诗）……渊明于行役途中对田园的深情呼唤，表现的憎恶俗世之情是再清楚不过了。到了义熙元年（405）秋十一月，渊明辞官彭泽令，终于回归日夜梦想的田园，作《归去来兮辞》说："实迷途其未远，觉今是而昨非。"视出仕为"迷途"，为"昨非"，归田为"今是"。一篇《归去来兮辞》，即是园林与现实的尖锐对立。渊明尽情赞美园林生活的宁静、自由、美好，反衬人在仕途的种种"违己交病"的拘束和难堪。相反，我们读金谷诗、兰亭诗，读谢灵运的山水诗，除了山水景色的描写与及时行乐之类的领悟之外，还能看得到坚持隐居的志向，或鄙视世俗的感情吗？似乎看不到。渊明的园林以隐居之志为内核，以鄙视俗世为风骨，在中国士人园林史上竖立了

---

① 《世说新语·汰侈》一〇载：石崇每与王敦入学戏，见颜、原像而叹曰："若与同升孔堂，去人何必有间。"王曰："不知余人云何？子贡去卿差近。"石正色云："士当令身名俱泰，何至以瓮牖语人！"《世说新语校释》，页1856—1857。

令人仰望的高标,后人对之无不肃而起敬。

陶渊明的园林在人间,所谓"结庐在人境"是也。这既与古代隐士的岩居穴处不同,也与石崇、谢灵运等豪富建在郊外形胜之地的园林异样。石崇金谷园在野外金谷涧中,为山水形胜之处。谢灵运山居依山带江,有茂密的竹林、悬崖、瀑布,远离尘嚣。郗超为隐士戴逵筑室山中。渊明则隐在人境,与妻子、亲旧生活在一起,不愿意离群索居。隐在人间,却能隔绝红尘,保持内心的平静。何以能如此?《饮酒》其五一开头就道出了其中的奥秘:"结庐在人境,而无车马喧。问君何能尔,心远地自偏。"由此可知,渊明秉持隐在心迹,而不在形迹的哲理。尤其是"心远地自偏"之义,是对传统的隐居作出了全新的解释。从前的隐士离世绝俗,一般都走向荒野与山林。魏晋时期则出现了"大隐""小隐"的观念,所谓"小隐隐陵薮,大隐隐朝市"[1],隐在朝市的倒成了"大隐"。可见,隐逸的观念和方式开始改变了。由此推论,自然就得出隐在心迹而不在形迹的结论。渊明"结庐在人境"四句,固是高妙,但论其时代文化背景,则是名教与自然调和之后出现的隐逸新观念。既然"心远"就能"地偏",那么,造园林于京都大邑,与筑室于山中就无甚差别了。故"心远地自偏"之义,为后世士人园林的营造及审美开了一大法门,影响深远。

陶渊明的园林,集中体现了他的生活情趣与审美趣味。上文已言及,渊明的园林不是刻意经营的产物,它平凡至极,自然至极,美至极,趣至极,韵至极。若可一言而蔽之,则曰平淡自然。例如《时运》:"花药分列,林竹翳如。清琴横床,浊酒半壶。"《归园田居》:"方宅十余亩,草屋八九间。榆柳荫后檐,桃

---

① 王康琚《反招隐》,见《文选》卷二二,页1030。

李罗堂前。""野外罕人事,穷巷寡轮鞅。白日掩荆扉,虚室绝尘想。"《和郭主簿》:"蔼蔼堂前林,中夏贮清荫。凯风因时来,回飙开我襟。"《饮酒》其五:"采菊东篱下,悠然见南山。"《归去来兮辞》:"三径就荒,松菊犹存。携幼入室,有酒盈樽。引壶觞以自酌,眄庭柯以怡颜。倚南窗以寄傲,审容膝之易安。园日涉而成趣,门虽设而常关。"《止酒》:"居止次城邑,逍遥自闲止。坐止高荫下,步止荜门里。好味止园葵,大欢止稚子。"《读山海经》其一:"孟夏草木长,绕屋树扶疏。众鸟欣有托,吾亦爱吾庐。既耕亦已种,时还读我书。穷巷隔深辙,颇回故人车。欢然酌春酒,摘我园中蔬。"读陶诗中描写的园林景致,花药、方宅、草屋、榆柳、桃李、松竹、清荫、穷巷、荆扉、南风、松菊、庭柯……一如江南常见的农家风物,无不平淡自然,找不到有意营造的痕迹。

然而人人眼中都皆有的农家景物,经过陶渊明的点化,显现出淳朴、淡雅、萧散、拔俗的美,成为后世园林艺术家向往和追求的典范。奥妙何在? 值得细细探讨。

谈论陶渊明的园林,应该分为两个层次:现实的与写意的。现实的层次容易理解,即他的园林是客观的乡村田园,一草一木纯乎自然,并非是有意的营造或人工雕琢。他自己也描写过他的"贫居"景色:"贫居乏人工,灌木荒余宅。班班有翔鸟,寂寂无行迹。"(《饮酒》其一五)没有人工的修饰,灌木荒芜,寂寞无人迹,是渊明园林真实的本相。当主人心境荒凉的时候,那个园林也就跟着荒凉了。但在更多的时候,渊明的贫居被描绘成生机勃勃,触目所见皆有趣。这就是渊明园林的写意的层次。较之现实的层次,写意的层次是形而上的,是主观的、审美的。渊明非是一般的农人,后者甚至几代生活在祖传的故宅里,终生朝夕相对平凡又单调的风景,绝少会发现田园有什么美感。渊明不一样,他有极高的文化修养,学识渊博,审美眼光非凡,且有特

立独行的人格气质,有远志高情。因此,他能从平淡自然中发现
美、感受美、书写美。他笔下的园林高度主观化、情感化、审美
化。写意的园林,形成园林的意境。有意境的园林,才是艺术。
他的写意园林对后世的巨大影响,无论如何估计都不会过。

　　上文言及,东晋名士以审美眼光观察山川景物,日常生活审
美化、艺术化、趣味化。喜欢走向山水,游目骋怀,这同汉末以降
山水美越来越被人们认同有关。此点不赘述。生活的审美化、
艺术化、趣味化,则与生命被珍视,人情被赞美,品藻人物重情
韵、重趣味有密切关系。名士们开始赏爱一切美好的东西,推崇
高雅与韵味,生活也就变得艺术化、趣味化。例如王子猷租人家
空屋暂住,便令手下种竹。有人问:"暂住何许烦此?"王啸咏良
久,直指竹,说:"何可一日无此君!"①王子猷觉得竹子美,以至
不可一日无此君,即便租人空屋住,也要种竹。这是日常生活审
美化、艺术化的突出例子。陶渊明情趣高雅,加上由仕而隐的经
历,使他深切感受到园林的美好以及乐在其中的无穷趣味。陶
诗写到园林之趣的例子不少,如《归去来兮辞》:"园日涉而成
趣,门虽设而常关。"一个小小的、不起眼的小园,天天在其中走
动,门又是常关的,闭塞如牢笼,无聊和寂寞,谁受得了? 一般人
早觉得没趣,恐怕打开门跑了。但渊明天天在园中走,自觉生出
趣味。门关着,隔绝了俗世俗情,多么宁静自在。这二句抒写仕
途归来之初对田园生活的热爱,鄙弃俗情的隐士情怀,以及"结
庐在人境,而无车马喧"的宁静享受,由此可见陶渊明的情趣与
雅致。又比如《与子俨等疏》:"见树木交荫,时鸟变声,亦复欣
然有喜。常言五六月中,北窗下卧,遇凉风暂至,自谓羲皇上
人。"春夏之交的时节转换带来的物候变化,常人多无动于衷,

---

① 见《世说新语·任诞》四六,《世说新语校释》,页1617。

渊明却欣然有喜。没有对宇宙万物的大爱，不会产生这样的喜悦。夏天北窗下凉风暂至，竟然觉得成了羲皇以上之人。常见的实在太平凡的景物，他觉得如此有趣，如此享受。在渊明高超的自然审美观照之下，生活中到处有感动，眼前之景都有美，

后人读渊明的田园诗，无不向往他笔下的园林之美，一草一木都有诗人的感情，发出理性的光辉。历代作家虽极力模拟之，但少有人能得其仿佛。原因即是渊明的园林是高度写意的，绝非纯客观的写真。若无他那样的高超的自然审美力，也无他那种坚定的隐士情怀，对现实的鄙视，高尚的节操，就决不可能创造出如他笔下的园林。苏东坡诗说："一枕清风直万钱，无人肯买北窗眠。"又说："只应陶靖节会听北窗眠。"①确实，这样的雅趣，古今唯有渊明欣然有会。故后世可以仿效陶渊明的园林意境，但永远不可能超越。

由陶渊明诗文中园林的写意，可以进而讨论陶渊明的悟道及士人园林的最高境界究竟是什么。

回答上述问题，必须从中国哲学中寻找答案。中华民族是很早就有理性品格的伟大民族。早在先秦时期，"天人合一"、"天人相应"的观念就已普遍。"形而下者谓之器，形而上者谓之道。"老子哲学对道的推崇，是对人世及宇宙的终极追求。《老子》一章说："无，名天地之始；有，名万物之母。故常无，欲以观其妙；常有，欲以观其徼。此两者，同出而异名，同谓之玄。玄之又玄，众妙之门。"《老子》二五章说："人法地，地法天，天法道，道法自然。"老子哲学认为，"无"与"玄"，就是"道"和"自然"，为"众妙之门"。以园林而言，山水属于形而下者之器，深藏其背后的"无"或"玄"，才是天地与自然的终极真理。游观山

---

① 许逸民点校《岁时广记》卷二，中华书局，2020年，页74。

川景物固然快乐,然而深思并了悟深邃的道,才是终极的快乐。同样,经典的园林并不仅仅以山石、水池、花木、楼馆等有形的景致示人,而是通过景致显示某种无形的理念,让游园者得到精神的悟解,产生基于理性的满足。中国士人园林一开始就打上理性的烙印。张衡《归田赋》描写白天有关春景,傍晚回驾园林,"弹五弦之妙指,咏周孔之图书。挥翰墨以奋藻,陈三皇之轨模。苟纵心之物外,安知荣辱之所如。"①音乐、读书、作文,皆是游观之后的精神活动,后来成为园林的基本要素。"纵心物外"二句,便是道的悟解。园林,正是忘却世间荣辱,纵心物外的所在。

东晋中期,王羲之、谢安等名士追步石崇,聚于会稽山阴兰亭,曲水流觞,然后由具象的游览转而为抽象的精神活动,众人作《兰亭》诗,多有悟道之言。例如王羲之《兰亭》诗:"三春启群品,寄畅在所因。仰望碧天际,俯盘绿水滨。寥朗无涯观,寓目理自陈。大矣造化功,万殊莫不均。群籁虽参差,适我无非新。"②作者于观景之际,觉得寓目即见理:自然之功伟大啊,万物无不均沾。万籁之声虽参差不齐,但于我皆有新鲜之感。晋人喜欢自然山水,亦钟情于玄思。由观景而悟道,由实而虚,由言象而至得意,正是魏晋玄学最基本的思维方式。山水自然固然令人难以忘怀,但并不是见山是山,见水即水。游目的结果是骋怀,是豁情、是悟道。得趣与得道,才是终极目的。

陶渊明笔下的园林之所以富有情趣与理趣,奥秘在于他对于天人合一的关系有深刻的认识,所悟之道高妙难及,创造的园林意境超越时空界限,无有涯际。例如《和郭主簿》诗前面多写

---

① 《文选》卷一五,页693。
② 《先秦汉魏南北朝诗·全晋诗》卷一三,页895。

闲居园林的种种乐事，最后四句说："此事真复乐，聊用忘华簪？遥遥望白云，怀古一何深。"悟出闲居田园才是真乐，何用富贵？遥望白云，油然而生怀古之情。再有《读山海经》其一："孟夏草木长，绕屋树扶疏。众鸟欣有托，吾亦爱吾庐。既耕亦已种，时还读我书。穷巷隔深辙，颇回故人车。欢然酌春酒，摘我园中蔬。微雨从东来，好风与之俱。泛览周王传，流观山海图。俯仰终宇宙，不乐复何如。"渊明园林的文化内涵，在这首诗里得到集中体现。其中最重要的，乃是古代哲学中根本思想——天人之际。园林是物质的，也是精神的。有时空的边际，但又无边际。人即自然，自然即人。物我二者，相融为一。"众鸟欣有托"是外物，"吾亦爱吾庐"为自我。我知鸟之乐，且一同我之乐。由于愉悦的内心的观照，万物皆呈现活泼泼的美，一片大和谐，甚至微雨与好风都联翩而来。俯仰之间，已再抚宇宙之外矣。于是我们理解了，陶渊明闲居的快乐，并不局限在狭小的"方宅十余亩"，也不仅仅是眼前所见的景物，而是由实景进入无限的时空。陶渊明在他的园林中耕种、采菊、读书、饮酒，由此思玄、悟道。如此，有限的园林成为无限，观器进至深邃的哲学境界。

　　假若要进一步探讨陶渊明园林的哲学内涵的来源，会发现同儒道两家的思想影响有关。儒家有所谓"孔颜乐处"，无论穷达，都不改其乐。又有"曾点气象"，所谓"暮春者，春服既成，冠者五六人，童子六七人，浴乎沂，风乎舞雩，咏而归"①。宋人钱时评论曾点说："非实见天地万物在吾变化鼓舞中，安得有此气象。"②朱熹评论说："胸次悠然，直与天地万物上下同流，各得其

---

① 《论语·先进》，《论语注疏》卷一一，十三经注疏本，中华书局，2009 年，页 5430。
② 钱时《融堂四书管见》卷六，文渊阁《四库全书》本。

所之妙,隐然自见于言外,视三子之规规于事为之末者,其气象
不侔矣。"①渊明辞官以后固穷守志,寝迹衡门,自得其乐,独与
天地精神往来,有人比之为孔门弟子如颜渊之徒,并非一无道
理。以道家哲学而言,盖《庄子》所谓的道无所不在,流行并充
满天地。眼前所见一草一木,皆有道在焉。魏晋《庄》学盛行,
人们醉心于道的追寻与体悟,以致游目骋怀之际,也"玄对山
水",即以玄思观照万物。例如简文帝入华林园,顾谓左右曰:
"会心处不必在远,翳然林水,便自有濠濮间想也。"由眼前的翳
然林水,想象庄子游于濠水之上,感知鱼儿出游的快乐,遂"觉
鸟兽禽鱼,自来亲人"②,悟出"会心处不必在远"的哲理。这个
故事,典型地说明晋人已十分深刻理解人与天地万物相通相
融的道理。由此看渊明的"园日涉以成趣","众鸟欣有托,吾
亦爱吾庐","北窗下卧",是否与简文帝所言"会心处不必在
远"如出一辙?

　　陶渊明园林的人文精神一个非常重要的方面,乃是人格与
气质的修炼。渊明闲居园林不是无所事事,不是终日成醉饱,鼓
腹园中行。他把园林当作寄托隐逸之志,养傲世品格的所在。
《辛丑岁七月赴假还江陵夜行涂口》诗说:"养真衡茅下,庶以善
自名。"真,在道家的哲学观念中,与自然同义。养真,谓修炼及
爱我喜欢自然之气质。他自称"少无适俗韵,性本爱丘山",因
爱他的园林,辞去彭泽令,回到日夜梦想的田园。从此,园林成
为他修炼爱好自然的独特气质,穷且益坚,决不再返仕途的崇高
气节。《归去来兮辞》一文,可以看作他在衡茅下养真的宣言。
所谓"倚南窗而寄傲",寄傲,指寄托傲世之意,鄙视世俗社会。

---

① 　朱熹《论语集注》卷六,《四书章句集注》,中华书局,1983 年,页130。
② 　见《世说新语·言语》六一,《世说新语校释》,页261—262。

"抚孤松而盘桓"，以孤松独立不迁的品格象征自己。"登东皋以舒啸"，乃以啸声宣泄自己坚持隐居的情志。孟子说："我善养吾浩然之气。"渊明在穷巷和草庐中养其隐士情怀、自由精神、绝俗之志。这是渊明的园林获得崇高地位的根本原因。

　　与陶渊明在园林中的养真以及他的审美趣味有关，菊、松、兰、鸟等几种自然物成了人格精神的象征。这里仅说两种：菊与松。陶诗说："菊解止颓龄。"在此之前，菊的价值仅有养生之用。至于松，虽早有孔子"羡松柏之后凋"之言，但多种在墓地，不植于园林。东晋张湛好于斋前种松柏，时人谓之"屋下陈尸"①。屋下种松属于任诞行为，可见松不是在任何场合都是审美物。到了陶渊明，菊松才被赋予人格意义。例如《和郭主簿》诗其二说："芳菊开林耀，青松冠岩列。怀此贞秀姿，卓为霜下杰。衔觞念幽人，千载抚尔诀。"渊明赞美松有"贞秀姿"，菊是"霜下杰"，以为隐逸之士，千载以来无不抱此松菊之操，抚之而志节益坚。再有《饮酒》诗其四说："因值孤生松，敛翮遥来归。劲风无荣木，此荫独不衰。托身已得所，千载不相违。"《饮酒》诗其八："青松在东园，众草没奇姿。凝霜殄异类，卓然见高枝。连林人不觉，独树众乃奇。"以上诗句中的松菊，都不再是单纯的自然物，而是被赋予坚贞、气节、操守等人格意义，渊明借以自况。从此，中国士人园林中的松、菊、兰等自然物，都具有人格色彩。

三、陶渊明对中国士人园林文化的影响

　　陶渊明对中国园林（甚至包括皇家园林），尤其是士人园林

---

① 　见《世说新语·任诞》四三，《世说新语校释》，页 1611—1612。

文化的影响无可估量。他是士人园林文化的圣人,时至今日,园林艺术家仍受到陶渊明园林的影响。他那小小的一方天地,非常自然朴素的园林,居然能成为后世园林文化的核心内容及审美原则,始终影响后人的造园与观园,堪称中国文化史上的奇迹。

追溯陶渊明对园林文化的影响,最早发生在南朝梁代。庾肩吾《谢东宫赐宅启》说:"况乃交垂五柳,若元亮之居。"大概梁太子萧纲赐宅给庾肩吾,肩吾称所赐之宅有五柳交垂,好像渊明之居。梁元帝萧绎《全德志论》说:"虽有坐三槐,不妨家有三径;接五侯,不妨门垂五柳。"①三径、五柳,指渊明之宅。庾信《小园赋》有"烂漫无丛之菊"、"有门而常关"之句,显然也与陶渊明的园林有关。

唐代以降,随着陶渊明的声誉迅速提升,认同并仿效归隐田园的士人日益增多,其中最有名者为白居易。白爱好自然与闲情的情性与陶颇为接近,故十分仰慕陶的归隐,不论为官时还是退休后,都是尽情享受闲适。如果说,陶渊明是休闲文化的始祖,那么,白居易是休闲文化的广大教化主,流风遗韵同样绵绵不绝。然而,初看陶、白同是休闲,其实有本质的不同。渊明在闲适中,有时会露出傲世的脾气,虽然有酒辄饮,饮则必醉,但醉中还会说出"规规一何愚,兀傲差若颖"(《饮酒》一三)这种充满智慧的话;甚至为荆轲刺秦激动,还赞美精卫填海的壮志。白居易则是为闲适而闲适,闲适之外再无其他目的。白居易慕陶效陶,但仅得陶闲适之言象,未得闲适之深意。白渭川闲居,曾作《效陶潜体诗十六首》十六首,其中一首写学陶渊明的饮酒云:"归来五柳下,还以酒养真,人间荣与利,摆落如泥尘。先生

---

① 汪绍楹校《艺文类聚》卷二一,上海古籍出版社,1985年,页377。

去已久，纸墨有遗文。篇篇劝我饮，此外无所云。我从老大来，窃慕其为人。其他不可及，且效醉昏昏。"①陶渊明寄酒为迹，白居易不会不理解，故称渊明"还以酒养真"。但又说渊明遗文"篇篇劝我饮，此外无所云"，这显然是有意曲解渊明饮酒的深意。之所以曲解，乃是"其他不可及，且效醉昏昏"。古今寄形于园林中者常见，而在园林中养真者不多。养不屈权贵的风骨，寄鄙视俗世之傲气，岂是一般人所能达到的境界？唯有"醉昏昏"，差可仿佛。白居易此诗，反映出后人慕陶渊明为人之不可及，唯有仿效先贤形迹之实情。后世营造园林以标榜隐逸与清高，学到的也主要是渊明闲暇的形迹，而未得其闲暇背后鄙夷俗世的精神气质。试读白居易的闲适诗，满目皆是闲暇。诸如"兀然无所思，日高尚闲卧"，②"形骸委顺动，方寸付空虚。持此将过日，自然多晏如。昏昏复默默，非智亦非愚"③，"身适忘四支，心适忘是非。既适又忘适，不知吾是谁。百体如槁木，兀然无所知。方寸如死灰，寂然无所思。今日复明日，身心忽两遗"④，"一朝归渭上，泛如不系舟。置心世事外，无喜亦无忧。终日一蔬食，终年一布裘。寒来弥懒放，数日一梳头。朝睡足始起，夜酌醉即休。人心不过适，适外复何求"⑤。渊明闲居是"虚室绝尘想"，摒弃俗念尘想，体悟"久在樊笼里，复得返自然"的理趣。同时，心契古贤，栖身衡门，坚持君子固穷的高节。白居易闲居则无思无欲，昏昏默默，无是无非。这与陶渊明的闲居，不可同日而语了。

① 《白氏长庆集》卷五，《白居易集》，中华书局，1979 年，页 107。
② 《效陶潜体诗十六首》十六首，《白氏长庆集》卷五，《白居易集》，页 104。
③ 《松斋自题》（时为翰林学士），《白氏长庆集》卷五，《白居易集》，页 96。
④ 《隐几》，《白氏长庆集》卷六，《白居易集》，页 110。
⑤ 《适意》二首之一，《白氏长庆集》卷六，《白居易集》，页 111。

　　不过,白居易爱好自然的个性毕竟与陶渊明相近,且审美修养极高,与先贤平淡自然的审美经验一脉相承。《病假中南亭闲望》诗说:"闲意不在远,小亭方丈间。西檐竹梢上,坐见太白山。遥愧峰上云,对此尘中颜。"①似有陶诗"采菊东篱下,悠然见南山"的味道。《官舍内新凿小池》诗说:"帘下开小池,方丈深盈尺。"②《过骆山人野居小池》(骆生弃官居此二十余年)诗说:"拳石苔苍翠,尺波烟杳眇。但问有意无,勿论池大小。"③小池虽广仅方丈,深不过一尺,但足以让幽人自适。由小池可朝见微雨,夕见明月,也能联想到大江山的连天波浪。石小如拳,而苔色苍翠,尺波亦可映出烟光杳眇,有意者观之,小景也成无限。同渊明"园日涉以成趣"一样,小池、小石,可以趣味无穷。又《禁中》诗说:"门严九重静,窗幽一室闲。好是修心处,何必在深山。"④《题杨隐士西亭》诗说:"静得亭上境,远谐尘外踪……旷然宜贞趣,道与心相逢。即此可遗世,何必蓬壶峰。"⑤修心何必深山,遗世何必蓬莱,与"会心处不必在远"、"心远地自偏",义理相同。所不同者在于,渊明爱好园林的意义是对抗俗世,白居易栖身园林是精神及艺术的享受,与现实并不存在不可调和的矛盾。后者显然也是石崇所说的"声名俱泰",所谓隐也不过是心隐、朝隐而已,甚至可以如东方朔所说的大隐"隐于金马门"。

　　宋代文人真正读懂了陶渊明,对渊明之为人为诗以及审美情趣,无不仰慕并仿效。宋代士人园林,很少不受陶渊明的影

---

① 《白氏长庆集》卷五,《白居易集》,页95。
② 《白氏长庆集》卷七,《白居易集》,页130。
③ 《白氏长庆集》卷八,《白居易集》,页149。
④ 《白氏长庆集》卷五,《白居易集》,页98。
⑤ 《白氏长庆集》卷五,《白居易集》,页102。

响，甚至包括皇家园林。① 影响最大者，依然是园林文化的核心——隐逸。或是仕途不得志，或是年老致仕，有一定财力者，往往造一处园林，享受闲暇，并以慕陶标榜其清旷绝俗，常常用渊明诗文中的文字，题额园、堂、亭、轩、窗等建筑。常见者如归来堂、归来亭、心远亭、心远轩、陶庵、悠然阁、卧陶轩、五柳堂、醉眠亭、舒啸堂、停云堂、菊趣轩、成趣园、怡颜处等，不一而足。以渊明诗文为园林建筑题额，能起到写意的作用，营造园林的种种意境。例如欧阳修降职滁州，自称醉翁，并筑醉翁亭记之。醉翁之名，殆来自渊明喜酒，有酒期在必醉的故事。欧阳修放情山水之间，常在琅琊山与宾客同醉。萧统说渊明其意不在酒，亦寄酒为迹。欧阳修"醉能同其乐者，醒能述其文者"，其实也是寄酒为迹。王安石仿效渊明的"三径就荒"和门前五柳树，移柳穿松，作《移柳》诗说："移柳当门何啻五，穿松作径适成三。临流遇兴还能赋，自比渊明或未惭。"②道士碧虚子陈景元，赐号真靖，屡请归庐山，筑归来堂，友人杨杰为之作《归来堂赋》，其序说："靖节远害于污俗，真靖引分于治朝，虽其去不同而所归则一，乃追靖节遗韵，而歌归去来而贻之。"③胡稷言致仕，在唐陆龟蒙故址上筑圃凿池，追陶靖节之遗风，作五柳堂终隐。④ 晁补之筑卧陶轩，黄庭坚为之作《卧陶轩》诗。⑤ 刘子翚在潭溪筑悠然堂，作《悠然堂》诗说："吾庐犹未完，作意创此堂。悠然见南

① 吴自牧《梦粱录》卷八载德寿宫有许多名扁，其中有"松菊三径"，源于陶渊明《归去来兮辞》："三径就荒，松菊犹存。"又有扁名"载忻"，源于《归去来兮辞》："乃瞻衡宇，载欣载奔。"详见曹林娣、沈岚著《中国园林美学思想史》第二册（隋唐五代两宋辽金元卷），页198，同济大学出版社，2015年。
② 《临川先生文集》卷二七，中华书局，1959年，页310。
③ 曹小云校笺《无为集校笺》卷一，黄山书社，2014年，页1。
④ 《江南通志》卷一六八，文渊阁《四库全书》本。
⑤ 详见《黄庭坚诗集注》卷六，中华书局，2003年，页239。

山,高风邈相望。宾至聊共娱,无宾自徜徉。"①朱熹《题郑德辉悠然堂》诗说:"高人结屋乱云边,直面群峰势接连。车马不来真避俗,箪瓢可乐便忘年。移笻绿罅成三径,回首黄尘自一川。认得渊明千古意,南山经雨更苍然。"②此诗由渊明诗文点化而成。渊明门无车马喧,避俗而隐居,箪瓢可乐,君子固穷。朱熹为郑氏悠然堂题诗,表达他对陶渊明闲居园林,是真隐士的见解。晁补之诗学渊明,人亦慕渊明。做官还家,葺归来园,自号归来子③。辛弃疾退隐上饶,作停云堂、松菊堂。《水调歌头》(赋松菊堂)词说:"渊明最爱菊,三径也栽松。何人收拾千载,风味此山中。"④南宋陶茂安,为渊明后裔,挂冠后筑园东皋,景物题名多取自渊明诗文。明文洪有《归得园二十八咏》诗,遍咏归得园中以渊明诗文题额的建筑,例如归来堂、今是亭、晨光楼、菊存坡、寄傲窗、日涉园、知还巢、盘桓处等⑤。归得园大概是文氏的园林,从园名至各处景物,模拟陶渊明园林的意境可谓极致。

陶渊明园林的隐逸文化内核,每逢历史上的易代之际,往往会受到看重节操的遗民或文士的普遍推崇。他们退隐园林或山野,以此化解胸中郁结,对抗巨大的历史变故。这里以宋末元初的史实说明之。

宋亡之后,南方的隐士,多隐于田园或山林。全祖望《跋月泉吟社后》一文说:"月泉吟社诸公,以东篱北窗之风,抗节季宋,一时相与抚荣木而观流泉者,大率皆义熙人相尔汝,可

---

① 《屏山集》卷一二,《全宋诗》,北京大学出版社,1998年,页21367。
② 《晦庵集》卷四,《全宋诗》,页27537。
③ 《宋史》卷四四四《晁补之传》,页13111。
④ 邓广铭笺注《稼轩词编年笺注》卷四,上海古籍出版社,1998年,页441。
⑤ 见《文氏五家集》卷一,文渊阁《四库全书》本。

谓壮矣。"①意谓月泉吟社诸公,有渊明之气节,不仕元朝。代表人物有白珽、仇远、戴表元等隐士。元代为北方异族统治的特殊年代,汉族知识分子断绝了仕进之途,隐逸之风大盛,陶渊明成为最重要的精神寄托。卢挚《沉醉东风·闲居》说:"学邵平坡前种瓜,学渊明篱下栽花。"张可久《卖花声·四时乐兴》说:"东篱潇洒,渊明归去,乐陶陶故园三径。"王寂《易足斋》诗说:"吾爱吾庐事事幽,此生事事得优游。"张翥《洞仙歌》说:"好学取,渊明赋归来,但种柳栽花,便成三径。"……咏陶学陶,高度肯定并效法陶渊明,远离社会而隐身田园,成为元代汉族知识者普遍的人生选择。

影响后世园林的还有与渊明相伴的菊、松、酒、琴。其中,以菊的影响最为深远。篇幅关系,这里仅说菊。辛弃疾以为"渊明最爱菊","自有渊明方有菊"②。确实,陶渊明第一个赋予菊以人文意义:秋菊不畏风霜,凌寒怒放,成为高洁脱俗的人格象征。渊明之后,士人莫不爱菊,园林中也常见菊庄、菊轩、菊园等建筑,借以寄托主人的情志。例如北宋时人刘伯绍,隐居洛阳伊水边,集萃诸菊而植之,朝夕啸咏乎其侧。宋徽宗崇宁九月,刘蒙得为龙门之游,至刘氏居所,坐于舒啸堂上,玩菊花而乐之,并作《刘氏菊谱》③。宋张镃《重九日病酒不饮,而园菊已芳,薄暮吟绕,亦有佳兴,因和渊明九日闲居诗一首,聊见向慕之意云》诗说:"年年登高时,无菊酒漫倾。何如兹岁好,金英照轩荣。远怀柴桑翁,合处无疑情。不饮还醺然,妙寄由天成。"④元代上

---

① 《鲒埼亭集》外编卷三四,嘉庆十六年刻本。
② 见辛词《水调歌头·渊明最爱菊》、《浣溪沙·百世孤芳肯自媒》,《稼轩词编年笺注》卷四,页366,页441。
③ 刘蒙《刘氏菊谱》叙。文渊阁《四库全书》本。
④ 宋张镃《南湖集》卷一。文渊阁《四库全书》本。

饶多隐者,有郑氏移居倪阳里,种菊成庄。近取远求菊花品种,至百十余,颜色非凡。郑氏"晨兴即造之,不忧露沾裳。有时忘饥渴,餐之以为粮……花前抚鸣琴,花下列壶觞。兴至辄痛饮,饮罢卧其傍。自谓得菊趣,不知与菊忘"①。元时吴兴黄庆翁,慕陶渊明,隐德不仕,栖身丘园,自号菊山。诸好友纷纷作菊山诗记其事。吴兴释元逊诗称:"东山黄处士,种菊拟渊明。绕屋秋香薄,穿林爽气清。白衣殊不至,乌帽自多情。坐石有真乐,看云餐落英。"②杨基《方氏园居》诗说:"北墅花连屋,东园菊绕庄。"③

从南朝至明清,陶渊明对中国园林文化的影响绵绵不绝,其隐逸情志及平淡自然的审美情趣始终为后世的园林文化推崇。不过,隐逸情志很早就演变为闲适,栖身园林是疏离尘俗而不是对抗现实,是追求心境的自由而不必孤独在衡门。陶渊明的喜爱之物,如书、琴、酒、菊花、青松,渐渐淡化了它们的象征意义,而变成生活的情趣化与艺术化的不可或缺的点缀。后世园林更多的是继承陶渊明园林的写意特征,以陶渊明诗文为园林景点题名,成为制造园林意境的重要手段而长盛不衰。

（原载《云梦学刊》2020 年第 1 期）

①　揭傒斯《寄题上饶郑氏菊庄》,《全元诗》册二七,中华书局,2013 年,页229。
②　朱存理撰,韩进、朱春峰校证《铁网珊瑚校证》,广陵书社,2012 年,页650。
③　《列朝诗集·甲集》卷六,中华书局,2007 年,页1173。

拆碎七宝楼台：解构陶渊明

——以田晓菲《尘几录——陶渊明与手抄本文化研究》为例

陶渊明研究正在走向现代化。突破传统的研究模式，以新理论、新方法解读陶渊明正成为可能，这反映了学术发展的规律。然而，从上世纪初以来近百年的学术史，始终存在着一种不良风气，即唯洋唯新是瞻，这种风气，也影响到最近一二十年的陶渊明研究。陶渊明作为中国隐逸文化、中国古典诗歌的杰出代表，与中国古代优秀文化紧密相关，因此，陶渊明研究深深地打上了中国学术的烙印。不具备对中国文化的深刻理解，不熟悉中国民族特性，或者不理解人性的丰富性和复杂性，死搬硬套西方的理论来研究千载之上的陶渊明，就往往会南辕北辙，严重者甚至近于说梦。当然，对陶渊明理解很肤浅，那么即使说梦也可谅解；问题在于有极少数人搬弄西方新理论，企图全面推倒陶渊明这座文化偶像。

从上世纪80年代以来，流行于西方的后现代解构主义开始在中国徘徊。西方的有识之士越来越看清解构主义的弊病，觉得这种阐释学已经难以为继之了，少数陶渊明研究者却捡起快过时的旧武器，解构陶渊明，重塑另一个陶渊明。具有西方文化背景的美籍华人学者田晓菲的《尘几录：陶渊明与手抄本文化研究》，便是以解构主义研究陶渊明的代表作①。美国《中国文学研究》杂志称赞此书"观点新颖，建立在深刻细致的文本阅读上"②。国内有些读者也不作深究，赞美《尘几录》"为我们展现了陶诗的真正特异之处"，"充分融合了东西方中国古代文学研究方法的长处"③。关于《尘几录》有意夸大《陶渊明集》异文的流动性和不确定性，瓦解文本的确切意义，从而颠覆陶渊明的做法，笔者曾在 2010 年发表《〈陶渊明集〉异文问题之我见》④一文，但未指明《尘几录》西方解构主义的理论背景，故再作此文，分析《尘几录》的解构策略，看它是如何拆碎七宝楼台，留下一堆残壁断垣的。

颠覆历史：拆碎文化偶像的第一步

我们了解古人，唯有三种途径：古人的传记资料、地下出土文物、古人的著述。迄今为止，未曾有与陶渊明有关的出土文物。陶渊明的传记资料则有四篇：沈约的《宋书·隐逸传》、萧统的《陶渊明传》、《晋书·隐逸传》以及《南史·隐逸传》。这四篇传记是后人了解陶渊明的家世、生平事迹、个性特征重要资料。传记之外，更重要的是陶渊明本人的作品。

陶渊明在当时虽为"寻阳三隐"之一，但并不是具有影响力

---

① 田晓菲《尘几录：陶渊明与手抄本文化研究》，中华书局，2007 年。以下引自该书仅注明页码。
② 见《尘几录：陶渊明与手抄本文化研究》中华书局 2007 年版封底。
③ 于溯《拂去千秋纸上尘——评〈尘几录〉》，《书品》，中华书局 2009 年第 4 辑。
④ 龚斌《〈陶渊明集〉异文问题之我见》，《九江学院学报》2010 年第 4 期。

的名士。《归去来兮辞》序自叙为救穷，"故多劝余为长吏，脱然有怀，求之靡途"，欲谋一个县里的小官吏，尚且一时无门路。门望之卑微，不难想见。名不见经传之人，生时无人记录行事，身后也就无传记资料留世。我们读《世说新语》，会发现名门望族及一流名士，多数有氏族谱、家传、别传。陶氏家族自汉末之后，成为江南洪族，渊明曾祖陶侃有《陶侃别传》《陶氏叙》。陶侃卒后，陶氏家族很快衰落，陶氏子孙多默默无闻。即使渊明祖父曾坐过武昌太守，名字也有异说①。沈约作《宋书·隐逸传》，很难搜集到渊明的生平资料，于是取其四篇文章《五柳先生传》《归去来兮辞》《与子俨等疏》《命子诗》，连缀而成渊明生平传记。

继沈约之后，萧统作《陶渊明传》，在《宋书·隐逸传》的基础上，又增益檀道济馈渊明以粱肉、江州刺史王弘欲识渊明等轶事。四篇传记之中，萧统所作的传记内容比较丰富，这有可能是萧统本人看到有关渊明的生平资料。传记作家取舍传主的著述，是传记的写作传统和写作经验，本来无可非议，何况在传主生平资料缺乏的情况之下。譬如《后汉书》《晋书》中的人物传记，都不乏取材传主作品的例子②。真实可信的人物传记作品，理应事迹与作品二者可以互相印证，《尘几录》却对陶渊明传记多取材陶渊明作品的做法不以为然，居然运用否定孟子"知人论世"和《诗经》"诗言志"的策略，论证渊明诗文的不真实。田女士说，"知人论世"和"诗言志"，"这样的诗学带来一系列问题。强调'志'与语言表达的一致性，必然导致对'真'的焦虑，

---

① 《晋书·隐逸传》说："祖茂，武昌太守。"李公焕《笺注陶渊明集》注引陶茂麟《家谱》，谓渊明父乃陶岱。

② 如《晋书》五五《夏侯湛传》取湛之《抵疑》《昆弟诰》，占传记很大篇幅，而生平事迹很少。同卷《潘岳传》取《藉田赋》《闲居赋》，情况与《夏侯湛传》相似。

对语言透明度的焦虑"（页55）。中国传统的文学理论，历来强调文辞之达意，即作家情志与语言表达的一致。越是"言为心声"，作品越是真实，价值也越高。为什么"志"与语言表达一致了，必然会导致对"真"的焦虑、对语言透明度的焦虑？"焦虑"为何意？是否写诗作文，情志与语言不一致，明明"志"在肯定，而语言表达却是否定，这才是不焦虑？在《尘几录》似乎深奥的语言表达背后，其实质即是反对"诗言志"，把情志与言辞分开。"知人论世"以及"诗言志"的诗歌理论基础，是中国文艺学批评的重要原则。离开了作家（包括哲学家、历史学家、艺术家）所处的时代文化背景，就很难"知人"，也难以理解文学的产生以及何以如此。田女士虽然在这里质疑"知人论世"，但她却在其他场合说："但是我把诗放在历史、政治文化、物质文化的大背景下讨论，把诗看做是大的文化中的一个部分。"①所谓把诗放在文化大背景中，其实质就是"知人论世"。可是，同是田女士，在讨论陶渊明传记与陶渊明作品两者关系时，却反叛中国传统文学批评的主流，拒绝"知人论世"，拒绝"诗言志"。这正是解构主义的基本支撑点——拒绝权威，瓦解权威。

《尘几录》将陶渊明传记与陶渊明作品之间的密不可分的关系，拆碎成互不相干、不能互证的两块。为了论证其看法的正确，《尘几录》首先颠覆陶渊明的传记。这种颠覆是全方位的，为了叙述更有条理，这里暂且概括主要的三点：

第一，曲解并否定《五柳先生传》的自传性质。《五柳先生传》是作者自我形象最早的也是最生动的表述，陶渊明形象的主要方面已在这篇作品中成形，所以凡是以颠覆陶渊明为目的的人，都会渴望在五柳先生身上读出别样的味道来。《尘几录》

---

① 张冠梓主编《哈佛看中国·文化与艺术卷》，人民出版社，2010年。

首先说陶渊明在这篇虚拟自传中，"已经宣称五柳先生的真实身分是不可知的"（页56），然后以陶渊明的名字之多，暗示这篇虚拟自传的不可信。关于《五柳先生传》一再用"不"字，钱锺书先生以为这是激于俗世"卖声名"、"夸门地"，显示自己的"猎者不为"，否则，岂会作自传而不知自己的姓名籍贯？① 钱先生的解读非常精到。然而，田女士以为钱先生尚有未能指出的："一切否定都包含了它所否定的东西。譬如说，当作者宣称五柳先生已经'忘怀得失'，'得失'的概念就镶嵌在这一陈述中。如果我们把《五柳先生传》作为自传来对待，把作者和五柳先生视为同一个人，我们就会体会到其中的反讽性。"（页58）田女士以似乎高深的哲学语言对陶渊明的否定再作否定——意思说陶渊明所否定的，其实包含了肯定。如此说来"不慕荣利"，包含了慕荣利；"不求甚解"，包含了求甚解；"不吝情去留"，包含了吝情去留……总之，《五柳先生传》中的"不"，包含了"是"。田女士读出了这篇作品的"反讽"，而钱锺书和历代的读者都没有读出。真是"独特的解读"，立刻瓦解了崇高。

　　《五柳先生传》是一篇寓言式的自传，不同于《史记》中的历史人物传记。作者以诙谐的语言为自己画像，虽然不能把作者与陶渊明完全画等号，但五柳先生就是作者的镜像，是作者的写照。五柳先生"好读书，不求甚解"，《读山海经》诗"泛览周王传，流观山海图"二句就是佐证。五柳先生性嗜酒，陶诗中不少有关酒的诗皆可印证。五柳先生"短褐穿结，箪瓢屡空，晏如也"，《饮酒》其九、其一四等诗皆能见出作者安于贫贱。颜延之的《陶徵士诔》是最早最可靠的有关陶渊明生平和个性的资料，其中序文"心好异书，性乐酒德，简弃烦促，就成省旷。殆所谓

---

① 钱锺书《管锥编》第四册，中华书局，1979年，页1228—1229。

国爵屏贵,家人忘贫者欤"数句,诔文"赋诗归来,高蹈独善。亦既超旷,无适非心"、"陈书缀卷,置酒弦琴。居备勤俭,躬兼贫病。人否其忧,子然其命",写渊明读书、饮酒、简旷作风、安贫乐道,与五柳先生是否若合符契?四篇传记引《五柳先生传》后,皆有"时人谓之实录"一句评语。综合渊明作品与颜《诔》,"实录"之评并非虚语。《尘几录》不承认五柳先生是渊明自况,当然更不可能承认此文是渊明的实录,而说成"只是个人理想的投射"(页65)。理想当然不是事实,于是一笔就把陶渊明的形象抹杀了。

　　第二,怀疑传记"躬耕自资,遂抱羸疾"的记载。历来的主流意见认为,在中国古代作家中,如陶渊明"躬耕自资"这样的人物非常罕见。陶渊明平和实际的独特人格,以及陶诗中的最具创造性的田园诗,与诗人亲自参加农业劳动极有关系。《尘几录》要解构陶渊明形象,否认他亲自参加农耕自然而然成了策略之一。田女士说:"'躬耕'一词很模糊:我们不能确知陶渊明到底亲自参加了多少农业劳动,不过,要是我们以为陶渊明像一个真正的农民那样在田里'力耕',并以此来养活全家大小,显然是很荒唐的。"(页66)其实,对陶诗稍熟悉的人,都不会怀疑渊明亲自耕种的经历。"商歌非我事,依依在耦耕"(《辛丑岁七月赴假还江陵夜行涂口》),"秉耒欢时务,解颜劝农人……日入相与归,壶浆劳近邻"(《癸卯岁始春怀古田舍》其二),"晨出肆微勤,日入负耒还"(《庚戌岁九月中于西田获早稻》),"贫居依稼穑,戮力东林隈。不言春作苦,常恐负所怀"(《丙辰岁八月中于下潠田舍获》),"畴昔苦长饥,投耒去学仕"(《饮酒》其十九)……这些诗句十分真实生动地描写诗人亲身参加耕种的具体场面与心情。为什么《尘几录》视而不见?说白了,《尘几录》本来就不是一部依据历史和作品的事实来立论的著作,书中随处可见浮躁的感悟式的评点,很像是"戏说",一种貌似高雅文化的"游戏"。因此,综观这部书,极少有严密的考证和一丝不苟的逻辑推论,罔顾事实也就成为必然。

第三,怀疑督邮至彭泽县,渊明叹曰"我不能为五斗米折腰向乡里小儿"的记载。怀疑的理由是《归去来兮辞》序未提及督邮来县视察。以这篇序文未及之事为由,否定传记所载为不可信。这也不合逻辑。对于渊明传记与《归去来兮辞》的不同,洪迈《容斋随笔》解释道:"所谓矫励(同"厉")违己之说,疑必有所属,不欲尽言之耳。"(《容斋随笔·五笔》卷一)意思是疑心序文中"矫厉"、"违己"之说必有其不便明言之事。洪迈之说,能体察行文之理,可以信从。凡事有显有隐,有可道,有不可道。督邮之事不便道,不可道,故序文不写。然序文中"质性自然,非矫厉所得。饥冻虽切,违己交病"数句,很有可能就是洪迈所说的"不欲尽言之事",即督邮至县,渊明宣称"不能为五斗米折腰向乡里小儿",拂衣归去。

为什么渊明不屑于向督邮折腰?《尘几录》评论说:"到了陶渊明一代,陶氏家族的社会上升已经达到了相当的程度;和刻意经营政治与经济资本的祖先不同,陶渊明把注意力转向文化资本的积累,已经不屑于为了五斗米向'乡里小人'的督邮折腰了。"(页71)这段话,问题太多。陶氏家族至东晋,陶侃时为巅峰时期,侃封长沙郡公,富可敌国。陶侃死后,子孙不肖,加上庾亮衔恨陶侃,杀戮其子,陶氏家族很快衰落。渊明祖父虽为武昌太守,但《晋书》无传,可见名位并不显。渊明父亲早死,家道沦落到了"躬耕自资"的地步。渊明自称"生生所资,未见其术",亲老家贫,又拙于生计,哪里是不屑于经营"经济资本"呢? 陶渊明不屑于为五斗米折腰向乡里小儿,乃是他"质性自然",不向世俗屈服的傲世性格。田女士研究陶渊明,应该了解陶氏家族的盛衰及其原因，了解陶渊明的经济状况和生存困境，怎么会说出陶渊明时"陶氏家族的社会上升已经达到了相当的程度"这种不顾事实的言论？其实，田女士以所谓"文化资本的积累"，轻轻的一笔就抹杀了陶渊明的傲岸，把他不为五斗米折腰说成是专注于积累声名的举动。崇高，若遇上别有用心的诠释，顷刻化为乌有。

一知半解：《尘几录》所理解的"隐逸话语"

众所周知，魏晋时期隐逸之风盛行，陶渊明是在隐逸文化的高涨中出现的著名隐士。他是隐士中的高标者，影响了后世无数隐士。若不讲陶渊明，就无法理解魏晋时期的隐逸文化。《尘几录》解构陶渊明的一个重要策略，即否认他是真隐士。田女士大段引述沈约《宋书·隐逸传》的序言，区分贤人之隐和隐者之隐。沈约罗列了《周易》、孔子关于隐士的多种说法，然后提出自己的见解，其要点是：贤人之隐是"迹不外见，道不可知"；隐者之隐，在"事止于违人"。贤人之隐，是"义惟晦道，非曰藏身"，意谓贤人自晦，不必非得"穴处岩栖"，而隐者之隐，乃是与俗世相违。最后得出结论说："身隐故称隐者，道隐故曰贤人。"显然，沈约以为贤人之隐高于隐者之隐。然而，"迹不外见"的贤人之隐实际上并不存在。"深于自晦"、"举世莫窥，万物不睹"，则何以知世上有此贤人耶？再说，何谓"道隐"？是指隐于道，还是怀道而隐？而此"道"究竟指什么？据此看来，沈约之言与《周易》、孔子关于隐的言论不符，也无法用隐逸文化的历史证实，更与"大隐隐朝市，小隐隐山林"的魏晋隐逸的新风相去太远。

《尘几录》以沈约的见解为依据，否认了陶渊明时代有真隐

士,以为魏晋隐士都是"奇货可居的姿态"(页60),一群追名逐
利之徒。如此不分青红皂白,一概否定魏晋隐士的做法是值得
商榷的。确实,当时不乏假隐士,最著名的如许询、戴逵之流,既
享隐士清高之名,又获物质丰厚之利。但也有另一类真隐士,例
如魏末孙登,东晋翟汤、刘子骥,堪称真隐士的代表,其行止风
范,丝毫不逊于古贤。试看寻阳人翟汤,"笃行纯素,仁让廉洁,
不屑世事,耕而后食,人有馈赠,虽釜庾一无所受"①,王导、庾
亮、晋康帝相继征辟,皆不就。难能可贵的是,汤子庄,庄子矫,
矫子法赐,都遵守汤之高操,"世有隐行"。西方汉学家说"隐居
成为奇货可居的姿态",而田女士又信从之,发挥之。由此看
出,他们关于魏晋隐逸文化的知识片面又肤浅。

由于对隐逸文化理解不深,《尘几录》的一些议论就近于滑
稽。譬如说:"真正的隐士,应该完全不为人所知。"(页61)如前
所说,完全"迹不外见"的隐士根本不存在,即使伏处大山岩穴
之中也很难不露形迹。如果说,有可见之迹者便不是真隐士,照
此逻辑,还会有陶渊明其人吗?巢父不留下洗耳颍滨之迹,荷蓧
丈人不留下耦耕之迹,今人何以知千年之上有此等著名隐士?
《五柳先生传》说:"常著文章自娱,颇示己志。"这二句是陶渊明
的可见之迹。在《尘几录》看来,渊明既是隐士,何必要"示己
志";而有可见之迹,就不是真隐士。立论既谬,必然导致逻辑
混乱。

《尘几录》解读陶渊明的传记,更多地表现出对隐逸文化的
不理解。萧统《陶渊明传》和《南史·隐逸传》都记檀道济往候
渊明,谓曰:"贤者处世,天下无道则隐,有道则至。今子生文明
之世,奈何自苦如此?"渊明对曰:"潜也何敢望贤,志不及也。"

---

① 《晋书》卷九四,页2445。

《晋书·隐逸传》记江州刺史王弘亲自造访渊明,渊明先是称疾不见,既而语人曰:"我性不狎世,因疾守闲,幸非洁志慕声,岂敢以王公纡轸为荣邪! 夫谬以不贤,此刘公幹所以招谤君子,其罪不细也。"①此两处记载,写出了渊明坚持隐居,绝不再出仕的志向。可是,《尘几录》竟然说渊明回答檀道济之问具有"讽刺意味","隐士意在于'隐',可是偏得不断表白自己的心志"(页67)。之所以作出这种不可思议的评论,原因还是在《尘几录》认为真隐士不应该有可见之迹,表白心志就是可见之迹了。其实,真正的隐士之"默",是守默全真,不涉无道之天下,保全自己的本真,而绝不是不言不语,如聋如哑,心如枯井,行如走尸。"潜何敢望贤,志不及也",以谦恭之语,表达高操与峻节。何来"讽刺意味"? 至于《晋书·隐逸传》渊明拒见王弘之语,《尘几录》解读说:"这个故事所表现出来的陶渊明,是一个极为小心谨慎的人……他对自己的言行充满自觉,处世谨慎、周全,毫无'任真'可言。"(页72)总之,陶渊明是个谨慎小心、处世圆滑,不愿得罪官府的乡愿。

这番解读,说明《尘几录》完全没读懂陶渊明的心志表白,而其实质,在不理解隐士的真精神。《论语·卫灵公》曰:"邦有道则仕,邦无道则可卷而怀之。"包氏注:"卷而怀,谓不与时政,柔顺不忤于人。"渊明的仕与隐,遵循了孔子所讲的仕隐原则。渊明晚年,正身处无道之世,故安于隐居,拒不出仕。檀道济出于以隐士粉饰太平的目的,称"今子生文明之世,奈何自苦若此",企图拉渊明入世,渊明自然坚拒之。渊明谦言"潜也无敢望,志不及也",正是孔子说的"卷而怀之"——包氏所注"柔顺不忤于人"。渊明开始不愿见王弘,语人"性不狎世,因疾守闲,

① 《晋书》卷九四,页 2462。

幸非洁志慕声"云云，也是"卷而怀之"之意。凡是真隐士，在邦无道而隐，而俗世不断利诱，企图瓦解他们的隐居之志时，几乎都以"卷而怀之"式的态度表白自己的志向。《世说新语·栖逸》八载：南阳刘骥之，隐于阳岐，荆州刺史桓冲欲征为长史，遣船往迎。骥之一见冲，"因陈无用，飘然而退"。同篇九刘孝标注引《寻阳记》载："初，庾亮临江州，闻翟汤之风，束带蹑屐而诣焉。亮礼甚恭，汤曰：'使君直敬其枯木朽株耳。'亮称其能言，表荐之，征国子博士，不赴。"又如桓玄劝庐山高僧慧远罢道，助其王化。慧远作书答曰："贫道形不出人，才不应世。"①这些真隐士在世俗面前谦称"无用"、"枯木朽株"、"才不应世"，与渊明自称"志不及"、"非洁志慕声"相同，看似自放身段，谦卑柔顺，"小心谨慎"，实质上是实践孔子所说的"卷而怀之"，背后是对抗世俗的傲岸精神和坚不可摧的意志。

颜延之《陶徵士诔》赞扬"巢、高之抗行，夷、皓之峻节"。"抗行""峻节"便是真隐士的风骨所在，万古不灭的真精神所在。如果隐士对浊世视而不见，甚至面对俗世的威胁利诱沉默不言，如沈约所说的"迹不外见，道不可知"，则何以见出隐士的"抗行"、"峻节"？朱熹评陶诗时说："隐者多是带气负性之人为之。"②带气负性之人方有真性情、真精神，有是非、有爱憎，才可能有"抗行"和"峻节"。陶渊明就是这样的隐者。辛弃疾尤倾倒渊明，作《贺新郎》词说："看渊明风流，酷似卧龙诸葛。"《水龙吟》词说："须信此翁未死，到如今凛然生气。"《念奴娇》词说："须信东篱采菊，高情千载，只有陶彭泽。"渊明归田之后，坚持隐居二十多年，常常表白自己的心志，对抗俗世的利诱，保持本

---

① 《弘明集》——《慧远法师答桓玄劝罢道书并桓玄书》。
② 《御纂朱子全书》卷六五。

真,此难道不是"任真",不是风骨凛然吗?《尘几录》先是判定真隐士就不应该外露形迹,然后称既然隐了,又不断表白心志,这具有"讽刺意味""毫无'任真'可言"。这番解读,无一得其要领。造成这种结果的直接原因,还是在于不理解中国的隐逸文化。所以,一个年轻的学者,若要评判古代某个作家或某种历史现象,必先具备有关的文化素养,否则,难免谬误百出。《尘几录》可作为一个深刻的教训。

佛头著粪:塑造"世故与天真"的陶渊明

"世故与天真"的发明者是美国学者 Owen(宇文所安)。他说:"陶潜的诗充满矛盾,这些矛盾是因为一个非常世故、自我意识非常强的人渴望变得单纯和天真。"(页108)田女士欣赏这几句话是"相当精确的判断",并且不加论证,就将本来评论陶诗的言说扩展至评价整个中国文化,她说:"因为中国文化是一个高度自觉的文化,正因如此,它在理念上非常反感自觉,以致把自觉等同于虚伪,殊不知'自觉'的行为比简单的'矫情'或'伪装'要复杂得多。"(页108)这里,我们暂不讨论中国文化是否"世故与天真",我们先弄明白田女士所说的"自觉"究竟指什么。照一般的理解,"自觉"是指基于理性认识之上的一种有目的、有计划、有预期的活动,但田女士上面这段话赋予"自觉"以虚伪、做作、世故等意味,甚至比"矫情"或"伪装"更复杂。记得《尘几录》在评论《晋书》中渊明拒见王弘的故事时,就已说过陶渊明"对自己的言行充满自觉"。至此,我们恍然大悟,原来"自觉"是一个很严重的贬义词,"充满自觉"一语的潜台词就是充满虚伪、世故、矫情和伪装。说白了,"虚伪"等八个字,就是《尘几录》想要塑造的陶渊明形象。

　　且看《尘几录》如何"佛头著粪"，把任真自得、志节高尚的陶渊明，解构成为"充满自觉"的"世故与天真"的庸人和小人。

　　首先，把陶渊明的归隐说成是一种"失落"——归田不是得到田园，收获喜悦与自由，反而是"失落"，失去了田园。众所周知，渊明经过十年左右的时仕时隐，终于在义熙元年（405）辞官归隐。归隐，是渊明生平与思想历程中的重大转折。正是这次转折，形成了陶渊明崇高形象的基本特征。但《尘几录》却从《归园田居》这组诗中，读出了陶渊明弃官回家时"体会到的""失落感"。田女士用一种轻浮的、游移不定的语言评说渊明的归田："可是，作出人生选择是一回事，面对这一选择导致的后果是另一回事，后者不像前者那样激动人心，可是对一个人的生活来说非常重要。譬如说，在弃官回家后，如果意外地发现家居生活和官场生活同样令人烦恼，该怎么办呢？或者更糟：如果'家'本身原来只是一个短暂易逝的幻象，又该如何？"（页83）若有人不懂"学术戏论"为何物，看上面这段话便知。

　　归隐，是陶渊明长期思考的结果，是无悔的人生选择。不论在归隐之初还是在归隐之后，他并没有"失落感"。《归去来兮辞》说："悟已往之不谏，知来者之可追。实迷途其未远，觉今是而昨非。"以为昔日出仕为非，今日归隐为是。渊明最终选择归隐，绝不是一时的激动或冲动。《归去来兮辞》后文叙写归田后的种种乐趣，何来《尘几录》所说的"失落感"？归田之后长期艰苦的生活，难免有不如意和生活的烦恼，但渊明没有退缩，安贫乐道，坚守固穷之志。作于晚年的《与子俨等疏》自述当年归隐带来的后果，表示无悔于人生道路的选择："性刚才拙，与物多忤，自量为己，必贻俗患。僶俛辞世，使汝等幼而饥寒。余尝感孺仲贤妻之言，败絮自拥，何惭儿子。"如此坦率真诚的话语，令历代读者无不感动。家居生活尽管贫困，却获得了人格独立和身心自由，而官场生活矫厉情性，为五斗米折腰向乡里小儿。两者看似都有烦恼，却不可相提并论。《尘几录》那些"该怎么办"、"又该如何"一类的设问，无聊且是无的放矢。渊明没有"该怎么办"、"又该如何"的迷惑彷徨。他的许多作品（尤其是《咏贫士》七首），已对自己选择的归隐之路作出了最好最坚定的回答。

　　《尘几录》解读《归园田居》五首，支离破碎（此点详见下文），不放过任何一个可以曲解的地方，以此俗化、矮化陶渊明。细小之处如组诗的第一首"开荒南野际"一句的"开荒"，本来无须解释，但《尘几录》却看出开荒"是一项花时费力的大工程"，并引证西方某学者的观点："大多数开荒工作需要人力物力的极大投入，唯富裕人家可办。"（页87）原来《尘几录》解读"开荒"，主要用意在暗示陶渊明并不穷，只有富裕人家才能开荒；渊明独自开荒不可信，凭一人之力怎么能完成开荒的大工程呢？然而，若稍具农村劳动常识，不难判断这样解读很荒唐。农人开荒非比军队屯田，也不是西方农场主开辟万亩荒原。农人冬天开它三分荒田，春天又开二分山林，一天一天，"我土日以广"，是千百年来农人最常见的劳作，并不是什么大工程。

　　《归园田居》其一结尾"久在樊笼里，复得返自然"二句，表现诗人脱离官场之樊笼，重新回归田园的喜悦。"复"，异文亦作"安"。历来流行的《陶渊明集》都取"复"，因为"复"正呼应前面"羁鸟恋旧林，池鱼思故渊"，"户庭无尘杂，虚室有余闲"等句的描写。诗人误落尘网有年，如今终于回归故园，似羁鸟返旧林、池鱼回故渊，享受自然美景及人身自由的乐境。"复得返自然"一句，是文理相通的必然指向，若作"安"，则与整首诗的写景抒怀全不切合。然而《尘几录》偏偏要选择"安"这根"杂草"，原因是"安得返自然"能够把渊明内心的平静和喜悦，化为"仍然充满焦虑和怀疑"（页89）。《尘几录》刻意要寻找渊明的"失落感"，寻找他回归田园后仍旧心神不宁的情绪，结果，真的在异文中找到了。

　　《尘几录》贬低陶渊明躬耕意义的另一策略，是尽量扩大陶渊明与普通农民之间的差距，不断暗示他的务农是不深入的甚至是虚伪的行为。《庚戌岁九月中于西田获早稻》诗，写诗人躬耕的艰辛与坚持躬耕的意志。《尘几录》为了论证诗人与田家的差别，也像解读"开荒"一样，对"晨出肆微勤"句中的"微勤"一词作了别样的解读。《尘几录》说，没有任何人认为只靠"微勤"就能从事非常辛苦的劳作，"'微勤'者，只能是诗人在描述自己对农事的参与程度"（页101）。意思是说，诗人的躬耕不过是轻微的劳作，对农事的参与程度是不深的。其实，"微勤"是自谦之辞①，"肆微勤"之"肆"，即"用力"意。"肆微勤"意即"肆勤"。诗人日出而作，日入而息，备受山中风寒，以致四体疲惫，可见卖力劳作，并非"出工不出力"。诗人在《丙辰岁八月中于下潠田舍获》诗中写道："贫居依稼穑，戮力东林隈。不言春作苦，常恐负所怀。"同样可以证明诗人躬耕戮力之程度。《尘几录》曲解自谦之辞"微勤"，称渊明"只凭借'微勤'就'负禾'而还"（页105），言外之意是说出力甚微，收获颇丰，与田家差异很大。"最终，则表现在诗人用诗的方式，抒发出他自己对这些差异的强烈而自觉的意识。"（页105）而我们已经知道，

---

①　《晋书》一一四《苻坚传》附《王猛传》，王猛疏苻坚："若以臣有鹰犬微勤，未忍捐弃者，乞待罪一州，效尽力命。"中华书局，1974年，页2932。"微勤"亦为自谦之辞。

在《尘几录》的词典里，"自觉"是比"矫情"、"虚伪"还要坏的一个词。

陶渊明与"田家"有区别吗？当然有，而且不是一般的区别。田家只关心农事，渊明归田后当然也关心衣食、关心岁功，但他关心的远不只这些，他还读《论语》、《庄子》、《史记》、《汉书》、《山海经》，意识到贫士的志节、操守、责任，还关注时局的变化，感慨晋宋易代的大事件，甚至构建桃源社会的美好理想……虽然"寝迹衡门下"，但绝不丧失对现实的关怀和对人生、宇宙的思考。"戮力东林隈"的陶渊明如果与田家毫无区别，那还有陶渊明吗？陶渊明不可企及，难道不正是他有强烈的现实关怀和终极关怀的文化品格吗？难道无视他的文化品格，把他降至田家同一等级才算是找到了"另一个陶渊明"吗？按常理，《尘几录》应该不会不理解陶渊明与田家的区别以及这种区别的意义，之所以刻意夸大这种区别，用意全在抹杀陶渊明躬耕的事实，抹杀躬耕的重大意义。历史上的主流意见一致认为，陶渊明亲身参加劳动二十余年，在中国士大夫文人生活史上是一件了不起的事情。《尘几录》却定要拆碎七宝楼台，把陶渊明说成是个"微勤"的劳动者，他写的那些反映劳动的诗，充满"自觉的意识"，比虚伪和做作更坏。

如果说，《尘几录》在解读《归园田居》其一"开荒"、"微勤"时还有一点吞吞吐吐、欲说还休的味道，那么，在解读《有会而作》序中"颇为老农"一句时，就毫无顾忌、肆意曲解了。田女士称古"为"字与"伪"字通用，再引唐代杨倞《荀子》注中说："凡非天性而人作为之者皆谓之伪。"于是把"颇为老农"句中的"为"字，说成是一个"表演性的动词"（页108）。表演性，意即作伪。然后引美国学者Owen的观点："陶潜不'是'一个晋代的农人，他'想要'成为一个晋代的农人。"（页108）确实，"为"字有"做"义、有"是"义，也与"伪"相通，问题是，"颇为老农"这句中的"为"字，若解释为"伪"，则牵强附会至极①。若以"为"、"伪"相通解释陶诗，则陶诗中表判断的和作动词用的"为"便都要解作"伪"，如《赠长沙公》序："已为路人。"《游斜川》序："及辰为兹游。"《诸人共游周家墓柏下》："安得不为欢。"《示周续之祖企谢景夷三郎》："思与尔为邻。""为"，统统成了有意的作伪。以"为"、"伪"可以相通为由，把陶渊明二十余年的辛勤劳作，消解为一场旷日持久的"表演"，进而将他的整个人生都歪曲为作伪。世上岂有是理耶？

　　至于宇文所安的论调，恰好说明他对中国文化和中国古人的理解还是有所欠缺。当然，陶渊明不是一个晋代的农人，他躬耕田亩，谋衣食之外，更重要的乃是安顿自己的灵魂。在他看来，平静自然、艰苦的农村，要远胜尔虞我诈危机四伏的官场。躬耕也比为五斗米折腰向乡里小儿强得多。何况，前文已言及，陶渊明归田后，始终有自觉（注意：此"自觉"不同于《尘几录》的"自觉"）的现实关怀和深刻的人生思考。他尚友古人，对伯夷、叔齐、伯牙、庄周、荣启期、黔娄、袁安、荆轲等古贤一一表示敬意，由此可见他心目中的道德高标。晋代的农人有这样的文化品格、道德情操吗？以陶渊明不是晋代农人、不像晋代农人为出发点，否定陶渊明，逻辑起点极荒谬，本质上更是不理解中国隐逸文化，不理解陶渊明的归隐情怀。说得不客气一点，宇文所安与田女士，于中国文化似乎都不得要领，岂止隔靴搔痒，好像连靴子都还没摸到呢。

---

① "颇为老农"之"为"字，应作"是"讲，意为很像是老农。若作"做"讲，亦勉强可通。若作"伪"字讲，则此句意思成："（我）假装做老农很多时了。"陶渊明自己会这样讲吗？

点金成铁，"小言破道"解陶诗

历来的评论一致认为，陶诗平淡自然、情韵醇厚、气象浑融，艺术价值极高。欣赏或解读陶诗，特别应该从情景、旨意两方面细加体会分析，作整体的把握和理解。可是，《尘几录》出于解构陶渊明的目的，解读陶诗支离破碎，分析愈细，离诗的旨趣愈远。正如孔子所说："小辩害义，小言破道。"①或如《庄子》所说："小知间间。"②结果"点金成铁"，化神奇为朽腐，把好端端的陶诗糟蹋得惨不忍睹。

已经有论者指出《尘几录》解读陶诗时，忽视甚至否认文学艺术本身的审美功能③。这样的批评恰如其分。譬如《尘几录》解读著名的《归园田居》其一，几乎从头至尾点金成铁。开头"少无适俗韵，性本爱丘山"二句，自述诗人喜爱自然，与世俗格格不入的禀性。渊明不为五斗米折腰，告别官场，"结庐在人境，而无车马喧"，归田后拒绝再出仕，皆是"少无适俗韵"的体现。《尘几录》却选择异文"愿"，说"这里的关键不是字的对错，而是哪个字受到编者的偏爱和为什么"（页65）。这是典型的"小辩害义，小言破道"④。从"方宅十余亩"至"虚室有余闲"十句，描写诗人所居故园和农村的自然景色，在看似平凡的景物中发现独特的美；同时，在景物描写中表现诗人的闲静之趣，最能

---

① 《孔子家语》二。陈士珂辑《孔子家语疏证》，凤凰出版社，2017年，页76。
② 《庄子·齐物论》。成玄英疏："间间，分别也。"郭庆藩《庄子集释》卷一下，中华书局，2012年，页51。
③ 田景芳：《求真，还是解构后的肆意涂抹？》，《九江学院学报》2010年第4期。
④ 关于"少无适俗韵"为什么必定是"韵"字的理由，见拙文《〈陶渊明集〉异文问题之我见》。

代表渊明田园诗的艺术成就。《尘几录》"细读"了这十句诗，发现了什么呢？发现了诗人的家宅与农人聚居的村落有相当的距离，诗人的家是一个"受到很好保护的空间"。"暧暧远人村"是远方的"朦胧的村落"，"依依墟里烟"则"既显示了也掩盖了村民的存在"。"诗人没有清楚的视觉印象，只有鸡鸣狗吠的声音远远传来。"（页87）这种支离破碎的评点，十十足足是言不及义，没有一句说到点子上，更不要说是美感与趣味了。

《癸卯岁始春怀古田舍》其二"平畴交远风，良苗亦怀新。虽未量岁功，即事多所欣"四句，物我交融，本是难得的好句，《尘几录》却又将神奇化为朽腐，作出以下不可理喻的分析："一个田夫野人会告诉我们：种田是为了生产粮食，是为了'岁功'。但是当诗人表示岁功不是他目前最关心的东西，他给我们看到的是种田的另一面。视野里包括了'平畴'的诗人，至少在那一刻没有在弯腰耕耘，因为他在极目远眺，欣赏眼前的景物。"（页112）结论是诗人与农夫有"区别"。我们说，"平畴"四句是渊明的"入道"之语，既有明澈的哲学感悟，也有高超的审美鉴赏，呈现了艺术人生的意味。诗人在劳作的间隙，见平畴远风，良苗怀新，顿时心中而生欣豫。以哲学而言，表现为不分内外，在这一刻，外在的自然与内心的即事多欣融为一体，己之欣豫也就是自然的欣豫。以审美而言，平淡朴素的田间景色，其中有大美存焉，趣味无穷。诗人努力耕耘，生活很艰辛，但在发现美、欣赏美中表现出高洁的情趣，令人感慨的人生顿时有了艺术的意味。然而，《尘几录》完全漠视陶渊明的艺术心灵，反倒以乡愿来曲解他，称诗人在这一刻不关心岁功，没有弯腰劳动。难道要求诗人一刻不停地想着岁功，盘算私利，整天弯腰劳作，无关自然美景，毫无快乐，浑浑噩噩，才表彰他是一个真正的农夫吗？说诗说到这样的境地，算是解构主义的"成就"，可以说是陶渊明遇到的空前灾难。

　　《赠羊长史》诗为陶诗中的佳作，有人甚至赞为陶诗中的压卷之作①。这首诗作于义熙十三年(417)，刘裕攻克长安，执秦主姚泓送建康。左军羊长史奉命使秦川，渊明作此诗赠羊，特地表示对商山四皓的敬意，传达诗人在晋宋即将易代之际的难言之隐。理解这首诗，一定要明了晋宋易代前夕的社会大背景。《尘几录》虽然也点出此诗的写作年代，但未曾联系晋宋易代的大事作深入的分析，于是得出结论：“这首诗的主题是隔绝。”（页156）意思是，诗人与“黄虞”一重隔绝，与商山四皓是二重隔绝。“诗人痛切地感到这双重的疏离，加倍的孤独，以‘拥怀累代下，言尽意不舒’结束全诗。”（页156）为什么诗人有此“双重的疏离”？“意不舒”之“意”究竟指什么？为什么有“意”却不“舒”？这些问题是理解此诗的要点与难点，应该深入发掘。《尘几录》却不感兴趣，几乎全无解释。《尘几录》感兴趣的是对渊明唯独钟情于商山四皓作出另外的解读，采用的策略是否定商山四皓不是真隐士，说四皓“非常善于变通”，“四皓的出与处，视当政者的为人与态度而定”（页156）。并引《晋书》八四《殷仲堪传》所载桓玄与殷仲堪关于评价四皓的分歧作证据。桓玄对四皓“触彼埃尘，欲以救弊”的行为不解，以为隐者不应该如此。殷仲堪作文答之，解释四皓从太子游，而孝惠帝得立的本心，说是“道无所屈而天下以之获宁，仁者之心未能无感”。意思是隐士或出或隐，心中有道，天下宁与不宁，仁者不能无感。显然，这是儒家的仕隐观，所谓“天下有道则仕，无道则隐”，即

━━━━━━━━━

①　方东树《昭昧詹言》四：“其文法之妙，与太史公《六国表》同工。觉颜（延之）《北使洛》如嚼蜡，如牛负物行深泥，费力而索然无复生气。陶诗当以此为冠卷。”

使隐了，仍关注天下。后世的隐士，无不信奉之、实践之。诗人于四皓满怀深情，问"精爽今何如"，主要在敬仰四皓是避世的贤者，寄慨四皓，便想起他们所唱的"清谣"①。至于《尘几录》所说的四皓"非常善于变通"，讽刺他们不是隐居不出的真隐士，这再次看出《尘几录》对于中国隐逸文化的不解。如前所说，真隐士心中有道，对天下不能无感。陶渊明作《咏荆轲》诗，致慨于"惜哉剑术疏，奇功遂不成。其人虽已没，千载有余情"，可见渊明也有仁者之心，隐于田园的背后，深怀着一个"道"字。陶诗往往寄慨深远（尤其是咏怀诗），解读时不仅要解释古典，更要解释今典。如《赠羊长史》这首诗，只指出典故"黄虞"、"四皓"、"清谣"，而不指出羊长史奉使长安的"今典"，那么，就不太可能得其旨趣。请看"人乖运见疏"、"言尽意不舒"等语，在《尘几录》中是否都忽略不得其解？

正如《尘几录》解读《归园田居》中的佳句"暧暧远人村，依依墟里烟"一样，《癸卯岁十二月中作与从弟敬远》诗中的好句也被解释得平淡无奇。"倾耳无希声，在目皓已洁。"这二句写雪之轻盈、洁白，古代的写雪景的诗几乎无出其右。《尘几录》以淡淡的口气解释道："在房间里听不到一点声音，偶然开门一看，世界已经一片洁白。"（页159）丝毫没有指出这二句诗的高超的审美鉴赏和非凡的语言表达。"高操非所攀，谬得固穷节。"这是诗人通过阅读，直接照面古代"遗烈"的感受和决心。"谬得"的自谦后面，是坚持、自信和自豪。证以《赠羊长史》诗"得知千载外，正赖古人书"二句，可见诗人自觉尚友古时的"遗

---

① 四皓歌曰："漠漠高山，深谷逶迤。晔晔紫芝，可以疗饥。唐虞世远，吾将安归。驷马高盖，其忧甚大。富贵之畏人兮，不如贫贱之肆志。"歌的主旨是无道之世，仕不如隐，贵不如贱。

烈"。《尘几录》却否认这一显而易见的事实，说"谬得"是"黑色幽默"，固穷节是"诗人并未刻意追求，而是偶然得到的，几乎是个不小心出现的差错"（页159）。这样一解释，固穷节简直成了天上掉下的一个馅饼，诗人偶然得到了。诗人长期安贫乐道，自然也成了"黑色幽默"。

不必再举例了。《尘几录》消解陶诗崇高的地方几乎每一页都有，其手法之多样与言说之放纵无据，在历来的陶渊明研究者中实属罕见，或许只有日本学者冈村繁才可与之比匹。由此可见，用西方后现代的解构主义阐释学解读中国古代文化和古代诗人，会带来多大多严重的弊病。最终，必然走向历史虚无主义，中国古代的灿烂文化以及古圣先贤，经其狼奔豕突，必然一片狼藉，遍地鸡毛。

余论：心心相契才能理解古人

初唐诗人张若虚《春江花月夜》有几句特别空明澄澈的诗："江天一色无纤尘，皎皎空中孤月轮。江畔何人初见月？江月何年初照人？人生代代无穷已，江月年年只相似。不知江月待何人，但见长江送流水。"诗人身在江天寥廓、清辉万里之中，油然而生关于宇宙人生、古往今来的沉思遐想。天地、个人、古今，交织成永恒的流动。世世代代接续，江月年年相似。只有纵横时空的思维，才能了悟短暂中的永恒，永恒中的短暂；变有不变，不变有变。若是我们也在春江花月夜，我们也会发生张若虚一样的遐想。为什么如此？原因是古人、今人世代相续，生活在同一种文化话语中、同一片土地上，同看年年相似的江月，同读代代相似的文字。最根本的是，同有相似的一颗心。王羲之《兰亭序》说得好："后之视今，犹今之视昔。"讲的正是流动中的永恒，读来何等亲切。

《尘几录》解构陶渊明，固然有信奉西方后现代解构主义的理论背景，但根本的原因还是在于心的隔膜。读古人作品，既不相信"诗言志"，又不能反之于己，这就必然处处与古人隔膜。《庐山志》编者吴宗慈以为"渊明醉石"二千年后难以确指所在，"古人风趣，要当意会之"。田女士对意会古人之说提出异见："这种观念不承认历史局限性，就好像古人和今人存在于同一时空，而在古人与今人之间也没有不同的历史背景和社会文化条件造成的界限。"（页202）可见田女士不认同今人可以意会古人，理由是今人古人时空造成的界限。诚然，今人古人不存在于同一时空，历史背景和社会文化条件各异，但我们也应该看到另一面，即人心相通，喜怒哀乐之情相同。见善而悦，见恶而憎；孺子落井，必生恻隐；壮年气盛，衰年嗟老；向往自由，摆脱拘束；凡此之类，古今一律。所以，今人之心与古人之心完全可以相契。

现代新儒学的开山大师熊十力曾谈到怎样通过文字妙会古人之意理，以为"是故读古人文字，能以睿照而迎取古人意理。古人真解实践处，吾可遥会其所以；若其出于意计之私而陷于偏陋浮妄者，吾亦得推其错误之由来，而以吾之经验正之。"①所谓"睿照而迎取古人意理"，与吴宗慈说的"古人风趣，要当意会之"意思相同。"睿照"指什么？熊氏说是"吾之经验"，也就是平日观察、体验、思考所得的情感和道理。古人意理可以睿照而得之的观点，在熊十力的弟子牟宗三那里上升到了中国文化的层面，以为文化是古今生命的"照面"和"通透"。他说："我现在之看文化，是生命与生命照面，此之谓生命之通透：古今生命之贯通而不隔。我生在这个文化生命之流中，只要我当下归于我

---

① 熊十力：《答薛生》，《十力语要》卷一，上海书店，2007年。

自己的真实生命上，则我所接触的此生命中之一草一木、一枝一叶，具体地说，一首诗，一篇文，一部小说，圣贤豪杰的言行，日常生活所遵守的方式，等等，都可以引发我了解古人文化生命之表现的方式，古人以真实的生命来表现，我以真实的生命来契合，则一切是活的，是亲切的，不隔的，古人文化生命之精彩、成就，与夫缺陷病痛，都是我自己真实生命之分上事，古人之痛痒是我自己之痛痒，在这种生命之贯通上，我眼前的真实生命得到其恢弘开扩的境地。"牟氏这段话通俗易懂，其要义是古今生命相通不隔，具体做法是以自己的真实生命契合古人的真实生命。

　　如此说来，想要理解古人，绝对不能缺少反求默识、求之于己的功夫。有些研究者看到陶渊明是个充满矛盾的人，于是便否认其"任真自得"，而不知人作为万物之灵，会思维、要判断、须抉择，始终处于矛盾之中。求之于己，我们是否也长处矛盾之中？是否也有"贫贱常交战"的意志动摇，也有生死的焦虑？然而，陶渊明最终做到了"道胜无戚颜"，在生命终了之时还能写出《挽歌诗》三首，渐进到生死的彻悟。这便是他的伟大，我们的渺小。再譬如，田女士批评陶渊明在劳作时欣赏远风新苗，说他在这一刻不是弯腰劳动，不在考虑岁功。其实，田女士如果能设想自己也在劳作间隙之际直起腰来，看到万物生机盎然，是否也会有一阵欣豫充满心中？《赠羊长史》这首诗寄慨于商山四皓，前贤多读出它的意旨是"托商山以见意"，有感于晋宋易代。田女士如果设身处地，揣摩渊明之心绪，必定以前贤所说为是，而绝不会得出现在的结论，说"这首诗的主题是隔绝"（页156）。以己心体察古人之心，不难了解、同情、感动，或许还有体谅和宽容。心的投入、心的交流，是读古人文字和研究古代文学的必备条件。能否求得古人之真精神、真生命，在极大的程度上取决于读者、研究者是否也有真精神、真生命。试想，或者人云亦云，或者媚世阿世，或者心猿意马，或者官迷心窍，若有此品性庸凡者，让他读、论高人逸士陶渊明，如何能意会古人意趣？何来通透不隔？何来冥契体认？

与古人照面，体认古人，另有一个重要的前提是对中国历史上的大学者、大作家必须先存一份敬意。中国文化和古圣先贤历数千年而不坠，为后人铭记、阅读、评说，必有其特异卓绝之处。尤其像陶渊明这样的大诗人，千年之前就已成为中国文化和诗歌史上的偶像。这是历史的必然选择，绝不是前人通过所谓"控制文本"塑造出来的。萧统、李白、杜甫、白居易、苏轼、朱熹、辛弃疾等许多杰出的作家，无不对陶渊明表示崇高的敬意，这也是历史的必然。没有敬意，甚至预设拆碎七宝楼台的目标，其结果必然是千方百计曲解陶渊明，以己之浅薄心和污染心，妄加猜度渊明的真诚心，与古人不只处处隔膜，甚至处处对古人嘲讽。

《尘几录》依傍西方解构主义评说陶渊明，貌似新见，实是"学术戏说"。少数青年学子不加深究，追随附和，以至誉为"佳作"，由此反映出来的是缺乏独立思考的浮躁学风。这应该引起我们的注意，并作出必要的回应。

（本文原载《名作欣赏》2012 年第 4 期）

浅谈陶渊明的当代文化意义

陶渊明是中国文化的瑰宝。自梁萧统编《陶渊明集》并作序始,陶渊明的人文价值不断被发现、被肯定、被赞美。一代一代的作家、诗人、学者、艺术家及志士仁人,无不惊叹这块瑰宝的璀璨和无上价值,从中吸取精神力量,净化灵魂,感受崇高与美。唐宋以后的中国文学史、艺术史、士人精神史,陶渊明的影子几乎无处不在。在二十一世纪的中国,传统道德惊人沦丧,知识者人格空前卑下,自然环境恶化,美感教育缺位,崇高不断被解构。种种精神危机表明,当今时代迫切需要陶渊明,需要他的高洁品格,需要他的自由精神以及对朴素事物的审美感受。我们大声呼唤陶渊明,呼唤他以伟大的人格力量感召我们。我们相信陶渊明如一面明镜,既能照出时代的阴暗与虚伪,也能照出我们"口腹自役"的无奈与痛苦,让我们有勇气拒绝外部力量的矫励,回归本真。陶渊明的巨大的人文价值,今天无论怎么评估都不为过。

一

在中国文学史上,具有重大文化意义的杰出人物其实并不

多。中国文学的价值观，历来推重人与文并重，人文两者，尤以
人品为第一。古今文章写得好的不计其数，但人品高尚，足以垂
范后世，文学成就又领一代风骚，影响后世深远者，就十分罕见
了。屈指数来，也就是屈原、陶渊明、杜甫、苏轼寥寥数人，雄冠
古今，优入圣域。屈原"路漫漫其修远兮，我将上下而求索"的
执着的探索精神：杜甫始终关怀国破家亡、生灵涂炭的仁者怀
情；苏轼身处逆境而始终乐观旷达的人生态度；陶渊明不满官
场的丑恶而决意归隐，躬耕田园的独特的人生道路。此四人
堪称中国文学的第一等人物，不论为人为文，都对后世产生深
远的影响。

　　然四人之中，我以为陶渊明的文化意义最为宝贵，因为它深
入人的精神世界，具有永恒价值。如果说，屈原、杜甫、苏轼好
比单一的营养液，那么，陶渊明则是复合营养液。他在中国诗
歌史上，在中国文人生活史上，甚至在中国思想史上，都具有
重要得多的文化意义。他的人文价值是全方位的，远比其他
作家丰富和重要。于是，阅读陶渊明、研究之、赞赏之、师法之、
反思自我，提升自我的精神境界，就成了中国文学史上长久不衰
的现象。

　　最早揭示陶渊明人格的文化意义，见解深刻的首推南朝梁
萧统。萧统编辑陶集，作《陶渊明集序》，大力赞扬渊明的人品
高尚："加以贞志不休，安道苦节，不以躬耕为耻，不以无财为
病，自非大贤笃志，与道污隆，孰能如此者乎！"①称渊明为大贤
笃志，与道同体。又指出渊明诗文"有助于风教"："尝谓有能读
渊明之文者，驱竞之情遣，鄙吝之意祛，贪夫可以廉，懦夫可以
立，岂止仁义可蹈，爵禄可辞！不劳复傍游太华，远求柱史，此亦

---

① 《陶渊明集校笺》附录一，页652。

有助于风教尔。"①萧统指出了陶渊明在当时的文化意义：既是
"大贤"，又是乐天知命，与道为一体，以为渊明之文有助风教，
对渊明人品评价极高，远胜颜延之《陶徵士诔》。颜《诔》赞扬渊
明有古风："畏荣好古，薄身厚志。世霸虚礼，州壤推风。孝惟
义养，道必怀邦。"以及后来隐居，安贫乐道："居备勤俭，躬兼贫
病。人否其忧，子然其命。隐约就闲，迁延辞聘。非直也明，是
惟道性。"②萧统径以"大贤"称渊明，这在陶渊明接受史上具有
开创意义。考陶渊明及其诗文，确实起到了有助风教的巨大作
用，在不同的历史时期都具有"当代"的现实意义。

　　自唐以降，陶渊明地位迅速提高，他的文化意义越来越被人
们认识。到了宋代，随着儒道佛三家思想的融合，理学兴起，著
名文化人物的不断涌现，造成宋代文化的全面高涨。于是，陶渊
明接受史迎来了一个崭新的时代，陶渊明的声名臻于极盛。其
中，文化巨匠苏轼于晚年极为喜爱并推崇陶渊明的人格和诗歌，
成为继萧统之后，能深刻认识陶渊明的文化意义的标志性人物。
苏轼自称独好渊明之诗，以为"其诗质而实绮，癯而实腴，自曹、
刘、鲍、谢、李、杜诸人，皆莫及也。……然吾于渊明，岂独好其诗
也哉，如其为人，实有感焉。"③苏轼之语，深刻地指出了陶渊明
的人文价值不仅在诗，更在其为人。陶渊明卓绝不凡的人格，具
有不可企及的示范意义。

　　苏轼之外，宋代众多的文化名人，无不推崇陶渊明的人格。
传统的陶渊明形象，主要以著名隐士彪炳后世。宋代文化名人
则进而揭示并赞颂陶渊明人格的丰富内涵。例如林逋说，"陶

---

① 《梁昭明太子文集》卷四。《陶渊明集校笺》附录一，页652。
② 《文选》卷五七。中华书局影印宋刻本，1977年。
③ 孔凡礼点校《苏轼文集》，中华书局，1986年，页2515。

渊明无功德以及人，而名节与功臣、义士等”，原因是渊明如“颜子以退为进，宁武子愚不可及之徒”。① 以为渊明虽是隐士，但名节与功臣、义士一样。黄庭坚《宿旧彭泽怀陶令》诗，称渊明于晋宋易代之际脱离仕途为“沉冥一世豪”，比作诸葛亮。又作《卧陶轩》诗说：“卯金扛九鼎，把菊醉胡床。”意思不仕刘宋新朝。又说：“欲眠不遣客，真处更难忘。”赞美渊明人格之真。黄庭坚又作《次韵谢子高读渊明传》诗称渊明“风流岂落正始后，甲子不数义熙前”，既称渊明不让正始风流之士，又赞其不事易代之节。《蔡宽夫诗话》比较陶渊明、柳宗元、白居易三人诗，以为子厚“闵己伤志”，乐天“自矜其达”，然每诗未尝不着荣辱得失之意，“惟渊明则不然，观其《贫士》、《责子》与其所作，当忧则忧，遇喜则喜，忽然忧乐两忘，则随所遇而适，未尝有择于其间，所谓超世遗物者，要当如是而后可也”②。以为渊明忧乐两忘，随遇而安，显然优于子厚、乐天。佚名《陶集后记》甚至称渊明为“江左伟人”。

　　朱熹在陶渊明接受史上也是一位重要人物，无论评渊明之为人或为诗，都有深刻的见解。评渊明为人说：“晋宋人物，虽曰尚清高，然个个要官职，这边一面清谈，那边一面招权纳货。陶渊明真个能不要，此所以高于晋宋人物。”以为渊明高于晋宋风流人物，洵为卓识，为后人一致首肯。

　　陶渊明至宋代而声名鼎盛，这与当时的文化背景和人文精神极有关系。譬如辛弃疾有收复北方失土的壮志，然不能施展怀抱，故在其词作中常常赞赏陶渊明的豪气，如苏轼一样师法渊

① 《省心录》，《宝颜堂秘籍》本。转引自《陶渊明资料汇编》，上册，中华书局，1962年，页23。
② 《蔡宽夫诗话》：“子厚乐天渊明之诗。”郭绍虞《宋诗话辑佚》卷下。《陶渊明资料汇编》上册，页45。

明。例如说"看渊明风流,酷似卧龙诸葛"(《贺新郎》),"穆先生,陶县令,是吾师"(《最高楼》),"须信此翁未死,到如今凛然生气"(《水龙吟》)……不可忽略的是,宋代理学兴盛,影响到对陶渊明的新评价,一言以蔽之,即渊明"入道"。理学家陆九渊说:"李白、杜甫、陶渊明皆有志于吾道。"①真德秀明确指出,"渊明之学,正自经术中来。故形之于诗,有不可掩",并以《荣木》、《咏贫士》、《饮酒》等诗证明渊明之诗与经术的关系②。陆九渊所说的"吾道"之道,真德秀所说的渊明之学的来源,显然是经宋代理学家诠释过的新儒学,吸收了道、佛二家思想,其内涵是讲究行为的中和,心性的淡泊,理解乐天知命之"理"。李剑锋说:"'闻道'是宋代人追求的理想人格的最高境界……陶渊明既为闻道之士,'闻道'又是宋代士人毕生追求的最高道德境界、人生境界,宋人把陶渊明的人品推上理想地位、典型地位便可以理解了。"③宋以后有人甚至称许渊明为"圣门弟子",便是宋人所谓渊明志于儒道之说的进一步发挥。

宋代推崇陶渊明已达于极致,后人论渊明人格,只不过承宋人之余绪。概而言之,宋人揭示的渊明人格大致有以下特点:任真自得,一也;忠义节操,二也;豪放刚直,三也;淡泊守道,四也。宋人站在属于他们时代的文化高原上,审视前代的优秀作家,发现唯有陶渊明是完美无缺的,是他们理想的人格典范。然后基于个人的认识与性情,赞美渊明某一种人格特点。如此,阅读与评论陶渊明的过程,也就成了反思自己缺陷,清洁自己灵魂,师法先圣前贤的人格修为。

---

① 《象山先生集》,卷三四。
② 《跋黄瀛甫拟陶诗》,《真文忠公文集》卷三六。
③ 李剑锋《元前陶渊明接受史》,齐鲁书社,2002年,页230—231。

　　宋人的读陶评陶，值得今天的知识人，尤其是陶学研究者学习。相比宋代文化的全面高涨，当今中国相去不知凡几。既然宋代以苏轼为代表的众多文化名人倾心陶渊明，以其为偶像，那么，区区不足数之我辈，在愧对先贤之余，更应该如苏轼那样，读渊明之诗，感动其崇高人格，师范渊明之万一。

　　在当代中国，陶渊明的价值与意义尤其显得宝贵，这是时代使然。这是一个最好的时代，也是一个最坏的时代。科学技术的发展日新月异，物质的空前丰富，生命的延长，财富的累积，是以往任何时代都不可比拟的。但追求物欲，拜金主义，精神贫乏，古风荡然，人性趋恶，等等，都是不容否认的事实。中国自"五四"以来的百年，优秀的传统文化连遭厄运。上世纪五十年代以来，尤其是十年浩劫，接连重创中国人的道德世界。改革开放四十年，虽然取得了巨大的经济成就，但也留下了许许多多的问题。金钱至上，物质至上，娱乐至上，优秀的传统文化日益丧失，崇高的道德境界日益崩塌，造成中国人精神世界的极大的荒漠化，无论自然生态还是政治生态，都非常恶劣，几乎陷入困境。例如独立人格的丧失，自由精神的萎缩，本真人性的沦丧，廉耻之心的不存，言行的粗鄙化，心灵的种种桎梏，美感的极度贫乏，生态的惊人污染……无不令人痛心疾首。时代迫切需要信从一种有效的人文价值，指导和帮助我们，涤荡物质与精神的双重污染。这时，我们会发现，陶渊明是极好的清洁剂和营养液，若能读渊明的诗文并反思自己人格上的缺陷，有助于重塑人性的、艺术的、美学的人文世界。

二

　　后人最推重陶渊明的是什么品格？我以为，最根本的是他

的独立人格,追求精神自由的气质。陶渊明在今天的最重要的
文化意义盖在于此。

　　个性特立独行,思想卓尔不凡,精神自由不羁,历来是评价
士大夫文人的重要标准。与上述行为与精神品格不可分割的便
是气节与操守。为什么特别强调士大夫文人的独立人格与精神
自由?因为他们是知识者,知识者是思想的创造者,是民族精神
的体现者和引领者,代表正义、公正、良知、光明。他们不屈从于
权势,坚守着真理与正义。所谓道统,就是由他们守护与传承。
陶渊明最可贵的品格,即是气节与操守。朱自清曾说:"气是敢
作敢为,节是有所不为——有所不为也就是不合作。"又以为气
是"积极"的,节是"消极"的。① 气和节有所区别,这是对的。但
说节是消极的,则未必正确。其实,有所不为也须勇气,是勇敢
的另一种表现。历史也一再证明,与专制政体不合作,是有风险
的,只有勇者才能做到。陶渊明目睹官场的黑暗,毅然归隐,从
此坚持独立人格,不再出仕,这是大勇者的举动,非常人能及。

　　《归去来兮辞》是宣示他的独立人格的真实独白:"及少日,
眷然有归与之情。何则?质性自然,非矫厉所得,饥冻虽切,违
己交病。尝从人事,皆口腹自役。于是慷慨,深愧平生之志。"②
自儒家礼仪多半异化为专制统治的工具以来,以官场为樊笼,以
名教为桎梏的世俗政权,无不矫励自然的人性,扼杀独立思考和
自由精神。官禄、名利成了钓饵,借此引诱、恐吓、胁迫特立独行
之士。宁要万人之诺诺,不取一人之谔谔。扭曲人性的结果,谄
媚逢迎、随波逐流、行贿受贿、徇私舞弊等风气盛行,整个社会道

---

① 详见朱自清《论气节》。《朱自清散文选集》,百花洲文艺出版社,2020 年,页
　131—132。
② 《陶渊明集校笺》卷五,页 453。

德沦丧，正气不扬。当年，陶渊明反思"违己交病""口腹自役"的痛苦，决然退出官场，栖迟衡门，宁愿作一片独飞的孤云。归隐之后，君子固穷，乐天知命。晋宋易代之际，有人劝他出仕，然他决不再仕新朝。为了保持人格的尊严和精神自由，他付出了沉重的代价，但他并不后悔归田的人生选择。

"不为五斗米折腰，向乡里小人"，即日辞去彭泽令。这是有关陶渊明辞官的最有名的传说，是他的自由精神和傲岸个性的鲜明体现。看中国的历史不难明白，凡是有独立意志和自由精神的人，往往会与世俗社会发生冲突。因为世俗总是要求人们顺从和服从，总是设法扭曲人的个性，使之丧失个性，把他们改造成为毫无反抗意识的可控制可管理的一群。而意识到个性天然合理，自由从来宝贵的那些人，必然想要摆脱世俗的羁绊。于是两者的冲突不可避免。此时有两种人生选择：一种向世俗低头，放弃个性和对自由的向往，迎合世俗，为了口腹而自役；一种视自由为生命，坚持自己的个性，宁要自由，不要"五斗米"。前者就是像我们一样的普通世俗人，后者就是不为五斗米折腰的陶渊明。渊明《归去来兮辞》序自述昨非今是，我以为是关于人的个性与世俗社会冲突的最真实生动的表白，古往今来只有陶渊明说得如此直率，如此深刻。

他在另一篇重要的文章《与子俨等疏》里，也讲到自己的个性与社会的冲突："吾年过五十，少而穷苦，每以家弊，东西游走。性刚才拙，与物多忤，自量为己，必贻俗患。僶俛辞世，使汝等幼而饥寒。余尝感孺仲贤妻之言，败絮自拥，何惭儿子。"①渊明年轻时因为家贫而出仕，然刚直和爱好自由的个性与仕途始终发生冲突。渊明痛苦不已，最后毅然归田。归田的结果是孩

---

① 《陶渊明集校笺》卷七，页511。

子们"幼而饥寒"。说明为了保持自己的个性是要付出代价的。这代价不低,让年幼的孩子得不到温饱。对此,渊明有内疚。父亲应该负起不让孩子饥寒的责任。然而,渊明衡量下来,觉得自由和个性尊严价值更高。他选择不折腰,不低头,宁肯"败絮自拥",贫贱终身,而且自豪地说:"何惭儿子!"渊明《咏贫士》诗说:"贫富常交战,道胜无戚颜。"①"何惭儿子"一语就是"道胜无戚颜"。这是自由的胜利,独立人格的胜利。读《归去来兮辞》及《与子俨等疏》这样的作品,我们除了感动,就是无限的敬佩:陶渊明真是一个大勇士,无可企及。为了自由,他选择了贫贱。抛弃富贵,他选择了尊严。所以我一直想,陶渊明的人生与作品是读书人修养的最好教材,能教导我们怎样做人,怎样尊严地活着,懂得人的价值究竟是什么,是占有物质财富,还是拥有精神财富?

反观当代中国的许多知识人,丧失独立人格,放弃道义担当,不知节操为何物,依傍权势,察言观色,唯上司的意志是从,以此追求私利的最大化。良知、道义、廉耻、自尊、自爱,弃之如敝屣。当代中国知识人独立人格即自由精神的丧失,已严重影响思想的创造,也必然败坏社会风气,颓废整个民族精神。此时,呼唤陶渊明的独立人格的归来,是十分必要的。

萧统说读陶渊明之文,"懦夫可以立"。渊明不为五斗米折腰,表现了他的大勇。世人如果能像渊明一样,把自由视为生命,那么也会敝屣功名,挺直自己的腰杆。但智者、勇者永远是人类社会的稀有物,现实中多数人徘徊于生存与自由之间,往往选择生存,宁愿折腰。这就决定了我们多数人必然愧对陶渊明。当年,苏轼读渊明《与子俨等疏》而反思自己:"吾真有此病,而

---

① 《陶渊明集校笺》卷四,页369。

不早自知，半生出仕，以犯世患，此所以深愧渊明，欲以晚节师范其万一也。"①说自己也有"性刚才拙，与物多忤"的毛病，但不能像渊明一样毅然辞世，却半生出仕，故觉深愧渊明。我们无法达到渊明决然归隐，即使孩子们陷入"幼而饥寒"的困境也在所不惜的高境界，恐怕也少有人如苏轼一样有愧对渊明的知耻情怀。

当然，当下与陶渊明的时代不可同日而语。当知识人与社会发生冲突时，要求他们辞去公职，走归隐田园的路，显然有些强人所难。再说今天也很难找到可隐之地。完全能理解并同情众生，为生活所迫，要养家糊口，难免要折腰。譬如为了让孩子上一个比较好的幼儿园，向幼儿园的主管部门折腰，向园长折腰，向老师折腰，送礼行贿，颜面丧尽。再譬如高校评职称，不少人由上到下，无不折腰。到处走门路，送礼贿赂，丑态百出。当今之世，恐怕很难找到这样的人：为了保持自己的刚直个性以及人格尊严，宁愿丢了工作，让幼小的儿女忍受饥寒；或者视升等升职如敝屣，沉沦下僚，安之若素。不过，同情归同情，但作为知识人，一定要意识到，这正是我们与陶渊明之间不可逾越的距离，一粒砂石与一座大山的差别。相隔千年，时代尽管两样，但今人与古人面对人生困境而产生的心境，其实不会有很大的差异。譬如面对个性与世俗的冲突，面对道与非道，面对得到与失去，须要作某种选择的时，内心纠结不抒，贫富、荣辱之间的交战，其实我们与陶渊明是一样的。此时，陶渊明做到了"道胜无戚颜"。而我们常常求利而舍道，并且为自己的胆怯后退辩护，说没办法啊，为生活所迫。不再思索当年渊明上要养亲，下要养幼，生活的困窘比我们更甚，而他为什么能急流勇退？我们却自我安慰、自我原谅，自我解嘲。别人当然也会理解和同情自己的

---

① 《苏轼文集》，页2515。

处境，但千万别以为自己经常折腰很正常，毫无自愧之意。更不可以折腰五斗为聪明，以挺直脊梁为愚笨。当遇到权力的傲慢或生活的困境时，世间自有刚直之士挺直脊梁，直道而行，保持一份人格尊严。对这些人，我们应该表示敬意。

陶渊明不为五斗米折腰的傲岸人格，让无数代人肃然起敬，赢得永恒的礼赞。但在今世，居然有所谓陶学研究者解释渊明辞官彭泽令的原因，是因为他贪污，怕被督邮发现，故急急忙忙离开彭泽。这才是真正的"妄议"。以小人之心度君子之腹，必然会糟蹋陶渊明。内心卑劣的人，绝无可能理解古圣先贤，自然也永远读不懂陶渊明。内心肮脏的人，也不配研究陶渊明。所谓夏虫不足以语冰，乡曲之士，难与论大道也。故文学艺术创作及文学研究的成果的优劣，与作者或研究者的人格和思想境界有莫大的关系。

又有少数陶渊明研究者，搬来西方后现代的解构主义理论，把史传与陶诗中呈现的真实的陶渊明，说成是后人的一种"虚构"，而抒写真情实感的陶诗被说成具有"欺骗性的'单纯'"。[1]自萧统以来为历代文化名人仰慕的陶渊明，在这些研究者的笔下，竟然成了一个虚伪的、做作的、非常矛盾的平庸人物。试想，如此解构伟大的陶渊明，陶渊明的文化意义自然化为乌有。以苏轼为代表的众多文化名人的论陶，也变成了向壁虚造。对文学史上的伟大作家不存敬畏之心，哗众取宠，一味以新巧惑人，何其可笑乃尔！由此可见，没有道德修为的内心需求，不理解中国文化以节操为重的理念，不敬畏古人的学识，不相信人性可以达到的崇高境界，陶渊明在当代的文化意义就无从谈起。

---

[1] 详见田晓菲《尘几录》，中华书局，2007 年，页 10。

三

追求独立人格与自由精神，源于人性的自然本质，外在表现为真率超俗。陶渊明的人格和风度，典型地体现了魏晋时期崇尚自然，追求精神自由的新思潮与新士风。

《庄子·渔父》说："礼者，世俗之所为也；真者，所以受于天也，自然不可易也。故圣人法天贵真，不拘于俗。"①真即是自然，自然即是真。萧统《陶渊明传》说："渊明少有高趣，博学，善属文，颖脱不群，任真自得。"②所谓"任真"，就是顺随自然之意。个体的自由，是自然赋予人的基本权利。所以，保持个性和人格独立，向往精神自由，任真自得，是完全符合人道的。反之，压抑人的天性，剥夺人的精神自由，阻止人对自由的追求，则是非人道的。

陶渊明《五柳先生传》是他真率个性的自画像，时人称之为"实录"。其中自述喜酒个性说："性嗜酒，家贫不能常得，亲旧知其如此，或置酒而招之。造饮辄尽，期在必醉；既醉而退，曾不吝情去留。"描写摆脱世俗礼节，任真自得的情形，读之恍然在目。《宋书·隐逸传》写渊明饮酒的风度："贵贱造之者，有酒辄设，潜若先醉，便语客：'我醉欲眠，卿可去。'其真率如此。郡将候潜，值其酒熟，取头上葛巾漉酒，毕，还复著之。"③渊明不修边幅、不着行迹，一任内心的情感，沈约目之"真率"。

苏轼说陶渊明欲仕则仕，欲隐则隐，"古今贤之，贵其真也"。文如其人，在陶渊明身上得到完美的统一。他任情而动，

---

① 郭庆藩《庄子集释》卷十上，中华书局，2012年，页1032。
② 《陶渊明集校笺》附录一，页652。
③ 《宋书》卷九十三，中华书局，1974年，页2288。

摆脱俗世的拘束,行为坦荡洒落,能旷达而不放肆,合道而行。他的人格像是晶莹剔透的水晶,深深吸引一代代读者。我以为陶渊明的真率个性,在当代极具现实意义,是改造今日中国社会真情淡薄的最佳样本。

讲真话是我们社会必要的品质。真话是建立诚信社会的基础,确立标准,辨别优劣,弘扬正气,整顿士风,改造民俗,必须从求真做起。作为知识人,求真更是本分,是安身立命之基。科学研究求物理之真、宇宙之真。人文研究的宗旨也是求真,求历史之真,求人性之真,求道理之真。我们研究陶渊明,追寻这位伟大作家的足迹,探索他的真实的思想与感情,求真乃是唯一的原则和方法。在仰望渊明任真自得的人格的同时,反思自己是否真诚地对待学术研究,是否听从内心自由意志的呼唤,是否为陶渊明的真率感动,纯洁自己的灵魂。还是相反,信口雌黄以沽名钓誉。我想,读古贤之书的同时,进行反省自身的人生修为,是完全必要的。

如前所述,真,本质上是人性的自然表现(当然也须礼的约束)。所以,只有处于身心自由的状态,才有可能达到真的境界。绝大多数人为什么都认同"独立之精神,自由之思想"的箴言(陈寅恪《王国维碑文》),原因就在有了精神的独立和思想的自由,学术才有创新的可能,才能发现未知领域的真相。如果进一步追索,会发现气节、操守、独立人格、自由精神,是诸多方面的内在统一,是不可分割的圆满世界。当然,其中思想的自由具有特别重要的意义。因为有了自由思想的引领,形体才不会行尸走肉,成为真实的生命。对于科学探索和学术研究而言,思想的束缚解除了,才智就能飞扬,创造出真善美。陶渊明的田园诗就是极好的例子:诗人摆脱了官场的羁绊,获得了自由,内心的喜悦就化为诗句的单纯,于是真意淋漓。一个道德虚伪的人,一个以作假为聪明的人，一个讥笑操守和风骨的人，一个不相信崇高的人，无论从政与为学，或许虽能风光一时，但最终都不可能有好结果。

四

陶渊明在当代另有一层重要性是他的美学意义，他创造的田园诗表现了自然的朴素的美，其审美能力是无与伦比的。同他的人格深刻影响后人的气节、节操和自由精神一样，他的关于自然的审美，也深刻影响着后世的文学艺术家。

陶渊明的独特审美，主要体现在乡村自然风物的欣赏与描写。在他之前，山水之美早被人们发现，但司空见惯的乡村景物却少有人问津，犹如美丽的村姑不为人所知。陶渊明出现了，乡村之美才进入诗歌园地。他笔下的自然景物如醇酒，醉倒了无数代读者。

为什么是陶渊明发现了乡村之美，是他成为田园诗的始祖，而非他人？根本的原因是陶渊明具有三个必要条件：一是辞官归田之后，长期躬耕在农村。亲历过污浊的官场，回到自由自在的乡村之后，两种生存环境的强烈反差，使他觉得自然风物特别亲切、纯净、有味。二是他具备深厚的哲学与文学的素养。用不到怀疑，陶渊明熟悉前代的思想资料，熟悉其中有关自然的论述，也熟悉《诗经》《楚辞》及前人诗赋作品中有关自然风物的描写。一个人哲学、文学素养的深厚与否，决定其审美能力的高低。三是魏晋时期的美学发展。自然山水美的发现并普遍被认同，乃是魏晋美学史的主流。东晋中期王羲之等众名士在兰亭雅集，以及所写的许多玄言诗，是自然山水为越来越多人赏爱的最佳例证。这种时代风尚，陶渊明不可能毫无觉察。而且，他性格中有着对万物的深爱。以上这些条件，成就了他首先发现平凡的乡村之美,创造出充满美感的田园诗。

我以为,在当代中国,陶渊明的归田经历以及他的田园诗,可以作为美育的好教材。

半个多世纪以来,中国教育的美育教育不受重视。人们过多地关注了工业、经济的发展,忽视了乡村、田园之美,戕害了许多美妙的自然风景。

最近一二十年来,城镇化进程如火如荼,无数中青年离开乡村、涌进城市,带来不少负面结果:自然生态环境急剧恶化,千万个美好的乡村迅速消失,农业文明岌岌可危,田园风光成为破碎的梦,很难寻觅。亿万人涌进城市后,享受交通、医疗、学习及现代家居生活的便利,却丢掉了产生美的土地。现在的问题是,越来越发觉城市不是天堂,发觉科学并不是建造天堂,反而证明天堂越来越远。毫无节制地消耗地球资源,造成雾霾频发,呼吸不到纯净的空气,蓝天白云消失了,清澈的河道几乎绝迹,清风明月成为难得的奢侈品。难道这就是发展的目的和结果?面对自然环境的全面恶化,人们向往田园风光,希望与大树、小鸟、清风为伴。让人痛心的是,美好朴素的乡村已所剩无几。哪儿有清澈的流水? 如诗如画的村庄? 小鸟快乐的歌唱? 哪儿能诗意地栖息? 这时,我们想起了陶渊明,想起了他的田园诗。于是理解了陶渊明由官场回归田园,躬耕陇亩,栖息衡门,饮酒赋诗,采菊东篱,将身心安顿在朴素的田园中,是真正的智者。读他的田园诗,一定会羡慕他的诗意生活:"斯晨斯夕,言息其庐。花药分列,林竹翳如。清琴横床,浊酒半壶。"①(《时运》)"衡门之下,有琴有书。载弹载咏,爰得我娱。"②(《答庞参军》)"翼翼归

---

① 《陶渊明集校笺》卷一,页9。
② 《陶渊明集校笺》卷一,页39。

鸟，载翔载飞。虽不怀游，见林情依。遇云颉颃，性爱无遗。"
(《归鸟》)"春秋多佳日，登高赋新诗。过门更相呼，有酒斟酌
之。农务各自归，闲暇辄相思。相思则披衣，言笑无厌时。"①
(《移居》其二)"野外罕人事，穷巷寡轮鞅。白日掩荆扉，虚室绝
尘想。时复墟曲中，披草共来往。相见无杂言，但道桑麻长。"②
(《归园田居》其二)"晨兴理荒秽，带月荷锄归。道狭草木长，夕
露沾我衣。"③(《归园田居》其三)

　　人与自然的关系，历来是人类生存与发展的核心问题，决定
着人类未来是否拥有幸福和安全，同时，也是文学艺术表现的永
恒主题。归田之后的陶渊明尽管也有生存的焦虑，但他与自然
的相处是十分和谐的，甚至把灵魂也安顿在自然里。陶诗中描
写的那些真实朴素的生活场景，生活在城市里的人做梦也难梦
见了。许多人丧失了对朴素美的感受，不觉得小草小鸟为美，不
以为清风朗月为第一等美景。究其原因，是丧失了自由与闲暇，
心中充满了世俗的算计以及生活的焦虑。生活在农村的人们，
虽说见惯了清风、飞鸟、朝霞、夕岚，但迫于生计忙碌，无有闲情，
审美能力也普遍有限，同样不能感知美与表现美。今天，一些有
识之士已经认识到，中国的教育体系中长期缺失美育教育，中国
人的审美能力非常贫乏。这种看法是符合实际的。现代社会人
的一些弊病如拜金主义，崇拜权力，不知廉耻，假话连篇，挥金如
土，行为粗鄙，从根本上说，都是不知美为何物的表现，都与美感
的丧失有内在关联。

　　现在，终于有人忍受不了生存环境的污染，逃离雾霾，逃离

---

① 　《陶渊明集校笺》卷二，页 141。
② 　《陶渊明集校笺》卷二，页 96。
③ 　《陶渊明集校笺》卷二，页 97。

污水,逃离噪声,情愿放弃大城市的便利生活,在农村在山区寻找新的生活,拥抱阳光、清流和新鲜的空气,体验人与自然融合带来的乐趣。我以为这是无可非议的,值得提倡。可以预见,陶渊明回归自然的生活方式,将会被越来越多的人接受并仿效。在回归自然的过程中,欣赏美,感悟人生,提升自己的精神世界。

在中国士人生活史和精神史上,陶渊明具有非比寻常的意义和人文价值。他是一个深深地刻在历代知识人心上的文化符号,历久弥新。后来者若能经常参悟陶渊明,就会理解:轰轰烈烈、建功立业的人生固然风光无限,而知其不可为则急流勇退,未始不是智慧的选择。把生命安顿在宁静朴素的乡村,其实一点不比蜗居在喧嚣的城市差。明白看似谦卑的生命安顿,可以通向精神自由,可以成就诗意人生和艺术人生。

知识人从来是优秀传统文化和民族精神的守护者与引领者。我们应该如苏轼等宋代文化名人一样,谦卑地仰望陶渊明这座文化偶像,思索这位伟大诗人对于我们自身修为的意义,思索气节与操守等对于文化人来说意味什么。陶渊明一旦"觉今是而昨非",决然离开官场。我们要学习他的大勇,意识到自己的人格缺陷,然后付之行动,借陶渊明的清风,涤荡心灵世界的雾霾,清洁自己的灵魂。让我们恢复分辨兰花与萧艾的能力,懂得什么才是诗意的生活。因为陶渊明是一座高山,让我们看清貌似崇高的卑微,貌似伟大的渺小。懂得欣赏并赞美刚者的风骨,如千仞壁立,从而挺直自己的身躯。

高山仰止,景行行止。虽不能止,然心向往之,努力践行之。

（原载《苏州教育学院学报》2020 年第 1 期,有删改）

后　记

　　这本书收录了笔者解读陶渊明的二十篇论文,最早的写于一九八六年,最晚的为前二年所写,前后历经将近四十个年头,记录了我研究陶渊明的部分踪迹。

　　我涉足陶渊明研究领域,始于一九八五年。这年夏天,江西九江县落成全国第一个陶渊明纪念馆,并首次举办"陶渊明学术讨论会"。这次隆重的文化学术活动,在当代陶渊明研究史上具有重要意义。此后,陶渊明研究如后浪逐前浪,成了中国古代文学中的热点,至今声势不见减退。我有幸参与这次会议,从此与五柳先生和雄奇的庐山结下不解之缘,研读陶渊明成为我的学术研究的主要工作,终生乐此不疲。尚友古贤,陶渊明是我最好的人生导师。

　　本书中《苏轼论陶渊明》、《论陶渊明〈饮酒〉二十首》两篇文章,是我研究陶渊明的试笔。以后,用了十年左右的时间,集中精力撰写《陶渊明集校笺》。

　　当初读《陶渊明集》的整理本,一是王瑶的编注本,一是逯钦立的校注本。特别是后者,读得最细、最久。后来读清人陶澍集注《靖节先生集》及卷末的《靖节先生年谱考异》,眼界大开。

那时壮年气旺，觉得可以在前人的基础上，对陶集作更系统、更全面的整理。同时认为，研究文学史上的大作家，从校勘、注释、考辨、整理他们的文本做起，比较扎实而靠谱。

我在校笺陶集过程中形成的见解和结论，后来给本科生、研究生讲过多年。本世纪初至今出版的我的几种陶学研究著作——《陶渊明传论》、点校陶澍集注《靖节先生集》、《陶渊明年谱考辨》、《陶渊明诗品汇》，其实都源于《陶渊明集校笺》。

基础性的古籍整理工作与论文的深入研究，二者相辅相成。高质量的文本校勘、注释、笺疏、考辨真伪，在这过程中，必然会形成自己的见解。在此基础上撰写论文，就有可能做到言而有据，内容充实，结论坚实，表达也会精确。反过来，论文又会提升文本整理的水平。比如陶渊明与佛教关系的问题，我在《陶渊明集校笺》中几个地方只有简略的表述，在论文中就有了系统的深入的讨论，本书中《陶渊明受佛教影响说质疑》、《陶渊明与慧远关系之探测》、《陶渊明与佛教关系之再讨论》三篇论文，详细阐发了我的陶渊明不信佛教的见解。后来，又把这个结论增补到《陶渊明集校笺》的典藏版中。

本书中的论文，多数发表在高校的学报上。有些原来是提交给学术会议的论文，宣讲之后，再经补充修改，刊于会议主办单位编辑的论文集里。这次编辑成书，多数保持原貌。早期的几篇，作了程度不等的补充。例如《陶氏宗谱中之问题》一文，最早刊于二十世纪九十年代中期的《复旦大学学报》。不久，拙著《陶渊明集校笺》出版，此文作为附录之一。五六年前，从九江陶渊明纪念馆借得陶氏后裔陶维墀编著的《陶氏史记》（非公开出版物），并查阅上海图书馆所藏多种陶氏宗谱，增订此篇旧文。再有《陶渊明哲学思想与魏晋玄学之关系》一文，最初发表于二十世纪八十年代末。当年对魏晋玄学本身，以及它与陶渊明之思想行为及诗文之间的关系等问题,理解不深。以后再读书二十年,尽管悟性不高,所得甚少,但毕竟有所得,于是未免"悔其少作";又觉得此论题十分重要,遂增补旧文不少内容。《陶渊明"忠愤"说平议》一文,补充了"年号甲子说"的由来及争论一节。其他文章,一如其旧。

本书中部分文章注释所用的文献,在当初写作时有的尚未经学者整理,有的也未经自己比较鉴别。今次编辑整理成书,若注释引用的书籍已有新的整理本,则尽量采用之,以求更准确一些。由于这些整理的文献出版年月距今较近,遂出现拙文原来刊出的时间早于这些文献出版的时间的情况。在此特别说明之,敬请读者知晓并理解。

凡是文化史上的巨人,文学史上的伟大作家,都是说不完、道不尽的永恒存在。陶渊明就是说不完的人物。一千六百余年来,有关陶渊明的言说从未断绝,如浪奔、浪涌,形成中国文化史上的壮观景象。我喜爱陶渊明,以鄙陋之愚心,读、讲、写,也几乎没有断绝。有时,我在默默中自问:说了几十年陶渊明,说完了吗? 我在思索中自答:说完了,又没说完。我说完了陶渊明年寿几何,故居何在;说完了他的作品系年,诗歌渊源;说完了他儒道兼备的思想,而不信佛教……尽我的识力与学力,能说的我都说了。然则,说清楚了吗? 作为一家之言,我以为说清楚了。我也知道真实的情况是:一千多年来古人说,今人说,中国人说,外国人说,众所纷纭,陶渊明研究中的不少疑难问题,迄今无定论,将来也难有共识。说者自以为说清楚,听者以为仍不清楚。其实这正是陶渊明的魅力所在。假若真有说清楚的一天,陶渊明研究也就终结了。

陶渊明说不完,而每个研究者,大概都有说完的时候。我就是如此,觉得该到说完的时候了。有时即使还想说一点什么，却感到如登万仞高峰，力竭而不得不止步，心想，还是"高山仰止"吧。

　　当年，陶渊明采菊东篱，悠然见南山，夕岚归鸟，气清景佳，吟咏道："此中有真意，欲辨已忘言"。南山真意，尽在诗人的得意忘言中。可是后人读陶论陶，则非得"立象以尽意，系辞焉以尽言"（孔子语）不可，即以言、象尽渊明之真意。我喋喋不休讲说陶渊明数十年，已辨其真意，抑或犹不辨其真意耶？

　　这本书能够出版，首先要感谢上海古籍出版社原社长高克勤先生的大力支持。多年来，由于多种原因，学术著作的出版，一般都比较困难。当我与高社长谈起本书的出版愿望，他当即表示赞同和支持，使我十分感激。另外，现任出版社领导奚彤云女士、刘赛先生，都很关心拙著的问世，提出了一些很好的建议。特别是责任编辑戎默博士，花去大量时间，查找、核对拙著注释引用的文献，规范注释的格式。在此，向上海古籍出版社总编辑部和第一编辑室表示真诚的感谢！

　　最后，特别要感谢戴建业教授在百忙中赐予序言。戴教授是研究陶渊明的杰出学者，十余年前所著《澄明之境——陶渊明新论》，是难得的陶渊明研究的佳作，广受读者欢迎。我考虑再三，觉得请戴教授写序是合适的。可是，我知道他是个大忙人，要他看二三十万字的文稿，还要作出恰如其分的评论，实在是一种额外的沉重负担。想到这点，颇有些不安。但不麻烦他，还能麻烦谁呢？最终，只能向他说出自己的愿望。他不假思索，一口答应，使我感动不已。让我再次向戴教授致以衷心的感谢！

龚　斌

记于 2023 年 4 月上旬